◇现代经济与管理类规划教材

公共关系
——原理·实务·案例
（第2版）

龚 荒 主编

清华大学出版社
北京交通大学出版社
·北京·

内容简介

本书全面系统地阐述了现代公共关系的基本原理、方法和操作实务。全书共分 12 章，包括公共关系导论、公共关系的起源与发展、公共关系主体——社会组织、公共关系客体——内外公众、公共关系传播原理、公共关系运作程序、新闻传播与广告策划、公共关系专题活动、公共关系社交礼仪、危机公共关系、CIS 策划与导入、网络公共关系。本书的章节中间穿插有"学习目标""导入案例""公关专栏"和"实例"，每章后面附有复习思考题和 2~4 个案例训练题。

教材突出案例教学和技能训练。采用的章末案例是从数百个案例中精选出来的，内容新颖，注重应用性和时效性，既易于理解掌握，又为具体的公共关系实践提供必要的指导和借鉴，实用性较强。同时每个案例后附有 1~3 个讨论题，可以有选择地用于课堂教学中的小组讨论。

本书可作为高等院校本科生、专科生教材，也可作为公共关系、秘书、市场营销、广告等行业从业人员的学习和参考用书。

本书封面贴有清华大学出版社防伪标签，无标签者不得销售。
版权所有，侵权必究。侵权举报电话：010－62782989　13501256678　13801310933

图书在版编目（CIP）数据

公共关系：原理·实务·案例／龚荒主编．—2 版．—北京：北京交通大学出版社：清华大学出版社，2015.6（2019.1重印）
（现代经济与管理类规划教材）
ISBN 978－7－5121－2270－3

Ⅰ.①公…　Ⅱ.①龚…　Ⅲ.①公共关系学-高等学校-教材　Ⅳ.①C912.3

中国版本图书馆 CIP 数据核字（2015）第 102771 号

责任编辑：吴嫦娥　　特邀编辑：林夕莲
出版发行：清华大学出版社　邮编：100084　电话：010－62776969
　　　　　北京交通大学出版社　邮编：100044　电话：010－51686414
印　刷　者：北京时代华都印刷有限公司
经　　　销：全国新华书店
开　　　本：185×260　印张：18.25　字数：455 千字
版　　　次：2015 年 5 月第 2 版　2019 年 1 月第 4 次印刷
书　　　号：ISBN 978－7－5121－2270－3/C·170
印　　　数：7 501～10 000 册　定价：36.00 元

本书如有质量问题，请向北京交通大学出版社质监组反映。对您的意见和批评，我们表示欢迎和感谢。
投诉电话：010－51686043，51686008；传真：010－62225406；E-mail：press@bjtu.edu.cn。

前 言

公共关系是社会组织在运行中通过信息传播沟通媒介，促进组织与相关公众之间的双向了解、信任与合作，从而为组织树立起良好的公众形象的一种经营管理活动。公共关系的应用范围非常广泛，在现代社会里，任何一个组织都处在错综复杂的社会关系网络之中，为了促进组织的持续发展，必须与组织内外的各类公众建立密切而良好的关系。因此，公共关系的原理与实务可以运用于一切社会组织的各项事务之中。

当今，伴随着知识化、信息化及经济全球化时代的到来，组织环境的变化更加复杂，市场竞争愈演愈烈，公共关系的思想和方法也越来越成为社会组织生存和发展的重要工具，公共关系的重大意义也已经被越来越多的人所认识。

本书的主要特色体现在：

- 力求原理、实务、案例三位一体，便于公共关系学的系统学习；
- 强调公关前沿理论与国内外企业实践的结合，体现科学性与艺术性的结合；
- 关注公共关系基本原理和操作实务的介绍及实际应用；
- 贯彻案例教学的思想，选用最新案例材料并注重案例训练；
- 体现研究型教学的需要，便于任课教师的课堂拓展和互动教学。

本书第2版在第1版基础上进行了适当补充修订。对理论知识的介绍以"适度够用"为原则，做了进一步精练压缩，同时各章节新增了一批公共实例和背景专栏；改写和新增了部分章节的案例训练题；拓展了互联网背景下公关理论与实务，新增了第12章"网络公共关系"。

本书第2版由龚荒任主编，王蔓、张学、徐燕、丁巍、杨雷、周莉、叶美玲、龚薇等参与了编写修订工作。在编写过程中，作者学习、借鉴和参考了国内外专家学者的教材、著述和研究成果，谨向他们致以诚挚的谢意。

本书的出版得到了清华大学出版社、北京交通大学出版社的大力支持，得到了吴嫦娥编辑的许多帮助，在此一并表示感谢。由于编者学识水平有限，书中定有疏漏之处，恳请各位同仁及读者指正（电子信箱：gonghuang@163.com）。

编　者
2015.5

目　录

原　理　篇

第1章　公共关系导论 (1)
1.1　公共关系概念 (2)
1.2　公共关系职能与原则 (7)
1.3　公共关系的学科性质与局限性 (15)
复习思考题 (20)
案例训练题 (20)

第2章　公共关系的起源与发展 (27)
2.1　人类早期的公共关系 (27)
2.2　现代公共关系的形成与发展 (29)
2.3　公共关系在中国的传播与发展 (35)
复习思考题 (37)
案例训练题 (37)

第3章　公共关系主体——社会组织 (42)
3.1　社会组织的特征与分类 (44)
3.2　组织内的公共关系机构 (46)
3.3　专业的公共关系公司 (51)
3.4　公共关系人员 (58)
复习思考题 (64)
案例训练题 (65)

第4章　公共关系客体——内外公众 (69)
4.1　公众和公众分类 (70)
4.2　公众心理 (73)
4.3　内部公众关系 (77)
4.4　外部公众关系 (83)
复习思考题 (89)
案例分析题 (89)

第5章　公共关系传播原理 (92)
5.1　传播概述 (93)
5.2　公共关系传播形式及选择 (98)
5.3　公共关系传播中的受众分析 (107)
5.4　传播效果及其制约条件 (111)

复习思考题 ………………………………………………………………………… (114)
　　案例分析题 ………………………………………………………………………… (114)
第6章　公共关系运作程序 …………………………………………………… (120)
　　6.1　公共关系调查 ………………………………………………………………… (121)
　　6.2　公共关系策划 ………………………………………………………………… (134)
　　6.3　公共关系实施 ………………………………………………………………… (146)
　　6.4　公共关系评估 ………………………………………………………………… (148)
　　复习思考题 ………………………………………………………………………… (151)
　　案例分析题 ………………………………………………………………………… (151)

实　务　篇

第7章　新闻传播与广告策划 …………………………………………………… (157)
　　7.1　新闻事件策划 ………………………………………………………………… (158)
　　7.2　新闻稿写作技巧 ……………………………………………………………… (161)
　　7.3　新闻发布会策划 ……………………………………………………………… (164)
　　7.4　公关广告的创意与策划 ……………………………………………………… (166)
　　复习思考题 ………………………………………………………………………… (173)
　　案例分析题 ………………………………………………………………………… (173)
第8章　公共关系专题活动 ……………………………………………………… (177)
　　8.1　庆典仪式 ……………………………………………………………………… (177)
　　8.2　展览活动 ……………………………………………………………………… (180)
　　8.3　赞助活动 ……………………………………………………………………… (183)
　　8.4　开放参观活动 ………………………………………………………………… (185)
　　复习思考题 ………………………………………………………………………… (187)
　　案例分析题 ………………………………………………………………………… (187)
第9章　公共关系社交礼仪 ……………………………………………………… (189)
　　9.1　公共关系交际与礼仪 ………………………………………………………… (190)
　　9.2　日常社交礼仪 ………………………………………………………………… (193)
　　9.3　公务活动礼仪 ………………………………………………………………… (200)
　　9.4　公共关系交际的语言艺术 …………………………………………………… (204)
　　复习思考题 ………………………………………………………………………… (212)
　　案例分析题 ………………………………………………………………………… (213)
第10章　危机公共关系 …………………………………………………………… (215)
　　10.1　危机公共关系概述 …………………………………………………………… (216)
　　10.2　危机公共关系管理流程 ……………………………………………………… (221)
　　复习思考题 ………………………………………………………………………… (230)
　　案例分析题 ………………………………………………………………………… (230)
第11章　CIS策划与导入 ………………………………………………………… (234)
　　11.1　CIS——塑造组织形象的战略 ……………………………………………… (235)

11.2	MI 策划	(242)
11.3	BI 策划	(247)
11.4	VI 策划	(251)
11.5	CIS 的导入	(256)

复习思考题 (261)

案例分析题 (261)

第 12 章 网络公共关系 (266)

12.1	传统公关面临互联网的挑战	(266)
12.2	网络媒体的公关传播	(267)
12.3	网络论坛的公关传播	(269)
12.4	博客的公关传播	(270)
12.5	移动互联网的公关传播	(271)
12.6	网络公共关系的优势及问题	(273)

复习思考题 (274)

案例分析题 (274)

附录 A 公共关系试题 A 卷 (277)

附录 B 公共关系试题 B 卷 (279)

参考文献 (281)

原理篇

第1章 公共关系导论

学习目标

- 理解和把握公共关系的定义、内涵及构成要素;
- 掌握公共关系的基本特征;
- 掌握公共关系的职能;
- 明确公共关系的基本原则;
- 了解公共关系的学科性质与局限性;
- 辨识公共关系的相关范畴。

案例导入

京东上市公关获最具公众影响力海外传播事件

在第十届中国公关经理人年会暨金旗奖颁奖典礼大会上,中国最大的自营式电商企业京东,凭借"成功赴美上市公关传播"事件在海外市场上产生的重要正面影响,一举摘得"2014年最具公众影响力海外传播事件"。

2014年是中国电商行业飞跃发展的一年,京东率先登陆纳斯达克,成为国内第一家成功赴美上市的大型综合性电商企业,引起国内外资本市场和行业的高度关注。如何利用上市这一重大契机,提升京东在海外市场的品牌知名度和美誉度、加强海外市场对京东独特商业价值的理解是京东公关团队面临的挑战。为此京东发挥整合营销的合力,从公关、广告、新媒体、事件营销、粉丝营销多角度进行传播,将京东的商业模式、经营理念、发展战略及京东创始人兼CEO刘强东"从宿迁到华尔街"的奋斗史进行深刻解读和传播,赢得国内外媒体的广泛关注,好评如潮。

业内人士表示,京东上市,提振了中国电商发展的信心,翻开了中国电商发展新的一页,具有历史性意义。其海外传播活动可圈可点,包括遍布时代广场上红彤彤的京东广告以及道琼斯、路透社、《华尔街日报》、CNBC等数十家国际重量级媒体的正面报道,促使京东在海外市场的知名度和美誉度大大提升,充分展示出京东的品牌故事与商业价值。

据了解,此前京东凭借"6·18促销月社会化媒体传播"荣获2013最具公众影响力社会化媒体应用案例。

(资料来源:中华网财经,2014-12-12.)

京东上市公关的案例说明:企业要想取得竞争优势,不仅要业务经营本身过硬,同时也要求企业具有良好的形象,有较高的品牌知名度、美誉度,以赢得公众的理解和信任,在激烈的市场竞争中立于不败之地。通过信息传播树立组织形象,这就是企业公共关系工作。

公共关系,简称"公关"或"PR",是英语public relations的中文译称。Public通常有两种用法：其一是作为形容词——公开的、公共的；其二是作为名词——公众。中文译称"公共关系"中的"公共"一词实际上包含了这两种含义。公共关系是现代社会的产物，随着市场经济和传播技术的发展，公共关系越来越成为现代社会的一种普遍现象，它的社会作用也表现得越来越重要，因此，人们对它的研究也越来越深入。作为一门学科的公共关系学正是在此基础上产生的。

1.1 公共关系概念

1.1.1 公共关系的定义及其内涵

什么是公共关系？公关理论界的专家学者一直在不断地探寻，并且各持己见，众说纷纭，国外对公共关系的定义有数百种之多，由于认识的角度不同，定义所强调的侧重点也各有差异。以下对几种有代表性的定义及其特征做简要介绍，以加强对公共关系概念的认识。

1. 有代表性的公共关系定义

在众多关于公共关系含义的表述中，有代表性的主要有以下几类，它们曾对公共关系学的发展产生过重要的影响。

（1）管理职能论

持管理职能论观点的研究者侧重于将公共关系作为一种管理职能，这就是"管理职能论"，他们认为公共关系在组织管理中起着至关重要的作用，它是组织管理的"润滑油"和"催化剂"，发挥着管理的功能。

国际公共关系协会提出的定义为："公共关系是一种经营管理功能，它具有连续性和计划性。通过公共关系，公立的和私立的组织、机构试图赢得与其有关的人们的理解、同情和支持，即依靠对舆论的估价，尽可能地协调其政策与措施，依靠有计划的、广泛的信息传播，争取有效的合作，更好地实现共同利益。"

美国《公共关系新闻》杂志认为："公共关系是一种管理职能，它评估公众的态度，检验组织的政策、活动是否与公众的利益相一致，并负责设计与执行旨在争取公众理解与认可的行动计划。"

美国人莱克斯·哈罗（Rex Harlow）博士在进行了广泛的研究后，对公共关系的表述更为细致。他认为：公共关系是一种特殊的管理职能。它帮助一个组织建立并保持与公众之间的交流、理解、认可与合作；它参与处理各种问题与事件；它帮助管理部门了解民意，并对之作出反应；它确定并强调企业为公众利益服务的责任；它作为社会趋势的监视者，帮助企业保持与社会变动同步；它使用有效的传播技能和研究方法作为基本工具。

这类表述非常鲜明地强调了公共关系的管理职能，倾向于公共关系的目标。

（2）传播沟通论

传播沟通论的观点更多地是从公共关系的运作特点上来考虑的，认为公共关系是社会组织与公众的一种传播沟通方式。

《大英百科全书》公共关系条目的表述为：公共关系旨在传递关于公司、政府机构或者其他组织的信息，以改善公众对他们的政策和活动的态度。

英国人弗兰克·杰夫金斯（Frank Jefkins）认为：公共关系是由为达到与相互理解有关

的特定目标而进行的各种有计划的沟通联络所组成的,这种沟通联络处于组织与公众之间,既是内向的,也是外向的。

美国人约翰·马斯顿(John Marston)的表述更为直截了当:公共关系就是运用有说服力的传播去影响重要的公众。

可以看出,这些表述都是强调了公共关系在运作方式和手段上依赖传播沟通的特点。

(3) 社会关系论

社会关系论研究者避开了"管理学派"倾向于公共关系的目标、"传播学派"偏重于公共关系的手段的争论,认为公共关系是社会关系的一种,应从此入手来把握和分析公共关系的实质。

美国普林斯顿大学的希尔兹(H. L. Chils)认为:公共关系是人们所从事的各种活动、所发生的各种关系的通称,这些活动与关系都是公众性的,并且都有社会意义。

可以看出,这类表述比较抽象,理论色彩浓厚,更多的是从公共关系的本质属性上去考虑问题的,把公共关系划入了社会关系的范畴。

(4) 现象描述论

现象描述论研究者往往倾向于公共关系实务。与"社会关系论"偏重理论、表述抽象正好相反,"现象描述论"则倾向于直观形象和浅显明了,通常抓住公共关系的某项功能或某种现象进行描述,非常具体实在。

通俗化、形象化的公共关系定义 〔公关专栏〕

- 公共关系是经营管理的方法、广结人缘的艺术、走向社会的名片;
- 公共关系是"和气生财的秘诀";
- 公共关系是"争取对你有用的朋友";
- 公共关系是说服他人接受自己观点的艺术;
- "广告是使人买你,公共关系是让人爱你";
- 公共关系就是"努力干好,让人知晓""不仅要干得好,更要说得好";
- PR=P(自己行动)+R(对外传播);
- PR=90%(自己做得好)+10%(对外传播)。

现象描述式的定义主要是公共关系实践者依据自己的经验和理解,从不同侧面对公共关系作出的通俗化、形象化的描述。这类表述简洁明了,生动鲜明,便于记忆,对于宣传公共关系是很有作用的。不过,它们只是揭示了公共关系的部分含义,从总体上讲不够全面、准确。

2. 公共关系定义的内涵

在公共关系定义上出现的众说纷纭的现象,一方面说明公共关系作为一门年轻的学科,受到人们的广泛关注和研究;另一方面也说明人们对公共关系本质的认识的统一需要一个过程。

根据上述分析,在此提出本书关于公共关系的定义:公共关系是指社会组织在运行中,通过信息传播沟通媒介,促进组织与相关公众之间的双向了解、信任与合作,从而为组织树立起良好的公众形象的一种经营管理活动。

这个定义至少包含这样几层含义。

第一，公共关系是社会组织与公众之间的关系，其中社会组织是主体，公众是客体。

第二，主体与客体之间联系的纽带是传播（Communication）活动，这种传播活动具有一定的行为规范，以保证其正常而有效的开展。

第三，主体与客体之间是双向的信息交流关系，主体发布信息给客体，并不断地从客体那里得到信息反馈。

第四，公共关系是一项经营管理活动，其经营管理的内容不是具体的人、财、物，而是组织的声誉和形象，其主体是一个控制系统，能够根据信息的反馈时刻调整自己的行为及其规范，以便同客体进行进一步的交流和合作，所以公共关系具有一定的控制管理职能。

第五，公共关系具有明确的目的性，其目的是使社会组织与公众相互了解和相互合作，以利于社会组织在公众中树立起良好的形象，并与公众获得共同利益，所以，公共关系是一种自觉的活动。

综上所述，公共关系是一种公众关系，公共关系是一种传播活动，公共关系是信息交流关系，公共关系具有管理职能，公共关系是有目的的自觉活动。这些就是公共关系定义的内涵。

1.1.2 公共关系的构成要素及其互动关系

认识公共关系应当首先从认识关系入手。所谓关系，是指事物之间相互作用、相互影响的状态，也表示人与人或人与物之间某种性质的联系。我们认为，主体、媒介、客体是构成某种关系的必备要素，对应而言，公共关系的构成要素分别为社会组织、传播、公众，且这三个要素共存于一个社会环境中（见图1-1）。

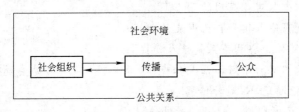

图1-1 公共关系构成图

1. 公共关系的构成要素

（1）公共关系的主体——社会组织

公共关系的主体是指谁来组织实施公共关系。一般认为，公共关系活动的主体是社会组织。社会组织是构成宏大社会的个人的特定集合。这种集合的特定性包括有计划，有领导，成员间有明确的分工和职责范围，有一套运行制度，等等。

组织是公共关系活动的主体，是公共关系的实施者、承担者。在理解公共关系时，特别要注意一点，不要把一些个人行为说成是公共关系，如微软创办人盖茨宣称把580亿美元财产全数捐给名下慈善基金比尔及梅琳达盖茨基金会，这是个人行为，而不是公共关系；而微软公司在汶川地震中捐赠2 100万元，这种行为则可以理解为一种旨在提高组织知名度的公共关系行为。

(2) 公共关系的客体——公众

任何关系都由主、客体双方共同构成。公共关系活动的客体是公众，也就是公共关系所要影响的对象，不同的社会组织有不同的公众。随着社会的发展，公众对社会组织的影响和制约越来越大，甚至可以决定社会组织的生死存亡。因此，组织在计划和实施自己的公关工作时，必须认清自己的公众对象，分析研究自己的公众对象，并根据公众对象的特点及趋势去制定和调整公共政策和行动。

(3) 公共关系的联系中介——传播

当组织明确了公共关系目标，确定了目标公众，并有了公共关系活动的设想之后，便要考虑如何运用媒介把目标和设想变成行动。媒介即传播，是连接社会组织和公众的桥梁，是完成沟通的工具，也是实现公共关系目标的唯一手段。

上述三大要素构成了公共关系，缺一不可。本章只做概括性的介绍，详细的分析将在后面的章节展开。

2. 公共关系构成要素之间的协调作用

(1) 社会组织的主导性

社会组织作为公共关系的主体决定了公共关系状态并主宰着公共关系活动。社会组织的任何运作，都会通过传播来影响公众。尤其是在当今社会，社会组织的任何运作很快就会引起公众的反响。

(2) 传播的效能性

公共关系之所以能够产生作用，得益于传播沟通手段。因此，社会组织的各种良好行为要转化为实际公共关系中的知名度和美誉度，就必须充分依靠传播、沟通。在现代社会，"做了还要说"和"做得好加上说得好"，是非常重要的。

(3) 公众的权威性

虽然公众在公共关系活动中处于被影响、被作用的地位，但是公众绝不是消极的、被愚弄的对象。"凡宣传皆好事"的观点在公共关系历史上早已不合时宜。社会组织越来越认识到自身的每一步发展、每一项成就都离不开公众，公众的支持是无形的财富和成功的决定性因素。

因此，在现代公共关系的三大要素中，公众的权威性已日益得到公认。

(4) 主体、传播、客体的统一协调

在共同构成公共关系的三大要素之间，存在着多种多样的组合。一切公共关系活动所追求的都是这三大要素的最优状态和优化组合。然而，最优状态和优化组合总是相对的，即协调是相对的，不协调则是绝对的。公共关系从业人员的职责是使之尽量趋向协调。

要取得三大要素的协调，就必须充分重视三者的方方面面，切不可偏重一方而忽视其他。

1.1.3 公共关系的基本特征

公共关系的基本特征概括起来有六个方面。

1. 以公众为对象

公共关系是指一定的社会组织和与其相关的社会公众之间的相互关系。如果说人际关系以个人为支点，是个人之间的关系的话，那么，公共关系则以组织为支点，是组织与其公众结成的关系。公共关系发展如何、良好与否,直接影响社会组织的生存和发展。也就是说,社会组织只有坚持着眼于自己的公众,才能生存和发展。公共关系活动的策划者和实施者必须始终将公众当作自己的"上帝"。

2. 以美誉为目标

在公众之中树立组织的美好形象是公共关系活动的根本目的。如果说搞好人际关系的目的是为了个人的生存和发展,那么搞好公共关系的目的就是使组织拥有良好的声誉,以利于其生存和发展。塑造形象是公共关系的核心问题,组织形象的美化是公共关系活动追求的效果。美誉即对美好组织形象的赞誉,是社会组织所向往的。

福喜门:不同表态,不同结局

〖实例〗

2014年7月20日,据上海广播电视台电视新闻中心官方微博报道,麦当劳、肯德基等洋快餐供应商上海福喜食品公司被曝使用过期劣质肉。随后,福喜、麦当劳、肯德基陷入危机,并展开危机公关。

一直以来,福喜集团很"牛",不仅是规模大、历史久、设备好,更牛的是它通过了HACCP、ISO、GMP乃至LEED等众多国际性行业标准认证。戴着这些认证的帽子,福喜在全球公关与广告中总是显得"自信十足",这次也不例外。危机发生一天后,福喜集团才发表声明说:"福喜集团管理层相信,本次事件是一起个体事件。"在中国有关方面尚未进行全面调查的情况下,"个体事件"的措辞更像一种外交辞令。福喜集团首席执行官坚持称,集团在全世界的工厂都严格遵守最高的质量标准,而这与揭露出来的事实形成鲜明对比。2015年年初,上海市食品药品监督管理局召回上海福喜生产的521.21吨问题食品,福喜集团居然"表示遗憾"。福喜中国表示,将上海福喜主动召回的产品指称为"问题食品"毫无事实、科学和法律依据。

作为此次福喜事件中最大的受害方之一,麦当劳很快发布首发声明,从基调上表现出麦当劳"对违法违规行为零容忍"的坚决态度,表示"立即停用并封存由上海福喜提供的所有肉类食品",表明麦当劳"食品安全是麦当劳的重中之重"的一贯立场。然而,这篇声明没有提及政府、媒体和消费者这三大极其重要的公关对象,既没有提及配合政府调查来将自己损失降到最低,也没有表明品牌对于媒体监督的开放态度。最糟糕的是,对自己最大的公关对象群体——消费者没有半句道歉,对食用过问题肉的消费者的赔偿问题只字未提。10个小时之后,或许是意识到之前声明的僵硬,麦当劳发布了试图走情感路线的第二篇声明。事件发生4天之后,麦当劳没为公众带来此次食品安全危机的真相解释或是解决方案,取而代之的是第三篇声明的"我们无比震惊",并有继续为福喜撑腰的"嫌疑"——"决定换上海福喜于河南福喜"。在外界压力下,第二天麦当劳才发布第四篇声明,宣布与福喜暂停一切合作。福喜受调查一事公开以来,麦当劳股价累计下跌了约5.2%。

肯德基的东家百胜集团在事件曝光之后,并没有选择煽情,而是在第一天和第三天分别发布了两个声明,内容涵盖品牌的立场、对事件的态度和相应的处理对策。最为重要的是,声明和大家站在一起,作为受害者也要继续谴责这样的行为,明确表达出对公众尤其是消费者的歉意。虽然公关技巧十足,但是相对于麦当劳的立场不稳,至少让消费者易于接受。2014年8月1日，肯德基的东家百胜中国又发布《致广大消费者公开信》，就肯德基、必胜客牵涉其中引发大家忧虑和不安向广大消费者致歉，同时启动吹哨人制度，对举报危害百胜食品安全的任何违法违规行为给予奖励。这也是在福喜事件后首个启动吹哨人制度的企业。百胜集团相关负责人在接受采访时更表示，百胜中国已经全面断绝与福喜中国的供应关系，百胜集团也已经全面断绝与福喜集团的全球供应关系，百胜中国全力配合政府部门的调查，并按照指引和要求处理所有后续事宜。这一系列态度和立场的表述，对挽回消费者信心起了很大作用。

（来源：中国公关网）

3. 以互惠为原则

公共关系不是以血缘、地缘为基础，而是以一定的利益关系为基础的。一个社会组织在发展过程中必须得到相关组织和公众的支持——既要实现本组织目标，又要让公众得益，这样才能使合作长久。所以，公共关系必须奉行互惠原则。

4. 以长远为方针

社会组织与公众建立起良好的关系、获得美好的声誉、让公众获益，所有这一切都不是一日之功所能达到的，必须经过长期的艰苦努力。如果说广告和推销着重眼前效果的话，那么，公共关系则主要着眼于长远效果。

5. 以真诚为信条

公共关系活动需要奉行真诚的信条。社会组织必须为自己塑造一个诚实的形象，才能取信于公众。传播活动中也必须贯彻真诚的精神，任何虚假的信息传播，都会损伤组织形象。唯有真诚，才能赢得合作，所以，真诚是公共关系活动的信条。

6. 以沟通为手段

没有沟通，主、客体之间的关系就不会存在，社会组织的美誉也无从产生，互惠互利也不可能实现。因此，要将公共关系目标和计划付诸实施，离不开沟通的手段。

以上六个方面综合性、立体化地构成完整的公共关系的基本特征，对这些基本特征的了解与把握，将有助于深化对公共关系本质的认识。

1.2 公共关系职能与原则

公共关系以建立社会组织的良好形象为工作目标，围绕这一目标所开展的具体活动和工作便形成它的职能范围。同时，公共关系又是"内求团结，外求发展"的艺术，这门艺术必须有对内和对外两方面的作用。了解公共关系的职能和原则，对于公共关系活动正常而有效地开展是十分重要的，对于公共关系活动的规范、技术和方法的熟悉也有很大的帮助。

1.2.1 公共关系的职能

公共关系的职能是指公共关系在组织中所应发挥的作用和应承担的职责。对公关职能的概括，长期以来存在着不同的表述。我们认为，从广义上讲，公关的职能就是调动一切可以调动的力量，运用各种手段，塑造良好的组织形象，赢得良好的生存环境，促进组织的生存与发展，使组织在激烈的竞争中取胜。从狭义上讲，公关的职能可以概括为以下几个方面。

1. 采集信息，监测环境

采集信息是公关工作的必要前提。组织的生存和发展离不开特定的环境，而环境是由一切与组织有关的信息因素构成的。公共关系是信息产业，不采集信息，公共关系就成了无米之炊。公共关系在组织的经营管理活动中，首先要发挥信息的收集、整理、分析和评估作用，充当组织的耳目，"眼观六路，耳听八方"，作为组织的预警系统，对于与组织有关的社会环境和公众舆论环境保持高度的敏感性，特别是对环境中的潜在问题和危机及时发出预报，以便组织能及时调整自己的政策和行为。

从公共关系工作的角度来看，有三类信息是其职能范围内应当注意优先采集的，这就是组织形象信息、组织产品形象信息和组织运行状态及其发展趋势信息。信息的采集应当而且必须通过多种渠道及运用各种传播媒介。首先，应当重视消费公众的反应；其次，新闻媒介的社会舆论，政府有关部门和上级主管部门及同行的意见也十分重要；此外，内部公众的各种反映同样必须认真听取。只有这样，采集的信息才是比较全面的。另外，对于公共关系来说，固然要收集赞扬组织的信息，但更要注意捕捉那些哪怕是微不足道的批评组织的信息，尤其要重视公众对组织的各种建议。

监测环境与采集信息在本质上是同一件事。公共关系的环境监测就是通过对信息资源的采集、处理和反馈，对公共关系的主体和客体的行为态度进行监视和预测，这是对信息资源的一种开发管理和利用。公共关系环境是一个由多因素构成的开放系统，具有明显的不确定性、可变性和复杂性。要对公共关系环境进行监测，一方面，必须依靠公共关系的调研活动，准确把握当前情况下公共关系环境的构成情况、性质特点、包容能力、干扰大小，以便制订出与当前公共关系环境相吻合的公共关系运作方案和行动策略；另一方面，可以监测公共关系环境的变化情况，有效把握公共关系环境变化的内容、方向、速率和特点，以便制订出与未来公共关系环境相适应的公共关系战略规划和行动计划。

2. 咨询建议，参与决策

这是公共关系最有价值的职能，因此公共关系也称"咨询业""智业"。人们经常把公关人员当作"智囊""开方专家"，把公关部当作"思想库"，就是从这个角度讲的。公共关系的咨询建议就是指组织的公关人员向决策层和各管理部门提供公共关系方面的意见和建议，使决策更加科学化、系统化，并照顾到社会公众的利益。

组织的公共关系咨询建议的主要内容如下。

① 对本组织的方针、政策和行动提供咨询意见，发挥公共关系对组织的导向作用，参与决策，制定出合乎组织发展的目标。

② 对本组织公共关系战略、经营销售战略和广告宣传战略、CIS战略和组织文化战略提供咨询意见，使原来分别由几个部门负责的工作发展成一个系统，并制订出科学的实施方案供决策者参考。

③ 对组织生存环境的有关发展变化以及危机进行预测和咨询，使组织决策者拥有一套乃至几套可以选择的方案，以适应这些变化。

3. 传播沟通，塑造形象

这是公共关系传播与其他传播在目的与技巧方面不同的特有职能。一是组织运用传播沟通的手段同公众进行双向交流，与公众交心，赢得公众的信任和支持；二是顺时造势，实现舆论导向，通过策划新闻、公关广告、专题活动等手段，制造声势，提高组织的知名度与美誉度，为组织创造良好的舆论环境，同时也为组织创造无形资产。

实例

从两次马航危机看互联网环境下的传播沟通

2014年7月17日晚，马航MH17航班在俄乌边境坠毁。这次事件已经是马航该年3月8日MH370失踪以来，半年内出现的第二次重大危机。而在两次重大的公关危机中，马航的危机公关应对措施都频频出现重大失误，这些舆情通过互联网在全球快速传播，不仅仅使公司的形象和声誉受到严重的损失，也出现了大批的乘客退票潮，甚至有外媒分析称马航或因此破产。

马航在这两次重大危机中，对突发事件回应时间缓慢，而且频频失语，丧失了对整个事件的舆论主导权。在MH17事件已成为全球新闻热点的情况下，马航作为事件主角目前发布的消息仅仅是"先行赔付每位乘客家属5千美金"。而在MH370事件中，马航的首次新闻发布会竟然在短短5分钟便结束了事。第二次新闻发布会在23:30推迟2小时后举行，也并无任何实质内容。在记者的追问下，马航竟然用关闭现场灯光的方法，驱赶记者。而在3月10日的发布会上，马航的高管竟然一言不发。对于记者的关于各种最新传言的求证，马航均以"未得到当局的确切消息"来敷衍。这种做法不仅使乘客家属极其不满，也使马航丧失了在整个事件中的舆论主导权。

目前，面对重大公关危机，任何企业无法采取"封口、打死也不说"的方法来蒙混过关。在互联网时代，企业在重大危机中要抢先发声，设置议题、指正观念、澄清事实。在这方面，可口可乐曾经遇到过类似的危机。有人在互联网散播"喝可乐杀精子"的谣言，面对谣言，可口可乐没有采取传统的"封口"方法，而是在网上利用权威媒体大量发布关于《可乐会杀精？关于健康的十大谣言》科普文章，在文章中大量引用专家及研究机构的证言，证明"可乐杀精"纯属谣言。这些文章通过相关搜索引擎优化手段，使网民在搜索可乐杀精的相关关键词中大量出现，不仅使一般网民，也使其他媒体准备继续炒作时，发现此事已被报道并被权威人士正式辟谣，便不再跟进炒作。通过这种方法，可口可乐将这个负面谣言的危机在被炒热之前，先炒熟了。

其实值得反思的不仅仅是马航，在全新的舆情环境下，如何运用互联网思维应对公关危机的挑战，也是各大企业所面临的重大课题。

（来源：沈健. 迪思传媒，2014-07-24.）

---

4. 平衡利益，协调关系

马克思说过，人们奋斗所争取的一切都同他们的利益有关。公共关系也是以利益为基础的。"公关第一人"艾维·李就是以成功的平衡利益、协调关系解决大罢工的危机从而确立其职业公共关系地位的。社会进入市场经济以后，许多过去用武力、由行政手段调节的关系，现在需要按经济规律来调节。面对各类公众及其利益要求，组织的公关工作要想为组织创造一个良好的内外部环境，协调各种关系，就必须本着真诚互惠的原则首先承认这些利益，然后按公共关系双向对称原则来尽量满足这些利益；当各种利益发生矛盾时，应本着公平对等原则加以协调、平衡，既不能无视正当要求，也不能厚此薄彼。

协调既是目的又是手段,具有两重性。协调是与传播平行的一种手段,甚至有人认为协调是公共关系的基础,足见其重要性。我们认为协调主要表现在公共关系的功能与职能上,作为目的指的是一种关系的良好状态;作为手段指的是一种调整工作,通过协调使关系达到良好状态。协调在公共关系中主要是一种手段,目的是使组织更好地生存与发展。

公共关系能够发挥平衡、协调关系职能的领域主要有三个:
① 协调组织内部领导与职工之间的利益与关系;
② 协调组织内各部门、各环节之间的利益与关系;
③ 协调组织与外部公众之间的利益与关系。

大兴轧辊厂的难题[①]

在一片指责声中,大兴轧辊厂的伍厂长忍气吞声地作了一番解释,总算把又一批居民送走了。他把环保科的正副科长找到厂长办公室来开会,征求解决与居民公众矛盾的对策。

大兴轧辊厂的烟尘污染,多年来给周围居民造成了很大的损害,找上门来抗议的居民经常不断。厂方除尽可能做好防污处理外,还给棚户居民另安装了两个自来水笼头免费供水,甚至给某些居民家庭每月补贴买肥皂的费用。但是烟尘仍无法全部控制,矛盾一直没有得到彻底的解决。不久前厂里新安装了一架振动机,代替职工用榔头敲铸件上的氧化皮。振动机的噪声侵扰了周围的居民公众,更激化了矛盾,遭到的抗议越来越强烈。想停止使用吧,职工不答应。用榔头敲氧化皮的老方法,不仅要耗费大量的劳动力,劳动强度也确实使操作者受不了。如今已装了振动机解脱了职工的繁重劳动,再走回头路,职工的思想工作就更难做了。

根据局里的规划,这家厂肯定要迁出市区,但因为新厂区的兴建遇到种种困难,至少要三年后才能实现迁厂计划。

伍厂长觉得问题很棘手。他希望环保科和宣传科能从各自的角度为他想出排难解纷的办法。

大兴轧辊厂因污染环境引起与周围居民的矛盾纠纷,从性质上说,属于公共关系协调的范畴。但是在市区,特别是在居民较密集的市区,开办这类污染严重的工厂,本身就有一个规划不当的问题;但是它又是一个历史遗留问题,要从根本上解决这个问题,当然只有将这类工厂迁往郊区,但这又不能不涉及一个局甚至全市的整体规划。据案例中提供的情节,上级局已经把动迁问题列入了计划,如果所述"种种困难"确实是客观存在的,那么在三年内这家工厂与居民公众的矛盾就无法得到根本的解决。因此,公关途径充其量只能缓解矛盾,而很难彻底解决矛盾。如果案例中伍厂长召集有关科长开会,把公关的目标定在缓解矛盾的范围内,就要比提出"解决"矛盾切实得多。

另外,大兴轧辊厂的烟尘污染与振动机对居民生活的侵扰,属不同性质。烟尘污染是历史遗留的问题,而且大兴轧辊厂已尽最大努力进行了治理,未能彻底消除,只能通过上级局规划迁厂加以解决。而振动机却是不久前才安装的,尽管对职工敲榔头的繁重劳动,应该考

---

① 资源来源:林汉川,李觅芳. 公共关系案例教程. 上海:复旦大学出版社,1997.

虑采取有效措施加以改善，但是该厂在居民公众关系本已紧张的背景下，不经过周密调查考虑，贸然添置振动机，从而又加剧了矛盾，这不能不说是轧辊厂领导决策上的一个失误。由此可见，在这个案例中既有一些难题超越了组织力所能及的范围，也有一些问题要从组织决策上去寻找原因并重新作出合理安排，单靠公关途径是难以完全达到理想目的。当然，这并不是说大兴轧辊厂所面临的这些内外矛盾，无须公关部配合，或者说公关就毫无施展余地，只是说这些矛盾的解决并不能全部委之于公关。公关手段有它适用的范围，它不是万应灵药。有些需要依靠上级部门或者组织其他部门解决的问题，公关并不能越俎代庖。

5. 社会交往，组建网络

公共关系被誉为"广交朋友的艺术"。社会交往、组建网络是对沟通、协调的细化。组织需要不断地同外界进行物质、能量和信息的交流。公共关系的对外交往主要是建立在利益一致基础上的沟通信息和互相帮助。公共关系要建立的网络是一种信息网络、互助网络，它绝不是有些人理解的结交公款吃喝的酒肉朋友，更不是以个人利益结党营私。有些人借公关的社会交往职能，为请客送礼等不正之风戴上"公关"的帽子，这是对公共关系的歪曲和误解。

6. 教育引导，培育市场

公共关系的教育引导职能主要表现在对内、对外两个方面。对内，公共关系的主要职能是传播公关意识、传播公共关系的思想和技巧，进行知识更新，不仅要对每个员工进行教育引导，还要说服组织领导接受公共关系思想。对外，组织的公共关系主要是对公众进行教育引导。人们常说"公众永远是对的"，这是从服务的角度将"正确"让给对方，但客观地讲，公众不可能永远正确，而是需要加以引导的。另外，随着科技的突飞猛进、产品的极大丰富，需要公共关系来培育市场。公众不可能了解那么多的新产品，需要不断对其进行商品知识、消费知识、安全保险等方面的教育和引导，使消费群体对组织认同。

7. 科学预警，危机管理

危机是组织生存发展的大敌，处理不好往往会给组织造成重大损失，甚至断送组织的"生命"，因而公共关系将危机处理作为其主要职能和工作重点之一。随着公关理论和实践的发展，事前预测管理危机已成为公共关系对待危机的主流方法，这是组织公共关系的新发展。

8. 提高效益，促进发展

一般来说，公共关系为组织提高效益表现在三个方面。

① 提高经济效益。公共关系为组织提高经济效益不是通过产品开发，而是通过信息咨询、形象竞争和科学管理来实现的。组织公共关系可以有效帮助组织开发信息资源和形象资源，加强对经济政策的研究，提供科学预测，帮助组织实行新的战略；可以为公众提供充分的信息服务，改善组织的市场环境，为企业带来经济效益。

② 提高整体效益。从提高组织经济效益到提高社会整体效益是组织公共关系的一次飞跃，是组织在认识上的一次革命，在市场经济条件下尤其如此。组织公共关系提高社会整体效益主要表现为：一方面，组织为了建立信誉，总是选择社会和公众迫切需要的公共关系活动项目，促进经济发展；另一方面，大量的社会型公关活动可以促进社会文体教育和福利事业的发展。

③ 提高环境效益。随着社会的进步，21世纪生态环境的问题日益受到重视。组织若要

在公众心目中塑造良好形象就必须自觉保护生态环境，主动想办法治理环境污染、美化社区，搞好组织同所在社区的关系，这样就使得环境得到改善。

公共关系是一个开放系统，组织公共关系的职能也是一个开放系统，它将随着社会的发展而发展，随着组织的个性不同而有所不同，组织也需要不断完善自身的公关职能。

1.2.2 公共关系的基本原则

公共关系既是一门科学，又是一门艺术。因此，成功地开展公共关系活动不仅要掌握一定的公共关系原理、方法和技巧，而且还必须遵循一定的基本原则。

1. 真实公开原则

自从20世纪初美国公共关系先驱艾维·李提出"说真话"等公共关系基本原则以来，真实性原则一直被人们奉为公共关系工作最首要、最基本的行为准则。

有人说"公共关系就是少说多做"，还有人说"公共关系是90%靠自己做得对，10%靠宣传"。这些说法都是在说明一个道理，即公共关系的好坏，主要通过事实而不是单纯依赖宣传来证明。事实是公共关系产生的根源，没有事实，就没有公共关系；事实是公共关系工作得以开展的动力，没有公共关系人员对事实的准确把握和符合实际的客观分析，公共关系工作就难以开展。所以，公共关系工作的开展必须以事实为根据，以科学的调查研究、对事实的掌握和了解为基本条件。

公共关系的问世就是一定社会事实的产物。事实是开展公关工作的一项最重要的基本原则，任何以虚假、欺骗、隐瞒等手段开展的活动都将被公共关系所不容。艾维·李之所以能够成为现代公共关系的创始人，不仅在于他是以"公共关系"为职业的第一人，更重要的是他奠定了公共关系第一原则：真实。他的信条是"公众必须被告知"，"讲真话"才能在公众中赢得信誉。于是，"真实就是信誉"便成了现代公共关系的基本信条。

公共关系工作的具体开展也是立足于各种相关社会事实的。公共关系活动是一项应用性、实践性很强的工作，这一工作的开展离不开传播艺术和宣传技巧。因此，作为公共关系部门在着手这项工作之前，首先应考虑的是收集有关信息、弄清事情真相，在此基础上，再设法制定出有关传播、宣传的方式和方法。所以，全面、客观地掌握有关事实对公共关系活动的开展具有决定性的作用。

在真实性原则指导下的公共关系工作，还必须坚持公开性原则来开展各项具体活动。例如，在处理公共关系事务时，必须坚持"公众必须被告知"的原则，及时把有关信息传达给有关公众，满足公众"了解原因和详情"的要求与权利。任何隐瞒、拖延、敷衍甚至欺骗的做法都是极端错误的，因为这样做，只会加深公众的猜疑、误解、反感甚至愤怒，最终只会激化矛盾，损害组织形象和声誉。

美国汽车业的巨头李·艾科卡在与外界打交道时，遵循两条基本原则。一是在公布每个季度的生产统计数字时举行一次记者招待会。他认为："不论统计数字是好是坏，这是公平对待记者的唯一途径。这样，不管我们的成绩好坏，他们都有东西可写。"这就是公开性。二是说真话。他说："我相信如果你能够把自己放到与新闻界平等的位置，对你的报道将是公平的，每家公司都有喜有忧，所以应该把实情告诉他们，请相信，他们是什么坏事都能查得出来的。你干吗不把内容告诉他们，这样既为他们省时间，也为你自己省时间。"

对新闻媒介和社区公众公开事实真相，这一做法实际上是为组织树立了良好的形象和信誉，因为，如果传播媒介认为，通过公开的渠道可以从组织那里及时获得真实的、准确的信息，那么他们就会不断地向组织索取更多的信息，公共关系人员可借此同新闻媒介或传播渠道建立良好的媒介关系。

> **一个人的消博会**[①]
>
> 　　因受非典的影响，原定于2003年6月初在宁波举行的第二届中国国际日用消费品博览会延期举行，印度商人哈里斯未收到通知，于6月8日兴冲冲地如约前来，却陷入无处去找供应商的困境，他成了参加消博会的第一个而且是唯一的外商。消博会组委会得知情况后，专门为他举办了"一个人的消博会"。宁波市外经贸局人士特意安排他去余姚企业实地考察，并采购到一大批商品，最终让他满意而归。金秋时节，第二届消博会开幕，哈里斯再赴诚信之约，据哈里斯介绍，他把自己6月份的亲身经历告诉一大批同行朋友后，有20名印度和中国香港客商也赶至宁波参加消博会。2003年9月23日，组委会授予他"消博会荣誉会民"称号。

2. 互惠互利原则

　　公共关系不是以血缘、地缘为基础，而是以一定的利益关系为基础的。公共关系活动的目的是要使社会组织和公众相互了解、相互合作，从根本上说，公共关系的驱动力是双方的利益要求。因此，公共关系活动要在关系双方相互了解、相互合作的基础上，使双方利益要求都得到满足。

　　对公共关系的互惠互利的原则不能作实用主义的片面理解，不能认为公共关系就是社会组织与公众之间的利益关系，没有情感的交流和道义上的相互帮助。恰恰相反，公共关系正是要建立一种感情融洽、富有职业道德的相互了解、相互合作的关系，只有在这种关系状况下，才能真正做到互惠互利。

3. 公众导向原则

　　现在，"公众导向"已经成为组织一切公共关系工作的出发点。从现代公共关系发展初期的"愚弄公众、欺骗公众"，到艾维·李倡导的"说真话"，爱德华·伯内斯主张的"投公众所好"，斯科特·卡特利普等人提出的"公共关系开放系统模式"，直到今天被人们普遍接受的"以公众为导向"的观念，反映了组织主体的公众意识逐渐端正和逐步深化的过程；从现代公共关系初期美国垄断寡头们的"让公众见鬼去吧"的疯狂叫嚣，到今天随处可见的"谋取公众好感与信任"的种种"亲善行为"，反映出组织在处理自身与社会公众之间的关系时，在行为和结果上呈现出的巨大反差和变化；从对公众一相情愿、单向的灌输，到一整套科学的工作程序和现代化的沟通观念及手段的系统结合，反映出在强烈的公众导向意识指导下的企业公共关系工作已经走上科学化和规范化的轨道。

　　正如国外一位著名企业家所说：最初，公共关系只是企业家手中的一件小玩意儿，而今天，它已经成为企业生存的基本观念和企业发展的重要手段之一。现代公共关系实践的发展向人们昭示着：企业的发展离不开社会公众的支持与帮助，企业必须注重协调、处理好与各类公众的关系，按照公众的意愿与要求来开展企业活动，争取公众的好感、认可和接受。

---

　　① 资源来源：包英，郑先勇. 公共关系学. 杭州：浙江大学出版社，2007.

> **一句广告语　红牛赔千万**
>
> 　　培育"公众导向"的理念,不妨跟红牛学一学。最近,功能性饮料红牛在美国了结了两桩集体诉讼官司,同意向消费者支付1 300万美元赔偿金,用以补偿不实广告语对消费者带来的伤害。
>
> 　　这句让红牛损失巨大的广告语是"红牛给你双翅膀",红牛最终承认,"给不了你翅膀",因此同意赔钱。在一般人看来,这或许有些荒唐可笑。网友还跟帖调侃说:"看起来我得赶紧去举报老婆饼。"
>
> 　　其实,仔细想一想,重视消费者,诚信经营,似乎怎么做都不过分。著名商业顾问格里芬在《顾客至上》一书中就提出,经营者要重视抱怨的顾客,安抚愤怒的顾客,挽回流失的顾客。这样才能把顾客变成常客,把常客变成忠实顾客,把忠实顾客变成企业的拥护者。

　　遵循"公众导向"原则,企业应做到以下几点。

　　① 企业必须在深入研究社会公众对企业的认识、态度和要求的基础上,不断检讨、纠正企业自身行为,使之与社会公众的利益和期望相适应,以谋求社会公众的好感、认可、支持与合作。当企业利益和公众利益发生矛盾时,应把公共利益放在首位。

　　② 树立全面、整体的公众概念,即要求企业从更为普遍、广泛的意义上去认识企业的公众,以及企业与各类公众之间的关系,学会从各类公众利益的满足中寻找到企业发展空间和企业形象新的生长点。

　　③ 在企业领域开展了广泛的"CS运动"(Customers Satisfaction),即"顾客满意"的活动,并把它作为评估企业的重要标准之一。提高员工的业务技能,强化员工的职业道德意识,让顾客享受到高质量的、满意的服务。

　　④ 在企业内部建立保护员工正当利益的"缓冲"机制。这体现了体恤员工利益、服务员工的意识,企业的员工特别是一线员工,在维护企业形象和公众利益的服务工作中,常常要牺牲个人的权益。为了让"顾客满意"的活动长期坚持下去,有必要对员工牺牲的这些"个人权益"给予适当的补偿和奖励,以表示企业对这种献身精神、敬业精神的大力提倡和鼓励。这也是"服务意识"在内部公众身上的体现。例如,我国一些企业内部设立的"委屈奖",以及日本企业近年来流行的"ES运动"(Employee Satisfaction),即员工满意运动等。

4. 服务社会原则

　　这要求各类组织特别是企业必须有一种社会责任感,即要树立奉献社会、主动承担社会责任的意识。社会责任意识表现了企业经营、发展的社会意义,是高层次企业道德的表现。强烈的社会责任意识和行为可以让公众看到企业服务社会、贡献社会的宽阔胸怀,激发公众对企业的好感与信任,促进企业形象的提升。企业的社会责任意识主要包括:

　　① 为社会提供更多、更好的、质优价廉的商品;

　　② 保护生态环境,即节约能源、减少环境污染、治理公害、美化环境等;

　　③ 促进社会文化的发展与文明的进步,包括支持、援助社会的教育、科技、艺术、卫生、体育等文化事业,主动倡导、积极参与促进社会精神文明和良好道德风尚建设的活动,等等。

5. 双向沟通原则

传播沟通是企业开展公共关系工作的重要手段。科学地开展传播沟通工作，可以促进公众对企业的认知与了解，可以消除社会环境中存在的对企业的误解、冷漠和偏见，可以加强企业与公众之间的思想交流和情感沟通，帮助企业获得公众的好感、理解、支持与合作，在公众中树立起良好的企业形象。现代企业必须确立科学、正确的传播沟通意识，以更开放、更积极态度投入到市场竞争的大潮中去。

在公共关系信息沟通过程中，要注重信息的共享与交流，具体表现为企业不仅要有目的、有意识地以一定的信息去引导、影响公众，同时必须关注公众的反应，深入调查了解公众对企业的真实看法、期望和要求，并以此作为企业各项公共关系工作的出发点。因此，公共关系的一切传播沟通活动都必须坚持这种"双向对称"的原则。

6. 全员公关原则

公共关系是一种经营管理职能，负责社会组织的"无形资产"——知名度、美誉度、公众舆论和关系网络等的管理。正因为"无形"，所以大大增加了公共关系工作的难度。一个组织的公共关系工作要取得成功，仅靠专职的公关人员是不够的，必须依赖于组织的各个部门和全体成员的整体配合。因此，组织内上至最高领导下至普通员工都是公关人员。

所谓全员公关，是指通过对全体成员的公共关系教育和培训，提高公共关系意识，形成浓厚的公共关系氛围，使组织全体成员积极参加公共关系活动，并按照公共关系的要求开展工作。为此，必须做到以下三点：第一，决策层、领导者必须重视公共关系工作，并为之创造一切有利条件；第二，组织全体成员必须树立公共关系意识，把公共关系工作视为分内之事，按照公共关系的规范严格要求自己；第三，组织内部必须营造浓厚的公共关系氛围，凡是为组织赢得声誉的言行都应该得到评价和奖赏，凡是有损组织形象的言行都应该作为形象事故来处理，使重视公共关系在企业内部蔚然成风。

1.3 公共关系的学科性质与局限性

公共关系作为现代社会组织的重要管理功能和经营艺术，作为一种越来越重要的客观实践活动，从 20 世纪初开始引起人们的重视，并逐渐形成为一门新兴的、综合性的边缘学科。

1.3.1 公共关系学的学科性质

公共关系学是研究社会组织与公众之间传播沟通的行为、规律和方法的一门综合性学科，是公共关系实践活动的反映。不言而喻，它的研究对象只能是公共关系活动现象及其内在规律。根据研究对象的特点和研究的需要，公共关系学同其他应用性学科一样，一般可分为公共关系原理、公共关系实务（应用）和公共关系史三大块。从目前的研究状况看，公共关系学三大块的发展并不平衡，一般来说，理论部分相对薄弱，实务部分比较活跃充实，关系史的部分还比较落后。

事实上，公共关系学是一门新兴的、综合性的边缘学科，其学科性质体现在以下几个方面。

1. 公共关系学是一门综合性的学科

公共关系学的综合性主要表现为，它以众多的社会学科为理论基础。这些学科包括经营管理学、市场营销学、大众传播学、人际关系学、社会心理学、广告学、组织行为学，等等。从根本上说，公共关系学的这一学科特点源于公共关系实践的广泛性、多样性和复杂性。公共关系理论研究的先驱们也广泛地借鉴、吸取各门社会科学的研究方法和研究成果，理论与实践相互促进，使公共关系学逐渐从模糊的状态中"析出"，在许多相关学科的基础上发展成为一门独立的综合性应用学科。

2. 公共关系学是一门独立的学科

首先，虽然公共关系学是以众多的社会学科作为理论基础的，但这绝非意味着它仅仅是众多学科的简单"裁剪""拼凑"。公共关系学是有选择地、系统地借鉴和吸取各门学科的成果，其目的是为研究自身特有的研究对象提供某一方面（不是全部的）的思维方法，因此可以说，各门学科代替不了公共关系，各门学科的总和也不是公共关系学。其次，公共关系学有其自身特有的研究对象——公众，有其自身特有的目标——追求良好的公众关系和企业形象，从这一点来说，公共关系学具有其自身特有的核心理论部分，并且这是学科独立性的重要标志。综合以上两点，毋庸置疑，公共关系学是一门独立的学科。

3. 公共关系学是一门应用性极强的学科

首先，公共关系的应用范围非常广泛。在现代社会里，任何一个组织都处在错综复杂的社会关系网络之中，为了维持组织的平稳发展，必须与组织内外的各类公众建立密切而良好的关系。因此，公共关系学的原理与实务可以运用于一切社会组织的各项事务之中。其次，公共关系在实际工作中具有高度的技巧性。与许多社会学科一样，公共关系学体现了科学性与艺术性的完美结合，总结公共关系活动的基本规律，为人们解决公共关系问题提供了可以借鉴的基本原则、方法和手段；但是，面对具体的公共关系问题，如转变公众的态度、危机问题的解决和公共关系策划等工作，则要求公共关系人员凭借丰富的实践经验，具体问题具体分析，灵活运用公共关系的基本原则和方法，充分发挥想像力和创造精神，富有成效地达到公共关系目标。与其他学科相比，公共关系学的艺术性和技巧性特点更为突出，是一门应用性极强的学科。

1.3.2 公共关系的相关范畴辨识

作为一门综合性的应用学科，公共关系学涉及许多不同的学科领域和实践范畴，在应用中较容易被视作宣传、广告等活动的同义语。对这些概念上的混淆和误解加以辨析，可以帮助我们进一步理解公共关系学的本质特征。

1. 公共关系与宣传

公共关系与宣传的联系主要表现在：二者性质上都是一种传播过程，并具有一些共同的活动特点；二者的工作内容有时也是相同的，如每个组织都有团结内部成员，增强群体凝聚力、向心力、荣誉感等方面的任务，这既是组织内部宣传工作的内容，也是组织内部公共关系工作的目标。但是公共关系与宣传是有区别的，其区别表现在以下几个方面。

① 工作性质不同。宣传的目的主要是改变和强化人们的心理状态和精神状态，获取人们对某种主张或信仰的支持。其主要内容是国家的方针、政策、社会道德、伦理、法制等方面的教育。公共关系作为一种特殊的管理职能，其目的是塑造组织形象，建立组织与公众的

良好关系，除了宣传、鼓动以外，其工作的主要内容是信息交流、协调沟通、决策咨询、危机处理等。

② 工作方式不同。宣传工作是单向传播过程（组织——→公众），带有灌输性和强制性；其目的有时是隐秘的，并不为公众所知晓；工作重点往往是以组织既定的目标来控制公众的心理；有时为了获取目标对象的支持，宣传容易出现夸张渲染的片面效应。公共关系工作是一种双向传播过程（组织⇌公众）；公共关系必须尊重事实，及时、准确、有效地向公众传递组织信息，以真诚换取公众对组织的理解和信任；公共关系除了向公众解释、说服工作外，很重要的职能在于向组织的决策层提供信息和咨询；其目的、动机是公开的，应努力使公众了解，让公众知晓；公共关系工作是说与做的统一，不仅要求组织做好本身工作，还要求把自己做好的工作告诉公众。

2. 公共关系与广告

一般情况下，人们提到的广告大都指商业广告，即广告主为了扩大销售、获取盈利，以付钱的方式利用各种传播手段向目标市场的广大公众传播商品或服务的经济活动。开展公共关系无疑要运用广告这种重要的传播形式，但广告不等于公共关系，它们之间既有联系又有区别。其联系主要是二者都具有依靠传播媒介传播信息的特征。因此，从某种意义来说，广告在不同程度上起着扩大组织影响、建树组织形象的作用。公共关系与广告的区别主要在于以下几个方面。

① 传播的目标不同。公共关系的目标是赢得公众的信赖、好感、合作与支持，树立良好的整体形象，"让别人喜欢我"；广告的目标是激发人们的购买欲望，对产品产生好感，"让别人买我"。

② 传播原则不同。广告的信息传播原则是引人注目。只有引人注目的广告，才能使企业的产品和服务广为人知，激发人们的购买欲望，最终达到扩大销售和服务的目的。公共关系传播的首先原则是真实、可信，其传播的信息都应当是真实的、可信的，绝不能有任何虚假。当然，公共关系信息传播也要讲究引人注目，但"引人注目"从属于真实性，是为真实性服务的。

③ 传播方式不同。广告为了引人注目，可以采用各种传播方式，包括新闻的、文学的及艺术的传播方式，可以采用虚构的乃至神话的夸张手法，以激起人们的兴趣，加速人们的购买欲望。但公共关系的传播方式，最重要的是靠事实说话，其信息传播手段主要是新闻传播的手段，如新闻稿、新闻发布会、报纸、杂志等。这些传播手段的特点是：靠信息的真实性、客观性及其内在的新闻价值说话，认为成功的关键不在于当事人运用什么哗众取宠、耸人听闻的表现手法，而在于善于选择适当的时机、采用适当的形式，通过适当的媒介，把适当的信息及时、准确地传递给目标公众。

④ 传播周期不同。通常来说，广告的传播周期是短暂的，短则十天半月，长则数月一年，一般不会太长。相对来说，公共关系的传播周期则是长期的，其任务主要是树立整个企业的信誉和形象，急功近利的方式是很难奏效的。

⑤ 所处地位不同。一般来说，广告在经营管理的全局中所处的地位是局部性的，其成败好坏，对全局没有决定性的影响。但公共关系工作却不同，它在经营管理中处于全局性的地位，贯穿于经营管理的全过程。公共关系工作的好坏，决定着整个企业的信誉、形象，决定着整个企业的生死存亡。

⑥ 效果不同。一般来说，广告的效果是直接的、可测的，其经济效果是显而易见的，对某项广告而言，其效果也往往是局部的，只影响到某个产品或某项服务的销路。因此，广告的效果又是局部性的、战术性的。而公共关系的效果则是战略性的、全局性的。一旦确立了正确的公共关系思想，并开展了成功的公共关系工作，企业就能在外界建立起良好的信誉和形象，使组织受益无穷，而且社会各界也会因此受益匪浅。成功的公共关系所取得的效益，应该是包括政治、经济、社会等各方面效益的社会整体效益。一般来说，这样的整体效益是难以通过利润的尺度来直接衡量的。

200美金的"报酬"

20世纪60年代末，一位中国台湾商人到美国去参加一次商品展销会，带去了一批新式算盘进行推销，尽管他在展销会的会场上租用了一块很大的柜台，但由于美国人不知道算盘为何物，自然就使得他的算盘无人问津。一个偶然的机会，这位商人遇到了一位哥伦比亚电视公司的节目主持人。这个人对算盘产生了浓厚的兴趣，他邀请台湾商人带着算盘到他主持的节目中去同计算机进行比赛，结果是算盘获得了胜利。这一下使许多美国人大为惊叹，于是要求购买算盘的订单纷至沓来，使这位台湾商人研制的新式算盘在美国获得了众多的消费者和客户。正当这位台湾商人感到欣喜若狂，准备对哥伦比亚电视台进行答谢的时候，那位哥伦比亚电视公司的节目主持人找上门来。他手里拿着200美元，对这位台湾商人说："这200美元钱是你在电视台进行比赛的表演费。"当时，这位台湾商人感到很惊讶，他忙向节目主持人说，你已经帮我做了广告，我不能收这一笔表演费。可节目主持人回答道，如果是做广告，您给我2 000美元也不够，但这不是广告。

公关专栏

3. 公共关系与市场营销

公共关系工作在企业中，几乎与市场营销融合在一起。换言之，企业的公共关系工作几乎完全为市场营销活动服务。正如英国公关专家弗兰克·杰夫金斯所说："销售中的每一个因素都需要公关人员来加强、完善。"因此，公共关系可以涉及市场营销的各个角落。实际工作中，公共关系与市场营销经常交叉、融合在一起，给人以"你中有我、我中有你"的感觉，于是产生出"公共关系"等于"市场营销"的错误观点。之所以存在这种认识上的偏差，主要是因为二者确实存在某些相似之处。第一，公共关系和市场营销都涉及企业和其目标顾客（或顾客公众）之间关系的管理。第二，公共关系在客观上具备促销的功能，正如有人所言："良好的企业形象是无言的推销员。"这使得公共关系与市场营销的功能有所交叉，在企业经营中二者常常融合在一起发挥作用。第三，二者工作的成功均有赖于对目标顾客（或顾客公众）看法和行为的了解。但是，如果透过这些表层现象作进一步的分析，就不难发现，两者之间还存在着重要的差别。

① 工作对象不同。市场营销的工作对象是顾客，但这仅仅是公共关系工作对象的重要部分之一，而非全部。

② 性质不同。市场营销是企业满足消费需求、实现企业目标的商务活动。公共关系的活动则大大超越了企业的经济活动领域，向文化、科技、教育等其他事业领域延伸，主要表现为企业的社会活动。

③ 目标不同。市场营销的最终目标是实现生产与消费的统一，它主要关注商品和服务的盈利。公共关系的目标是促进企业与公众之间的理解、信任和支持，树立企业的美好形象，它注重的是企业与公众之间的双向信息交流。

④ 手段不同。市场营销所采用的手段是价格、推销、广告、包装、商标、产品设计、分销等。这些手段都是紧紧地围绕着产品销售的目的。而公共关系所采用的手段是宣传资料、各种专题活动，如记者招待会、社会赞助、典礼仪式、危机处理等活动。

⑤ 效果不同。市场营销达成的是企业与顾客的商品交换，其效果可能是短时性的。而公共关系首先关注的是与更广范围内公众进行长期的信息、思想和感情的交流，由此培育起与公众之间的信任与理解，当然也具有促进商品销售的效果，而且这种效果具有持续性，从而使公共关系成为市场营销的重要支柱。

由以上分析可以清晰地看到：公共关系并不等于市场营销。

总之，公共关系学是在许多相关学科的基础上发展起来的一门综合性的应用科学。它的基础理论大而分散，核心理论小而集中。日益深化和丰富的公共关系实践正在给这门年轻的科学不断注入新鲜的养分和活力。作为一门新兴的应用科学，公共关系学正以其独特的研究角度、研究方法，以及在实践中发挥出的巨大潜能，显示出旺盛的生命力。

1.3.3　公共关系的局限性

公共关系在现代企业经营管理中的独特地位，以及所具有的影响个人、组织和社会的巨大作用和重要功能日益被人们所认识。伴随着我国"公关热"的升温，出现了把公共关系的作用盲目哄抬的现象。不少人把公共关系看作是一种神奇的秘密武器，是包治百病的灵丹妙药。这种认识使初学者容易对公共关系产生过高的不切实际的期望。因此，有必要提醒初学者注意，公共关系学和其他任何一门学科、任何一种工具一样都有其适用范围，因此都有局限性。

企业良好的形象是企业在竞争中谋求生存和发展的无价之宝。虽然公共关系被誉为"塑造形象的艺术"，然而对于企业良好形象的形成，公共关系所起到的作用和贡献却是十分有限的。从根本上讲，组织的形象是靠企业产品的质量、服务的水准、交货的及时性及合理的价位来定义和塑造的。也就是说，质量、价格、服务和交货时间决定了顾客的满意度，而顾客的满意度描绘出组织的客观形象。不同的组织之间，只有在相同或相似的产品质量和服务水准的情况下，公关工作的好与坏才能对其组织形象起到一定的作用。可以这样说，企业如果离开提高产品质量和改进服务工作的基础，单纯企求通过公关来"塑造"所谓的良好形象，是不会有积极效果的，甚至会弄巧成拙。

公共关系不可能制造奇迹，不可能克服供应不足、资金短缺、士气低落等经营中的困难，更不可能弥补产品质量低劣的现实。公共关系所能做的是监测环境、了解信息，据此影响公众的态度和行为；它可以帮助其他管理部门向公众表达企业的观点和想法；它可以通过信息传播赢得公众的注意，转变公众态度。然而，它的作用可能因企业政策和行为的失误或者粗劣的产品和服务而一文不值。

公共关系不能掩饰企业经营管理的真相，不能文过饰非，只能如实相告，来不得半点虚假。许多实例说明，如果一个组织无视公众利益，将组织的利益置于公众利益之上，或者乱用公众的信任，那么这个组织的声誉便会下降甚至消失。因此，我们对公共关系的作用应有清醒的认识。

> **公关工作的庸俗化现象**
>
> 公关工作的庸俗化或低级化在过去一段时间里曾是个突出问题。公关工作的庸俗化主要体现在把公关视同交际、接待工作，或把只有短期效应的战术性举措当作最重要的公关策划。公关活动的庸俗化则违背了正确的公关观念甚至是法律规范，为了达到某种目的不惜用任何手段：在社会交往中，把公关当"攻关"，吃喝送礼已是"人之常情"，色相引诱和巨额回扣成了"攻关"活动的杀手锏；在公关广告宣传中，一些企业为了提高知名度或招徕顾客不惜弄虚作假，从"百万年薪"的招聘广告到"一元吃甲鱼"的宣传曾见诸报端。一大群只有容貌和肤浅交际技能的女性被聘为公关小姐，不懂业务却是酒桌上"英雄"和舞场上"高手"的男性也成了公关先生，这就难怪以前人们对"公关"有许多非议。当然，这是异化了的"公关"。随着时代发展和公关事业的进步，这种现象已越来越少见了。

复习思考题

1. 你对历史上各种公共关系定义有什么看法？你最赞同哪一个？
2. 如何理解公共关系对组织和社会所发挥的作用？
3. 为什么要对关系作出正确的认识？公共关系与"拉关系、走后门"的区别何在？
4. 如何认识公共关系三大构成要素？
5. 研究、确定公共关系六大基本特征有什么价值？
6. 公共关系对环境研究的意义和内容是什么？
7. 如何理解"真实公开"原则在公共关系中的作用？
8. 贯彻公共关系的全员 PR 原则要注意哪些问题？
9. 如何认识公共关系的局限性？

案例训练题

案例 1-1　　　　　　一个国家的公关[①]

奥运之时，在体育以外的另一个竞技场上，中国政府正在与国际媒体暗战，其唯一有效的工具是：沟通。"政府意识到，奥运成功与否并不是自己说的，而是国际评价。"伟达（中国）公共关系顾问有限公司董事、高级副总裁孙玉红说。

如今，中国越来越频繁地登上欧美大报的头版，中国被描述成为一个庞然大物，她发展很快，但时有愤怒；她无处不在，却又琢磨不透。中国政府希望其国际形象变得现代而温和，改善西方对中国的刻板印象。为了此目标的达成，她已在手段层面作出了选择：开放而

---

① 资源来源：沈亮，蔡木子. 南方周末，2008-09-04.

非禁止，沟通而非躲避。

也正因此，掌握着与媒体、公众沟通技巧的国内外多家公关公司进入了政府的视野，并开始了时近8年的合作历程。

专业公关公司进入政府活动，既是中国因国家崛起而不得不在意国家形象的一种选择，更是政府全能主义的一种姿态转变，由包办一切转而对专业分工、专业价值的认可和引入。

终于看到奥运公关的结果

8月26日下午，北京奥运会结束的第三天，孙玉红心情不错。伟达（中国）与北京奥组委在2006年就启动的合作项目，现在终于看到了结果。奥组委新闻宣传部部长王惠给她发来短信以示谢意："谢谢你两年的鼎力支持！"

这一天，在孙玉红的桌上，放着一份《北京奥运会国际媒体监测情况汇总》，里面摘录了法新社、路透社及《华尔街日报》《金融时报》等国际主流媒体对奥运会的相关报道。此类监测，是奥组委对公关公司的要求之一。早在奥运会正式开始之前，应做说明就每日撰写一份。

监测是为了预估媒体将要问到的问题，这对公关公司的监测与分析能力都是考验。每天早上，孙玉红与奥组委一起研究昨天的舆情焦点，以此决定当日发布会的内容，"几乎要无一遗漏""如果有问题超出了奥组委的工作范围，就会把相关负责人请来作答。"孙玉红说，"有记者问天气，我们就请气象局的负责人；还有问兴奋剂的，那药监局的负责人就会出现。"

这些出现在新闻发布会现场的发言人们，都已经过多次培训。

在此类培训班上，公关专家们面授机宜。"我们帮助他们了解记者的工作性质。提供记者所需要的新闻，同时也传达自己想传达的信息，这需要技巧，"孙玉红说，"记者为了拿到真正有价值的新闻也会使一些技巧。有时记者一开始问比较温和的问题，当你眉飞色舞地讲了半个小时放松警惕后，他突然问一个尖锐的问题，这时你很可能就放松警惕了，随随便便地就讲。还有些时候，记者说，好，今天的采访就到这儿吧，然后就收拾行装，临出门前问个看似不经意的问题，你没有警惕，结果第二天一看报纸，只有最后一个问题写了，前面的一个都没有见报。"

也曾有记者质问参与培训的清华奥美公共形象战略研究室研究主任董关鹏："你都教了官员些什么啊?!"董关鹏回答说："我教的第一个原则是，谎言永远掩盖不了真相。"

在体育与政治间做切割，这是伟达为奥组委提供的宣传建议。"中国承诺的是办一场很好的奥运会，跟别的国家相比，中国的难度更大一些，要处理很多与奥运无关的事情。比如奥组委经常要面临政治外交舆论上的各种问题，"孙玉红说，"我们的建议就是政治跟体育分开，这是大的基调与策略。政治的话题由国新办来回答，奥组委专注做好自己的事情。"

目标的达成并非一夕之功，伟达为此工作了3年。

不开只会更糟

2005年，北京奥组委在世界范围招标，全球八大公关公司都来应标。

孙玉红介绍说，在评估的过程中，北京奥组委要求应标公司提供六个方面的能力证明：一、较清晰的宣传战略；二、每天5种语言的国际舆情监测；三、为奥组委做形象推广，走出去沟通，也要请国际媒体进来观察；四、与媒体保持良好的关系，并为其提供服务；五、帮助奥组委三百多名官员进行媒体培训；六、是危机管理能力。

经过三轮的筛选，历时8个月，最终伟达拿到了这份合同。奥组委看中的是，伟达在七十多个国家设有办事处的庞大国际网络，以及与国际奥委会6年的合作经历。

除此之外，作为1984年第一家进入中国的外国公关公司，伟达的本地团队已经与中国的环境磨合了二十多年。"很多时候，公关公司跟中国政府合作不成功的原因在于交流问题。"孙玉红说。2006年，工作开始。伟达为此组建二十多人的团队，其中以美国专家为主，中国员工人数将近一半。

此间，奥组委先后邀请了18批、近200位国际媒体的记者前往中国，他们大多都没有来过，安排他们和奥组委领导沟通，去环保、交通等相关部门参观。"他们大都很震惊，感触很大。"孙玉红说。与此同时，奥组委领导也多次去《纽约时报》《华盛顿邮报》《洛杉矶时报》等美国主流报刊走访。8月27日，《纽约时报》专栏作家托马斯·弗里德曼发表文章赞美中国非常强大。"没错，如果你从北京往外走，驱车一个小时就会看到中国广阔的第三世界。但新意在于：中国的富裕部分，北京或上海或大连的现代部分，如今比富裕的美国要先进。"他写道。

有趣的是，伟达和北京奥组委曾邀请访华的国际媒体人士中，就有弗里德曼。

除了按计划进行的公关行动外，伟达与奥组委也需要处理突发的危机事件。当火炬传递在法国遭遇风波后，孙玉红飞到火炬传递的下几站与当地媒体沟通。在美国，她与伟达旧金山办公室的同事一起，安排了7家当地主流媒体采访了北京奥组委火炬中心两位新闻发言人。"在美国的报道显得较平和，没有大量的负面和冲突。"在澳大利亚，奥组委邀请了一位澳大利亚记者加入火炬手的行列。

在《北京奥运会国际媒体监测情况汇总》中，伟达总结道："与以往的国际媒体报道角度不同的是，国际媒体在总结评论中，已经有意将北京奥运会的成功与中国、中国人权、中国政治问题进行分别评论。"

从2007年至2008年，北京奥组委共召开新闻发布会160多场。2008年上半年，基本保持了每周两次的频率。其间也经历低潮。"有时官员有些挫折感，他们问：开了100场发布会了，可外媒还是觉得我们不够好，我们是不是不要开了？"孙玉红说，这时就鼓励他们，不开只会更糟。

这样的变化，外媒感觉到了。"中国政府变得主动，也比较克制，"新加坡《联合早报》记者韩咏红评价说，"虽然官员依然严肃，但意识形态正在淡化。"

《联合早报》记者于泽远在《奥运已经成功中国仍需努力》一文中写道："在中国金牌一直遥遥领先的情况下，中国主流媒体没有炒作'雪耻''爱国'等排他概念。"

不过，沟通技巧的运用也尚未到达化境。于泽远对此也感到遗憾："例如，官方发言人有时在面对外国媒体质疑时，用尖刻的语言回应，甚至失态发火。"

与世界沟通

近几年在中国，像伟达这样的专业公关公司越来越多地被引入到政府或准政府活动中。

2007年3月，美国发生多起宠物食品中毒事件，一些媒体借机质疑中国产品质量。一开始中国方面还是守势，没有声音。公关公司奥美国际集团的总部就在纽约，"风口浪尖"，看到问题严重，奥美全球CEO夏兰泽（Shelly Lazarus）致信时任国务院副总理吴仪，表达奥美愿意协助中国对外沟通，化解此次危机的意愿。随后奥美收到中国国家质检总局和国家药监局的邀请，为相关机构的发言人做了媒体培训，告诉他们，紧盯这个事件的几个媒体有什么特点,有什么评论取向,不能说无可奉告,要有亲和力,要坦诚,建立一套应对媒体的模式。同时,还邀请一些外媒驻京记者去工厂参观。"那段时间外电报道说中国政府聘请奥美作为官方传播机构,事实上没有正式的商业合同,我们完全是免费的,是一个企业承担社会责任。"奥美的相关人士说。

在中国国际公关协会搭建的咨询平台上,智扬公关顾问机构总裁高鹏也为此场危机提供了建议。不过,当他参与时,中国政府已经找到了舆论制高点:中国制造就是世界制造。

在澳大利亚的一家大卖场里,一位市民对着摄像机说:"海尔很好用啊。"中国希望告诉世界:中国制造给世界带来福祉,所有人正在享受中国制造的益处。"这个制高点找到了,此次危机中国便可安枕无忧,"高鹏对此非常认同,"这就像统一战线一样,争取了最大的利益共同体,将世界和中国融为一体。"

几年前,清华奥美公共形象战略研究室研究主任董关鹏还在担心:如果一遇到危机事件,国内媒体言路不畅,结局将是西方媒体羽翼日丰。而经济大门洞开后的中国,若官员依然奉行"行胜于言",长此以往,恐会出现中国官员的集体失语症。若到那时再想找回失去的话语权,任何高明的公关专家都会回天无力。

现在,董关鹏已没这么多忧虑,他深信在奥运期间对世界敞开的大门,不会再关上。从申奥成功到现在,这是中国学习与世界沟通的七年。

曾经,首都机场刚下飞机有一个特陡的坡,中文写着"小心碰头",英文是"Be careful"(小心!)——这是外国人进北京时看到的第一句英文。现在,经公关专业人士提醒已被改掉。2000年,歌手刘欢去伦敦演唱时所选曲目是《水浒传》,"该出手时就出手",在英国人听来充满威胁。而如今,在奥运会的开幕式上,他在唱《You and Me》,平衡着西方喜欢的和声、中国人注重的旋律。

问题

1. 总结北京奥运公关的意义。
2. 结合案例,说明北京奥运的公关实践体现了公共关系的哪些职能和原则。

案例 1-2　　　　　　W 公司的"中原事件"

W 公司热水器曾连续多年获全国产销量第一,是国内最大的热水器生产基地之一。但是 W 公司却在"中原事件"中栽了一个大跟头,几乎"身败名裂"。

金秋十月,郑州市发生多起 W 品牌热水器"爆裂"事故。往往用户正在洗浴时,W 品牌热水器瞬间发出一声爆响;用户颇受惊吓,但更重要的是 W 品牌热水器从此再也不能使用了。

这样的事件在郑州发生了多次,而且集中在一个干休所的住宅小区。这个住宅小区安装的是 W 公司生产的第一批产品,已使用了四五年。河南省燃器及燃气具产品质量检测中心在检查"爆裂"的热水器后得出的结论是:这些事故是由于干烧引起的。"干烧"是指热水器点燃后,开关转至大火位置,冷水阀还未打开时,大火燃烧器已被点燃,或水阀已关闭,而大火仍然不灭,以致热水器中热交换器螺旋形管经受不住高压蒸汽而爆裂。由于这些热水器是 W 公司的第一批产品,所以当时还没有防干烧装置。事故发生后不久,用户即找到了 W 公司郑州服务中心要求免费维修。

尽管当时W公司在郑州的用户已有20万,在整个中原地区更难以计数,但W公司郑州服务中心对此事的处理却十分不当。W公司服务中心答应为用户维修,但要求用户支付零件费,而且态度差。本来就因在冲澡中由于热水器爆裂憋了一肚子火的用户,此时更是火冒三丈。于是,用户联名将其告到了消费者协会。

W公司郑州服务中心的技术人员此时却急于找出原因。他们对发生干烧"爆裂"的热水器进行了详细解剖,发现出现干烧现象的产品、热水器阀和水气联动阀里面都有铁锈状沉淀物,当沉淀物积累到一定量时,就会引起水汽联动阀里面的推动杆运动不灵活,严重时会卡住不能复位;水中的沉淀物累积堵住水气连动轴,造成关水后热水器不熄火而继续燃烧,就是"干烧"。"干烧"时由于水箱水管里的水不流动,很快就会把里面的水烧开而产生蒸汽压力。如热水器是后制式(即水龙头装在热水器出口控制处)的话,水管里的压力就会越烧越大,最终造成水箱水管"爆裂",并发出很大声响,使热水器不能继续使用。W公司郑州服务中心终于找到了一块挡箭牌,他们发现了水中的锈状沉淀物。

不久以后,W公司郑州服务中心匆忙在《郑州晚报》上刊登了一则广告,大意是:由于郑州自来水中含有杂质,导致W热水器在使用时,水阀和水汽联动阀都积有铁锈状沉淀物,从而导致热水器出现"干烧",由此产生的热水器"爆裂"与W公司产品质量无关。

W公司郑州服务中心想就此推卸"爆裂"的责任,却又一次犯了大错。W公司郑州服务中心的最大失误在于将这场危机扩大化了,把郑州自来水公司也卷了进来,又为自己树立了一个强大的对手,不利于化解危机。果然,郑州自来水公司迅速作出了反应,以损害名誉为由向郑州市人民法院起诉W公司,要求赔偿名誉损失费100万元人民币。郑州自来水公司的水源取自黄河水,报纸上宣称郑州自来水有杂质,影响着几百万郑州人民的生活,事关安定团结,当然会引起自来水公司的强烈反感。郑州自来水公司出示的证据是采自郑州9个自来水取水监测点的关于水质正常的监测报告。

W公司则认为,郑州市自来水水源没有问题,不等于用户水龙头里的水没有问题,由于管道失修和二次污染,导致郑州自来水有杂质。对每一台"爆裂"热水器的检验都表明水箱里面有铁锈状沉淀物,这就是杂质的证据。双方各执一词,相持不下。

长达一年的W公司危机并没有引起W公司多少重视,无论W公司郑州服务中心还是W公司总部都未对这一事件引起足够重视,用户的问题迟迟没有得到解决。

第二年10月,"W事件"终于开始解决了,W公司在中原受重创。全国人大常委会消费者权益保护法执法检查组到全国各地巡视,第一站直奔郑州。检查组刚到郑州,当地消费者协会即就W热水器"爆裂"事件向全国人大检查组作了专门汇报,检查组当即作出了有利于消费者的指示。

10月21日晚,随行的新华社记者写了《郑州多次发生W热水器爆炸事故》,在记者的新闻稿中"爆裂"变成了更具形象的"爆炸",从而使新闻色彩更加浓厚。此稿一路审查通过。

10月21日,北京新闻界的一位朋友给W公司打电话说,有一篇"W热水器爆炸"的新闻稿即将从新华社发出。当时,W公司的老总正在香港,未对此事采取任何应对措施。

或许,如果W公司早一点知道消息,或许当时W公司以总公司的名义急电新华社,言明新闻稿与事实有出入,就不会造成那么严重的影响了。几个小时以后,冠以"新华社郑州10月21日电"的消息《郑州多次发生W热水器爆炸事故》由北京发往全世界。

第二天，几乎所有大报纸都在头版位置刊登了这一消息。这则消息来自新华社有足够的权威性，事关中国大企业有一定的显著性，又非本报采写无诉讼风险。于是乎，报纸都铺天盖地地刊登了这则消息。一家中央级大报为这则电讯稿配上一个醒目的标题——《想买热水器吗？当心》，另一家报纸索性把 W 公司的广告词改了一下——《要买热水器呀，告诉你吧，郑州 W 热水器多次发生爆炸》。

由检查组下令、新华社撰稿、全国新闻媒体刊登的"W 事件"是对 W 公司的一次集体毁誉，W 公司的品牌受到了重创及毁灭性的打击。

对于如何处理这起事件，在 W 公司内部形成了"主战"和"主和"两派。主战派认为事已至此，就要焦土抗战，把官司打到底；主和派认为 W 公司应该把目标转向售后服务上，认认真真为消费者解除后顾之忧，此事的影响让时间去冲淡它。

此时的 W 公司，由于不重视消费者的利益以及轻视企业潜伏危机已经变得伤痕累累了，一个庞大的企业，在整个社会新闻、舆论的攻击下已难以再继续维持其良好企业形象了。

问题

1. 分析 W 公司郑州服务中心没有遵循公共关系的哪些原则。面对顾客投诉，如何开展工作才能维护企业形象？
2. 为 W 公司制订一套公关方案，以便妥善处理顾客的问题。

案例 1-3　　　　　　你敬人一尺，人让你一丈

襄阳轴承厂是一个拥有 7 000 多名职工的大型企业。这个厂过去由于未重视公共关系与社会关系调节手段，吃了不少苦果。一是有一年春节，该厂派代表去给市供电局的头头们拜年，无意之中送去了一本封面印有老虎的挂历，没想到供电局有的同志认为这是有意讥诮他们为"电老虎"，结果好心办了坏事。二是某年夏天，这个厂里的一些职工，到附近养鱼塘里钓鱼，不听管理人员劝阻，发生了打架斗殴事件，惊动了公安部门，官司打到市里，最后厂领导向当地农民赔礼道歉，还要补偿经济损失。三是没能处理好与邻近兄弟厂之间的关系，经常发生纠纷。由于关系不协调，某厂一户职工的住宅建在该厂厂前中央街道右侧，占大道三分之一，时间长达 8 年之久，一直未得到妥善解决，直接影响轴承厂上下班职工的交通及厂容厂貌。

后来，在深化企业改革中，该厂通过招标选聘产生了新的厂长。新厂长张德炳原是总经济师，干供销工作多年，深知公关工作的重要。他出任厂长后第一件事就是到上级机关、当地政府、友邻兄弟厂进行拜访。当年春节大年初一又到邻近兄弟厂拜年，叙情议事。平时互相往来，赤诚相待，友好交往。由于注重了公共关系，过去的一些老大难问题，得到了妥善解决。前面所说的拖了八年的街道住宅，已顺利拆迁了；相邻的市标准件厂为了支持襄阳轴承厂修建厂前干道两侧人行道，将本厂的厂大门向里退回了两米，还主动拆迁了临时建筑物，并将通向职工食堂的道路改道绕行十多米。这真是"你敬人一尺，人让你一丈"。为支援当地乡镇企业发展，襄阳轴承厂也本着互利互惠原则，与当地营盘村签订兴建轴承零件车加工股份制企业的协议，工作进展很快。

襄阳轴承厂为了进一步密切同用户之间的关系，共分两批派出 50 余人到全国各地服务上门，访问用户，不仅催回历年拖欠款 300 余万元，还使相互拖欠款同比减少了 600 万元。

问题

　　1. 襄阳轴承厂忽视公共关系的调节手段表现在哪些方面？以后是怎样改进的？该厂前后的变化给我们什么启示？

　　2. "你敬人一尺，人让你一丈"，襄阳轴承厂是如何"敬人"的？

　　3. 从襄阳轴承厂的前后变化中，论述搞好各种社会关系的意义。

第 2 章　公共关系的起源与发展

- 了解人类早期公共关系活动及其特点；
- 了解现代公共关系产生和发展的社会条件；
- 熟悉现代公共关系发展的历史进程；
- 认识现代公共关系在中国发展的历程；
- 掌握未来公共关系的发展趋势。

公共关系作为一种专门化的社会职业，成为一门较为系统和完善的学科体系，至今不过百年的历史。但作为一种客观存在着的社会现象，却有久远的历史。了解公共关系的起源与发展，把握国内外公共关系的现状，对于全面、准确地把握公共关系思想和理论具有重要意义。

2.1　人类早期的公共关系

虽然公共关系成为一门系统、完整的学科体系的时间不是很长，但它作为人类的一种实践活动，或者在人们行为中曾经出现过的类似公共关系的思想和现象，却早已有之。早在奴隶社会和封建社会时期，近似于公共关系的社会行为和思想，不仅在当时人们的政治生活和经济生活中得到相当程度的发展，而且在人们的交往中得到较为集中的体现。

2.1.1　中国古代公共关系活动

中国是世界四大文明古国之一。无论是公共关系活动还是零星的公共关系思想，在中国古代都有所体现。

在春秋战国时期，中国的思想与言论是较为自由活跃的，那时便出现了百家争鸣、百花齐放的文化盛世。当时产生的士阶层，在社会上举足轻重，深受各诸侯君王们的器重与信赖，形成策士游说成风、舌战宣讲艺术发达的历史局面。《文心雕龙·论说》曾描述道："暨战国争雄，辩士云涌；纵横参谋，长短角势……一人之辩，重于九鼎之宝；三寸之舌，强于百万之师。"战国的游说者，足智多谋，口才雄辩。战国的游说，以闻名中外的纵横之争达到最高境界。如苏秦周游列国，宣传自己的"合纵"主张，使当时的齐、楚、韩、赵、魏、燕六国结成联盟。而张仪则凭借自己的雄辩口才，宣传自己的"连横"主张，对六国采取各个击破的政策，瓦解了六国"合纵"的政治军事同盟。这无疑是类似公共关系活动的游说、宣传、劝服和沟通工作。

在政治生活中，中国古代统治阶级重视自身的政治信誉和争取民心的工作。战国时期，秦国为了变法图强，商鞅专门策划了"徙木赏金"活动，来表明政府推行变法改革的决心，在民众中树立起可以信赖的形象，使秦国的变法得以顺利开展，为最后统一中国打下了坚实的基础。战国时著名的四大公子之一孟尝君有一个食客叫冯谖。有一次，孟尝君让冯谖去其家乡讨债，冯谖问买点什么回来，孟尝君让他看看缺什么就买什么。冯谖懂得如何为主人买回人心、树立形象，便当众把债据焚毁，为孟尝君买回了民心。当时孟尝君不理解，后来被罢官回乡，乡亲们扶老携幼，离家百里在路上迎接孟尝君。

此外，"子产不毁乡校""刘备三顾茅庐""诸葛亮七擒七纵孟获""李世民以人为镜纳谏如流"等，都说明公共关系技巧在中国古代政治生活中发挥着重要的作用。

在经济生活中，尤其是商业活动中，人们都自觉不自觉地运用各种传播手段和沟通技巧来宣传自己，树立自己的良好形象。汉朝的张骞通西域、明朝的郑和七次下西洋都是我国古代典型的国际公共关系活动。而古时候中国店铺门前的"百年老店""童叟无欺"等五花八门的招牌则更具有公共关系的色彩。广为流行的"和气生财""如假包换"等商业准则，更是集中体现了公共关系基本原则在古代商业活动中的运用。

在人们的日常交往中，自觉的公共关系意识和思想也得到一定程度的体现。孔子曾讲过与人交往，要"言而有信""人而无信，不知其可也"。孔子的核心思想是"仁"，即仁爱、爱人。他看重人、宽厚待人、信赖人，主张施民以惠，以教育说服人、感化人。他提倡和为贵，礼为尚。他用"己所不欲，勿施于人""君使臣以礼，臣事君以忠""德不孤，必有邻"等信条来处理相互关系。还有，诸如孔子的"有朋自远方来，不亦乐乎"，孟子的"天时不如地利，地利不如人和"，都集中体现了在中国古代人们注重人际交往，注重建立良好的人际关系，创造良好的人际环境，这恰恰与现代公共关系活动的准则与目标相一致。

2.1.2 外国古代公共关系活动

具有公关性质的活动在世界其他文明古国同样普通存在着。古希腊是一个文化发达、政治较民主的国家，社会十分推崇演说和辩论。政治家们都十分重视运用修辞与公众联系、沟通，进而影响公众的意愿。著名的哲学家亚里士多德创作的《修辞学》一书，详细论述了如何运用语言来争取和影响听众的思想行为，从而被西方一些公共关系学者认为是最早的公共关系理论著作。

古罗马统治者认识到民众舆论的力量，十分重视民意的反映。特别是代表人物恺撒，在他担任执政官时期就设置了官方公告牌，放在公共场所供人观看，以此来引导舆论，被称为世界上第一份日报。面对即将来临的战争，他通过散发各种传单进行鼓动和宣传，以获得民众的支持。他为了宣传和标榜自己，甚至还专门写了一本记载他的功绩的纪实性著作《高卢战记》。这本书曾被西方一些著名的公共关系专家称为"第一流的公共关系著作"。

此外，古代埃及、波斯等国的统治者，都认识到公众舆论的重要性，懂得如何宣传自己，制造维护自己统治的舆论，塑造有利于自己的形象。

2.1.3 人类早期公共关系活动的特点

公共关系的渊源可以追溯到古代文明社会，无论在中国古代历史，还是在外国古代历史中，都可以找到有趣的例证。但严格地说，这些公共关系与现代公共关系有很大差别，只能看作是现代公共关系思想的萌芽。概括起来有以下几个特点。

① 从程度上看，当时人们所开展的各种沟通、协调活动带有明显的自发性和盲目性，

没有形成系统的公共关系理论，没有产生一定的目标、规模，也没有开展系统的、经常性的公共关系活动。

② 从发挥作用的领域和范围上看，由于当时社会生产力相对低下，经济还相当落后，人与人之间的经济关系还比较简单，人类早期的公共关系活动主要发生在政治领域，带有强烈的政治色彩和伦理色彩。

③ 从传播手段和内容上看，人类早期的公共关系活动多以舞蹈、诗歌、戏曲等艺术形式以及人际口头传播为主要手段，传播的内容也大多是借助用艺术创作或艺术表现的方法处理过的信息来影响民众、影响舆论。从根本上讲，公众并没有得到真正的重视。

2.2 现代公共关系的形成与发展

2.2.1 现代公共关系产生和发展的社会条件

现代公共关系产生于 19 世纪末 20 世纪初的美国。这与当时美国的社会政治、经济、文化、科技等情况是分不开的。

1. 民主政治：公共关系发展的制度安排

从人类社会制度发展看，公共关系的产生是社会民主化发展的必然产物。人类社会在数千年的漫长发展过程中，多数时间实行的是封建主或宗教主的专制统治。在这种制度下，君主拥有无上的权威，君主便是国家，君令便是法律，生杀予夺，全凭君主的喜怒哀乐。从根本上讲，在封建专制制度下不可能，也不允许发展真正的公共关系。文艺复兴和宗教改革把欧洲从愚昧宗教统治的"黑暗时代"中解放出来。

随着经济关系的变化，资本主义的民主政体代替了封建专制政体。虽然资本主义的民主制度仍存在着虚伪的一面，但它比起专制的封建制度来说毕竟是大大进步了。政党要执政就得想办法争取社会舆论和选民的支持，就得靠竞选的胜利。即使当政，还得千方百计与选民保持良好的关系。在这一社会民主化的进程中，公民的参与意识不断提高，对各种社会重大问题，特别是关系到自己切身利益的问题，都要通过各种渠道来表达自己的意见。在这种情况下，公众的意愿第一次成为竞选者和执政者不能不加以认真考虑的问题。如何才能有效地与民众进行沟通，建立良好的关系，成为资产阶级政府、政党及各利益集团所面临的新问题。长期以来，公共关系就一直成为各种政治变革、权力斗争的工具。

2. 市场经济：公共关系发展的现实土壤

在农业社会里，其经济模式是一种自给自足的、封闭的小生产方式，其生产组织方式以一家一户为单位。人与人之间关系的维系主要是靠血缘、地缘、人缘关系，靠传统的伦理观念和义务。直到资本主义社会前期，大工业尚不十分发达，受经济水平限制，人们的社会联系仍是相当狭隘，商品交换基本上用不着广为宣传，没有必要花大力气去开展公共关系活动。

随着时代发展，特别是工业革命之后，经济突飞猛进地发展，工业社会代替了农业社会。工业社会的市场经济突破了时空和血亲的局限，形成以市场为轴心的广泛的社会分工协作。任何社会组织均须得到社会广泛承认，获得社会整体的支持，才能生存和发展。所以，市场经济势必需要公共关系。在市场经济的发展过程中，市场形式经历了由"卖方市场"向

"买方市场"的逐步转变。在买方市场条件下，消费者具有更多的优势，可以根据销售者的产品质量、价格、服务、品牌及人情关系等条件，灵活决定向哪一个"卖家"去购买所需商品。为此，组织必须通过发展良好的感情关系方能更有效地维护交换关系，维持市场发展。这样，构建公共关系、增进相互理解与感情、提升组织形象和声誉就显得越来越迫切与重要了。

此外，随着市场经济的发展，消费者的消费水平也随着商品的丰富而不断提高，从初始的满足温饱、安全等千人一律的"基本需要"，而逐步转向满足消费者挑选商品的个性、情感等各不相同的"选择需要"。生产者、销售者必须对消费者多样的、多变的选择需求有及时、深入而全面的了解与掌握，以便能提供适销对路的商品，这就需要公共关系工作来促进双边沟通和相互了解。在市场经济的背景下，企业能否与市场对接，能否争取顾客、赢得市场，争取广大社会公众支持，成为企业生死攸关的课题，这就直接促成了公共关系的兴起。

3. 人性文化：公共关系发展的精神源泉

美国是世界上少有的移民国家，几乎没有历史传统的包袱。美国文化体系中有三个突出特点：个人主义、英雄主义、理性主义。个人主义使美国人富于自由浪漫的色彩；英雄主义使美国人崇拜巨头伟业，富于竞争精神；理性主义使美国人注重严密的法规，崇尚教条、数据和实效。20世纪初管理科学的鼻祖泰罗（F. W. Taylor）的思想及其制度，便是理性主义的典型代表。他将人视为机器的一部分，强调严格的操作程序，作业计量定额，颠倒了人与机器的关系，使手段异化为目的。这种机械唯理主义的管理，虽然短期内取得了显赫的高效率，但同时也促使阶级矛盾与劳资矛盾的日趋尖锐激化，孕育着社会危机和动荡不安，也孕育着社会文化意识的嬗变。正是在严峻的现实面前，人们逐渐意识到纯理性文化的局限，人文主义重新抬头，在管理中注重人性、注重个人和群体的文化精神理念迅速获得人们的认同。20世纪30年代哈佛大学教授梅奥（G. E. Mayo）在著名的"霍桑试验"中提出的"人群关系理论""行为科学"，便是人性文化逐渐形成的有力体现。

此外，大众传播的发展，社会化大生产的发展，也对尊重个人隐私但又互不相关、过于狭隘的美国传统文化形成冲击，使社会生活、社会交往更趋开明化、开放化。这种尊重人性、尊重个人感情和尊严的、人文的、开放的、人性化的文化，正是公共关系得以产生的精神源泉。

4. 传播技术：公共关系发展的技术支持

随着经济的发展和政治变革，人们的交往空间不断扩大，人们需要了解的信息量也越来越大。为适应这种需要，信息传播技术特别是大众传播技术迅速发展起来。印刷技术日益普及与提高，报刊媒介遍及千家万户；电子技术不断进步，更带来广播、电影、电话、电视等电子传播媒介的普及；在互联网、通信卫星全球普及的现代信息社会，具有极高的传播广度、速度与深度及高保真度且费用低廉的新传媒迅猛发展，各种信息在瞬间即可传遍世界各地，新的传播体制使整个世界变得越来越如同一个村落。这种"地球村"的发展趋势，使一个多空间、多层次、多元化的传播体制逐渐在全世界形成，使得言论自由、新闻自由的理想能进一步实现，使得社会舆论的力量、公众意见的表达越来越具有影响力。公众对社会组织机构政策、制度和管理实施的实际干预能力人人增强。这种干预力量又不以人们的意志为转移地向社会各管理层渗透，政府和企业界不考虑公众意愿的管理方法已行不通。摆在管理阶层面前唯一的出路就是尽快学会有效地驾驭新的传播手段和传播技术，与自己的公众建立起一种新的有利于相互了解、相互协调的沟通关系。由此可见，传播技术与传播有关的信息通信技术、控制技术的出现和发展，为现代公共关系的形成与发展提供了重要的物质技术支持。

2.2.2 现代公共关系发展时期的划分

现代公共关系在美国的形成与发展大体上经历了这样几个时期。

1. 巴纳姆时期——现代公共关系的发端

19世纪中叶在美国风行的"报刊宣传活动"，被认为是现代公共关系的"前身"。所谓"报刊宣传活动"，是指一个组织为了自身的目的和利益，雇用报刊宣传员在报刊上进行宣传，以制造舆论，扩大影响。

19世纪30年代开始，美国报界掀起了一场"便士报"（一个便士即一美分就能买到一份报纸）运动，即报纸以低廉的价格和通俗的内容去争取大量读者，使报纸完成了大众化、通俗化的飞跃。这在美国报刊史上是个具有里程碑意义的时期。从此，价格低廉、以大众为读者对象的报刊大量出版发行。由于这种报纸售价低，一般劳动大众都买得起，因此报纸发行量大增，随即广告费也迅速上涨。有些公司和组织为了省下广告费，便雇用专门的人员来制造煽动性新闻，制造关于自己的神话，以此来扩大影响。报纸则为了迎合下层读者的阅读心理，也乐于接受发表。这样两相配合，就出现了美国历史上有名的报刊宣传活动。这为那些总想宣传自己、为自己制造神话的公司和组织提供了便利条件。这方面的一个典型人物叫巴纳姆（Phines T. Barnum），他是当时一位知名度很高的报刊宣传员，因宣传推广马戏演出而出名。他为了提高自己的名气，不惜编造了一个离奇的"神话"，声称他发现一位160多岁的女黑奴海斯，竟然在100年前养育过美国的第一任总统华盛顿。消息发表后，舆论哗然。他顺势以不同的笔名向报社投寄"读者来信"，人为地制造了一场公开讨论。巴纳姆认为，只要报刊上没有将他的名字拼错就是胜利。在他看来，"凡宣传皆好事"。

巴纳姆时期具有两大特点。第一个特点是，对公众利益全然不予考虑。有一则美国铁路大王范德比尔特谩骂公众的故事，典型地反映了这一态度。据说，有一个记者采访范德比尔特，问他为什么要取消纽约至芝加哥的一班火车。范说赚不了钱。记者说，公众认为这班火车很有用。这时范叫了起来："让公众见鬼去吧！"以巴纳姆为代表的"报刊宣传活动"与一般的广告宣传已有了明显区别，它不以传播静态的产品或劳务信息为中心，而是围绕企业形象，通过情节性的故事来提高自身知名度或美誉度，从而开创了利用新闻媒介传播企业形象的先河。当然，巴纳姆式的宣传活动只是有了公共关系的形式，而没有公共关系的本质，他们并不重视公众利益。第二个特点是，几乎所有的报刊宣传员都以获得免费的报纸版面为满足。他们不择手段地制造各种假新闻，欺骗公众，这在根本上是与公共关系的宗旨背道而驰的，从而使整个巴纳姆时期在公共关系历史上成了一个不光彩的时期，有人称之为"公众受愚弄的时期""反公共关系的时期"或"公共关系的黑暗时期"。后来，人们以此为鉴，明确了在公共关系活动中必须奉行诚实、公正和维持公众利益的原则和精神。

此外，1882年，美国律师、文官制度倡导者多尔曼·伊顿（D. Eaton）在耶鲁大学法学院发表题为《公共关系与法律职业的责任》的演讲。在这篇演讲中，他首次使用了"公共关系"这一概念。1897年，美国铁路协会编写的《铁路文献年鉴》也第一次正式使用了"公共关系"这一名词。

总之，这一时期的公共关系活动已带有一定的组织性和较为明确的目的性。这就是说，公共关系已经不再局限于政治活动和思想宣传活动，而是逐渐与谋利愿望紧密结合在一起，为公共关系在其后的迅猛发展奠定了基础。

2. 艾维·李时期——现代公共关系职业化的兴起

19世纪末20世纪初，美国资本主义发展进入高度垄断阶段。垄断资本家强取豪夺，激化劳资矛盾，损害社会公众利益，引起了公众舆论的强烈不满。为此，大众传播界发动了一场旷日持久的"扒粪运动"（又称为"揭丑运动"或"清垃圾运动"），发表了大量严厉谴责企业丑行和暴行的文章或漫画，对工商企业构成了巨大的公众舆论压力，严重影响了企业形象，恶化了企业的社会关系，制约了企业的发展。

这种情况迫使工商企业不得不重视公众舆论和社会关系，纷纷求助于传播界，加强与公众的联络，改善自己的形象。由此，公共关系作为争取大众理解和支持的一种组织传播行为而日益职能化，成为企业的一种新型的经营管理功能；同时，一种专门向社会各界提供专业性的传播沟通服务，为客户设计形象、矫正失误、缓和矛盾、提高声誉的新兴职业便开始形成了。于是，公共关系活动日趋频繁而重要。杜邦化学工业公司可算是其中的一个突出例子。正是在这一背景下，产生了以艾维·李为代表的新型公共关系的思想和活动。

> **杜邦公司的"门户开放"政策** 〔实例〕
>
> 杜邦公司是一家从事炸药生产的化学公司。其时化学工业刚起步不久，工艺技术尚不很先进，公司里难免发生一些爆炸事故。起初公司当局采取保密政策，一律不准记者采访。结果大道不传小道传，社会公众对此猜测纷纷，久而久之，杜邦公司在社会公众心目中留下一个"杜邦→流血→杀人"的可怕形象，对杜邦公司的市场扩展与企业发展造成极为不利的影响，杜邦为之深感苦恼。
>
> 此际，杜邦的一位报界挚友建议他实行"门户开放"政策，杜邦采纳了他的建议，并聘请这位朋友出任公司新闻局局长。此后，公司在宣传方面改弦更张，坚持向公众公开公司事故真相与公司内幕；同时精心设计出一个口号加以广泛宣传："化学工业能使你生活得更美好！"并重金聘请专家学者在公众场所演讲；此外，还积极赞助社会公益事业，组织员工在街头义务服务。最终杜邦公司一举改变了"杜邦→流血→杀人"的可怕形象。

20世纪初，美国相继出现了几家新闻宣传公司。1900年，乔治·米凯利斯、赫伯特·斯莫尔和托马斯·马文在波士顿创办了一家新闻宣传办事处，专为企业进行形象宣传。1902年，威廉·沃尔夫·史密斯辞去了《纽约太阳报》记者的职务，在华盛顿创办了第二家新闻宣传公司。这些人从事的活动，都可以看成是早期的公共关系活动。但很遗憾，他们都没有将这些活动坚持到底，更没有提出现代公共关系的理念，使它发展为一门独立的学科。而完成这一历史使命的是被尊为"公共关系之父"的艾维·李。

艾维·李（Ivy Lee, 1877—1934）是美国佐治亚州一个牧师的儿子，毕业于普林斯顿大学，曾就学于哈佛大学法学院。他早年在美国报业大王斯特的《纽约世界报》当记者。1903年，他开办了第一家宣传顾问事务所，成为向客户提供劳务而收取费用的第一位职业公共关系人。现代公共关系职业化由此发端。

艾维·李的贡献主要有两方面。

一是要求企业在宣传活动中向公众讲真话。他认为企业与公众关系紧张，主要是企业主管人员采取保密的做法，妨碍了意见和信息的交流。因此，企业要想赢得好声誉，只有将自身的真实情况告诉公众，如果真对企业发展不利，就应及时调整自己的行为。1905年，他向新闻界发表了著名的《原则宣言》，提出"我们的计划，是代表企业单位及公众组织，对与公众有价值且为公众乐闻的课题，坦率而公开地向报界和公众提供迅速而准确的消息"。这些思想后来被人们称为企业的"门户开放原则"，反映了他主张的"公众必须被告知"的信条。

二是使公共关系成为一种职业。1903年，艾维·李创办了世界上第一家正式的公共关系公司——宣传顾问事务所，向社会提供宣传方面的咨询服务，并收取费用。上面提到的《原则宣言》就是艾维·李向新闻界散发的该公司的服务宗旨。公司成立后，前来洽谈业务的客户络绎不绝。公司先后接受了美国电话电报公司、洛克菲勒公司、宾州铁路公司、无烟煤公司的邀请，处理劳资纠纷和社会摩擦，都取得了很大的成功，其中尤以解决洛克菲勒公司的问题最为出名。洛克菲勒在"扒粪运动"中被搞得狼狈不堪，艾维·李建议他改变保持沉默的做法，对工人罢工的原因进行调查，并将事实真相公布于众，同时改善工人待遇，多做慈善事业。这些建议被采纳后，洛克菲勒最终摆脱了困境。

在艾维·李的推动下，工商企业开始改变对待公众的态度。部分企业家开始意识到，与公众关系的好坏，直接影响企业的兴衰成败，必须采取门户开放的开明经营态度和方式，与员工和社会保持良好的联系。

艾维·李作为"公共关系之父"，不仅首创了"公共关系"这一专门职业，而且他提出的"说真话""公众必须被告知"的命题，将"公共利益与诚实"带进了公共关系领域，使公共关系这门学科从对一些简单问题的探讨上升为探求带有某些规律性的原则和方法，大大推动了这门学科的发展。

当然，由于时代的局限，艾维·李的咨询指导主要还是凭经验和直觉而进行的，缺乏对公众舆论进行严密的、大量的科学调查。因此，有人批评艾维·李的公关咨询只有艺术性而无科学性。但无论如何，艾维·李作为公共关系职业先驱者的地位是无可争议的。

3. 爱德华·伯内斯时期——现代公共关系学科化的成熟

公共关系职业化的发展，促进了公共关系由简单零碎的活动上升为较系统完整的专业活动，并逐渐形成了公共关系的原则与方法，使公共关系学自立于学科之林，成为一门独立的学科。美国学者爱德华·伯内斯就是公共关系学科化的一名旗手。

爱德华·伯内斯（Edward L. Bernays）是著名的心理学泰斗弗洛伊德的外甥。1913年，伯内斯受聘于美国福特汽车公司，担任该公司的公共关系经理。第一次世界大战期间，他又在威尔逊总统成立的官方公共关系机构"克里尔委员会"担任委员，专门负责向国外的新闻媒介提供有关美国参战情况的背景和解释性材料。第一次世界大战结束后，他和夫人在纽约开办了公共关系公司。1923年，他以教授的身份首次在纽约大学讲授公共关系课程，同年出版了被称为公共关系发展史的"第一个里程碑"的专著《舆论明鉴》（*Crystallizing Public Opinion*，又译为《舆论之凝结》）。在书中，伯内斯首先详尽阐述了"公共关系咨询"这一概念，而且提出了公共关系的原则、实务方法和职业道德守则等。1928年，他写了《舆论》一书；1952年，他又出版了《公共关系学》教科书，从而形成了较完整的公共关系学理论和方法体系。

伯内斯的主要贡献在于，他把公共关系理论从新闻传播领域中分离出来，并对公共关系的原理与方法进行较系统的研究，使之系统化、完整化，最终成为一门独立完整的新兴学科。伯内斯不仅是一位公共关系理论家，同时又是一位公共关系实践家。他与妻子合作进行公共关系咨询，接受过多位美国总统和实业界巨头的委托，运用公共关系实务成功地帮助他们塑造良好的社会形象。有人评价："他同公共关系这门学科的发展方向保持一致，并且考虑得更远、更全面。"伯内斯在理论上做出的贡献，对于公共关系学科的形成和进一步发展具有划时代的里程碑的意义。

伯内斯的另一重要贡献，是提出了"投公众所好"这一公共关系宣传的基本原则。他认为，公众需要什么组织就应提供什么，公共关系贡献给公众的应是他们最迫切希望得到的，为此，组织应确切了解公众的需求与利益。在此基础上开展传播活动，以迎合公众的要求。他认为，为了得到稳定而持续的发展，组织不仅要使公众了解自己，更重要的是必须获得他们的谅解与合作。因此，他提出的公共关系的重要职责是向组织提供政策咨询，而不仅仅是向社会做宣传。伯内斯提出了公共关系活动的八个程序，包括计划、反馈和重新评估等，为公共关系的职业化、学科化作出了不懈的努力。此外，他还十分重视将自己的研究成果运用于实践，主张公共关系人员应促使企业履行自身的社会责任和义务。

继伯内斯之后，1937年，雷克斯·哈罗博士在斯坦福大学开设公共关系课程。1947年，波士顿大学成立了第一所公共关系学院，培养公共关系学士及硕士。许多公共关系的论著也相继出版。1952年，美国的卡特里普和森特（Scott M. Cutlip & Allen H. Center）出版了权威性的公共关系专著《有效的公共关系》，论述了"双向对称"的公共关系模式，在公共关系目标上将组织和公众的利益置于同等重要的位置，在方法上坚持组织与公众之间的双向传播与沟通。书中提出的"四步工作法"成为公共关系工作中最重要的工作流程。此书不断再版，成为公共关系的畅销书，在美国被誉为"公共关系的圣经"。

至此，公共关系正式进入学科化阶段。一门充满时代特征的、具有强大实用性的新兴学科以其崭新的身姿崛起于学科之林。

2.2.3 公共关系在西方的兴起

由于顺应了时代要求，公共关系一经产生就显示了强大的生命力，在很短的时间里获得了极快的发展。其发展的速度与广度要比其本身发展的深度更为引人注目。

在美国，早在1908年，艾维·李的早期客户之一，美国电话电报公司率先在公司内部设置公共关系部，分配一名副总经理主管该部工作，并长期聘用公共关系顾问至今。该公司将公共关系纳入公司经营管理的范畴，凡公司的一切重大决策若未经公共关系部门参与研究，则不能作出决定和付诸实施。

迄今为止，全美职业公共关系从业人员已近15万人，各种公共关系公司超过2 000家，每年的公共关系耗费竟达几十亿美元。美国联邦政府也雇用了12 000多人处理政府日常公共关系事务，每年经费高达25亿美元。美国是公共关系的发源地，同时也一直处于公共关系研究的领先地位，对各国公共关系事业的发展发挥着重要的影响作用。正如日本的奥村纲雄所指出的："公共关系的学问，发源于美国。回顾当初的美国，所谓公共关系还只是企业家手上的小玩具。后来才发展成企业家所必须采用的政策，乃至变成企业家的重要哲学了。"这一评价道出了美国公共关系发展之精义。

美国一所大学进行的一次公共关系人员"职业意向"调查表明，美国在职公共关系人员自认为本职业的社会地位不低于物理学家、律师和大学教授，高于记者、推销员、飞行员、设计师，对职业自感满意。不少新闻界人士、广告师和推销员也都纷纷转行从事公共关系工作。公共关系在美国已成为引人注目、令人羡慕的时髦行业。

在第二次世界大战期间，公共关系受到美国政府的重视。为配合战争，政府特别建立了战时信息办公室，运用公共关系实务方法激励士兵斗志，向社会大众宣传远征军的意义，号召社会各界支持政府和军队。在军队中，也充分利用公共关系手法，对内协调军官、士兵之间的关系，对外协调远征军与欧亚各国当地社会大众之间的关系，使得公共关系在战争中发挥了重大的作用，从而令全美、全球对公共关系都有了新的认识。20世纪二三十年代以来，特别是第二次世界大战之后，在美国公共关系热的辐射之下，欧洲各国也兴起了公共关系热。

早在1920年，公共关系由美国传入英国。1926年，英国成立了第一个正式的公关机构——皇家营销部。为弥补经济萧条的重大损失，皇家营销部竭尽全力组织了一场声势浩大的公关活动，支持首相"买英国货"的号召，这次大规模的成功的公共关系活动，使人们认识到公共关系能创造社会价值与经济价值。

1946年，公共关系在法国崭露头角。1946年，荷兰出现首批公共关系事务所。紧接着，加拿大、英国、挪威、比利时、瑞典、芬兰、联邦德国等相继成立了公共关系协会。1947年，美国将公共关系引入日本，强行设立公共关系机构并举办多种演习会、训练班，广为发动宣传，在日本兴起公共关系热。日本的电通公司便是其中的突出代表，1957年成立了日本首家的公共关系公司。1950—1955年间，公共关系的种子在中美洲、南美洲、澳大利亚、日本、新西兰和南非等全球各地扎根开花。

1955年，国际公共关系协会（IPRA）在全球公共关系热潮中宣告成立。六十多年来，该协会已发展了多个国家会员，影响遍及全球。

第二次世界大战后国际公共关系热潮的助动力，一是由于各国间经济交往的日趋频繁，跨国公司和国际贸易以极快的速度增长；二是由于政治格局变化，人们经过血腥的战争浩劫，渴望和平和重整国际秩序，各国、各政府、各阶层间协商对话得到加强；三是由于科技进步，通信传播迅猛发展，世界日益成为一个天涯若比邻的"地球村"，文明开放的公共关系日益显得重要。

国际公共关系的开展，通常是委托专门机构及聘请有信誉的、精通语言的专家承担。如罗马尼亚在20世纪70年代末，希望美国给予最惠国待遇，便委托世界上最大的公共关系公司——博雅公司去开展公共关系活动，结果取得成功。人们将此称为"软管理的输出"。

2.3 公共关系在中国的传播与发展

2.3.1 现代公共关系在中国发展的历程

早在20世纪50年代，现代公共关系就进入了我国的台湾、香港地区。1956年，台湾公共关系协会成立，1974年在台湾地区影响最大的联太公共关系公司建立。香港的现代公共关系始于20世纪60年代初；到了20世纪70年代，公共关系就有了较快的发展。1981

年香港建立了太平洋公共关系专业协会,直接影响了内地公共关系的兴起与发展。

内地公共关系的发展,经历了20世纪80年代初期、中期的引进,20世纪80年代后期与20世纪90年代初期的传播普及,20世纪90年代中期以后的日趋成熟,其大事如下。

1980年,中国政府颁布了《广东省经济特区条例》,设立了深圳、珠海、汕头三个经济特区。深圳的一些"三资"企业按照海外管理模式,引来了现代公关之风。

1984年11月,广州白云山制药厂建立了公关部。此举引起了社会各界的关注,它不仅带动了一大批国有企业设立公关部,而且促使人们了解公关、学习公关、增强公关意识。

1986年5月,中国环球公共关系公司成立。该公司的前身为中国新闻发展公司。"环球"的宗旨是:"为国内的企业、社会团体和本公司树立良好的形象,为振兴我国经济服务。"公司成立以来,为国内一百多个企业团体和政府机构提供了服务。

1986年11月6日,上海市公共关系协会建立。同年底,中国社科院新闻研究所明安香等编著了《公共关系学概论》,带动了全国公关著书立说热潮。十余年间约出版500余种著作、教材及通俗读物,大大推动了中国公关事业的发展。

1987年2月,原国家教委提出在经济、管理、旅游等类本专科专业开设公共关系课。

1987年5月,中国公共关系协会在北京成立。

1988年1月,《公共关系报》在杭州创刊。1989年1月,向国内外公开发行的公共关系杂志——《公共关系》在西安创刊。

1991年4月,中国国际公共关系协会在北京成立,标志着中国的公关事业已经逐步普及全国并走向世界。

1997年11月15日,劳动和社会保障部成立了中国公共关系职业审定委员会。还正式确定中国公关职业命名为"公关员",并于1999年5月将公共关系职业列入《国家职业分类大典》,标志着经过近20年的发展,公共关系职业终于获得了社会的认可。

2000年,我国在全国范围内开始推广公共关系人员上岗资格考试,公关员与律师、会计师、医师一样,走上了职业化和专业化的道路。

2003年,中国国际公共关系协会宣布,将把每年的12月20日定为"中国公关节"。

2008年申奥、2010年申博成功及顺利举办,促进了公共关系公司如雨后春笋般发展。

2.3.2 我国公共关系的最新发展动态

作为一门实践性很强的学科,公共关系也伴随着社会政治、经济、技术、文化等方面的发展而发生相应的变化。我国公共关系已经或即将呈现如下发展态势。

① 公关市场国际化。我国公关行业经过引进、自主发展到进入成熟发展阶段,无论公关理论还是实务都得到了长足的发展。2009年,我国的国内生产总值已经超过日本,位居全球第二。随着我国经济在国际上地位的提高,我国公关市场的国际化趋势更加明显。更多的国际公关公司随着我国加入世贸组织的步伐进入我国市场,而我国本土的公关公司也将不断壮大发展,业务趋向国际化。

② 公关实务专业化。根据市场细分理论,专门化的公关公司将备受市场青睐。针对不同行业组织的专门化公关公司将层出不穷,如金融公关公司、通信公关公司、旅游公关公司等。这种专门化的公关服务公司将给组织带来更为详尽到位的全方位服务,它们的目标是在某一个或若干个行业的公关市场里做精、做深。

③ 公关手段现代化。随着互联网普及率的提升，网民的数量不断增多，且网民的受教育程度和收入相对较高，是极具活力的市场消费群体，当然也是各类社会组织梦寐以求的公众资源，是组织形象、品牌塑造的理想主力公众。网络公共关系将越来越受到各类组织的重视。网络公共关系就是组织以互联网为手段，针对网络公众进行的传播活动。其主体是组织，传播媒体主要是互联网，客体是网络公众。实际上，网络传播已经实实在在地成为一种主流媒体支持着公关传播的开展，如电子邮件（E-mail）、网上新闻发布、网上展览、网上公关调查等，使得公关传播的平等性、双向性、反馈性得到更大程度的提升，信息传播双方已成为真正意义上的平等交流伙伴，实现了更深层次含义上的双向互动。

④ 公关地位战略化。当前，组织的形象竞争呈白热化状态，公共关系作为一种重要的传播手段，其战略性地位日益加强。组织对公共关系的重视程度越来越高。例如，深圳市政府为了加强对市民呼声、社会难点和热点的反应速度，塑造政府良好形象，协调政府和市民的关系，设立了公共关系处，把公共关系连同人力、物力、财力、科技等要素当作深圳市的重要战略资源，以争取更多的合作伙伴，得到所需要的各种外部支持。

⑤ 公关教育规模化。随着公关市场的扩大以及组织对公关这一化解危机、塑造形象艺术的日益重视，对公关人才的需求数量也将持续增长，全球公关业对公关从业人员的质量也提出更高的要求。针对这种情况，高校、公关团体及各种培训机构将根据市场需要有目的地培养各类公关人才，公关教育将越来越趋向规模化。

复习思考题

1. 现代公共关系产生和发展的原因是什么？
2. 现代公共关系经历了哪几个历史时期？其主要特点是什么？
3. 为什么说现代公共关系是市场经济发展的必然产物？
4. 艾维·李和爱德华·伯内斯对公共关系的贡献是什么？
5. 什么是"扒粪运动"？它在公共关系职业化进程中发挥了哪些作用？
6. 公共关系为什么会在中国兴起？中国公共关系发展有哪些标志？
7. 试论述如何建设中国特色的公共关系。

案例训练题

案例 2-1   **战国时期的公关活动**[①]

在中华民族五千年的文明史上，战国时期占有重要地位，不到 200 年（公元前 403 年至公元前 221 年）间，社会、经济、文化等领域发展与变革速度之快，范围之广，影响之深远，一直受到中外史学界的关注。

当时，统一的奴隶制政权东周王朝已土崩瓦解，分封的数以百计的诸侯、领主，经过 300 多年的分化与兼并，形成了秦、楚、齐、燕、赵、魏、韩七国称霸的局面。战争不断，胜则扩地，败则割地。为了自身的生存和发展，各国都在寻求自己的富国强兵之策。与此同

---

① 资源来源：林汉川，李觅芳. 公共关系案例教程. 上海：复旦大学出版社，1997.

时，由于奴隶制度的解体，庶民获得了一定程度的人身解放，人口急剧增加，生产力有了大幅度的提高，产品有了盈余，加上城市的形成并逐步扩大，商业也迅速发展起来，出现了社会繁荣景象。

但是，由于地理环境和经济、文化状况的差异，各国统治者对内要争取团结和谐与经济发展；对外则需竭力宣扬自己，寻求和了解盟友。另外，在分封基础上兼并的各国之间，历史上存在并延续下来较为普遍而密切的联系。因此，各国、各社会群体之间的交往更为频繁，出现了历史上罕见的社会大开放、思想大解放现象。于是在社会政治交往中出现了许多具有公关意义、蕴涵有公关思想的活动，这些"公关活动"主要表现在下面几个方面。

一、招士、养士之风盛行

士，是当时的知识阶层，他们对社会的发展乃至治国平天下之术，都有各自的见解。许多国家和社会群体的统治者，都力图从他们那里获得治国良方，把国家和领地的命运，系于这批学士身上，于是纷纷招士、养士，并以养士之多作为提高身价和地位的标志。当时最著名的有齐国孟尝君田文、魏国信陵君魏无忌、赵国平原君赵胜和楚国春申君黄歇，养士均达数千人之众。其中，虽有一些"鸡鸣狗盗""任侠刺客"之徒，但确有才能者也不乏其人。由这些养士组成的"智囊团"，不仅给各自的领主及其宗主国出谋划策，也常奉命游说他国，以争取更多的盟友。为此，他们给养士以十分优厚的待遇和条件。平原君赵胜有一位小妾，讥笑了一位瘸腿的养士，引起养士不满，许多人不辞而别，赵胜竟"斩美人头以谢"，从而重新获得并提高了"爱士"的名望。齐宣王曾下令招天下著名学士到齐讲学，把他们集中安排在国都附近的稷下，食大夫禄，天下学士趋之若鹜，思想十分活跃。到齐湣王时，讲学、入学者竟达数万人，对当时齐国的繁荣起了重要作用。

二、关系哲理与伦理的形成

各学派丰富的关系哲理和伦理思想体系之中，已有"公关"的理论雏形。经过春秋时期兴起的"百家争鸣"，到战国时期，由著名学士为中心的各个学派，大体形成了各自的思想体系。"人和"是儒家的思想精髓之一，也是他们交往和游说的重要论点。"天时不如地利，地利不如人和"，把良好的人际关系，看作比"抓住机遇"和"地缘优势"更重要的治国之道。墨家提倡"兼爱、尚贤"，荀子主张"人能胜天，因于合群"，以及"得民心者得天下，失民心者失天下"等说法，究其实质，都是"人和"思想的不同表达，它大体可分为"内求民安""外结盟友"的密不可分的两个方面。

为了实现"人和"，不少士都提出各自的主张："仁者无敌""仁，人心也。义，人路也""言必信，行必果""损有余而补不足"……都是具有很强实用性和可操作性的策略和手段。孟尝君田文曾让养士冯谖为他去领地薛收息，冯谖假田文之名，将确实无力交息的臣民的契约当众焚烧。归来，向田文解释说："焚无用虚债之券，捐不可得之虚计，令薛民亲君而彰君之善声也。"可见，施仁义，塑造自己"善声"的美好形象，已为当时的学者所认识。以"信、义"闻名的信陵君魏无忌，因却秦解邯郸之围有恩于赵，赵孝成王许以五城封之，他的一位养士告诫他说："物有不可忘，或有不可不忘。夫人有德于公子，公子不可忘也；公子有德于人，愿公子忘之也。"这段颇有见地的中国传统"公关"思想，至今读之，仍兴味无穷。

在整个战国时期的七国中，秦国自孝公实行商鞅变法之后，发展很快，最为强大，它地处六国之西，对东方六国一直虎视眈眈。而六国虽互有不同的矛盾，在畏秦方面却有一致之处。因此，以苏秦为代表的合纵论者，经常游说于六国之间，并一度实现了联合抗秦。而以张仪为代表的连横论者，从秦国统治者的利益出发，力主秦国与六国中的一国或数国结盟，以分化六国的合纵。还有一个叫乐毅的魏国之士，在燕昭王"筑黄金台以招天下士"的感召下，借出使燕的机会，被礼为亚卿，并亲自为燕王游说，联合赵、魏、韩、楚各国，大败东方六国中最强大的齐国，为弱小的燕国报了世代宿仇。在整个战国时期的近200年间，各国之间的战争时起时辍，关系有张有弛，但"争取盟友、减少树敌"，一直是各国对外"公关"的基本思路。

三、策士游说，辩士云涌

当时诸多学士，游说各国，辩论成风，他们接触面广，流动性大。战国时期，作为士阶层的儒、墨、道、法、名、农等各个学派，学术思想不同，政治目标各异。为了实现各自的主张，争取尽可能多的社会支持，大都周游列国，游说对象有诸侯、领主，也有官宦、商贾，甚至庶民。他们"入国问俗，入境问禁，入门问讳"，调查研究，尽量使自己的主张与当时、当地的实际情况相结合，合则留，不合则去。因此，不少人都卓有成效，像苏秦、张仪、商鞅、孙膑、李斯等一大批学士，都一度受到不同国家的重用，成就了一番伟业。

但是，由于不同的原因，这种自我推销式的游说，也不是都能奏效的。

士，在战国时期的"公关"活动中最活跃，他们有学识、有抱负。一方面，他们需要依附于奴隶领主或新兴的封建地主，才有可能施展其才能；另一方面，他们又比较接近与了解庶民，因此，他们的主张和采取的手段，在特定的时间和范围内，大都能获得一定程度的支持，产生不同的影响，从而推动了纷纭繁杂的战国时代的社会变革与进步。这是应予以充分肯定的。

从局部看，大凡重士、用士的国家和社会群体，都获得了一定的实效。以养士闻名的前述齐、魏、赵、楚"四君"在世之时，自己的领地及其宗主国，在面对强秦的不利条件下，通过相互之间的战略联盟，巩固了统治地位，获得了相对的安定。那位平原君赵胜，在秦兵围困国都邯郸，民有"炊骨易子而食"之时，倾家之所有"尽散以向士"，得敢死之士三千人，却秦军于三十里外，直到楚、魏援兵赶到解围，免除了一场国破城毁的灾难。特别是那位来自东周洛阳的苏秦，在游说秦惠王未被赏识之后，发愤读书，最后分别说服东方六国，实现了合纵，佩六国相印，使秦兵不敢门窥函谷关十五年。

从全局看，学士们的周游，频繁的"公关"活动，对促进整个社会的发展与进步，其作用更不可低估。首先，推动了经济的繁荣和生产力的提高。战国时期，随着奴隶制社会的崩溃，加速了原始农业向传统农业的转变，手工业和商业也开始兴起。在这个过程中，许多学派都付出了巨大的努力，像荀卿、农家的农耕理论；商鞅的"重本轻末"战略决策；吕不韦以大商贾身份被尊为相，对说服各国统治者支持科学技术的传播，促进生产力的发展，从而巩固地主和领主阶级的统治，都起到了历史公认的作用。其次，促进了学术的"百家争鸣"和社会开放的态势，加上春秋时期以来长期战争带来的兼并，形成了绵长而广泛的文化交流和融会，使周王朝初期还处于蛮荒时代的东夷、南蛮、西戎、北狄等若干少数民族，接受了较为先进的华夏文明，奠定了统一的中华民族及其传统文化的根基，并进而绵延至今，久盛不衰。尤为重要的是，在列国争霸的过程中，地处西部、东周王朝时期还相对落后的秦国，由于自秦孝公推行卫公子公孙鞅变法之后，六任丞相，除当时就号称"智囊"的樛里子属于秦宗室之外，其余王相，均为外"官"。他们仍然尽心竭力，治理国家，实现了国富兵强，并适时调整了以"连横"为指导思想的对外政策，分化了曾一度"合纵"的六国，予以各个击破，终于实现了我国历史上的第一次统一并得以法诸后世。这一过程，虽为历史的必然，但从历史的分析中不难看出，以士为主的知识阶层有效的"公关"活动，在其中有不容忽视的历史贡献。

问题

1. 战国时期各国对外"公关"的基本思路是什么？
2. 战国时期公关活动主要表现在哪些方面？
3. 试述战国时期公关活动与现代公共关系的渊源关系。

案例 2-2　　　　　　　　水门事件与尼克松下台[①]

30多年前，美国爆出了令人瞠目的政治丑闻——水门事件。在强大的舆论压力之下，尼克松总统被迫于1974年8月8日宣布辞职。尼克松下台后在总结水门事件的教训时，意味深长地说道："这是公共关系的失策！"水门事件与公共关系有何瓜葛？一个政府的公共关系处理不好，竟然能导致总统下台。这究竟是怎么回事？

1971年6月，尼克松批准建立一个白宫监视组，它的任务是堵住机密情报失密的漏洞。同年9月3日，这个小组的成员闯进埃尔斯伯格的精神病医生的办公室，想找到可以破坏埃尔斯柏格个人名誉的私人材料，因为他把"五角大楼文件"交给《纽约时报》发表了。翌年6月17日，这个小组的5名成员在华盛顿水门公寓民主党主席奥布赖恩的办公室安装窃听器，被警察当场逮捕。水门事件开始被《华盛顿邮报》的青年记者B.伍德沃德和C.伯恩斯坦披露于报端。美国国内舆论哗然，社会上关于尼克松政府采取了不道德做法的传闻广为传播。这时尼克松对此保持沉默，奉行"鸵鸟政策"。他对他的两位高级助手说："我们对此少说为妙，传闻自会过去，不必为此顾虑。"尼克松还试图以控制政府方面的新闻发布来控制新闻界的消息来源，他对一位助手说："我们得留神这件事，只能给他们提供其中的一些情况，而不能提供全面情况……"尼克松政府为采访调查设置的障碍以及"闭口不言，充耳不闻"的做法，并未能熄灭水门之火，反而使人们对水门事件的关注更强烈了。

新闻媒介拒绝停止调查。两位青年记者充分运用了"让事实说话"的策略，把有关水门事件的信息由外向内一层层地报道给读者，一般没有评述，没有议论，立场似乎是超脱的，报道好像完全是纯客观的，水门事件的端倪渐渐显露出来。这时尼克松命令他的助手开列一份记者和反政府人士中的"敌对分子名单"。他说："我想要一份有关所有那些力图把我们牵扯进去的人的最为广泛的记录。"据尼克松的助手说，采取这一步骤，是为了使用"可应用的联邦机器去勒紧我们的政敌"。事态向激化的方向进一步发展。1973年年初，参院水门事件调查委员会请总统和他的助手出面接受调查，但他们以"行政特权"为由拒绝委员会的调查。这一做法更加愚蠢，因为这个调查委员会起着影响全国新闻报道的关键作用。

总统与新闻媒介的关系越来越恶化。显然，这对尼克松是极为不利的。在水门事件中，"国家安全"一词也同"行政特权"一样得到了广泛的解释。1973年3月，尼克松和他的两位助手商讨了如何解释在一年半前闯入埃尔斯伯格的精神病医生的办公室这一问题。一位助

---

① 资源来源：林汉川，李觅芳. 公共关系案例教程. 上海：复旦大学出版社，1997.

手建议,可以用"国家安全"的理由为闯入行为辩护。尼克松表示同意,并说:"为了国家安全,我们不得不获得情报。我们不得不在机密的情况下做这件事。联邦调查局和中央情报局都不可信任。"用这种解释来应付舆论的谴责和有关部门的调查,使公众越发失去了对尼克松政府的信任。

1973年7月,尼克松的一位总统助理证实,自1970年以来,尼克松把所有在他办公室里的谈话都秘密地录了音。7月24日,最高法院表决迫使尼克松交出64盘秘密录音带,这些录音带上可能有关于水门事件的证据,尼克松拒绝交出。堡垒开始从内部被攻破了。这时已是10月,尼克松下令首席检察长理查森解除考克斯的职务。尽管考克斯是尼克松任命的对水门事件一案进行彻底调查的特别检察官,但考克斯坚持取回总统的秘密录音带。理查森拒绝执行总统的命令并辞去职务。副检察长拉克尔肖斯也拒绝这样做,被尼克松解除了职务。最后,副检察长博克解除了考克斯的职务。这就是被人称作尼克松的"周末夜的残杀"。继此之后,水门之火燃烧得更加炽烈了。

1973年11月,尼克松当着几百名报纸编辑的面说:"在我从事公务活动的所有年代里,我从未妨碍过正义。我想,我可以这么说,在我从事公务活动的所有年代里,我欢迎这一类的检查。因为人民必须知道,他们的总统是否是一个不正直的人。然而,我不是一个不正直的人。"过后,尼克松指示他的新闻秘书,在回答新闻媒介的实质性提问时,"你要避而不谈,但要做得像平常么自信,要自我掩饰"。然而,所有这些努力都是徒劳的。1974年7月末,尼克松以"妨碍司法程序,滥用职权,以及因不肯交出录音带犯了蔑视国会罪"而受到弹劾。8月8日,尼克松宣布辞职,第二天生效。

问题

1. 为什么尼克松说水门事件和他的下台是"公共关系的失策"?
2. 在水门事件中,白宫官员以"行政特权"处理公共关系问题的危害何在?
3. 丑闻爆出后,尼克松采用软硬兼施的手段为何不能平息风波?

第3章 公共关系主体——社会组织

学习目标

- 掌握社会组织的特征与分类；
- 掌握公共关系部的概念和设置要求；
- 了解公共关系部、公共关系公司的特点和优劣；
- 明确公共关系人员的素质能力要求。

案例导入

公关部和公关人

时下商战愈加激烈，许多企业都说要公关，但是要不要成立公共关系部呢？这公关部到底可以做什么？什么人来做？

最近看一本著名的商战小说，女主人公是美丽干练的销售精英，没有她拿不下的订单。美丽的女销售遇上竞争对手兼过去的恋人，终于倾诉衷肠："我不会再做你的对手了，我就要转到公共关系部做总监了。"

对于这种职业升华，身在公共关系行业的我不仅自己激动，还要将故事和感受跟人分享。

一个朋友说："你弱智了吧，人家销售女精英为公司立了汗马功劳，老板是让她去公共关系部享清福了。"

谁说的，要是把你从销售部调到公共关系部，是提拔你还是贬低你？

做了十多年的公共关系我才发现，世界上没有比这个更难解释的行业了。你看看所有其他的行业，木匠、设计师、律师、法官、司机、会计、导演、星探、发型师、闻香师、兽医，都是可以用一句话解释清楚的，就是"公共关系"怎么也解释不清。

其实这个行业的人，最讨厌别的行业盗用自己的名义，如"夜总会招男女公关，要求五官端正，乐于奉献，月薪两万，兼有提成"。可是真的让你解释你们是干什么的，谁都用一两句话说不清楚。

专家跳出来说："公共关系就是将传播本质中的虚像变成具像。""公共关系就是为人类创造更多的美。"

可见，专家都是在忽悠公共关系。

我们公关界有一个大腕儿，外面都请她去讲课，有一次在很大的场合给人讲她们那个著名的跨国公司如何在中国市场打造形象，塑造令消费者信赖、受到政府青睐的品牌，让企业文化具有凝聚力，让员工具有归属感。大腕儿用生动的语言和案例，在热烈的掌声中结束演讲时说："我今天特地请来了我的父母坐在台下，很多年以来，他们一直不大清楚我在做什么，今天是我给他们的回答。"

你看，公关界最大的大腕儿，给最亲近的父母讲自己做什么，也要讲一个小时。别人怎么办呢？

公关业最大的挑战是什么？人才。我所在的公关部，每年都有实习生，大家一般都把这里作为跳板，在跨国公司留一个经历，然后就去做自己喜欢的营销、财务、销售，等等。

终于有一天，一个兴奋又略带羞涩的面孔来到我面前，"我想留在你的部门工作，我觉得公共关系是最好的职业。"

我激动得就像功夫熊猫他爸听说儿子梦见了面条。

其实，越是行业的定义不清楚，你越是能够考察一个人才是否优秀，因为优秀的人才对一个复杂的行业需要有独特的见解。

最近看《功夫熊猫》，我得出的结论是，任何可持续的行业，都需要两样东西：一是偏执，二是噱头。

熊猫阿宝他爸，面馆代代相传，不是因为他诸如"我们是做面条的，血液里流的都是汤汁"这样的豪言壮语，而是在儿子梦见了面条这一事件上表现的激动，在于所有的人都在为宣布神龙大侠而激动的时候，他所看到的卖更多面条的机会。在可持续行业中的卓越从业者必须偏执得不可理喻。

再有就是得有点神秘感，那个祖传的神秘的汤汁配方，那个传说只有神龙大侠才能看的神龙秘笈，都是代表一个行业的噱头。

公关业跟开面馆和传奇武林一样，都是伟大的职业，充满不断解开又不断生成的噱头和神秘。

简单一些说，如果你是级别不断上升的商务人士，如果你是正在扩大财富的企业家，你可能碰到下面的情况：

• 产品质量出了点小问题，电视台的人扛了机器在工厂门口拍摄，你厂里的保安把大块头的摄像师绊了一个跟头，人和机器都摔坏了，第二天全城人们都指责黑产品和黑保安。

• 苦心经营的产品，总是卖不过其实不如你们但在公众面前颇有人缘又找了超级女生做代言的竞争品牌。

• 国家遇到了一场自然灾害，全国人民都在捐款和声援，你作为名人一时激动在网上跟人争执，说我们公司员工捐款一律不超过10元，第二天你和你们公司都要被唾沫淹没。

• 被评为"全国知名企业家"，在央视颁奖晚会上只能有一分钟的获奖感言，多一秒都不行，你该说什么，怎么在一分钟之内让观众记住你和你们公司？

这个时候，有个声音在你耳边说，该成立公共关系部了。

21世纪是传播的世纪，公共关系的世纪。只要一个人或组织需要依靠公众生存，他就需要公共关系。那么公共关系到底是做什么的？你当了神龙大侠以后才能告诉你。

（来源：商务周刊，作者李琰.）

公共关系的主体是社会组织。组织在开展公共关系活动、落实公共关系任务、执行公共关系职能时必须依赖于一定的组织机构和人员，这是做好公共关系工作的组织和人员保障。

本章将重点介绍公共关系的组织机构和人员。其中，公共关系的组织机构主要包括组织内部的公共关系部、外部的公共关系公司。

3.1 社会组织的特征与分类

在人类社会生活中，彼此孤立的个人通过一定的社会活动进行交往，由此建立起特定形式的社会联系并组合在一起。这种通过社会活动形成的联系和组合，本质上是社会关系的体现，形式上便表现为社会组织。社会组织是人类社会的组合方式，大多数人都工作、学习和生活在社会组织中。

公共关系学中所指的社会组织是按照一定的目标、任务和形式建立起来的有比较稳定的组织成员和一整套管理体系、结构的社会群体。社会组织是公共关系活动的主体，是公共关系活动的核心。

3.1.1 社会组织的特征

社会中的组织形形色色，特点各异。作为公共关系的社会组织，一般都具有以下特点。

1. 目的性

任何社会组织的形成都是为了实现一定的目的，这个目的代表了一个社会组织存在的意义和奋斗的方向。社会组织内外部的种种交往关系无不是围绕着社会组织的目的展开的，无目的的或无目标的社会组织是不存在的。

2. 变动性

社会组织是一个有机的"生长体"，应随环境的变化不断调整自身行为。社会组织的变动可以从两方面理解：一是社会环境不断变化，要适应这一变化，社会组织要适时地进行目标、功能、机构及人员的调整；二是社会组织本身要不断进行变化，在不同发展时期，组织的形象目标也要有所不同。

3. 整体性

任何社会组织都有与实现其特定目标相适应的一套规范的章程及合理的组织结构，将本组织中的人们联合起来，使之有序、高效地发挥作用，从而达成组织的目标。为了确保组织成员之间的协调与合作，组织必须建立起规范的章程，同时必须有合理的组织结构。否则，即使是自愿组合在一起的成员，若无章可循，也会产生很多矛盾，造成组织混乱的局面。

3.1.2 社会组织的分类

划分的标准不同，种类也不同。根据不同的划分标准，可以对社会组织做不同的分类。

1. 根据成立的依据和内部关系状态

（1）正式组织

正式组织是为有效地实现共同目标而规定成员之间的相互关系和职责范围的组织体系。它的组织结构、成员的权利和义务，均由管理部门规定，组织中的各种活动必须遵循有关规章和制度。正式组织是组织设计工作的结果，是经由管理者的正式筹划，并借助组织图和职务说明书等文件予以明确规定的。军队、学校和公司企业等均属于正式社会组织。

（2）非正式组织

非正式组织是不确定的而且没有固定结构的分支机构，是由无意识的社会过程产生的，可把它看成是一种没有固定形态的、密度经常变化的集合体。在非正式组织中，成员之间的关系是一种自然的人际关系，他们不是经由刻意的安排，而是由于日常接触、感情交融、情趣相投或价值取向相近而发生联系。它包括各种协会、学会、研究会、沙龙、俱乐部等。

2. 根据组织的目标及其活动内容

（1）经济组织

经济组织是最基本的社会组织，以实现所有者和经营者的经济利益为目标。它包括工商企业、金融组织、交通运输组织、服务型组织等。无论属于哪个行业或系统，组织的公共关系任务在大致上是一致的，就是要建立一个良好的生产经营者形象，争取顾客、消费者和其他公众的支持，以便在市场竞争中扩大生存和发展的空间。

（2）政治组织

政治组织具有社会政治职能和社会管理职能，集中代表和反映社会统治阶级或某一阶层的利益，如政府、政党、军队、监狱等。政治组织的公共关系任务在于：在公众心中树立一个良好的组织者、管理者、保卫者、领导者和服务者的形象，以便得到更多数公民的理解和支持，完成其政治职能。

（3）文化组织

文化组织是以满足人们的文化需求为目标，以从事文化活动为基本任务的社会组织。它包括学校、图书馆、文化馆、影剧院、艺术剧团、文化俱乐部等。文化组织的公共关系任务是塑造优秀的文化建设者、传播者、服务者的形象，吸引和争取更多的社会各界公众关心、参与和支持优良的文化事业。

（4）群众组织

群众组织是代表某一社会阶层或领域公众利益的社会组织。群众性协会、团体、学术性组织都属于这个范畴。群众组织的公共关系任务是广泛团结社会各阶层、各领域群众，组织他们开展各种社交活动，维护社会利益和群众利益，帮助政府树立威信。

（5）宗教组织

宗教组织是以某种宗教信仰为宗旨而形成的组织。在我国，宪法规定有信仰宗教的自由，我国现有佛教、道教、伊斯兰教、天主教、基督教等社会组织。宗教组织的公共关系任务是：依据宪法，贯彻宗教自由政策，在信教群众和宗教界人士心目中树立起一个宽和的组织者形象，与不同的信仰和没有宗教信仰的公民和平共处，争取得到宗教群众和宗教界人士的拥护和爱戴。

3. 根据组织是否营利分类

（1）营利性组织

营利性组织是以本组织利益为目标的社会组织。包括生产组织、商业组织、金融组织、交通运输组织、服务组织等。利润是这类组织的生命，没有利润这种组织会自动消亡。由于这类组织最大、最重要的公众是消费者，因此，主要以公共关系主体的身份出现。这类组织公关意识十分强烈，是公共关系的主力军。

（2）非营利性组织

与营利性组织相反，非营利性组织一般是指组织的运营目标不以获取利润为目的，而是追求拟定的社会目标的社会组织。它包括公益性组织、互益型组织、服务性组织。公益性组织是以全社会公众的利益为出发点，它关注的不是组织自身的利益，而是全社会的利益，如政党组织、国家司法机关等；互益型组织是以本组织利益为目标的非营利性组织，如工会、妇联等；服务型组织是以全社会公众为对象的非营利性组织，如学校、医院等文化组织。

从公共关系学角度来说，对社会组织的分类，并不着重于形式上确定统一的划分标准，关键在于分类的意义。上述各种分类方法有助于我们从不同的角度认识各类社会组织，有利于对组织进行准确的定位，有了明确的定位，才能有正确的决策。

3.2 组织内的公共关系机构

公共关系部是属于组织内部的公关机构，一般可以定义为：设置在组织内部、专门负责处理公共关系工作的职能部门。现实中，公共关系部的称呼是多种多样的，如公共关系部、公共事务部、公关策划部、传播企划部等。以下我们将统一采用公共关系部这种名称来表示设置在组织内部、专门负责公关工作的职能部门。

3.2.1 组织内设立公共关系部的重要性

在西方国家，许多企业都设有公共关系机构。据统计，曾有85％的美国企业设有公关部。现在，公共关系机构不仅仅局限于企业，有的已扩展到其他领域，如美国政府就拥有12 000多人的公关队伍，经费每年达数十亿美元。在我国，随着改革的深化，特别是市场经济体制确立以后，越来越多的人认识到，公共关系部是企业中的一个重要部门，是市场经济发展的必然产物。

对于企业自身来说，设置公共关系部的重要性体现在以下几个方面。

① 在组织内部设置公共关系部有利于企业领导集中精力解决重大问题。设置公关部后，可将分散的属于公关范围的工作和公关职能统筹起来，减少领导层负担，使领导能从大量的接待、应酬、协调等琐碎事务中解脱出来，集中精力去考虑全局发展的战略问题。

② 设置公共关系部有利于组织整体效能的实现。不设公共关系部的企业公关活动由各个部门分别处理，各个部门考虑问题，往往是从本部门利益出发，导致效能抵消，增加内耗，影响整体效能的发挥。此外，各平行部门之间还会相互封闭，妨碍共同前进。设立公关部以后，就可以从全局着眼，协调各部门的利益关系，发挥整体的最大效能。

③ 从公共关系自身角度来说，设置公共关系部有利于公关职能的充分发挥，保持公关活动的连续性和系统性。企业公关部是代表企业进行工作的，对内代表领导决策层来协调处理职工与职工、职工与部门、职工与领导、部门与部门及部门与领导的关系；对外代表企业发布消息、征询意见、处理问题、接待来宾。由于公共关系部作为组织内部的常设机构，所以能保证公关工作的连续性和系统性。

在有些公共关系学著作中，把公共关系部门称为企业的"五官"——眼、耳、鼻、舌、喉。这"五官"功能正是公共关系职能的重要体现：眼——观察组织与公众之间的关系；耳——倾听公众对企业的批评和建议；鼻——"嗅"出企业行为与公众利益不一致的"气味"；舌——"品尝"和体会公众的冷暖和甘苦，为公众排忧解难；喉——向公众传播与之相关的企业信息,赢得公众的理解和合作。由此可见,通过公共关系部,可以提高企业与公众关系的和谐程度,树立良好的企业形象。

3.2.2 公共关系部的功能

公共关系部是组织内部专门负责处理公共关系工作的职能部门,与企业中其他部门一样,同样具备自身特有的功能。

1. "情报部"功能

企业要适应复杂多变的社会关系和激烈竞争的市场环境,就必须有专门机构充当耳目,监测社会环境的变动。企业公关部应善于利用与社会公众的广泛联系,从不同渠道收集信息,担负起企业监测站与情报部的重任。一般来说,一个企业所要收集的信息大致可分为技术信息和形象信息,公关部所负责的是形象信息。在形象信息中,最重要的是来自用户的信息,这对于改进产品和开拓市场至关重要。

2. "参谋部"功能

现代社会中,一个企业的兴衰存亡与其所处的环境有着密切的关系,因此,企业作决策时除考虑技术因素外,还必须考虑社会关系因素。企业公共关系部正是决策者把握社会脉搏的参谋部,这种参谋作用体现在以下几个方面。

① 评价企业的知名度和美誉度。公关部人员根据公众的反馈意见,公正评价企业形象,为决策提供正确依据。

② 参与制定企业经营方针、策略等。

③ 把握社会公众心理活动规律,为企业品牌和营销决策提供建议。例如,消费者心理活动中有受传统观念、民族习惯影响的习俗心理需要,还有超前心理需要、优越心理需要、新奇和偏爱心理需要等。同时,人们的购买心理随着消费者购买能力、性别、年龄、职业的不同,呈现出不同特点。

3. "外交部"功能

在中国古代思想中,就有"礼之用,和为贵"。现代企业要取得社会公众的理解和支持,就必须不断向外界传递信息。公共关系部就负责沟通企业与社会公众之间的信息,减少企业与外部环境之间的摩擦,为企业创造一种"人和"的氛围。这样通过各种社会交往,企业可以广交朋友,获取公众的良好评价。另外,公关部还起着以下统筹协调的作用。

① 协调企业内部关系,减少内耗,提高效率。

② 协调企业与外部关系,避免或缓解冲突,提高企业适应外界变化的能力。

4. "消防队"功能

公共关系部在必要的时候还须处理公关事故。所谓公关事故,是指企业由于产品质量或其他方面的原因所引起的公众不满情绪和行为。其中有的属于公众误会,有的则实属企业失误。公关事故的发生犹如房子失火,若不及时扑灭,必然会阻碍企业的正常运转,严重的还会导致企业倒闭。例如,广东大亚湾核电站建设过程中曾遇到香港公众的联名反对,该电站公关部做了大量宣传、协调工作,消除了公众忧虑,才使工程得以顺利进行。

3.2.3 公共关系部的组建模式

公关部的组建模式有部门隶属型、部门并列型、高层领导直属型和职能分散型等四种模式。

1. 部门隶属型

部门隶属型即公关机构隶属于组织的某个职能部门，一般来说，隶属于沟通业务较集中、较繁重的部门，如办公室、销售部门、广告宣传部门、接待部门等。公关机构隶属的组织部门不同，组织强调的公共关系的重点职能也就不同。如公共部门隶属于办公室，表明组织强调公关的经营管理功能，公关要配合其他各项业务工作开展活动；公共部门隶属于销售部门，则强调公关在市场营销领域的促销功能；公共部门隶属于广告宣传部门，则强调公关的传播作用，公关要配合广告和宣传工作，树立企业良好的信誉和形象；公共部门隶属于接待部门，则强调公关的社会交往功能。如图3-1所示。

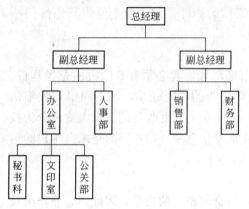

图3-1 部门隶属型

综上所述，这种公关部的组建模式仅仅侧重于公共关系某一作用的发挥，但忽视了公共关系工作在企业经营管理中的全局性地位，是一种初级的公共关系机构模式。

2. 部门并列型

部门并列型即公关机构与组织的其他职能部门平行并列，处于同一层次。这种类型的公关部门可直接参与最高层决策，并有足够的职权去调动资源，协调关系，其传播业务也比较完整。但一般来说，只有大型的组织才需要或可能这样设置公关机构。

这种公关部的组建模式是公共关系工作逐步向正规化发展过程中的过渡模式。与前一种类型相比，这种类型的优点在于既可以与最高层领导直接对话，也便于高层领导了解公众意见和意图；既可以使公关部了解组织决策及行动的真实指向，也易于使公关部的意见影响决策过程。其组织关系可以用图3-2表示。

3. 高层领导直属型

这种类型如图3-3所示，公共关系部单独由企业的最高决策者直接领导。这就使公共关系部与其他职能部门之间既是平行的关系，又具有某些指导关系，成为一个与企业决策层有直接联系的部门。这样它不仅可以负责企业内部各部门的信息沟通与协调工作，而且还能够对整个企业的经营决策提出直接或间接的参考意见，对最高决策者发挥重要的影响。这是一种最为理想的公共关系机构模式。

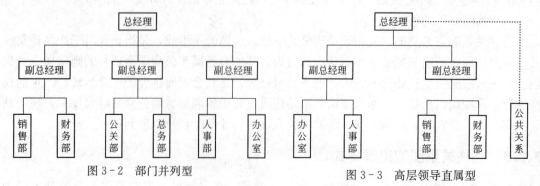

图3-2 部门并列型　　　　　　　　图3-3 高层领导直属型

这种公关部的组建模式综合了以上两种类型的特点，公关部既可以较为自由地与其他职能部门沟通，又具有相当的独立性和自主权，可直接介入决策，而且机构比较精干、灵活。

从管理学的角度分析，在上述三种模式中，总经理直属型公共关系部具有明显的优势，它可以最大限度地发挥企业公共关系部的各项职能。由于市场竞争日趋激烈，公共关系工作的好坏，直接关系到企业的生存与发展。因此，具有战略眼光的企业家，开始亲自管理公共关系的有关工作，并将其纳入企业总体发展战略的轨道上来。

4. 职能分散型

在一些组织中，虽然也有专人做着公关关系工作，但并没有设立独立的公共关系部门。这种情况在我国比较常见。在这些组织中，公共关系的职能被分解开来，体现在不同部门的相关职能中。如在宣传部门中安排专人负责与新闻媒介的联系，在营销部门中抽出专人从事产品及形象的调研和宣传工作等。

3.2.4 公共关系部的内部分工

公共关系部（简称公关部）在企业中的作用是重要的，其工作内容和工作量也是复杂而繁重的。对此，对公共关系部进行合理的分工，可以使其处于最佳状态，发挥最佳效果。

1. 根据工作对象分工

公关机构内部的具体部门是按照不同的公共关系工作对象设置的，并以相应的工作对象作为各部门的名称，如协调企业与股东关系的，设立股东关系组；协调企业与消费者关系的，则设置消费者关系组等，如图3-4所示。公关部下设内部公关（分员工关系组、股东关系组等）、外部公关（分客户关系组、社区关系组、媒介关系组、政府关系组、竞争关系组等）分部和专业技术组。

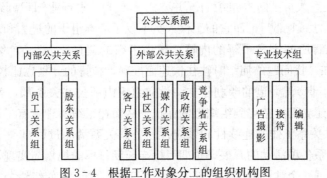

图3-4 根据工作对象分工的组织机构图

其特点表现为：工作人员可以长期固定地与特定公众对象打交道，便于了解公众的需要和反映，从而有针对性地开展公共关系活动。

2. 根据工作手段分工

公共关系部的具体部门是按照公共关系工作的专项业务和技术手段设置的，如图3-5所示。其特点表现为：各个职能部门都配备精通专门业务的人员，这样工作范围集中，便于熟练地掌握和运用各种公共关系手段，有利于处理公共关系活动中遇到的各类问题。如设有编辑出版组、调查分析组、活动策划组、技术制作组、新闻报道组等。

3. 根据工作区域分工

根据企业经营区域不同，则公共关系活动的内容和侧重点也不相同的特点，按照区域划分公共关系业务,如图3-6所示。一般分为国内公关部(如东北分部、华北分部、西北分部、西南分部、华东分部等)和国际公关部(如欧洲分部、亚洲分部、美洲分部等)两大部门,每一部门还可根据具体地域细分为各个地区分部。这种分工方式,适用于企业经营范围区域广泛和机构较复杂的公共关系部。

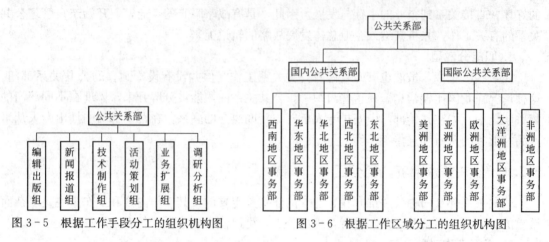

图3-5　根据工作手段分工的组织机构图　　　图3-6　根据工作区域分工的组织机构图

总之,公共关系机构的分工方式是多种多样的,怎样确定其类型,最终还要根据企业的特点和需要而定。

3.2.5　公共关系部的优势及局限性

1. 设置公共关系部的优势

① 促使公共关系人员了解本组织情况并熟悉本专业、本行业知识。组织内部公共关系部本身就是组织中的一个部门,而它的工作人员不仅了解本组织的过去和现在,也了解组织中一些不易为旁观者所察觉和了解的内情,作为组织的"自家人",自然"能见外人之不见"。因此,他们在寻找问题的症结时往往快速而准确,拟订的计划也比较切实可行。

② 促成组织内部交流渠道的顺利建立。设立组织内部公共关系部,就能使组织内外信息交流渠道系统的建立与维持得到组织上的保证,从而在组织管理上有了必不可少的基础。

③ 有利于公共关系工作的连续性和系统性。公共关系活动过程是一个有计划的持续努力的过程。公共关系各项活动的开展,短期目标与长期目标的规划与实现,都需要阶段性与长期性的结合。有了一个常设的组织内部公共关系工作机构,就使组织公共关系范围内的工作有了相应的负责部门,就能够更好地完成公共关系日常工作和持久的公共关系活动,保持公共关系工作的连续性和系统性。

④ 有利于贯彻经济上的节俭原则。开展公共关系工作是要付出一定费用的,组织内部公共关系部作为组织的一个单位,了解组织的经济实力,知道组织能为公共关系活动提供多少经费。因此,他们在制订和实施公共关系计划时,往往不仅考虑到公共关系工作的效果,还会注意量入为出,为组织尽量节省经费。

2. 设置公共关系部的局限性

① 容易对组织形象作出不准确的判断。由于组织内部公共关系部与本组织关系十分密切且受制于本组织,所以,在分析问题、考虑对策时存在一定的局限性,并在对本组织的形

象评价中产生偏见，甚至出现迎合、违心的可能性，这种困于感情色彩的情况往往会成为客观分析组织现状、采取客观对策的阻碍。

② 活动能力会受到一定限制，专业技能不强。组织内部公共关系工作机构一般人手较少，其社会活动范围和社会联系也是有限的，因此，在完成一些大型公共关系活动或技术水平要求较高的专题活动时，往往会感到力不从心。

③ 职权范围较为狭小，建议被重视的程度低。由于组织内部公共关系工作机构隶属于组织领导，因此，不仅其机构的人、财、物的调配和公共关系计划的拟订与实施会受制于本组织，而且，组织领导人容易出于各种原因制约其职权，限制其活动范围，另外公关部人员提出的建议可能不被重视。

3.3 专业的公共关系公司

公共关系公司又称公共关系咨询公司或公共关系顾问公司，是存在于组织外部的公关机构，不依附于任何具体的社会组织，依照有关政策法律建立起来的有计划、有分工、有工作程序的，专门向社会各界提供公共关系服务的营利性社会组织。

3.3.1 公共关系公司的产生、发展及特征

公关公司是随着公共关系作为一种职业的出现而产生和发展的。20世纪初，美国的艾维·李在1903年首创了具有公共关系性质的事务所。1920年，N. W. 艾尔正式开办了公共关系公司。

由于公关公司在政治、经济生活中发挥了巨大作用，从而确立了它在社会中的地位。公关公司的出现是社会再分工的必然产物，是社会组织开展公共关系活动的必然要求。随着全球经济一体化进程的不断加快，市场竞争也在不断加剧，这就使得各种社会组织都想方设法赢得公众认同，求得公众的理解和支持，使本组织在社会公众中塑造良好形象，以谋求组织的和谐发展。一些小型企业由于受到人力、财力、物力等诸多因素的限制，没有能力设置一个门类齐全的内部公关机构，因此就需要借助专业咨询公司的广泛影响和巨大优势去实现企业的目标。对于一些较大型的社会组织，虽然其内部设有公共关系部，但在开展公共关系活动时也常在某些专门问题上求教于同行专家。对于一些刚成立的公共关系内部机构，更需要行家的指点和帮助，这样既可突破本组织公关人员在经验和知识水平上的局限性，又可得到公关咨询公司更高层次和更加广泛、有效的指导。

从公关活动手段及效果看，公关咨询公司也有着组织内部机构不可替代的作用。企业公关部成立以后，摆在面前的首要问题就是如何克服内部公关人员在经验和活动范围上的局限性，使公关手段向科学化、规范化迈进，提高公关效率，增强公关效果。这就需要聘请公共关系专家作顾问，使本组织的公关工作跃升到更高的层次。其次，公关咨询公司较之企业公关部有着巨大的信息优势，在策划公关活动时也就更能着眼于企业的长远发展。另外，现代公共关系的一大特点就是技术性和专业化要求越来越高，许多策划活动不是企业自己所能承担的，必须由经验丰富且受过专业训练的人主持。公关咨询公司能够集中人力、物力为各类社会组织提供各种专门服务，适应各种不同需要，因此，其产生和发展也就成为了一种必然。

公关咨询公司自身的性质决定了它具有以下特征。

① 社会性。公关咨询公司是一个职业化的机构，不同于结构比较松散的公共关系社团，而是一个社会经济实体。它要求有明确的组织目标、严密的组织机构、受过专业训练的人才以及共同遵守的规章制度和长远的发展规划。

② 服务性。公关咨询公司属于服务性行业，它通过从业人员掌握的广泛的信息、丰富的知识和经验、现代化的技术手段，为客户提供市场形象、信誉等多方面的服务。

③ 营利性。公关咨询公司作为商业性机构，按照一定的标准提供有偿服务，取得利润。

3.3.2 公共关系公司的基本类型

公共关系公司的划分方法很多，如根据公司的规模可分为大型公关公司、中型公关公司和小型公关公司；按照经营地域可分为全球性公关公司、全国性公关公司和地区性公关公司；按照资本的性质可分为外国独资公关公司、中外合资公关公司、本土公关公司等。但比较常见的还是按照公关公司的业务范围来进行划分，形成所谓的综合服务型公关公司、专项服务型公关公司和顾问型公关公司。

（1）综合服务型公关公司

综合服务型公关公司可以为客户提供全面的公共关系服务，业务范围涵盖咨询诊断、联络沟通、信息收集、新闻代理、广告代理、产品推广、活动策划、危机处理、培训服务等诸多方面。此类公关公司实力强大，联系广泛，一般拥有先进的信息收集和分析系统，同时拥有一大批擅长处理不同公共问题的知名专家。

（2）专项服务型公关公司

专项服务型公关公司是侧重于为客户提供某一方特定公共关系服务的公司，其服务项目往往仅限于一种，但比较专业。如专为客户提供 CI 战略的策划和实施、专为客户进行公众调查等业务。专项服务型公关公司的人员通常是某一领域的专家，在此方面有着很强的实力。这类公司的经营规模和业务范围较综合服务型公关公司要小，但在某些特定的公关服务方面具有一定的优势。

（3）顾问型公关公司

从严格意义上说，顾问型公关公司也是一种专项服务型公司。它所开展的服务一般仅限于为客户提供咨询业务，对客户的公共关系活动提出意见或建议。但顾问型公共关系公司所提供的意见和建议往往是多方面的，并不局限于某一特定方面，这是与专项服务型公关公司的最大区别，因此将其单独划分出来。顾问型公关公司的组织成员基本上是由某一工作领域的专家组成，如公共关系专家、公众关系协调专家、市场分析专家、广告策划专家、新闻媒体专家等。

中国公关公司年度排行榜

公关专栏

2013年度国内公关公司排行榜包括 TOP 25 公司和最具成长性公司两个榜单，其中业内综合实力最强 TOP 公司 25 家，最具成长性公司 10 家。该榜单以自愿参与调查活动、提交完整数据、能够接受考察核实的公关公司为评选对象，以"TOP 公司评选标准"为评选依据，通过加权指数计算产生最终结果（表 3-1～表 3-3）。

表 3-1　2013 年度 TOP 25 公司榜单
（按公司品牌英文名排序）

AcrossChina	信诺传播	Hill＋Knowlton	伟达公关
APR	注意力	HRH	恒瑞行
BlueDigital	蓝标数字	KEYPOINT	关键点
Burson-Marsteller	博雅公关	Linksus	灵思营销
CHUAN	传智传播	Marketing Resource	嘉利恒源
CYTS Linkage	中青旅联科	MSL China	明思力中国
D&S	迪思传媒	NTI	新势整合
Daniel J. Edelman China Group	爱德曼中国	Ogilvy	奥美公关
EVISION	时空视点	Ruder Finn	罗德公关
FleishmanHillard	福莱希乐	Shunya	宣亚国际
Genedigi	际恒集团	Weber Shandwick	万博宣伟
HighTeam	海天网联	Zenith-Utop	哲基友拓
HIGHTRAN	海辰恒业		

表 3-2　2013 年度最具成长性公司榜单
（按公司品牌英文名排序）

Cenbo	森博公关	SDPR	深度传媒
Energize	英智传播	TIMES LEADER	上海德沪
Global Raytur	环球瑞都	Topline	尚诚同力
Linksense	联华盛世	Waggener Edstrom	万卓环球（北京）
Revo	睿符品牌	WINS	汪氏整合

表 3-3　TOP 25 公司对照统计表

	TOP 25 2013（均值）	TOP 25 2012（均值）	TOP 25 公司变量
年营业额/万元	31 142	28 234	10.3%
年营业收入/万元	13 583	12 416	9.4%
年增长率	10.3%	15.5%	－5.2%
年人均营收/万元	49.7	43.2	6.5
年签约客户数	43	47	－4
签约客户比重	71.3%	75%	－3.7%
外资客户比重	60.6%	56%	4.6%
年平均员工人数	343	319	24
管理团队人数	43	39	4
女性雇员比例	62%	60.8%	1.2%
员工平均年龄	28.9	28.6	0.3

续表

	TOP 25 2013（均值）	TOP 25 2012（均值）	TOP 25 公司变量
人员流动率	26.9%	19.6%	7.3%
平均留任时间/Y	3	2.7	0.3
周劳动强度/H	43.3	41.7	1.6
年培训时间/H	121	70.4	50.6
平均工资/（元/月）	8 134	9 442	−13.9%
客户经理工资/元	10 888	11 390	−4.4%
大学生转正工资/元	3 818	3 835	−0.4%

（来源：中国公关网）

3.3.3 公共关系公司的具体职能

公共关系公司的基本职能是帮助客户确立公共关系目标，制订并实施公共关系计划，从而帮助客户达到改善公众形象、建立良好形象的目的。其具体的职能主要包括以下几个方面。

① 公共关系咨询。公共关系公司可根据客户的要求，为其提供经济、政治、科技、社会、文化、人口环境等方面的情报以及市场信息、公众态度、社会心理及社区文化习俗等较为具体的分析资料；为客户提供公共关系问题的分析和诊断业务；为客户的公共关系政策或决策等提供意见和建议等。

② 传播信息。公共关系公司可以代客户进行信息传播活动，如选择媒体，与媒体建立良好的沟通关系；撰写新闻、宣传稿件；为客户制作并发布各类宣传材料等。

③ 广告服务。为客户制订广告投入计划，设计制作产品广告及公共关系广告等。

④ 组织活动。协助客户与公众进行有效的沟通，组织各种专题活动，如赞助活动、展览会、开放参观活动等。

⑤ 人员培训。公共关系公司可为客户的员工提供有关公关方面的专业知识和技能培训，以帮助其掌握必要的理论知识和技能，以适应组织发展的需要。

公关专栏

国际公关公司到底有多厉害

在奥运圣火传递风波过后，有外国媒体建议中国聘请国际公关公司，以改善中国在西方公众眼中的形象。事实上，中国与国际公关公司的合作早已有之。那么，中国与国际公关公司已进行了哪些合作？国际公关公司对国际关系有着什么样的影响？

大公关公司一般表现低调

目前，世界最成功的公关公司有奥美、罗德、万博宣伟、帕格索斯、易美济、万卓环球、爱德曼、高诚、伟达等。这些公关公司都是"世界公关公司联盟"的成员，通过这一平台共享客户资源和业务经验。

普通公关公司的主要业务是广告、新闻业务代理、投资者关系。一些能量很大的国际公关公司，却能通过各种途径，在公共事务等政治领域发挥重大作用，甚至影响国际关系。

不过，由于行业特点，这些在各国游说的现代"说客"一般表现得相当低调，公关界的成功案例往往很久后才能为公众所知。

北京奥组委聘请了伟达

1990年，国际公关公司把很多跨国公司通过亚运会推荐到中国，麦当劳在中国开第一家店，就有国际公关公司的功劳。

一些著名国际公关公司在向中国介绍世界的同时，也能向世界解释中国。因为他们对西方公众心理、媒体运营有着较好的了解，经验和人脉资源也更丰富。

随着各国公众政治参与的扩大和传媒的发展，各国政府对外政策的透明度扩大了，其对外政策也越来越受民间力量的牵制，公关活动对国际关系的影响也日渐增长。

中国要努力赢得有利于和平发展的国际环境，必须获得各国人民的理解和支持，这离不开与公关公司的合作。目前，伟达在中国的业务发展最为迅速。2006年4月27日，北京奥组委聘请伟达为2008年奥运会的传播顾问。

外国公关公司助北京申奥成功

另据新加坡《联合早报》2001年7月17日报道，中国在1993年第一次申奥中，就曾聘请国际公关人士协助策划，但都不是大型公关公司。中国在第二次申奥中，吸取了这个教训。《联合早报》转引美国《时代周刊》的估计，中国在申办2008年奥运会时付出的公关费约为2 400万美元。在申奥中，考虑到西方对中国存在的认知盲点，尤其是西方媒体的导向充满偏见，因此决定聘请国际知名公关公司协助对外宣传。曾在1993年协助悉尼胜出的澳大利亚著名公关人彼得·菲利普这次也为北京申奥效力。他说，他和搭档有两个多月住在北京，每天花16个小时帮北京准备申奥的关键文件，同时不断在细节上给北京出谋划策，包括应付外国人质疑中国人吃狗肉等问题。众所周知，北京的第二次申奥最终取得成功。不过，中国有关方面并未公开证实《联合早报》的这一说法。

纳粹德国也用公关公司

20世纪30年代，美国民众不愿加入对纳粹德国的战争，在一定程度上就与两个美国公关公司的宣传有关。这两家公司是"卡尔·拜奥尔合伙人事务所"和"艾维·李与T.J.罗斯合伙人事务所"。美国国会为了削弱公众对德国的亲切感，不得不于1938年通过《外国代理人注册登记法》，对向外国代理人提供服务的顾问实行强制登记制度。

达赖喇嘛及其追随者也很会找公关公司给自己涂脂抹粉，利用西方公众对"人权""环境""文化保护"的关切，博取西方公众的同情，然后又借助"民意"和各国政要频频会见，干扰中国和这些国家的关系。

3.3.4 公共关系公司的优势与局限性

公共关系公司已在全球成为一个新兴的、蓬勃发展的组织。国外许多企业不仅内设公共关系部，而且还聘用公共关系公司的专家作顾问。在美国，1/3 的工商企业的公共关系活动由公共关系公司代理。公共关系公司具有公共关系部所没有的优势。

1. 观察分析问题具有客观性

由于公共关系公司与委托办理业务的单位没有直接的利益关系，公共关系公司的人员不是客户的员工，不存在心理上、感情上、人事上的关系，因而可以从旁观者的角度冷静地观察问题、分析问题，对问题作出客观的评价。

2. 提出的建议和方案易于被接受

公共关系公司是由专家组成的，他们丰富的公共关系经验和策划能力，容易赢得决策者的信任，他们所提出的建议和方案，也易于受到决策者的高度重视。

3. 信息灵通

公共关系公司长期从事公共关系实务，已经建立起一套较为完善的信息网络。它们与政府部门、社会团体、新闻媒介以及同行业之间跨地区、跨国别的联系，使公司信息来源广泛，信息渠道畅通。

公共关系公司与组织内部公共关系部相比也存在着不足，主要体现在以下几个方面。

首先，对委托单位内部情况了解的深度不及组织内部公共关系部，因而其建议、方案等有时可能同客户的实际情况脱节，缺乏针对性。

其次，对委托组织提供的公共关系服务，不如组织内部公共关系部及时。

最后，公司与委托单位之间还存在着沟通困难和障碍。在费用、服务内容及质量上容易产生矛盾和分歧，影响公共关系的正常工作及双方的协调和配合。

了解公共关系公司的优势与劣势，对于一个组织在开展公共关系工作时，是选择公共关系公司，还是依靠自己的公共关系部有着重要意义。

公关专栏

2013 年中国公共关系行业发展分析

2013 年中国公共关系市场继续保持稳定增长。据调查估算，整个市场的年营业规模约为 341 亿元人民币，年增长率为 12.5% 左右。相比上一年度，行业增长速度有所放缓，这表明公共关系行业也受到了整体经济增长放缓的影响。

随着新媒体时代的来临，公共关系业务正在发生结构性变化。传统公关形态业务增速放缓，而新兴公关业务（如数字化传播、新媒体营销等）出现了迅猛发展的势头。总体而言，作为新兴产业的公共关系行业，其成长速度仍然要高于整体经济发展的增速。

一、行业保持稳定增长态势，但增速有所放缓。通过对提交问卷的 80 家公司数据分析，2013 年无论是在营业额还是营业收入方面，都有一定增长。但相比上一年度，增速有所放缓，这与整体经济环境有密切关系。根据调查数据测算，2013 年度全行业营业额达到 341 亿元人民币，增幅约为 12.5%。

二、调查显示，2013 年度中国公共关系服务市场的前四位为汽车、快速消费品、制造业、房地产，市场份额分别为25%、15.5%、7.5%、6.9%。与2012年相比，制造业、房地产市场，首次在本年度首次位列服务市场前四位；IT、金融和政府及非营利机构业务呈现明显的下降趋势，分别由8.2%、6.8%、4%下降到6.3%、3.1%、2.2%；通信、医疗保健、互联网等其他行业均呈现稳步增长趋势。由此可见，2013年度中国公共关系服务市场服务范围越来越广，继续呈现出行业扩散化趋势（见表3-4）。

表3-4　2012年及2013年行业市场份额对比

行业市场份额	2013年	2012年
汽车	25.0%	19.0%
快速消费品	15.5%	13.5%
制造业	7.5%	5.5%
房地产	6.9%	5.4%
IT	6.3%	8.2%
通信	5.8%	5.4%
医疗保健	3.3%	2.6%
互联网	3.2%	3.0%
金融	3.1%	6.8%
旅游	2.3%	2.3%
政府及非营利机构	2.2%	4.0%
文化	1.9%	1.1%
体育	1.0%	0.8%
公用事业	0.8%	0.2%
能源	0.6%	1.8%
其他	2.6%	

三、汽车行业份额在经历大幅下滑后恢复快速增长。数据显示，2013年度中国公共关系服务市场中，汽车行业一扫2012年度的颓势，市场份额迅速增长，从2012年的19%增加到2013年的25%，尽管这个数字还没有达到2011年的32.9%，但依然占据整个行业市场份额的1/4。这表明，汽车行业在经历中日关系低潮影响后，开始恢复增长。

四、2013年公共关系市场业务分布较为均衡。数据显示，通信、医疗保健、互联网等其他行业均呈现稳步增长趋势。尽管IT、金融和政府及非营利机构业务呈下降趋势，但依然占据了一定的市场份额。这表明，中国公共关系市场业务呈均衡分布格局。

五、新媒体环境对公共关系市场产生明显影响。随着数字化时代的到来，传统公关业务增长放缓，个别公司此类业务甚至出现停滞或负增长的现象；而快速整合传统公关和数字传播的新型业务则保持了迅猛的增长势头，部分公司此类营业收入比重甚至占到了一半。这表明，公共关系市场与传播环境的关系越来越紧密，公关公司必须适应传播环境的变化，实现转型并寻找新的机会。

六、国际公关公司继续加大在华战略布局。随着中国经济占全球比重的不断增加，2013年国际公关公司继续加大在华拓展力度，它们继续在一线和二线城市尝试开展业务。调查显示，本次参与调查的国际公司的营业成本控制较好，个人平均绩效很高。另外，这些公司的年签约客户数及连续签约客户数非常稳定，均在40家以上。这表明，国际公关公司在客户资源和专业化服务水平有其独到的优势，国际公司和本土公司互相竞争的趋势也将更加明显。

七、中国公关行业面临的挑战与机遇。

第一，人才问题仍然是影响行业发展的瓶颈。由于行业整体稳定增长带来的人才需求，与2012年相比，中国公关市场人才专业化问题并没有得到缓解。人才频繁流动、无序流动、供需脱节等问题依然困扰着公关行业。调查显示，公关行业人力资源成本上升较快，也影响了公关公司的营业收入和业务拓展。除人才外，资金也是制约从业公司做大做强的因素之一。

第二，把握公关行业的趋势。目前的公关行业开始呈现一些新的趋势，如公关与广告的边界开始消失，业务出现竞争。另外，大数据时代来临，业务模式会发生相应的变化。因此公关行业在业务模式、管理方式、新媒体应用等方面，都需要不断地进行创新，进一步提升行业的整体水平。

第三，随着行业逐步走向成熟，行业集中度的趋势开始进一步显现。行业强势公司依靠资金优势和规模优势，市场份额进一步加大，体现了强者恒强的竞争格局。行业的兼并整合趋势，未来将会进一步加强。

（来源：中国公关网）

3.4 公共关系人员

在公共关系实践中，公关活动成效的大小，不仅取决于公关机构是否完善与健全，还取决于公共关系人员的素质和能力。同样的公关策划由不同的公关人员执行，效果将迥然不同。

> **挖人成风，凸现公关业人才供求矛盾**[①]
>
> 30%，这是每年国内专业公关公司人才需求的增长速度。翻开报纸的人才招聘专版，或者到一些招聘网站上浏览一下，就可以发现，许许多多的公关公司都在不断招人。实际上，公关人才的争夺战已经打响，公关公司为开拓市场，想尽一切办法从其他公司挖人，公关业的人才流失率一直居高不下。现在每个公关公司都重视人才，如何吸引和留住人才已经成为各公司发展过程中考虑的重点。

<公关专栏>

---

① 资料来源：国际公关网，public.iader.com.

> 张莉在一家本土公关公司工作,进入公关行业不到一年,她说她老是记不住公司同事的名字,因为好多人还没等记住就走了,又不断地有人进来,她经常会在公司里看见很多新面孔,甚至分不清是客户还是同事。对于公关行业相当高的人才流失率,张莉很有体会:很多公关人才在工作过程中都会为自己将来跳槽做准备。许多人都跳槽到自己曾做过项目的公司里去,做市场部或公关部负责人。由于人才流动的频率太快,甚至还等不到有所积累,因此优秀者也就屈指可数。于是,一些在公关业积攒了两三年从业经验的人开始想当然地自诩为"资深人士",开始不屑于处理日常的客户事务,一旦发现外面有诱人的橄榄枝,就跳了过去。
>
> 公关业内目前普遍的做法就是从别的公司挖人。"开店不如买店,买店不如买人"。这些挖来的"高手"不仅"身怀绝技",更重要的是,他们往往有固定的客户群和自己的"追随者"。作为服务行业的经营主体,公关公司在非理性的市场体制中经常体现出的特点之一就是"认人跟风"。所以,"挖人"不仅是"挖"来了他们的专业技能,也可能会"挖"来他们手中的客户。

3.4.1 公关人员的素质结构

公关人员的基本素质主要包括生理和心理素质、职业道德素质、较高的政策水平和广泛的科学知识等。一个高层次、高水准的公关人员应当同时具备各种素质。

1. 生理和心理素质

生理素质是指公关人员的体形、长相、外表、风度等方面的要求。应当承认公关工作对公关人员的生理素质有一定要求。因为较好的体形、强健的体格、端正整洁的仪表和潇洒飘逸的风度,会对公众产生天然的吸引力和良好的第一印象,为进一步发展交往、增进友谊、开展工作打下良好的基础。但也不能走极端。一般来说,生理素质的基本要求应当是头脑敏捷、精力旺盛、身体健康、仪表大方。至于容貌、体形则应根据不同的公关策略而有不同的要求。

公关人员心理素质的最起码要求是拥有健康的心理。

(1) 较强的心理承受能力

公关活动范围很广,接触各式各样的事物和人员,可谓事杂人多,内部的协调、外部的联络、沟通,都需要公关人员具体去做。公关活动工作量大,又是长期持久性的工作,加之公关活动复杂多变,在具体操作运行过程中,时常会遇到一些棘手的问题,这些都需要公关人员在心理上具有较强的承受能力和忍耐能力,善于运用智慧,凭借毅力,通过艰苦努力,求得问题的解决和事业的成功。

(2) 兴趣广泛

公关人员的职业特点决定了他们必须与各专业、各方面、各层次的人物打交道,具有广泛的兴趣是建立交往的基础,是寻找共同点和接近点、实现与公众沟通和交流的主要手段。同时,对于公关人员来说,具有广泛的兴趣可以博采众长、见多识广,在复杂的环境和关系中机智应变,顺利开展工作。

(3) 意志坚强

公关人员应该在错综复杂的公关活动中,在面临诸多棘手的困难面前,保持较强的心理承受力、忍耐力和自制力，保持很强的自信心、上进心，敢于承担责任、承认错误，善于动员自身力量从容处置，迎难而上，以达到既定目标。

(4) 性格开朗

人的性格在公关交际中具有重要意义。开朗外向型性格的人，常常充满热情，可以使人感到亲切，易于创造交流思想、交流感情的环境，能够使人在困难面前保持乐观向上的情绪，能够使人形成宽容豁达的精神。因此，公关人员具有开朗、开放的性格，是促进公关工作开展的重要心理条件。

(5) 成熟的思维方式

公关活动的复杂多变性要求公关人员有灵活的思维方式和敏捷的反应能力，遇事临阵不乱，能进行冷静思考，积极为组织出谋划策；要求有严密的逻辑思维能力和综合分析问题的能力，善于对各种问题和矛盾进行分析和判断；要求有丰富的想像力和创造性思维能力，使公关活动不断创新，引起公众的兴趣和注意力。公关人员只有具备了这些能力，才能更好地适应环境、改造环境，使自己的组织在激烈的竞争中立于不败之地，实现既定目标。

2. 职业道德素质

同"医有医德，师有师德"一样，公共关系人员也有自己的职业道德要求。

(1) 严格遵守所在组织的纪律

公关人员与外界接触的广泛性使其很容易养成消极、散漫的工作作风，因此公关人员只有严格遵守组织规章制度，按组织纪律行事，才可能把组织的公关工作做好。

(2) 忠于所在组织

市场经济条件下，每个企业都有自己的技术秘密和商业机密，一旦泄露就可能危及企业生存，这就要求公关人员忠于职守，不在组织外就组织的弱点或缺点随意发表议论。

(3) 公正公平

公关人员是站在企业角度为社会、公众服务的。当个人利益与集体利益、集体利益与社会利益发生矛盾时，公关人员不能为谋求个人或小集体利益而牺牲公众利益或社会利益。个人是组织的化身，组织是社会的细胞，每一部分的肿瘤都可能对整个社会肌体造成损害。公关工作需要与外界交往，需要合作互助，公关人员只有做到公正、公平，才能处理好公关工作，任何欺骗行为都是公关工作所不允许的。

(4) 严格遵守公共关系道德准则

公共关系道德准则是对公关职业道德要求具有强制性的文字表现形式。一般情况下，人们观念的形成需三个阶段：强制—服从—自觉。人们首先受制于某一规则，逐步形成习惯，最后变为自觉。因此，公共关系道德准则也可以说是规定全体公关人员职业道德的标准性文件。《公关员国家职业标准》对公关员提出了8条"职业守则"，即奉公守法，遵守公德；敬业爱岗，忠于职责；坚持原则，处事公正；求真务实，高效勤奋；顾全大局，严守机密；维护信誉，诚实有信；服务公众，贡献社会；精研业务，锐意创新。

3. 较高的政策水平

公共关系实务的一项重要工作是进行信息处理，公关人员要想在杂乱无章的信息中理出头绪，应有较高的政策水平。可以说，公关人员的政策水平直接决定其工作实务的质量。

公关人员的政策水平包括三方面的内容：一是要把握国家的有关方针、政策，并使自己的工作不与之相违背；二是对自己组织内部的有关政策和方针要能熟练地运用，并使自己的工作都能为实现组织的目标服务；三是要能适当地利用其他社会组织的有关方针和政策，使自己的工作尽可能顺利进行。

4. 广泛的科学知识

公共关系从业人员与其他行业人员的最大区别，在于他们具有从事公共关系工作的必要知识和专业技能，特别是有了职业准入制度以后，是否具备公关理论和实务知识更是成为公关人员的必要条件。要成为一名合格的公共关系从业人员，掌握以下几方面知识是非常必要的。

(1) 公共关系的基本理论知识

这方面的知识主要有：公共关系的基本概念、职能作用，公共关系的由来和历史沿革，公共关系的核心概念和基本理论；公共关系的三要素及其相互关系，公共关系工作的基本程序等。

(2) 公共关系的基本实务知识

公共关系是一种实践性强、重视经验积累的职业，当然也重视公关基本实务知识和技巧。事实上，公关调研知识、公关策划知识、公关谈判技能、公关传播方法等，是每个公关从业人员都应该掌握的实务知识。

(3) 开展特定公共关系工作所需的专业知识

公共关系从业人员为了更好地开展工作，还应该掌握一些相关学科的理论知识。与公共关系学科联系较紧密，对公关理论和实务影响最大的学科有管理学、传播学、社会学、心理学、行为科学，而市场营销学、广告学、人际关系学则因其与公关学科的理论和实务有相当的交叉而颇具借鉴意义。除此以外，公共关系从业人员在接受特别的委托公关业务如国际市场公关、行业公关时，还要了解相应的地区文化传统、风俗习惯以及特定行业的基础知识。

现代社会是信息社会，公关人员再勤奋也不可能全部掌握所需的公关知识，但每个公关人员都应以此为目标激励自己，不断地学习、吸收最新的公关理论、实务知识和公关技巧，努力使自己成为知识结构合理的公关人员。

公共关系人员知识结构

公关专栏

知识结构有"I"形、"T"形和"开"字形。"I"形知识结构特点是沿着某一领域、某一学科的知识直上直下地发展，其特点是缺乏活力；"T"形知识结构虽然有交叉，但是知识层次性较差；"开"字形知识结构既有深度，又有广度，纵横交叉，具有创造力。"开"字形知识结构是公共关系人员最理想的知识结构。公共关系人员知识结构如图3-7所示。

上面一横表示最一般的基础知识，是工作生活中所必需的，包括天文、地理、历史、自然、社交等知识；最下面一横表示专业基础知识，包括社会学、心理学、管理学、市场学、逻辑学、传播学等。图中两竖其中之一表示某一领域的知识，如公共关系领域的知识，包括公共关系理论、公共关系实务、公共关系案例、公共关系社交等知识；另一竖表示某一学科的知识，如营销知识、广告知识、写作知识等。现代社会的公共关系人员必须巧妙地筛选、搭配自己的知识结构，以利于更有效地开展公共关系工作。

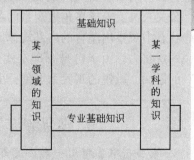

图3-7 公共关系人员知识结构

3.4.2 公共关系人员的必备能力

具有公共关系人员基本素质的人，只能说其拥有了从事公关工作的可能，若想成为一名优秀的公共关系人员，还必须具备一定的能力。能力是能胜任某种任务的客观条件，也有人把它看作素质的动态表现形式。公关人员的能力应当是其内在综合素质的外在表现。卡特里普将公关人员的能力归纳为写作、编辑、组织、联络、演讲、策划等，同时又把写作、演讲能力列为最重要的能力。一般来说，公关人员还应具备敏锐的观察力、语言及非语言的表达和接受能力、社会交往能力、组织领导能力、创新能力等。

1. 写作和演讲能力

公关工作的性质决定了公关人员必须与广大公众进行交流，而交流的主要形式就是说和写。编写书面的宣传材料是公关工作的有效工作方式，组织的宣传资料、年报、新闻公报等应用文的写作是专门技术，更需要用心掌握。公关应用文分为外部型公关应用文、内部型公关应用文及混合型公关应用文。外部型公关应用文有新闻稿件、公文信函、公关广告、图片说明等形式；内部型公关应用文主要有公关简报、公关调查报告等形式；混合型公关应用文包括柬帖、演讲词和规则性公关文书等。每种公关应用文都有其特殊要求。例如，公关宣传材料要求写作速度快、富有鼓动性，还要有说服力和亲切感；公关调查报告则要求真实、简练和准确等。公关人员只有平时注意积累，才不至于在提笔时写出干瘪、生硬的文字。

演讲能力同样也是公关人员必备的。好的演讲能够影响公众态度，激发公众行为，是公共关系信息传播活动中的重要形式。演讲语言艺术，体现为一种美的吸引力和感染力，是演讲者与听众之间一种审美情感的共鸣、一种心灵上和谐之美的呼应。公关人员成功的演讲可以使公众增强对企业的认同感，从而为企业树立良好的社会形象，以达到增强企业美誉度的目的。

2. 敏锐的观察能力

公关人员要善于"察言观色"，面对纷繁复杂的事物能看清本质特征，准确把握公众的心理特征。周密的公关策划往往来自周密的观察，独特的公关方案也常常产生于独特的视角。公关人员要养成多角度观察的习惯，善于从普通的事物中发现不普通的问题，从事物的平静状态中观察出蕴含的内部规律。公关人员不仅对公众要有高度的观察力，对自身也要有敏锐的观察力。由于自身心理定式、虚荣心和习惯的干扰，往往使公关人员陷入"当局者迷"的怪圈。敏锐的观察力能使公关人员以客观的态度审视自己，不断地发展和完善自身。

实例

"你会坐吗？"——一次公关部长聘任考试

一家公司准备聘用一名公关部长，经笔试筛选后，只剩 8 名应试者等待面试。面试限定他们每人在两分钟内对主考官的提问做出回答。当每位应试者进入考场时，主考官说的都是同一句话："请您把大衣放好，在我面前坐下。"

然而，在进行面试的房间中，除了主考官使用的一张桌子和一把椅子外，什么东西也没有。有两名应试者听到主考官的话以后，不知所措，另有两名急得直掉眼泪；还有一名听到提问后，脱下自己的大衣，搁在主考官的桌子上，然后说了句："还有什么问题？"结果，这五名应试者全部被淘汰了。

剩下的三名应试者，一名听到主考官发问后，先是一愣，旋即脱下大衣，往右手上一搭，躬身致礼，轻轻地说道："这里没有椅子，我可以站着回答您的问话吗？"公司对这个人的评语是："有一定的应变能力，但创新开拓不足。彬彬有礼，能适应严格的管理制度，可用于财务和秘书部门。"另一名应试者听到问题后，马上回答道："既然没有椅子，就不用坐了。谢谢您的关心，我愿听候下一个问题。"公司对此人的评语是："守中略有攻，可先培养用于对内，然后再对外。"

最后一名考生的反应是，听到主考官的发问后，他眼睛一眨，随即出门去，把候考时坐过的椅子搬进来，放在离主考官侧前约一米处，然后脱下自己的大衣，折好后放在椅子背后，自己就在椅子上端坐着。当"时间到"的铃声一响，他马上站起来，欠身一礼，说了声"谢谢"，便退出考试房间，把门轻轻地关上，公司对此人的评语是："不着一词而巧妙地回答了问题；性格富有开拓精神"，加上笔试成绩佳，最后录用他为公关部长。

3. 表达和接受能力

表达和接受能力包括对语言及非语言形体动作的表达和接受能力。语言表达能力对公众的影响在各种能力中占首要位置。同一种思想、同一件事物用何种语言方式表达，直接影响到交往的成败，特别是对于陌生的公众，有无娴熟的、艺术的表达能力，对企业影响甚大。例如，海南乐普生商厦拒卖索尼电器事件，就是因为索尼公司在接到消费者投诉索尼电视显像管破裂时，其负责人竟说："我们的电器不可能出问题，是你们的使用有问题。"结果导致乐普生商厦拒卖所有索尼电器，索尼公司自食其果。

公关人员不仅要有很强的语言表达能力，还要有高超的语言接受能力。因为与公众的交流是个双向的过程，在形形色色的公众中，有的公众语言逻辑强，能一语破的；有的公众语言表达不清，东拉西扯，不知所云，优秀的公关人员就要善于从"东拉西扯"中理出谈话的真实意图；还有的公众语言表达言辞过激，方式欠妥当，这都需要公关人员保持头脑冷静，找出问题所在，切不可针锋相对，反唇相讥。

非语言形体动作的表达和接受能力在公关活动中也十分重要。公关人员需掌握这一技巧并发展为一种高度的非语言交际能力。有时会心的微笑、目光的注视、语言的停顿、手势的运用都会起到语言所达不到的效果。同时，公关人员也应当能够从人们的目光、姿态、动作或身体距离等非语言表达中，准确地洞察对方。

4. 社会交往能力

社会交往能力是指进行人际交往、联络社会公众的能力。公共关系人员为了组织的利益要与各种各样的公众交往。这里强调的是，这种交往不是贿赂、请客送礼，许多公关人员在交往时往往过分依赖这些不正当行为，结果适得其反。正当的人际交往应当是从尊重对方人格、合理满足对方利益出发，利用个人的学识修养和交往技巧与对方接触，广结人缘，广交朋友。

5. 组织领导能力

现代社会是个分工越来越细的社会，公共关系活动也是如此。可以说，任何一个公关活动都不可能一个人去完成，都需要多人的协作，公关人员此时就需要显示出高超的组织领导能力，使活动有条不紊地进行。

6. 创新能力

从事公关工作，就要有一种"别出心裁"的精神。要善于采用新方法、走新路子、开拓新局面，这就要求公关人员有创新能力，敢于标新立异，表现出自己工作的特色，把公共关系工作开展得充满活力、生机勃勃。

> **实例**
>
> 美国实业界巨子华诺密克参加了在芝加哥举行的美国商品展览会，遗憾的是，他被分配在一个极偏僻的角落，这个角落是很少有游客光顾的。因此，为他设计摊位布置的装饰工程师萨孟逊劝他索性放弃这个摊位，等待明年再来参加商品展览会。华诺密克却回答说："萨孟逊先生，机会要靠自己去创造，不会从天而降。"华诺密克随即向他的公关部求援。公关人员明白了他的处境和要求之后，召开会议，集思广益，最后得出一条妙计：设计一个美观而富于东方色彩的摊位。萨孟逊不负所托，果然为他设计了一个古阿拉伯宫殿摊位，那摊位前面的大路，变成了一个人工做成的大沙漠，人们走到摊位前面时，就仿佛置身于阿拉伯世界一样。华诺密克对这个设计很满意，他让雇用的两百多名男女职员，全部穿上阿拉伯的服装，并且特地派人去阿拉伯买回6只双峰骆驼来运输货物。他还派人去订做了一大批气球，准备在展览会开始时使用。这一切都是秘密进行的，在展览会开幕之前，不许任何人说出去。
>
> 这个阿拉伯式的摊位设计，引起了参加展览会的商人们的兴趣，不少报纸、电台的记者都报道了这个新奇的设计。这些报道引起了市民们的注意。展览会开幕那天，有很多人都怀着好奇心前来参观。这时，展厅内升起无数个彩色气球，升空不久，便自动爆破，落下来一片片印着一行很美观的小字的胶片，上面写着："当你拾到这小小的胶片时，亲爱的女士或先生，你的好运气就开始了，我们衷心祝贺你。请你拿着这胶片到华诺密克的阿拉伯摊位去，换取一件阿拉伯的纪念品。谢谢！"这消息马上传开了，人们纷纷挤到华诺密克偏僻的摊位，而冷落了那些开设在黄金地段的摊位。第二天，芝加哥城里又升起许多华诺密克的气球，引起了更多市民的到来。45天后，展览会结束了。华诺密克做成了2 000多笔生意，其中有500多笔是超过100万美元的大交易，他的摊位成为展览会中顾客最多的摊位。①

以上所述的公关人员的素质和能力，是从一般意义上来讲的。实际上，按照《公关员国家职业标准》中的分类，公关人员可分为五个等级：初级公关员、中级公关员、高级公关员、公关师和高级公关师。对不同等级的公关员，其素质和能力的要求也是不一样的。

复习思考题

1. 公共关系的组织机构有哪些类型？
2. 组织设置公共关系部要遵循哪些原则？
3. 确定公共关系部规模的依据有哪些？
4. 如何组建公共关系部？
5. 公关公司的基本类型有哪些？

---

① 资料来源：http://media.open.edu.cn。

6. 试说明公关公司的工作方式。
7. 试比较公关公司和公关部的优缺点。
8. 公共关系人员应当具有什么样的素质和能力？
9. 许多人认为，由于他们的性格内向，身材及长相一般，所以不具备成为成功公关人员的条件。你如何评价这种看法？你认为性格和容貌在优秀公关人员的成功中起到多大作用？
10. 在一些企业中，公共关系部是附属于其他一些部门的。你认为公关部应附属于哪一个部门？是办公室、宣传部、营销部还是市场开发部？为什么？
11. 如果让你通过面试和笔试来选择公关人员，你会怎么做？请设计一下笔试的问题和面试的内容。

案例训练题

案例3-1 公关人，你干的究竟是什么行当？

先说新闻吧。对传统公关人来说，发稿是最常规的工作。也就是帮客户企业在报刊、电视等媒体上做宣传。很多稿件也是由公关策划和撰写的。也正因为此，专门有"新闻公关"这样的术语，有《新闻公关策划实战》之类书籍。公关人给媒体提供稿件时，也经常说发一篇"新闻稿"。尽管媒体更愿意称其为"公关稿"，但你不得不承认，软性的公关新闻稿也是新闻稿。

但是，今天的情况不一样了。公关发稿工作的变化，不仅仅体现在媒体介质上，现在多了网站、App、各种自媒体，等等。很多客户还要在稿件中展现新的内容方式，比如加上视频、动画。加上这些当然不是不可以，只是，当稿件中加入产品使用介绍的视频、动画，你还能说这是一篇"新闻稿"吗？当然，不一定只有新闻稿才可以传播。可是，当你的客户企业要在稿件最后加上网店链接地址，在视频最后加上"××产品限量特卖"，您还能觉得自己在做与新闻人接近的工作吗？若是从真正的新闻人转行过来的，怕会暗地里对自己骂娘。

那么，公关人是广告人吗？前些天我与一位朋友吃饭，聊到公关与广告的区别，广告专业出身的她马上说，"公关广告是一家！"很显然，她的话有相当的道理。现实中，学广告专业干公关的，比例非常高。但长期以来，公关人尤其是从事媒介工作的公关人，要比广告人有优越感。美国里斯有本名著叫《公关第一广告第二》。很多资深公关人也认为，广告是直接购买媒介发布信息，没啥"技术含量"，而公关发布信息"不花钱"。听起来似乎挺高大上，可看看我们的公关行业吧，压迫式的发稿作业，经常不得不买版发稿，公关人真能牛气吗？

当然，现在有个新说法，不管是公关还是广告，都是为营销服务的，两者可以并存，不一定非得完全分开、井水不犯河水。这几年，越来越多的公关公司更名，改叫"整合营销传播机构"之类。我甚至听过一位公关公司高管给员工培训时说，做的是什么不重要，什么挣钱就可做什么。他还举例说，现在月收入两三千的女孩，照样会买一万块的名牌包，咱们帮企业把名牌包卖给她们，就是成功的公关。这里我不想对消费主义文化做道德评价，不想说这样的姿态是否猥琐,只想提出,当公关人为自己可以"卖包"沾沾自喜时,这一行的尊严在哪里?

更要说的是,很多公关人引以自傲的"营销"能力,其实不过是一种幻觉。是的,不少客户企业的产品,今年比去年的销售量是提高了。可是,究竟有多少是你公关人的功劳呢?以为靠自己在网上炒作两个搞笑视频,在微博搞活动靠抽奖加"技术操作"带来几千甚至上万的转发,就成功帮企业多卖出了多少"名牌包",不是自欺欺人,就是智商需要充值。要真有那营销才能,何必辛苦挣那点公关费,而不是自己去开个贸易公司,一年挣几百万、上千万呢?

以前,很多人不敢说自己是干公关的,怕被误以为是在夜总会工作。现在,越来越多的人接触和了解了公关行业,但很多公关人仍没底气说出自己的行业。"做企业新闻的",你做的是新闻吗?"在广告公司工作",广告人有说自己在公关公司工作的吗?"做营销",好吧,可做营销就做营销,干嘛还要自认是公关人呢?莫非,公关人等于滥竽充数、自吹自擂的营销人?

不久前我去北京图书大厦,打算买几本公关方面的书。问店员公关类书籍在什么位置,没一个人知道。用电脑查询,发现分散在新闻、营销、广告甚至礼仪、励志等类别。我问管理人员,公关这么一个重要行业,竟然不设专柜?对方瞪大眼睛看着我反问:公关,也算个行业?

(资料来源:李清. 梅花网)

问题

1. 你认为广告人是公关人吗?两个职业有什么区别?
2. 你觉得文中提及的一些关于公关职业认识误区存在吗?
3. 你认为公关人应如何建立起自己的职业自信?

案例 3-2　　　　PR 人到底是群什么样的生物

PR 人的工作时间表

【8:00】

起床,第一件事就是上网搜索客户的关键词,有时也得买报纸。搜报道有两个原因:一是汇总,二是有负面新闻的话,PR 要及时处理,将负面影响压低到最小值。

【12:00】

一天最多会联系五六十家媒体,刚入行常打电话,现在一般都通过邮件、MSN、QQ、短信之类的联系。有时记者经常会抱怨一天接到几十个公关的电话,没办法,这也是 PR 们的工作。

【16:00】

不管是做客户还是做媒介,PR 们得经常请客吃饭联络感情。一般来说,请客吃饭会去比较小资的咖啡店。

【24:00】

不少公关是和媒介打交道的,时间表跟着媒体排,国内《财经娱乐》下午才上班,很晚才下班;PR 大多数也是夜猫子,有时候经常要在半夜传稿子给媒体。

PR人故事:"白骨精"中的战斗机

小茜是武汉人,5年前她不顾父母的反对只身一人跑去上海,进入了PR这个行业。5年过去了,她跳槽了几次,在广告公司做过行政和媒介,也在公关公司做过客户,现在她已经成长为一个成熟的PR。对她来说,公关这个工作虽然门槛比较低,但能够坚持下来并且做到优秀的人却很少:"因为这行太磨炼人的意志和耐力了。公关圈最流行的一句话就是战战兢兢,如履薄冰。"

不仅要伺候好客户,伺候好媒体,还要被街头四处乱贴的××酒店招聘男、女公关这样的小广告所"诬陷"。所以,做一名成功的PR要经历种种磨难,像孙悟空在太上老君的炼丹炉里才能炼成火眼金睛一样,经过种种挑战后,才能达到职业的制高点。

做公关工作,可不是每天穿得花枝招展在高档写字楼里走来走去,或者请客户吃饭、唱歌就可以了。这一行还是需要激情、细心和敏锐。有的PR刚入行,给客户或媒体打电话时还会脸红,如今也成了职场"白骨精",智商和情商都极高。

不过,PR们面对的客户可个个都是难缠的主,要求严苛的居多。比如,要面对客户很多奇怪的要求,还要面带笑容地完成。小茜做过一个活动,当时,客户要求参加所有PR必须全身一身黑,而且不能坐,全天活动都得站着,那个腿的酸软程度,你试试。

在公关圈流行一句话:"把男人当牲口使,把女人当男人使。"这话很贴切。当PR的,加班太正常了,而联络客户感情,更需要PR们的细心对待,要了解客户的生日、是否结婚、有没有小孩儿、个人喜好,然后会细心地作为备忘,及时送上个性化的礼物,有时,客户的一些喜好可能连家里人都不清楚,但PR们必须了如指掌。

公关常会感到巨大的精神压力,每天要记住各类事项,要跟不同的客户打交道,但在这份职业里也能够学到很多东西,包括平时对待人际关系的一些基本准则,在巨大的压力和甲方的刁难下,公关都变成了"白骨精"中的战斗机。

PR人故事:请客送礼不如双方利益实际

罗德公司在公关界很威武,客户包括兰博基尼、米其林、波音、爱马仕,几乎奢侈品和贵的玩意儿都是罗德在做。85后Gloria是复旦大学的高才生,进入罗德3年,说起考试面试,她说:"并没有你想象中的难,不过英文一定要过关。"

公关公司的面试,在很多人眼里很神秘。是不是一定要很漂亮?是不是非得酒量好?Gloria说:"根本没有的事情,考试的时候真的没提这些。"面试谈得最多的是职业规划,就是你对自己前景的看法,PR需要有判断力。

一讲到公关,就想到请客吃饭,Gloria说这是误解。像罗德这样的专业公关公司,客户大多为全球五百强企业,合作很正规、很透明。并且老外不像中国人,他们不热衷于饭局,更在意如何在最短的时间内把事情做好。

作为资历尚浅的PR,Gloria最主要的工作内容是替客户和媒体打交道,为客户向媒体传递信息,再传递给消费者或者受众。分析和媒体之间的关系,Gloria用了四个字:"教学相长。"公关需要从媒体那儿获得更多的报道去服务客户,而媒体需要从公关这获得更多的信息,所以只要把这个关系处理好,各取所需,就能双赢。

吃饭客套礼尚往来,这都不比双方利益来得实际。

写通稿也是专业公关的任务之一。刚开始Gloria以为辞藻华丽是公关稿的主要方面;后来才知道,精准信息才是最需要传递的。PR提供的就是这样一种服务,去帮助推广、帮助宣传、促成合作，传达客户希望传达的，提供人们想要知道的。（来源：长江日报，2014-06-16.）

问题

1. 结合案例谈谈你对公关职业的认识。
2. 你认为公关人最重要的职业素质和能力应该是什么？

第 4 章　公共关系客体——内外公众

- 掌握公众的含义、特征及分类；
- 熟悉公众的心理倾向与心理影响；
- 了解员工关系、股东关系、顾客关系的处理；
- 了解顾客关系、媒介关系、政府关系、社区关系处理。

学习目标

大亚湾核电站的公众关系

我国的核电从无到有，从小到大，已经在我国能源紧缺的沿海地区发挥作用。由广东核电合资有限公司负责建设和营运的广东大亚湾核电站于1979年年底开始进行经济技术可行性研究，1987年主体工程开工，两台机组分别于1994年1月1日和5月6日先后投入商业运行，为香港地区和广东省的经济发展和繁荣做出了积极的贡献。

"核电"作为一个特殊的产业，对许多人来说仍是一个陌生的领域，"核电"的特殊性为其蒙上了神秘的色彩。特别是前苏联切尔诺贝利核电站事故的发生，使为数众多的普通老百姓担心核安全。广东核电合资有限公司从核电站建设之日起就制定了有效的外部公关策略，为扭转舆论偏向、消除公众误会及偏激、取得公众的理解和支持，做了大量的公共关系工作。

为了更好地加强与香港公众的沟通，公司邀请香港各界知名人士和专业人士参加，成立了大亚湾核电站安全咨询委员会，并每年定期举行会议，向委员们汇报核电站建设和生产运行情况。安全咨询委员会是大亚湾核电站安全问题与香港公众沟通的专责机构，使香港公众客观地了解大亚湾核电站工程建设和生产运行中安全方面的情况。

为广泛普及核电知识，树立良好的公司形象，公司先后在香港、广州、深圳、北京等地举办或参加不同类型的科普展览会。1986年10月，联合香港科技协进会在香港举办了核能技术展览会，以及专题讲座、公众咨询等活动。十多年来，共计举办了不同类型的展览会12次之多，参观人数达70万人次，分发宣传资料20余万册。通过展览，广泛地普及核电知识，让公众了解核能的发电原理、核电发展概况以及大亚湾核电站与切尔诺贝利核电站的区别，使公众认识到核电是一种安全可靠、清洁的能源。

公司每年定期举办两次记者招待会（后改每年一次），通过媒体，让公众及时了解大亚湾核电站的情况，并加强与各新闻媒体的联系，主动提供资料，增加了核电站的社会透明度，增强公众对核电的信任感。组织公众参观核电站，十多年来，公司共接待中外参观者约19万人次，并认真回答他们提出的各种问题。

案例导入

公众是组织赖以生存和发展的基础，是公共关系工作的对象。开展任何一项公关活动之前，必须先清楚本次活动的对象是哪些公众，了解对象公众的心理和行为特征，这样才能有的放矢地开展公共关系，提高公共关系活动的效果。

4.1 公众和公众分类

4.1.1 公众的含义与特征

公共关系中的"公众"是一个特定的概念，是指与公共关系主体即社会组织发生相互作用、相互影响的各种群体、社会组织或个人的总和。

公众与"大众""群众"的概念是有区别的。在公共关系学中，公众并不泛指社会生活中某一方面、某一领域中的人，而是指以某个社会组织为主体，对这个主体组织的生存与发展有着现实或潜在利益关系的那些个人、群体或社会组织。特定的公众，只存在于特定的公共关系活动中；不同的社会组织，有着不同的公众范围。

公众是社会组织赖以生存与发展的基础，是社会组织开展公关工作的对象。公众的态度和行为反映着公共关系目标的实现程度，也是检验公共关系工作成败的最好标准。从某种意义上讲，公共关系其实就是一种公众关系。公共关系必须以服务于公众为前提，有效的公共关系以能够满足所有社会公众利益为最高原则。公共关系工作，就是社会组织面向特定的公众，解决好组织与各类公众之间的关系，使组织与各类公众相互适应、相互合作，创造出和谐与协调的内外生存环境。

公众的特征，概括起来主要有五个方面。

1. 同质性

公众是因面临共同的问题、具有共同的利益而形成的社会群体。如一家电力公司的发电厂，由于排放的污水污染了海洋，影响了当地渔民的正常捕鱼，那么这些受影响的渔民就成了这家电力公司的公众。很显然，这一特定公众的形成是因为他们面临"海洋污染"这一共同的问题。

2. 广泛性

公众的广泛性是指每个社会组织都存在相应的公众，没有公众的社会组织是不存在的；就每个组织的运作而言，是事事面对公众，时时面对公众。一个组织只要活动，就要面对公众；任何一个组织面对的公众都是涉及面比较广泛的公众群体，既有内部的公众对象，又有外部的公众对象。公关工作不可以只注意其中某一类公众，而忽略了其他公众。对任何一种公众的忽视，都可能会不同程度地影响到整体公众环境的质量，甚至导致公众环境的恶化，影响组织的正常生存与发展。

3. 多样性

公众的多样性主要表现在公众形式和公众层次的多样性上。公众对象的具体形式是多种多样的，某一类公众群体平时可能是彼此不联系的、松散的个体（如顾客），但也可能是以特殊的利益团体的形式出现（如消费者协会）。具体的公关对象可以是个体，也可以是群体或组织，甚至是地区性的（如选民）或国家性的（如国际公众）。公众层次主要指公众对组织的态度和重要性是多层次的。

4. 可变性

任何组织所面对的公众都不是自我封闭、一成不变的，而是开放的，处在不断变化之中。公众往往会因环境条件的变化而产生或消失、扩大或缩小、固定或转移等，甚至发生性质上的变化，如从友好变成敌对，从协作变成竞争等。

5. 互动性

一个群体之所以成为某一组织的公众，是因为他们的意见、观点和行为同组织相关，并与组织相互作用。公众对组织的目标和发展具有实际或潜在的影响力、制约力，甚至可以决定组织的成败。同样，组织的决策和行为对它的公众群体也有影响，制约着公众所面临问题的解决或需求的满足。

4.1.2 公众的分类

对公众进行分类，把握其内在的规律性，是公关人员的基本功，能反映出公关人员对各类公众及其与组织关系程度的了解和判断水平。按照不同的标准，可以把公众分为以下几类。

1. 按组织内、外公众对象分类

可以把公众分为两类：内部公众和外部公众。内部公众包括职工和股东；外部公众有消费者、新闻界、社区、政府、银行、供应商等。

2. 按组织与公众关系的发展过程分类

当同一个问题出现时，按照公众对该问题的认识与态度的发展过程来分类，公众可分为以下四类。

① 非公众。是指在一定的时空条件下，既不受企业政策和行为的影响，也不会影响企业政策和行为的那部分群体。非公众不是就企业整体活动而言的，而是针对企业出现的具体问题而言的。

例如，一家电视机生产厂家确知，由于某种质量问题，一批业已销售出去的电视机可能在半年之内发生故障。这时，企业就必须围绕着挽回消费者损失、维护企业信誉而开展公关活动。对于这样一个具体的问题来说，那些没有购买这批电视机的人或群体，就是企业的非公众。

区分企业非公众，对于一个具体的企业公关活动来说是极为重要的，它可以使公关活动更有目的性和针对性，减少盲目性，避免力量分散。

② 潜在公众。是指由于企业的活动和行为，使一部分个人和群体面临着共同的问题，而这部分个人和群体还未察觉到这个共同问题的存在。如一部分消费者购买了那家电视机厂有质量问题的电视机，但这些消费者还不知道电视机存在质量问题，他们就成为该厂的潜在公众。

确定潜在公众，也就意味着公关活动的开始。潜在公众由于还没有意识到问题的存在，还不会马上采取行动（如向厂家投诉、向消费者协会投诉、要求政府干预乃至直接同厂家发生行为争端等），但只要他们发现问题的存在，便会马上采取行动。因此，公关工作要赶在潜在公众形成之日起就开始，把问题解决在萌芽阶段。其方法有：向企业决策部门通报信息；通过各种传播媒介向公众坦率、真实地讲清问题；向公众及时地传达企业关于解决问题的措施和方法，以求得公众的谅解和合作，这不仅不会降低企业信誉，反而可以大大提高公众对企业的信赖感。

③ 知晓公众。是指那些已经知道问题存在的公众。知晓公众是由潜在公众转化而来的。

从潜在公众转化为知晓公众，一般来说有三种途径。

首先，潜在公众了解厂家发出的信息后而转化为知晓公众。

其次，潜在公众直接从传播媒介中接收到信息而转化为知晓公众，如购买了这种有质量问题的电视机的公众，可能是通过报纸的披露才知道的。

最后，潜在公众在使用过程中转变为知晓公众。

知晓公众在初步意识到问题的存在以后，便急于想知道有关的一切细节和信息，特别是想知道厂家对于处理问题的态度及准备采取的措施。公关工作就是进行大量的解释、宣传、疏导和劝说工作，使知晓公众的态度朝着有利于问题解决的方向发展；此外，要与媒介密切合作，提供问题的真实、准确的信息。如果媒介有不实报道，公关人员还应通过其他方式发布真实消息，消除误解。

④ 行动公众。是指那些不仅意识到问题的存在，而且已经采取相应的行动，以求得问题解决的公众。行动公众是由知晓公众转化而来的，它的出现已经给企业带来不良影响。同时，行动公众的出现本身就是公关工作动作迟缓的结果。成功的公关是阻止知晓公众变为行动公众。

在公众发展的不同阶段，组织应该采取不同的公关对策。划分出非公众是为了减少公关传播的盲目性，提高公关工作的准确性和针对性，避免不必要的浪费。对于潜在公众应该未雨绸缪，加强预测，密切监视事态的发展，分析各种可能的结果，制订各种应付方案，积极引导事态向好的方向发展。对于知晓公众则应该采取积极主动的公共关系姿态，及时沟通，主动传播，满足公众要求被告知的心情，使公众对组织产生信赖感，主动控制舆论局势。最后，对于行动公众必须采取相应的措施，将压力转变为动力，转变为对组织有利的合力。

3. 按公众对组织的态度分类

① 顺意公众。是指对组织的政策和行为积极支持的公众。这类公众的意见、态度和行为对组织的生存和发展有至关重要的意义。公关人员要与他们多加联系，定期沟通，争取他们对组织持续不断地支持，并能对其周围的公众产生带动作用。

② 逆意公众。是指对组织的政策和行为持否定态度的公众。逆意公众的产生必定有原因，或由于组织的政策、行为，或由于公众已有的经验、误解。公关人员要深究原因，有针对性地开展公关工作，促使逆意公众的态度发生转变。

③ 独立公众（中立公众）。是指对组织持中间态度或态度不明朗的公众。争取独立公众转变为顺意公众常成为公关工作的重点。

4. 按公众的重要程度分类

① 首要公众。是指对组织的生存、发展起决定作用的公众。如企业员工和顾客。这类公众的关系必须投入大量人力、物力、财力与时间去维持与改善。

② 次要公众。是指对组织的生存和发展有一定影响，但不起决定作用的公众。如金融、财税、社区、新闻界等，它们可以从各个方面来制约组织。为了创造良好的生存和发展环境，公关人员在做好首要公众工作的同时，也要努力调节好与次要公众的关系。

③ 边缘公众。是指与组织有联系，但距离组织各项工作层次较远的公众。与这类公众的关系，可以在处理公关活动所涉及的问题时一同解决。

5. 按公众与组织关系的稳定程度分类

① 临时公众。是指因某一临时因素、偶发事件或特别活动而形成的公众对象。如因飞

机航班误点而滞留机场的旅客、足球场闹事的球迷等。

② 周期公众。是指按一定规律和周期出现的公众对象。如逢节假日出现的游客高峰、招生时节的考生及家长等。

③ 稳定公众。是指具有稳定结构和稳定关系的公众对象，如老主顾、常客、社区居民等。

划分临时公众、周期公众和稳定公众，是制定公共关系临时对策、周期性政策和稳定策略的依据。每个组织都难以事先预测到某些突发事件的产生，往往会面对一些临时公众构成的额外压力，需要公共关系部门进行应急处理，制定应急对策。周期公众的出现则是有规律的、可以预测的，能够事先制订公关计划，做好必要的准备工作，按照一定的程序来处理。而稳定的公众对象作为组织的基本公众，需要采取特殊的措施和政策，以示关系的密切性。

4.1.3 确定目标公众的重要性

由于企业性质不同，企业公众也有差异。如一个啤酒厂的公众同一个旅游宾馆的公众有很大区别，生产出口产品的企业与内销企业的公众区别很大。因此，识别和规定企业公关活动所针对的对象，即明确目标公众，关系到公关活动的成功与否。其重要性表现在以下几个方面：

① 辨别所有与某一公关项目有关的人；

② 在预算和资源范围内确定优先次序，防止力量和资金被不加区分地分散到过多的公众中去；

③ 选择适当的传播媒介；

④ 准备有针对性的信息；

⑤ 工作按计划进行，使得人力、时间、物资和设备能得到最有效的利用。

4.2 公 众 心 理

所谓公众心理，是指在公共关系情境中公众受组织行为的影响和大众影响方式的作用所形成的心理现象和心理变化规律。在公共关系活动中，公众的需要、兴趣、价值观、态度等心理倾向决定着公众的行为方式，进而影响组织公共关系活动的策划及其实施效果。因此，把握公众心理，根据公众心理特点，开展有针对性的公关活动，是公共关系工作成功的必要条件。

4.2.1 公众的心理倾向

公众的心理倾向是公众需要、兴趣、动机、价值观和态度的综合表现。

1. 公众的需要

公众的需要是指公众个体或群体在公共关系活动中的欲望和需求，公众需要通常以一种"缺乏感"作为内心体验，以意向、愿望的形式表现出来。公众的行为，总是直接或间接、自觉或不自觉地为了实现某种需要。因此，公众需要是公众行为产生的原动力，组织公共关系活动的成效，应该以是否满足了公众需要为基本的考核标准。

公众需要具有以下特点。

① 公众需要的多样性。公众需要的内容是十分广泛和丰富的，从需要的对象看，有物质需要和精神需要；从需要的时间看，有现实需要和将来需要；从需要的作用看，有生存需要和发展需要；从需要的主体看，有个体需要和群体需要；从需要的强度看，有刚性需要和弹性需要；从需要满足的条件看，有可以满足的需要和不能满足的需要等。

② 公众需要的层次性。需要具有从低到高的阶梯式的层次结构，一般来说，低层次的基本需要得到满足以后，才产生满足较高层次需要的愿望。需要的层次性反映了需要满足的顺序性，在每一特定时期，公众都会有一些最迫切要求得到满足的需要，这种需要称之为优势需要。公共关系人员应根据公众的不同优势需要，开展有针对性的公关活动。

③ 公众需要的周期性。公众都有在获得满足后，在一定时间内不再产生这种需要，随着时间的推移，又会重新出现这种需要，呈现出周期性反复的特点。

④ 公众需要的差异性。由于公众个性心理特征的差异和群体的差异，使得公众需要在对象、时间、方式、强度上体现出较大的差别。不同的公众群体有不同的需要，一类公众在不同的时期也会有不同的需要。

2. 公众的兴趣

兴趣是人们力求认识、探究某种事物或乐于从事某种活动的一种心理倾向。兴趣与需要相联系，人们总是在需要的基础上形成和发展具有意识倾向的兴趣。兴趣是一种内在动力机制，可以促使人们产生兴趣性动机，具有激发指导人们行为的作用。在公众接收信息时，往往特别关注自己感兴趣的信息。

公众兴趣具有稳定性、可变性、广泛性和中心性四个特点。兴趣的稳定性是从兴趣持续的时间而言的。一般来说，兴趣是相对稳定的心理现象，一旦形成，会在较长时期内对人们的行为产生影响。但是，兴趣是否稳定持久，则与人的个性特征相联系，与人的理想信念、价值观念相联系。兴趣的可变性，是指兴趣在社会生活实践过程中形成，也会随着社会生活实践的变化而变化。兴趣的可变性特征，表明兴趣是可以培养的。兴趣的广泛性是指兴趣的广阔程度，兴趣广度存在个体差异，有些人兴趣广泛，而有些人兴趣则较为单一。在公众的诸多兴趣中，往往会产生一个主要的中心兴趣，使其他兴趣围绕着它，形成一个有机的兴趣系统，共同支配人们的行为，这就是兴趣的中心性特点。中心兴趣总是与人最强烈的需要及满足这种需要的行为效益紧密联系的。

在公共关系工作中，公关人员要善于观察不同公众的兴趣和爱好，并掌握其兴趣、爱好与需要、年龄、职业的关系，使公关活动迎合公众的兴趣，产生较强的吸引力，这对于提高公共关系艺术水平大有裨益。

3. 公众的动机

公众动机是指能引起和维持公众活动，并将其活动导向某一目标，以满足公众某种需要的愿望、信念和动力。动机是人们的内在心理过程，是行为的动因。动机的产生源于两个条件：一是内在条件，即由人们的需要作为诱因，需要诱发欲望和动力，引起行为；二是外在条件，即环境因素刺激，包括物质因素和社会因素的刺激，也是引起动机的原因之一。

公众动机具有以下特点：一是内隐性，作为内在心理过程，隐蔽在人的内心世界，是一种意识活动；二是激励性，动机的需要作为内在因素，通过欲求来激发人的行为；三是目标选择性，能否转化为相应的动机，与人们对需要对象的目标选择关系密切；四是强化性，即人们对需要追求的目标通过选择确定后,会增强动机强度,强化人的行为目的。

4. 公众的价值观

价值观是人们在价值体验的基础上形成的指导和推动人们采取行动、作出决定的原则、信念和标准,在人们的思想意识中居于核心地位。价值观的内容包括信仰、伦理、道德观念、生活目标、处世哲学等。当某种价值观被社会大多数人接受和运用时,就可变为社会规范。由于公众所处的社会地位、职业、知识水平、社会经验、道德水平、经济观念的差异,会形成公众不同的价值观,进而产生不同的公众态度和行为。如在同一组织中的员工,由于价值观的差异,有的注重工作成就,有的重视物质利益,有的则重视权力地位。

公众的价值观不同,常会使其行为发生很大的差别。在公关活动中,需要了解目标公众的价值观,进而来分析其行为,以此作为判定公关方针和策略的依据。

5. 公众的态度

公众态度是指公众对社会组织或社会组织的某一问题的认知、情感和行为倾向。认知,即公众对组织或组织的方针、政策、行为等的理解和认识,它是形成态度的基础。情感,即公众在对组织的认识基础上所形成的善恶评价和情感反应。行为倾向,即公众对组织的行为准备状态。例如,某一职工对其所在组织的领导可能有如下认识:他是一个十分热情的人,能主动关心职工并为职工排忧解难;是一个专业知识丰富、管理水平超群的人,能集中时间和精力解决组织以外的事件;是一个原则性强、办事公正、廉洁奉公的人……在这种认识水平上,职工对该领导会产生尊重、敬佩、信赖、服从和热爱的积极情感,在行为上有一种希望和其接近、愿意向其倾诉心里话的行为倾向。由此可知,公众态度是引起和指引公众行为的重要因素,对公众行为具有内在的影响力。

公众态度一经形成,就比较牢固和持久,但并非一成不变,它会随着外界条件的变化形成新的态度。公共关系工作需要研究如何通过宣传、教育、引导来影响或转变公众的态度,使之对组织的发展有利。态度的转变一般包括两个方面:一是正向深化,即保持原方向,加大原有态度的强度,如由略微赞成变成大加赞赏,仅在强度和程度上发生了变化;二是反向转变,即改变原有态度的方向和性质,如由消极变为积极,由反对变为赞成。组织通过公共关系活动,一方面努力引导公众态度的形成,使公众态度向有利于组织的方向发展;另一方面要改变公众的敌对态度,化干戈为玉帛。

4.2.2 影响公众心理的方法

研究公众心理倾向,根本目的是为了对公众心理施加影响,进而达到巩固、改变或发展公众心理与行为的目的。对公众心理施加影响的方法途径很多,主要有以下几种。

1. 劝导法

劝导就是劝说和引导。也就是通过对公众的劝说引导而引发公众心理的认同变化,从而产生服从组织导向的行为。劝导的基本方法有以下三种。

① 流泻式劝导。流泻式劝导是以告知为基本目的,没有严格的对象范围和特殊针对性的普及型劝导方法。它以广告宣传的形式对公众"广而告之""广而导之",对公众心理产生"知"和"导"的影响作用。这种方法适宜在组织刚起步、产品刚问世时的广告宣传中采用。

② 冲击式劝导。冲击式劝导是一种集中精力说服特殊公众改变态度的专门性劝导方法。它主要是针对组织目标实现有重要影响的公众,解决他们对组织行为"知"而"不信""不

行"的问题，从而通过集中性、针对性的劝导说服，转变公众已经形成的看法和态度，使其在"知"的基础上，发生"信"和"行"的变化。

③ 渗透式劝导。渗透式劝导是一种通过形成舆论氛围方式来持久地影响公众心理的劝导方法。其主要特点是作用持久而温和，通过舆论在公众心理上发生潜移默化的影响，使公众自觉不自觉地对组织的行为导向产生"服从"和"同化"，形成"同"和"从"的效应。渗透式劝导主要用于形成正确的舆论，通过正确的舆论来影响公众、引导公众认同正确意见。

2. 暗示法

暗示是以含蓄、间接的方式，在无对抗的条件下向公众传递组织信息，使公众在领悟的基础上自然接受的影响公众心理的方法。

暗示可以通过语言、表情、动作、行为来进行。暗示的基本方式有直接暗示（如望梅止渴）与间接暗示（如脚贵履贱）、正暗示和反暗示（如此地无银）、自我暗示（如杯弓蛇影）与他人暗示、个别暗示与普遍暗示、有效暗示和无效暗示等。其基本作用是在无意识情况下影响公众的心理和行为。

3. 感染法

感染是与暗示既相似又不同的一种影响公众心理的方法。感染法与暗示法的相同之处在于都是通过语言、动作和表情来传递信息，都是在无压力对抗的情境中，以对象的无意识接受为共同特征。不同之处在于暗示的信息内容比较广泛，而感染是以传递、传染情绪情感性信息为基本特征的。

感染的基本方法有以下两种。

① 间接感染法。间接感染是指通过影视、戏剧、文学作品、演讲、报告等形式引起公众相似或相同的情感体验方法。这种感染的基本特点是感染者和被感染者并不直接交流，而是通过一定的中介而形成的感染，影响面比较广泛。如一首好歌曲、一部好电影、一个英雄模范人物的先进事迹，都可以在公众心目中产生强烈而广泛的影响。

② 直接感染法。直接感染是指通过感染者自身的语言、表情、动作、行为所呈现的情绪情感，在无压力的条件下影响公众产生类似情感的方法。直接感染的基本特点是即时性、情境性、互动性。如公关活动中常用的义务捐助等公益性、慈善性社会活动所产生的感染就属于直接感染。

公众易受感染的心理基础是情境相似、态度相似、价值相似和社会地位相似。因此，在公关活动中运用感染法，要在分析公众心理特征的基础上，对公众的心理倾向、心理定势有比较全面的认识，寻求组织态度与公众态度的相似性、利益的一致性，选择那些受公众信任、崇敬的人来做公众的情感转化工作，才能产生"以情感人"的效应。

4. 吸引法

公关工作是争取公众、获得公众的艺术。了解公众，对公众心理施加影响是为了争取公众、吸引公众。吸引公众的基本方法有以下几种。

① 利益吸引。在公关工作中，组织把公众利益放在第一位，重视公众的需要满足和利益实现，是吸引公众的基本方法。

② 新奇吸引。公众一般都有偏爱新奇的心理需求特点，因此组织要有"出奇制胜"的意识，但"奇"要奇得合理，不能出歪点邪招。新奇吸引要求公关广告、组织形象与活动的

策划,都应新颖、奇特,才能增加对公众的吸引力。

③ 信息吸引。信息是公关的基础。公众总是有选择地接受那些与自己观念一致或与自己需求相关的信息,拒绝或回避那些与自己认识抵触或不感兴趣的信息。如炎热的夏天,人们普遍对空调、电风扇、冷饮类信息非常留意,而在寒冷的冬天,人们对此类信息就会视而不见。因此,组织要注意了解公众需求,分析公众心理,使自身发出的信息为更多的公众所接受。

④ 形象吸引。塑造良好的组织形象、产品形象、服务形象,对增强组织的吸引力、聚集人才、争取公众是极其重要的。公众感兴趣的是知名度和美誉度俱佳的社会组织。

⑤ 示范吸引。示范吸引就是用直观的、可学习模仿的行为来吸引公众的方法。例如,通过有意识地举办展销会,对产品进行演示操作、免费品尝,然后征询公众意见,可以激发人们的兴趣,促进购买欲望和行为。

⑥ 目标吸引。明确的组织目标也会增加对公众的吸引,使其产生理解、支持和合作的态度和行为。例如,IBM 公司的 "IBM 就是服务"的组织目标理念,吸引了世界各国公众。

4.3 内部公众关系

美国公共关系学家 F. P. 塞特尔指出:"公共关系如果没有良好的职工关系,想建立良好的外界关系几乎不可能。如果公司职工不支持公司,而要外界支持公司,也必无可能。公共关系人员已经逐渐认识到'良好的公共关系来自公司内部'。"可以说,公共关系是一种"内求团结、外求发展"的管理艺术,良好的内部公众关系是处理好外部公众关系的基础,只有内部团结,才有外求发展的可能性。从总体上看,社会组织同内部公众之间的关系主要有两个方面:员工关系和股东关系。

4.3.1 员工关系

员工公众具有双重性质,既是组织内部公共关系工作对象,又是组织外部公共关系主体。员工关系的重要性体现在:首先,员工是组织赖以生存和发展的细胞,组织的一切方针、政策、计划、措施的实现,只有得到员工的理解和支持才有可能;其次,员工是组织公共关系工作的依靠力量。每一个员工都是公共关系的实践者,只有全体员工共同参与的公关工作才有可能取得成功。

美国学者欧文·史密斯·科根在他的《公共关系》一书中引用了一位公共关系顾问的话:"什么是公共关系呢?公共关系是推销员皮鞋上的闪光,脸上的微笑,握手时的力量;它是你参观公司办公室时笑盈盈走过来的服务员,是迅速为你接通电话的接线员;是你收到的由总经理亲笔签名的热情洋溢的慰问信……任何在公司工作的人都是公共关系人员——上至公司总经理下至新来的办事员,概莫能外。"因此,公关工作首先要团结自己的员工、依靠自己的员工,使每一个员工在公共关系的前沿发挥良好作用。

1. 对员工公众的认知

要建立良好的员工关系,首先必须了解员工,把握他们的需求、愿望,了解他们的兴趣、爱好、追求等。一般而言,员工到一个组织工作,总有以下需求和愿望。

① 希望组织得到持续稳定的发展。在社会经济生活中，常常可以看到这样一种现象：实力雄厚、历史悠久、信誉良好、知名度高的组织，往往能吸引更多的人加入到这些组织中去。在这种现象的背后，反映了人们寻找工作，不仅是为了谋生，而是为了更大的发展。在良好组织中工作，员工将会有更多的发展机会，也会得到更多的锻炼和提高。所以，无论员工的经验、学识、能力、素质、思想觉悟有多大的差异，他们都关心自己所在组织的现状和发展前景，并自觉不自觉地把个人的发展前途与组织的前途联系起来。所以，组织要搞好员工关系，最基本的一点是要把组织的各项工作做好。一个效益不好、管理混乱、效率低下的组织，不可能有良好的员工关系。也就是说，良好的员工关系，不是无源之水、无本之木，它是建立在组织其他各项工作的基础上的。

② 希望工作能体现自己的价值。工作只有分工不同，没有高低贵贱之分。员工在工作中，都希望能通过自己的工作，体现自身的价值，所以组织的管理者不仅要尊重员工，也要尊重他们的工作本身，特别要尊重他们的工作成果，要使员工从内心感觉到，自己的工作是组织整体工作的一部分，做好本职工作，就是对组织的贡献。同时，每个员工只有做好本职工作，才能得到更大的发展和提高。

③ 希望能充分发挥自己的专长。每个人的知识结构、专业、性格、爱好、年龄都会有所差异，所以组织应该因才适用，不宜小材大用，更不宜大材小用，浪费人才。总之，要尽可能把每个员工安排在适合其能力、经验、性格、爱好的岗位上，以充分发挥他们的专长，这既是员工自身的需要，也是组织搞好员工关系的重要环节。如果管理者在用人上任人唯亲、任人唯顺、任人唯资历，在工作安排上主观随意性较大，一方面使员工的专长得不到充分的发挥，另一方面也会严重影响员工关系。

④ 希望在组织中得到重视和提拔。马斯洛的需要层次论表明，人的需要从低到高依次是：生理需要、安全需要、社交需要、尊重需要和自我实现需要。当一个员工在组织中得到重视和提拔时，一方面是对该员工工作的一种肯定和鼓励，另一方面满足了该员工的尊重需要和自我实现的需要。满足员工的衣食住行和安全需要仅仅是满足了员工的物质需要，而满足员工的社交、受人尊重、自我实现的需要则是一种精神上的满足，这种精神上的满足对于激励员工、处理好员工关系作用很大。管理者对工作中表现出色的员工必须予以充分的重视，并予以适当的提拔，而不能对其成绩漠然置之，甚至视而不见。

⑤ 希望与同事友好相处，并得到同事的尊重。人是一个社会的人，不是一个孤立的人，员工生活在一个社会环境中，要与各种各样的人和事打交道。因此，一个组织要生存发展，除了要有资金、技术、人才、物质、信息外，还必须有良好的人际关系环境。良好的人际关系环境，不仅使员工个人心情舒畅，提高工作效率，而且对组织内部形成一个良好的、高效的工作氛围大有裨益。

⑥ 希望有较高的报酬和较好的福利待遇。物质利益是人们赖以生存和发展的基础，是员工最关心、最敏感的问题。不断提高工资报酬和职工福利，是提高员工生产和工作积极性的基本保证。因此，在保证组织正常生产、经营和发展的前提下，必须正确处理好员工的工资、奖金问题，保证员工的工资逐年增加，并不断改善员工的福利待遇。

2. 处理员工关系的方法

为了满足员工的以上需求，组织应该做到以下几点。

① 尊重和承认员工的个人价值。公共关系活动是树立组织整体形象的手段，它追求的

是组织"整体存在的价值"。而组织的整体价值是与员工的个人价值密切相关、相互依赖的。组织价值以个人价值为基础,并通过个人价值的实现而实现。良好的员工关系,需要将员工的个人价值和组织的整体价值充分结合和统一,要让员工分享信息、参与决策、参与管理,最大程度地激发员工的积极性和创造性。

商场为营业员做广告

上海豫园商厦亚一金店花十多万元钱,在上海的三大报纸上为一位名叫华菊妹的普通营业员做广告,表彰她在1995年一人销售金饰品达2 000万元营业额的惊人业绩。在这幅广告设计图中,华菊妹的服务照片赫然居中,照片说明词为:亚一奇迹——一个女人的辉煌。广告上有这样一段文字:这幅照片告诉你一个难以置信的故事,她站在三尺柜台前,日复一日,月复一月,一年竟做了2 000万元的生意。有人计算过,以一年254个工作日来分配她的营业额,平均每10分钟就要成交一笔黄金首饰的买卖,但是,没有人能计算出,在这10分钟里,她付出的心血有多少。企业为她做广告,体现了企业对其个人价值的承认和尊重,创造了良好的组织气氛。

② 沟通信息,交流感情。承认和尊重员工的个人价值,首先应通过各种途径与员工沟通信息,交流感情,了解员工的想法和要求。尤其是组织领导对下属要态度和蔼,不摆官架子,不要有家长作风,应视员工为同志、朋友、兄弟。只有这样,员工才能够而且愿意与领导交流。

组织可以通过员工民主大会、意见箱、建议箱、领导接待日、重大决策民意测验等方式,为员工发表意见、反映问题、参与管理提供机会,并对员工的意见和建议给予及时的答复。公共关系部门应通过恳谈会、工作午餐、节日茶话会、旅游、体育比赛等方式,创造生动活泼的人际交往机会,使领导与员工,以及员工之间通过直接接触,增进相互了解和信任,达到情感上的沟通,形成一种融洽的、积极向上的人际关系环境。

此外,公共关系部门还可以通过一系列的传播手段,如广播、电视、内部报刊、海报、板报等,向员工宣传介绍组织的经营战略、发展规划、产品销售、技术创新、人事变动、好人好事、合理化建议以及组织的各项方针政策,使内部公众了解组织各个方面的发展变化,了解员工本人及其所在部门的工作情况和存在价值,减少和消除内部信息交流不畅,以及由此引起的组织与内部公众、内部公众之间的误解和冲突,形成相互了解、相互信任与合作的组织气氛。

Koleenex的"一日厂长"制度[①]

韩国有家名叫Koleenex的卫生材料厂,专门生产卫生纸、卫生棉、化妆纸和婴儿尿片,因其质量上乘和广告工作做得出色,几乎人人皆知,家喻户晓。但是,一个时期以来,由于工厂老板与雇员之间发生了矛盾,以致厂方每宣布一项决策,每实施一个规章制度,车间员工就以发牢骚、讲怪话、消极怠工等方式进行抵制。结果,工厂

---

① 资源来源:张景云,于涛. 100个成功的公关案例. 北京:机械工业出版社,2003.

出现了产品质量下降、原材料耗用浪费的情况，无形之中增加了产品成本，减弱了企业竞争力，使企业面临破产危险。面对这一危机局面，厂方十分着急，特意聘请公共关系专家进行"会诊"，商讨对策。最后，专家们建议厂方开展"一日厂长"的内部公关活动。其具体做法是：每逢星期三，请一个基层职工轮流当一天厂长。老板接受了公关专家的建议，实施了"一日厂长"的经营管理制度，每逢星期三，挑选一位员工当一天厂长，全权管理当天发生的厂务，每周轮换。仅一年左右的时间，就有40多人当了"一日厂长"，占全厂员工总数的十分之一。

每到星期三上午九点钟，担任"一日厂长"的员工正式走马上任。他上班进入厂长办公室的第一件事就是听取各车间主任和各部门主管的简略汇报，全盘了解工厂的整个生产运营情况。最后，他集中处理企业各部门和员工送来的报表、公文。

"一日厂长"拥有公文审批权，星期三那天全厂的公文、报告需先经"一日厂长"签名批示后再转呈厂长，厂长如要改变"一日厂长"的意见时，一定要倾听"一日厂长"的陈述和说明，双方经过互相切磋商议，才能最后裁定。

"一日厂长"对工厂的经营管理有批评意见时，可以详细记载在《一日厂长日记》上，让各部门各车间的员工传阅讨论。各级主管人员必须按照"一日厂长"所提的批评意见随时改进自己的工作，而且还要在全厂干部会议上宣读改进工作后的成果汇报，获得全体干部认可同意后，才能结案。

自"一日厂长"制度实施以来，Koleenex卫生材料厂的面貌有了很大改变。当过"一日厂长"的员工能够主动体谅厂长的苦衷和做事的难处，企业的凝聚力也大大增强。过去，厂部领导和管理部门一再强调"互助合作""厉行节约"，都被当成耳边风，如今被广大员工心悦诚服地接受了而且身体力行地付诸行动。第二车间有位年仅22岁的青年女工，当了"一日厂长"后深有感慨地说："一日厂长能使员工亲身体验工厂业务，使各车间和部门抛弃本位思想，从全厂大局出发，增进彼此间的感情与互助的风气。如果我能第二次当上一日厂长，相信会比第一次干得更好！"

"一日厂长"制度的施行使企业内部的劳资关系得到改善，矛盾得到了缓解。同时，员工积极性的焕发还使企业产品的质量和产量有了切实的保障，全厂每年节约成本材料价值达200万美元。厂方主动把这笔钱用作奖金，分发给全体员工，大家皆大欢喜。为此，韩国劳动部门专门授予Koleenex卫生材料厂"杰出劳资关系示范厂"称号。

③ 解决员工思想、工作和生活上的困难。对于了解到的员工思想、工作和生活上的问题和困难，公共关系部门除了及时向有关领导反映，最重要的是敦促有关部门和领导尽快解决，让员工切实感觉到来自公共关系部门和有关领导的关心和帮助，对公共关系部门和有关领导产生信赖感。对员工各方面问题和困难的关心和解决是增强员工归属感、调动员工积极性的重要途径之一。

> 在春兰集团，一位踏进厂门不久，实习期尚未满的大学毕业生，不幸患肝坏死重症，生命垂危，公司总经理陶建幸没有犹豫，立即派专车把他送到条件较好的南京军区总医院抢救。有人提出疑问，病人对春兰没做什么贡献，又没有多大希望了，公司掏一大笔钱，是否值得？陶总说："只要有1％的希望，就是尽100％的努力。春兰公司要给春兰人以家庭般的温暖。"经全力抢救，病人终于脱险。病愈后他在科技工作中积极发挥作用，并担任了车间技术组组长。事后，这位青年大学生深有感触地说："是春兰救了我，给了我新生。我要为春兰奋斗一生！"通过这次事件，全体员工都深受感动，纷纷表示要为企业努力工作，员工的凝聚力、向心力和归属感由此大大增强。

④ 做好员工培训工作。员工的培训工作包括员工精神、工作、生活等方面素质和能力的培养教育。除了利用日常的会议及集体活动进行教育外，还可以通过短训班、脱产和半脱产学习等形式，进行政治、法律、生活、技术等方面的培训。通过一系列员工培训，一方面提高了组织的整体素质，可以为组织的长远发展积蓄能量；另一方面也使员工产生被关注、被重视的心理感觉，从而更加努力地为组织工作。

4.3.2 股东关系

所谓股东，是指出资经营公司并对公司债务负责的人，他们是公司股份的所有者或投资者。股东关系主要是指股份制企业与股份所有者之间的关系，它是企业内部公关活动的重要组成部分，对于公司的生存和发展具有重要的影响，有时甚至会起到决定性的作用。

1. 对股东公众的认知

搞好股东关系，首先要了解股东公众的特点和需求。

① 股东关心有关企业经营状况的信息，特别关心企业的发展计划，新产品开发，新的财经计划，现金流通，贬值措施的影响，股息政策的根据，重要生意的损失，利润预测，正在考虑的企业兼并，销售预测，国外业务的利润，分公司的销售、推销策略、利润等。

② 股东要求及时知道有可能影响证券价值或有可能影响股东及投资公众投资决策的重要信息。由于这些重要信息对股票的价值影响很大，关系到股东投资的切身利益。所以，股东希望及时了解这些信息的愿望是强烈的，企业应该尊重并满足他们的这种强烈而合理的愿望。纽约证券交易法就明文规定："无论在什么时候，出现了有可能影响证券价值或者有可能影响股东及投资公众投资决策的重大发展，都应该迅速予以公布。"即所谓的"及时公开原则"。企业有关这些方面信息的报道不应拖延，以免了解内幕的人从中渔利，损害不知情股东的利益。为了避免由于触犯证券法律中"及时公开"的规定而遭到起诉和制裁，造成不利的宣传，公关人员必须熟悉证券法，熟悉证券交易所和证券交易委员会的规定，公共关系部门必须建立起一套不断向新闻媒介通报企业重大经营信息的程序。

③ 股东要求维护自己应有的经济权利。股东投资的目的是使自己的资本得以保值和增值。因此，他们关心股票价格、红利的发放、增股、配股、股票转让等，要求公司能真实地发放红利，合理地增股、配股，并能及时、自由地转让自己的股票，以保障自己的权益。这是股东一个很重要的心理特征。

2. 处理股东关系的方法

股东关系的两大基本目标是：维持已有股东，坚定他们的信心，使他们不轻易退股；吸引更多的股东，拓展资金的来源。为处理好股东关系，企业应该做到以下几点。

① 企业要对本企业的股东情况了如指掌。为了处理好股东关系，企业首先要掌握各股东的构成、各股东的股份份额、不同股东的特点和特殊要求等。在西方企业公共关系理论中，对企业股东关系的理解是相当宽泛的，一般认为股东关系包括三类公众对象：一是人数众多的、持有一定股份的股东，分散在社会上，最关心企业的经营状况；二是董事会，其成员一般占有股份较多，或是社会名流，或由股东选举产生，代表股东管理企业；三是金融舆论家，包括股票交易商、股票经纪人、证券分析家、托管人、投资银行家、投资公司、金融新闻人员，他们对股东的判断具有一定的影响力。

② 通过各种沟通手段使企业与股东保持密切联系。股票是企业发给股东的入股凭证，不可退还，但能够转让，可以作为一种有价证券，进入证券市场购买或抛售。股票价格的高低影响着企业的声誉和发展。企业如果形象良好、经营兴旺，公众就会争相购买其股票，股票价格随即上升，从而增强企业的经济实力和社会依托；企业如果信誉不高、经营不善，股东便会争相抛售股票，造成股价下跌，企业就要蒙受损失甚至破产。为此，企业公关人员一方面要在股东面前努力塑造可以信赖的企业形象；另一方面可以通过信函、问卷、企业刊物、年度报告、民意测验等形式，向股东们介绍企业的经营情况和发展规划，征询股东的意见和建议，赢得他们的信赖，使股东对企业的发展充满信心。

美国电话电报公司有 300 多万股东，每年印刷 360 万份公司年度报告分发给他们。国外有些企业从股东购买股票之日一直到出售股票为止，始终与股东保持信函联系。总之，在经常的双向沟通的基础上处理好股东关系，有利于稳定现有的股东队伍，吸引潜在的投资者，扩大企业财源，为企业创造良好的经营环境和发展条件。

③ 尊重股东的权利意识和主人翁意识。股东是企业的投资者和股份的所有者，是企业主要经济活动的决定者，因而在企业中享有一定的权利，是企业当然的主人。股东的权利包括：利益分配权、新股认购权、选举董事会表决权、董事与监事解任请求权等。股份制企业虽然所有权与经营权相分离，但股东仍然可以过问和间接参与企业的经营活动，他们的利益和企业的利益休戚相关。企业公共关系部门应该敦促和协同企业领导，从尊重股东"权利意识"出发，满足股东了解各种情况、掌握企业信息、参与企业管理的要求，使他们感受到自己在企业中的主人翁地位。

企业可以通过定期召开股东大会向股东汇报有关情况，还可以根据需要举行临时股东大会，商议紧急问题，报告重大事情。国外有的企业，在印发给股东阅读的内部刊物上报道新产品时，总要客气地写道："首先，将这一最新消息，奉告各位老板。"股东们看到这样的语言后，为自己的老板身份感到自豪和满足，由此而乐于向别人夸耀企业的成就，劝别人购买自己企业的股票与产品。但是，需要指出的是，企业在尊重股东的"权利意识"方面是不分等级的，不论股东持有多少股票份额，都应平等对待，一视同仁。为数众多的股东，在主人地位得到确认和重视后，便构成一支无形的公共关系大军，主动利用自己广泛的社会关系，宣传企业，从而有助于扩大企业影响和产品销路，提高企业的经济效益。

> **实例**
>
> ### C&O 铁路公司的股东关系
>
> 美国 C&O 铁路公司在西弗吉尼亚州格林比尔属于公司的豪华旅馆中举行聚会，参加人员都是公司的股东。
>
> 聚会在周末举行，前后四天，宾客在星期四晚间登上火车，星期五上午抵达，星期日晚或星期一晨返回。费用非常便宜，大约110美元，包括来回普通车票，在格林比尔逗留三日两夜的旅馆费、饭费及小费，并且应邀参加香槟舞会。每年冬天举行这种招待会四次，在三年中所举行的十五次当中，人数最多的一次宾客达500人，最少的一次也有160人。
>
> 股东所负担的费用远比旅游季节同样的周末花费为低。事实上，铁路公司并不赔钱，除了赢得好感外，旅馆房间及火车座位都告客满，通常在这个季节旅客是稀少的。
>
> 铁路公司有9万名股东，在新年工作的第一天就会收到"年度快报"，年度报告书随后寄到。年度报告也寄给运输业、供应商、报界、图书馆以及选定的金融界人士。
>
> 每一位新股东都收到一封欢迎信，鼓励随时提出问题。每季度随同红利支票均分送各股东实际而简明的年中报告。年度股东大会的经过情形均通过本公司的对外刊物向所有股东报告。
>
> 年度大会是与股东接触的重大机会，每年都在公司铁路沿线的地区召开。超过500股的大股东均由经理人员电话通知，代表总经理致意，并向股东提出问题。

4.4 外部公众关系

企业要想在激烈的市场竞争中立于不败之地，除了要"内求团结"外，还要"外求发展"，而"内求团结"也正是为了"外求发展"。外部公众常常能为企业提供满足其需要的机会，同时，也会给企业产品的销售和服务过程带来预想不到的麻烦，从而直接影响着企业的生产经营活动，因此，企业进行外部公关的目的就是争取他们的了解与合作，树立良好的企业形象与信誉，为企业的经营活动提供一种和谐的外部环境。外部公众是指企业本身控制以外的，然而又影响着企业经营、关系到企业现在或潜在利益的外部群体或组织。一般来说，企业的外部公众包括顾客、社区居民、政府、媒介和金融公众等。

4.4.1 顾客关系

顾客是企业外部公众中最直接、最大量、最主要的公众。企业与顾客关系的好坏，关系到企业经营的成败和兴衰。没有顾客，任何企业都不能生存，企业的公共关系要以顾客为中心，一切其他方面的关系，归根到底是为了争取顾客。

关于顾客对企业生存和发展的重要性，美国缅因州的比恩公司给了我们一个明确的答案。在该公司挂着一幅醒目的大标语："什么是顾客？顾客是本办公室最重要的人，无论是他本人前来，还是他写信来。顾客并不依赖我们，而我们却依赖顾客。顾客没有打扰我们的工作,而正是我们的工作对象。我们在为他服务时,并不是在帮他的忙,而是他帮我们的忙,他给了我们服务的机会。顾客不是争论或斗智的对象,同顾客争论永远也不会获胜的。顾客是给我们带来他的需要的人,我们的任务是处理这些需要,并使其对双方都有利。"

1. 对顾客公众的认知

顾客在购买产品时,有以下四种基本权利。

① 知晓的权利。在购买产品时,顾客有权知晓物品的用途、质量、使用方法、保养和维修、产地、牌号、厂名、价格等,也就是说,顾客公众首先有知晓的权利,组织应当在交易之前就主动地告知顾客想知道的一切。

② 选择的权利。顾客在购买产品时,有权选择购买什么和买与不买。在选择购买方面,顾客不仅可以在不同种类的物品和服务之间进行选择,而且可以在同类物品和服务之间进行选择;在买与不买方面,消费者可以今天不买明天买,也可以今天不买明天也不买。组织应尊重消费者选择的权利,并尽可能扩大消费者的选择范围。

③ 要求公平交易的权利。顾客在购买产品或接受服务时,有权获得质量保障、价格合理、计量正确等公平交易的条件,有权拒绝经营者的强制交易行为。顾客有权要求公平交易,这种权利不仅存在于交易之前、交易之中,也存在于交易之后。无论交易是否完成,公众的这些权利必须得到保障。公众要求退货、赔款,一般来说是在发现交易不公平之后,发现自己的正当权利受到损害后,组织应当承认并尊重顾客的这种权利。

④ 要求得到尊重的权利。顾客在购买产品和接受服务时,享有其人格尊严、民族习俗得到尊重的权利。任何组织都不能侵犯顾客的这种权利。而有些企业却置顾客的人格尊严于不顾,损害顾客的这一权利。如一位记者来到某皮件商厦,在进门时,遭到了两位身披绶带的服务小姐的阻拦,要求他领取一张出门证,出门证正面印有"××皮件商厦出门证"的字样,反面则印有"亲爱的顾客,您好!出门时请交给门卫验证。谢谢合作!"后来才知道,从上个月开始,为了防备小偷,该商厦要求穿皮衣的顾客在进门时必须领一张出门证,否则在出门时会遭到盘查。此皮件商厦的这一举动,让顾客心里很不是滋味,连最起码的信任感都没有,何谈顾客是上帝?

2. 如何建立良好的顾客关系

① 品质优良的产品是良好顾客关系的物质基础。顾客关系是由于顾客对产品的购买欲望和购买行为产生的。企业必须根据顾客的需要提供优质可靠、价格适宜的产品,才能赢得顾客的信任。

② 始终如一地完善服务是获得良好顾客关系的重要保证。顾客在选择商品时,除了要看质量和价格以外,更要看企业所能提供的服务及信誉。在市场竞争中,服务能够极大地增加产品的附加值,增加顾客对企业的忠诚度。

③ 良好的顾客关系要求妥善处理一切中间环节的关系。生产企业与顾客之间存在着批发、运输、零售等一系列中间环节。即使是零售,也包含着询问、挑选、包装等一系列活动。企业在顾客中的形象和信誉往往要靠以上这些中间环节与活动来建立。如果这些环节出了差错,顾客往往怪罪企业,从而损害企业的形象和信誉。

④ 良好的顾客关系需要妥善处理顾客纠纷。在顾客关系中,难免会出现投诉、质询、批评和其他各种纠纷,公关人员应认真、严肃、耐心、诚恳地解决实际问题,稳定顾客。既然顾客抱怨,肯定是企业的产品或服务不能令顾客满意,所以应该首先从自身方面找原因,

并立即改正错误,同时还要感谢顾客给企业提供了改正错误的机会,使顾客满意而归。

> **中联商厦顾客纠纷的处理** 〔实例〕
>
> 　　在阜阳卷烟厂工作到上海探亲的张泽生与妻子、女儿一起到慕名已久的中华第一街——南京路上购物。在新开张的中联商厦,他们买了一台微波炉,乘电动扶梯下楼时顺手将微波炉搁在电梯的胶带扶手上。不料,顺势而下的微波炉撞倒了悬挂在边上的大型商品导购灯箱,只听到一声巨响,灯箱坠地而粉身碎骨。据商厦的同志介绍,修复灯箱费用高达6 000余元,如此巨款惊得张泽生目瞪口呆。由于当时经理不在,双方约定日后再具体商谈赔偿问题。
>
> 　　2月23日,张泽生怀着惴惴不安的心情再次来到商厦,经理亲自与张泽生进行赔偿问题的"谈判",张泽生实事求是地承认是由于自己不慎造成灯箱损坏,理应赔偿,但请求商厦能减少赔款数目。经理听后主动提出协议方案,为了不使顾客因赔偿而陷入困境,张泽生只需赔偿人民币1元,其余全部由商厦承担,双方还郑重其事地在协议书上签名盖章,然后握手道别。张泽生夫妇激动得热泪盈眶,立即赶到《新民晚报》社,向报社同志介绍有关情况。
>
> 　　2月27日,《新民晚报》以《撞坏导购灯箱——赔偿一元了结》为题详细报道了张泽生夫妇在中联商厦的奇遇。此事立即造成了轰动效应,申城街头巷尾人们议论纷纷,盛赞中联商厦,有的还特地到南京路去看看这家刚开张的新商厦。

　　⑤ 实施顾客满意战略。顾客满意战略(Customer Satisfaction,CS战略)基本指导思想是:企业的整个经营活动要以顾客满意度为指针,要从顾客的角度、用顾客的观点来分析、考虑消费需求。因此,这种战略考虑问题的起点是顾客,建立企业为顾客服务、使顾客感到满意的系统,透露出以他人利益为重的真诚,以此引发顾客对企业的信任和忠诚。

4.4.2　媒介关系

　　媒介公众指的是与特定的公共关系主体相互联系及相互作用的新闻传播机构(包括报社、杂志社、广播电台、电视台、网络媒体等)和新闻界人士。媒介关系也就是企业与这些公众之间的关系,也称作新闻界关系。

1. 媒介关系的作用

　　媒介公众是公共关系对象中最为特殊的一部分,这是因为媒介公众具有两重性:一方面,新闻媒介是组织必须重视的工作对象;另一方面,新闻媒介又是组织与其他各类公众实现有效沟通的桥梁和纽带。这种对象与中介的合一,决定了媒介关系是组织外部公关中最重要的关系之一。

　　由于媒介的受众数以亿计,影响范围大、威信高,因此,新闻媒介是现代公共关系最重要、最便捷、最经济的沟通工具。公关人员通过新闻媒介,可以在最短的时间内,花最少的人力、财力与广泛的公众进行沟通和联系,争取他们的支持和理解。因此,新闻媒介是企业的亲密朋友,是事业成功的重要条件。

　　但同时,媒介也充当着公众的代言人。媒介利用手中的宣传工具,利用舆论的力量维护着公众的利益。舆论对企业的发展起着无形的制约作用,媒介公众通过制造舆论对企业产生有利或不利的影响，它可以给企业"扬名"，也会给企业"毁誉"。因此，企业必须搞好与媒介公众的关系，增加媒介公众对企业的了解，避免媒介因不了解企业而产生误解以至误导舆论。

> **长虹"精显王"利用媒介"扬名"** 实例
>
> 国庆长假期间，《京华时报》的广告版曾"发表"了题为《长虹"精显王"再成焦点》的"文章"，全文如下。
>
> 长虹"精显王"一经上市，就受到了广大经销商和用户的欢迎。在记者采访的过程中，碰巧听到了一则花絮：女高中生小雨决定向当地的消费者协会正式投诉长虹新品"精显王"彩电。其原因是"精显电视图像过于清晰，使得自己喜欢的韩国超级偶像脸上的青春痘一览无余，破坏了自己心中原有的完美形象，精神上受到了痛苦的打击"。
>
> 记者专门采访了正在上高二的这位女孩子。"×××是我最崇拜的韩国偶像。6月份，家里买了长虹'精显王'电视，觉得视、听效果都不错。正好碰上电视台播放他主演的一部电影，可是当出现了×××的特写镜头时，我突然发现他左脸颊上有好些痘痘，毛孔也很粗。作为他忠实的偶像，我不愿意也不想接受他身上的任何缺憾，我希望能永远看到他完美精彩的一面。"长虹"精显王"特意托记者送去两张小雨喜欢的偶像的巨幅海报，希望她继续支持、喜欢她的偶像，生活得更快乐！

2. 处理好媒介关系的具体方法

① 安排专人同新闻媒介联系。组织要主动、经常地保持与媒介的联系，了解媒介报道的重点和动向，并及时向媒介提供本组织中具有新闻价值的信息，使他们对本组织的情况有所了解。只有这样，当组织有了重大危机时，他们才能以公正、客观的立场进行采访和报道。组织与新闻界人士联系，最好安排熟悉新闻工作特点与业务的人专职负责，以保持联系的稳定性。这一专职人员应该了解新闻工作的运作过程、有关技术，同时又掌握企业的全面情况，能准确回答记者的问题，真正成为企业对外的"发言人"。

② 邀请新闻界人士参观访问。这是与新闻界建立良好关系的有效方法。通过实地参观访问，新闻界人士可以对组织各方面情况增加感性认识，获得宣传报道的第一手资料。新闻界人士参观访问的过程，也是组织倾听这批重要公众批评和建议的机会，从中可以了解到社会公众对本组织的反映。亲切诚恳的接待，不仅能增进组织与新闻媒介的感情交流，还可以有效地提高组织的知名度。

③ 适时召开新闻发布会。这也是加强与新闻媒介合作的重要方法。新闻发布会或记者招待会是组织建立和保持与媒介联系的一种正规形式，效果好，影响面大，记者可以根据自己感兴趣的内容和角度进行提问，能加深组织与媒介的双向沟通。

④ 经常向新闻界寄发新闻稿。企业应该及时主动地将企业生产和经营情况、企业取得的成绩、对社会所做贡献等有新闻价值的事件，写成新闻稿向新闻界寄发；也可以根据本企业的产品和服务的特点编写一些材料，配合媒介做宣传工作。

⑤ 平等对待各种新闻媒介。组织对各种新闻机构要平等相待、一视同仁，使他们都能平等地获得本组织所提供的各种信息。即使是批评本组织的报道，也应给予同样的支持。各

种新闻媒介的记者采访，都要以礼相待，并及时提供必要的帮助和服务，认真且真实地回答他们提出的各种问题。当媒介需要组织的支持时，也应尽一切可能给予帮助。

⑥ 尊重新闻媒介。组织在与媒介的交往中，要尊重媒介的特殊性和独立性。组织可以向媒介提供信息，但无权要求媒介按自己的意愿办，不能把媒介看成纯粹的宣传工具，既不能担心媒介报道不利于本组织的信息而拒绝采访，也不能一味迎合，投其所好。即使出现了不利于本组织的失实报道，也不要对新闻媒介大加指责，而应该主动联系，提供正确的信息和事实，由他们去做处理和更正，这种信赖的态度才是对新闻媒介的尊重。

新闻界关系是组织重要的外部关系，是影响舆论的主要环节。当然，新闻界也并非高不可攀。在实际工作中，公关工作与新闻媒介是相互需要、相互支持的。新闻界只有与各方面建立广泛的联系，才能保证新闻来源的畅通。联系的办法就是与各单位的公关人员建立良好关系，请公关人员帮助挖掘有新闻价值的消息。

4.4.3 政府关系

政府是国家权力的执行机构。企业的政府关系，是指企业与作为公众对象的国家权力执行机构之间的关系。企业与政府的关系，不仅包括中央、省、市、地区的不同级别的政府，而且还包括这些政府所属的机构，如司法、公安、工商、财政、税务、防疫、环保等职能部门。

企业与政府关系的特殊性在于，这种关系是法定的被管理者与管理者的关系，企业必须自觉接受政府的领导与管理。企业与政府建立关系的基本目的在于争取政府对企业的了解、信任和支持，企业经营能够获得政府的允准，是企业合法生存的依据。

处理政府关系的具体操作方法如下。

1. 自觉接受政府的管理，守法经营

政府用法律法规、方针政策、计划等手段来监控社会。法律法规是强制性的，企业必须把自己的行为限定在国家法律法规允许的范围之内；方针政策具有引导与规范的作用，是政府行政管理的有力工具，企业应当认真领会、贯彻执行；国家计划是国民经济宏观调控的重要手段，即使在我国建设市场经济的过程中，计划形式有所调整，但它的引导地位永远也不会削弱。政府就是这样运用行政执法来行使职权。

2. 熟悉政府机构管理层次、职权范围和办事程序

公关部门首先要熟悉政府机构的内部层次、工作范围和办事程序，并与主管部门的工作人员保持良好关系，减少人为造成的"公文旅行"或"踢皮球"现象，提高办事效率。

3. 加强与政府合作和沟通，主动承担企业的社会责任

对政府要采取主动合作的态度，配合政府的工作，积极参与、赞助政府倡导下的各类社会活动，热心公益事业，为社区多做贡献，争取政府对本企业的重视和信赖。当企业的利益与政府的利益发生冲突时，企业要从全局利益出发，服从政府和国家的利益，如果确因某种原因难以服从时，公关部门应进行沟通、协商，解释原因，以得到政府部门的谅解。

公关部门还应协助企业与政府部门建立伙伴关系。一方面，公关部门要充分认识到政府的"教练"职能，及时把企业的有关生产经营情况、发展规划、亟待解决的问题转达给政府，使政府对企业的基本情况有一个正确的认识，以寻求政策上和经济上的更多支持；另一方面，公关部门可以代表企业主动邀请政府部门参与制定企业的经营发展规划，征求他们的意见，使政府能帮助企业出谋划策。

4. 争取信贷，获得政府的财政支持

政府对企业的生存起着举足轻重的作用。西方学者把政府比喻为社会经济生活的调节器。政府通过财政政策控制企业的信贷规模，依据诚信调查发放信贷。企业与政府关系良好，就有可能在法律许可的范围内获得较多的优惠贷款，或者能在一定程度上减轻税负。除了财政信贷和征税，企业还要争取政府的重视，在计划调节、生产资料调拨、进出口贸易、发展横向联系以及资料统计等方面得到政府的有力帮助。

5. 多渠道沟通与政府的联系

社团领袖人物和专家学者在社会公众中享有较高的知名度，政府非常重视社会名流的政治地位和社会影响力。企业在有些时候，通过社会名流的力量来影响政府部门，往往比直接的联系更便捷、更顺当。如果本单位有人大代表、政协委员，这也是社会名流，企业应当积极支持他们参政、议政工作，并通过他们向政府反映企业的呼声与要求。

4.4.4 社区关系

企业的社区关系则是指企业与所在地政府、社团组织以及全体居民之间的睦邻关系，它是企业存在的自然根基，也是企业发展的社会根基。企业组织与社区居民住户、企事业单位同住一片蓝天之下，在治安、消防、卫生、绿化及环境保护方面都有一些共同关心的问题需要协调处理。社区关系的特点是空间区域性强、生活联系面广、文化背景相近、利益分享相关。企业建立良好的社区关系，有助于博得社会公众的好感，创造有利于企业发展的人和环境，做到和睦相处、相安相宜。

过去个别企业在处理社区关系方面存在误区，由于自认为有更"硬"的社会关系，或者将注意力全部投向了左右企业发展的市场，往往忽略了对社区关系的运作，从而使企业陷入莫名其妙的困境：邻居投诉噪声扰民，企业员工办不了居住证、结婚证等使员工不安心工作，一些地方甚至出现了当地居民堵住企业大门不准车辆进出的极端案例。这些不必要的麻烦都能给企业带来原本可以避免的损失。

处理企业社区关系的具体操作方法如下。

1. 以开放的胸襟主动与社区公众交往

现代企业不能自我封闭、作茧自缚，而应以开放的胸怀接纳社区公众。企业主动与四邻交往，以此表示与社区公众友好相处的愿望。比如，邀请社区内居民参观本企业。参观活动要周密策划、精心安排，从介绍情况到实地参观都要突出企业的特色，只有特色才能给人留下深刻印象。也可与社区公众经常举办联谊活动，借此机会宣传企业的成就，扩大企业美誉度。

2. 承担社区责任，积极支持社区公益事业

社区创办文化体育、医疗保健、儿童娱乐及残疾人的福利事业，是社区文明生活的表现。企业应主动承担责任，多办好事、善事，积极赞助社区内的文体比赛，兴办教育和儿童乐园，为残疾人捐赠，组织义工照顾鳏、寡、孤、独的人群，救济贫困家庭等。社区内的公用设施如道路、桥梁、水暖管道、商业网点的建设，企业也应当承担力所能及的资助。尤其是在社区出现火灾、车祸等需要紧急救助的时刻，企业更应当伸出援助之手。这些公益活动，都可以给本企业带来美誉，值得大力提倡。

3. 维护社区的自然环境，防止污染，努力保持生态平衡

现代化的生产往往生产噪声和废水、废气、废渣等"三废"，打扰社区居民的安宁，危害社区居民的健康。保护社区利益，首先应保护环境，保持生态平衡。企业应当把噪声降低到不影响居民休息的水平，努力治理"三废"。其次，还应全力维护社区安定，禁毒、禁赌、禁止一切危害社区公共安全的事件发生。

复习思考题

1. 什么是公众？公众具有哪些特征？如何对公众进行分类？
2. 公众的心理倾向有哪些？在公关关系中如何利用公众的心理倾向？
3. 员工公众有哪些需要？如何处理好员工关系？
4. 股东公众有哪些需要？如何处理好股东关系？
5. 顾客公众有哪些需要？如何处理好顾客关系？
6. 简述媒介关系的作用及处理方法。
7. 简述政府关系的作用及处理方法。
8. 简述社区关系的作用及处理方法。
9. 深入一家企业作实地调查，分析该企业是如何处理内部公众关系和外部公众关系的。

案例分析题

案例 4-1　　　　　　留意隐藏的上帝

日本的麦当劳汉堡包店记载了约60万小朋友的"生日档案"。小朋友生日的前几天，收到了该店寄来的贺卡；生日这天，小朋友应邀持卡到该店做客。按一般惯例，小朋友得到一份节日礼物也就心满意足了，可这家汉堡包店却特别郑重其事，每天都要在一部分顾客心中产生一种"忠诚"的"感情"，这样就"可以赚他们下一辈子的钱"。商家的这种眼光是够势利的了，但在市场竞争十分激烈的今天，这些见解不能说没有道理，哲学家说：是人创造了上帝。我们则说是企业和员工制造了"上帝"。把潜在的顾客变成现实的顾客，"上帝"也就被创造出来了。

但是，有的公众当处于潜在状态时，如薄冰下流淌的河水，看似平静、寂然，实则潜流滚滚。遇到某些触发因素，或环境的变化，"薄冰"被融化，滚滚波涛突然显露，组织就处于"危机"之中。

广东大亚湾核电站建设中曾遇到过麻烦。该项目是我国的一项重点建设工程，总投资36.8亿元。电站建成后，发电量对香港的繁荣、稳定具有重要意义。该项目的上马，经过中外专家和工程技术人员周密调查与科学论证，从设计，到建设，到生产，在科学性、安全性、可靠性方面，可以说都做到了"保证质量，万无一失"。就一般情况而言，对这样的工程，当地民众应该理解、支持。但节外生枝，一个意想不到的外部事件出现了。那就是前苏联的切尔诺贝利核电站发生核尘埃泄漏事件。世界舆论大哗，特别是西方媒介大肆渲染。这一事件触动了香港部分公众的神经，他们误认为核电站总有那么点不安全感，因此反对在大亚湾造核电站，香港竟出现百万人签名活动，有的居民则组团赴京上访，新闻媒介有的报道也为此推波助澜。在大亚湾建核电站本来是平平静静的，这时却"反对"声不绝于耳，原因就是于香港那部分担心核污染的潜在公众突然显露，汇成了一股来势汹汹的"反对"潮流。

问题

1. 上述正反两个例子说明组织在处理潜在公众和行动公众时应该注意些什么？
2. 指出上述两个例子中的潜在公众、知晓公众、行动公众各是哪些主体？
3. 从这个例子中你能总结出什么样的公关理念？

案例 4-2　　　　　　　　　被取消的年夜饭

春节前夕，有家中外合资企业的公关人员策划了一个小型的内部公关活动，即在除夕晚上，公司为留守工作岗位的几位外省员工在市内一家宾馆安排年夜饭。到时，公司领导前去慰问，请报社记者采访，公关人员就此写一篇报道，配上照片，刊登在厂报的头版头条。可以说，这是一个较有见地的内部公关活动计划，倘若成功，不仅对内可树立企业温暖、和谐的形象，而且通过媒介的宣传，对外也有助于提升企业的知名度和美誉度。

令人遗憾的是，在除夕的前一天，策划者忽然得知，公司办公室临时把安排年夜饭改为每人发200元钱，理由是发200元钱与吃顿年夜饭的花费差不多。

问题

1. 如何建立良好的员工关系？
2. 分析评价上述案例中该公司的做法。

案例 4-3　　　　　　　　　上海"一百"状告"上帝"

某年8月5日中午，上海市远洋运输公司船员朱伟健与妻子同到上海"一百"购买小天鹅某款全自动洗衣机。营业员以1 080元的价格开出一式三联发票，收银柜核收货款和发货验票时均"一路绿灯"。钱货两清后，朱伟健雇车将洗衣机运回家中。

当天下午，上海"一百"在结账时发现少收朱伟健210元。据营业员回忆，差错出在连续售出两台"申花"洗衣机后，误将"小天鹅"洗衣机（1 290元）当作"申花"洗衣机售出。事出仅4个小时，上海"一百"便循着人力车工人提供的路线找到朱伟健家，向朱提出两种解决问题的办法：补足货款差额，否则客户将不能享受免费保修；退还洗衣机，商场承担洗衣机运费。朱认为自己是按商场开具的发票付款提货的，无过错可言，拒绝了"一百"的办法。

在这以后，上海"一百"便向朱夫妇所在单位、居委会和派出所反映情况，请求"组织"协助做工作。上海"一百"此举引起了朱夫妇的不满，认为商场这种做法对其名誉产生了不良的影响。因此，再次协商依然没有结果。

通过协商要求顾客补款无望，上海"一百"运用第三招，先是于当年12月向黄浦区人民法院经济庭提起诉讼，诉请撤销与朱的买卖行为。随后又于次年4月向朱户籍所在地南市区人民法院提起诉讼，要求朱返还不当得利210元和对该"小天鹅"洗衣机采取保全措施等诉讼请求。

南市区人民法院于次年5月开始审理这一案件，双方代理人唇枪舌剑一番，原告律师认为是"差错",被告律师认为是"合同行为",最后一审判决被告归还洗衣机于原告,原告退1 080元给被告;同时,原告负担案件受理费20元;被告负担30元。被告朱伟健不服判决,随即上诉到上海市中级人民法院。此后,上海市中级人民法院再次对该案件进行了审理,尽管尚未作出终审判决,但各界人士对这一事件反响强烈。

上海"一百"是上海市商业界的龙头老大,被誉为"中国第一店",一向对公共关系十分重视,如设立总经理办公室柜台,解答顾客提出的任何问题;设立退货基金;派车接农民进商店,免费供应一顿饭等。然而这次状告"上帝"事件却被当成双向沟通的手段,认为该把事件真相告知公众。

问题

1. 上海"一百"的公关失误有哪些?
2. 上海"一百"应如何处理这类事件?
3. 从本次事件中,上海"一百"应吸取哪些教训?

第5章 公共关系传播原理

学习目标

- 掌握传播的含义、过程；
- 熟悉公共关系传播原则、层次和形式；
- 了解各种大众传播媒介的优缺点；
- 把握传播媒介的类型；
- 学会选择传播媒介；
- 掌握受众具有的一般特性；
- 熟悉影响受众态度改变的因素。

案例导入

眼球公关：激活品牌记忆度[①]

富绅集团自1990年成立以来，专注于男装的设计、开发、生产与销售，一直处于稳定、健康的发展中，曾经取得过不俗的成绩和辉煌。然而，随着外资的不断涌入和本土服装企业雨后春笋般崛起，在同质化程度日益严重的非常时期，富绅没有及时更新自己的生产、管理、经营观念，一度濒临被挤出一线品牌行列的危险。

处于"二度创业"期的富绅，急需一个合适的契机来对外界进行新一轮更深度的品牌传播。是继续沿用"千锤百炼、富绅精品"这样一种传统的产品诉求方式，还是另辟蹊径，寻找新的、更容易引发媒体、公众兴奋度的传播方式？经过集团认真、慎重考虑后，公司认为：基于前几年富绅在传媒、广告、策划、公关层面较少投入，市场有关"富绅"的声音越来越少，既有的品牌广告语虽然涵括甚广，但并未及时注入新的内容，单一的品质诉求难以引起消费者共鸣等客观事实，富绅决定效仿凤凰卫视成立之初的做法：先打造核心人物形象，以人物公关带动品牌整体形象提升，从而达到"以点带面，水到渠成"的效果。

8月下旬，集团全面启动对外宣传和媒体公关工作。充分抓住富绅在中国服装行业第一次大胆外委专家人才组阁经营与管理这一创新举措，进行事件传播。截至9月底，先后有24家专业网站、5家报纸在重点栏目和版块对集团的人事改革和品牌提升、完善思路和进程进行了全面、深入报道。登载或转载《权力外交，富绅再图品牌话语权》一文的网站包括人民网、中国品牌总网、中国服装商务网、中国时尚品牌网、中国服装财富网、富民时装网等一批高端、专业网站，《经济日报》《服装时报》《南方都市报》等也摘录重点内容进行了深入报道。上海名崇商学院将该文收入"经典案例库"，编入教材。9月26日，《民营经济报》在重点栏目"天下华商"中以1/2强的版面刊载

[①] 资料来源：http://www2.lzcc.edu.cn.

了记者采访董事长陈成才先生的文章《陈成才：一只永不疲倦的"缝纫鸟"》。文章重点回顾了富绅集团的发展历史，以及新时期、新环境下为了进一步巩固和提升富绅品牌知名度、影响力而必然形成的先进的人才观、质量观和品牌观。初步统计，9月份有关富绅集团的正面宣传报道文字逾15万字。富绅集团再一次成为万众瞩目的焦点。

自9月12日至15日，富绅公司参展在广州琶州国际展览中心举办的"第二届中小企业暨中法中小企业博览会"。公司全新的产品广告语，宽敞的展厅，简洁大方，富有内涵的徽标设计，多款最新开发、设计成果，多样齐全的产品族群，吸引了大批中外客商驻足参观、询问，主动前来探访的媒体记者也络绎不绝。据初步统计，该次展览，公司共接待政府官员、协会组织、媒体、商团、参观者逾8 000人次，所带1 000份企业自办报纸《富绅报》几乎被参观者索取一空。公司产品画册和销售部、公关部、产品开发部等经常对外联络部门的经理名片也被参观者索取一空。

10月18日，富绅同时在中国营销传播网和中国广告网等高端网站面向全国征集新的品牌广告语。截至11月2日，公司共收到逾1 200人反馈过来的超过8 500条广告语。公司网站的点击率一路攀升，各种相关的意见和建议也纷至沓来。

富绅集团如此高频率、大幅度、高规格地在媒介频频亮相，引发了业界和广告、公关、策划界的广泛关注。一段时间以来，品牌中心不断收到来自媒体、代理商、供应商的合作意向。

公共关系传播是公关活动的基本内容和手段，是联系公共关系主体与客体的桥梁和纽带。从本质上讲，公共关系就是组织与公众的信息交流过程，公共关系实质上是一种传播关系，这就决定了传播的重要性。公关活动效果的好坏，关键在于传播。

5.1 传播概述

5.1.1 传播的含义与过程

传播是一种社会性交流信息的行为，是个人之间、群体之间、组织之间及个人、群体、组织和社会之间通过有意义的符号所进行的信息传递、接受与反馈等行为的总和。传播的社会性就在于人类能够运用语言或非语言符号进行交流，从而传递感情、交流意见、沟通思想、调节行为，结成一个有机的整体，去从事生产或其他社会活动。因此，传播是人类建立相互联系、维持社会生活的一种社会行为。

传播译自英语communication，意为"与他人建立共同的意识"，还有"共享、传播、交流、沟通、通信"等意义。理解传播的含义，应把握以下三个要点。

① 信息的传递。甲方通过一定的媒介将信息传递给乙方，如电话、电报、信函等均属于传播的范畴。

② 双向的交流。乙方接收到甲方的信息后引起一定的反应，这种反应反馈给甲方，构成了双向的交流，即双方均参与传递信息的活动，相互影响。如回电、复信、交谈、对话等也理应归入传播之中。

③ 信息的共享。由于双向的信息沟通，使双方在某种程度上取得一致的了解、认识、理解或意向。即强调双方在传递、反馈、交流的一系列过程中，通过分享信息达到沟通，取得共识。传播务求"通"，是传播的另一层含义。

公共关系的过程就是信息的传播、交流、沟通和反馈过程。传播学对传播过程的研究较为复杂，有很多种模式，各种模式力求勾画出传播过程中的主要因素、各因素之间的关系以及这些关系的形成过程。如果将复杂的传播过程加以简化，则可归纳为如图 5-1 所示的一个过程模式。

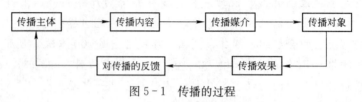

图 5-1 传播的过程

不能说这个模式很准确地反映了现实的传播过程，但它包括了传播过程中最重要的要素，并揭示出传播要素之间最基本的顺序关系和因果关系："传播主体"（如某公司公关部）制作出"传播内容"（如关于公司春节大酬宾的新闻稿），提供给"传播媒介"（如报纸或电视台）发表，告知和影响了"传播对象"（如消费者），引起了"传播效果"（如大大增加了顾客），再反馈给"传播主体"。在这里，缺乏任何一个要素，都要影响传播过程的完整性，传播过程或者不能发生，或者传播通路受阻，或者达不到传播效果等。

5.1.2 传播的基本要素

传播是由以下一些基本要素构成的。

1. 信源

信源在传播学中也称传播者，即信息的发出者。在新闻传播中，记者、编辑都可以看作是信源；在公共关系工作中，公关人员向外传递信息时就是信源。

2. 信息

信息也可称作讯息。这里所说的信息是内容及其表现形式——"符号"的综合体。如某公司产品在国际博览会上获金奖，公关人员需要将这条信息传播出去。那么，"获金奖"的事实本身是内容，将它写成新闻报道，其符号是文字；将它拍成电视片，其符号是图像。符号与内容结合才成为信息。只有内容没有符号的信息是无法传播的；只有符号没有内容的信息是无意义的。

3. 编码

既有了符号，又有了内容，也不等于信息传播就能成功。它还要求传播者善于根据内容、传播对象的特点科学地组织符号。"对牛弹琴"，说话不看对象，传播也会失败。这就要有传播的第三个要素——编码。所谓编码，就是传播者根据传播对象的特点，按照一定的规则，将内容编制成符号系统传播出去，以便传播对象易于理解和接收。例如，没有受过专业训练的公共关系人员，很容易把一个很有新闻价值的事件写成广告新闻稿，寄出去后报社难以刊登。这就是传播过程中的"编码"出了问题。相反，一个训练有素的公关人员却可以写出一篇很有新闻价值、符合规格要求的新闻稿，各新闻单位可能不改一字就予以刊登。

4. 媒介与渠道

媒介与渠道即信息传播的中介和途径。口头传播中的媒介是空气，没有空气的振动，对话是无法进行的；新闻传播的媒介是报纸、收音机或电视机。此外，电话、信件、杂志、书籍等都是传播媒介，也是公共关系的传播媒介。

5. 信宿

信宿在传播学中也称作受传者、传播对象、受众（即读者、听众、观众总称）等。信宿是信息传播的归宿、目的地，也是信息的接收者。如报纸的读者、电台的听众、电视的观众等都是新闻传播中的信宿。公共关系工作中的各类公众也是公共关系信息传播中的信宿。一切信息传播的目的，都是要向信宿传递信息，从而与信宿分享信息、观念和立场。

值得注意的是，在信息传播中特别是在公共关系信息传播中，信源（传播者）和信宿（受传者）的地位应该是相互的，而不应该是不变的。在传递信息时，传播者是信源；在反馈信息时，原来的信宿就处于信源的地位，而原来的信源就处于信宿的地位了。当然，在某些传播类型如新闻传播中，其双向性较弱，因而信源与信宿的地位相对稳定。在公共关系的信息传播中，应该尽量避免这种情况，做到在组织机构与公众之间形成畅通的双向信息交流。

6. 译码

译码就是信宿接收到信息后，将信息的符号破译成自己能理解的内容。公关人员发出去的信息是否能为公众接收，接收后是否为公众准确理解，这就要看传播者的编码能力和受传者的译码能力。

7. 干扰

干扰指传播过程中放大或缩小信息量使信息失真的因素。干扰可以出现在传播过程中的任何一个环节，是影响传播质量、降低传播效果的重要因素。一般来说，公共关系工作者要想方设法清除传播过程中的干扰，以便改进传播质量，提高传播效果。

常见的传播干扰有以下几种。

① 编码干扰。即传播者不善于根据对象或内容组织传播内容，从而影响外界的接收。消除方法就是提高传播者的编码能力。

② 信息干扰。即信息本身使受传者产生误解、歧义或不理解。消除方法是尽量使信息简单、通俗、准确、有针对性。

③ 媒介干扰。即传播媒介本身出现的各种"噪声"。如书信上的字迹潦草、报刊上的印刷错误、电视节目上的静电干扰、扩音机发出的刺耳噪声等。消除方法是从技术上完善媒介性能。

④ 信宿干扰。即信宿本身各方面的条件影响了信息的正常接收。如受传者的文化水平、经济地位、社会经历、心理特征等都会影响信息的正常接收。消除方法：一是有计划、有步骤地培养、提高受传者的兴趣、爱好、文化水平；二是制作信息时要有鲜明的针对性。

8. 共同经验范围

共同经验范围指传播者与受传者之间必须有"共同语言"。共同语言越多，传播效果越好。

9. 反馈

反馈指信宿或受传者对信息所作的反应。传播者可以根据反馈，调整政策或行动，改进传播方式，提高传播质量。信息传播的反馈可以分为两类：正反馈和负反馈。正反馈是指传播者传递出的信息内容一致的反馈，如某企业推出一种新产品，外界对这种产品的反应是一致赞扬，这种赞扬即为正反馈；负反馈是指与传播者传递出的信息内容不一致的反馈，如对上述产品持反对意见或批评、改进意见的反馈，负反馈往往有利于传播者调整政策和行动，或改进传播方式与内容。

10. 环境

一切传播活动都是在一定的社会环境中进行的，在不同的社会环境中，同样的传播活动会产生完全不同的效果。

5.1.3 公共关系传播的原则

公共关系传播就是社会组织通过各种有效的传播媒介把组织有关的信息传递给社会公众，以影响或改变公众的态度和行为，创造有利于组织的舆论环境的过程。因此，公关传播在公关工作中占有重要地位，是联系公共关系主体和客体的桥梁和纽带，其目的就是使组织适应社会环境的发展或者引导社会环境的变化，以建立良好的社会形象。

为了取得最佳传播效果，公共关系传播必须遵循以下原则。

1. 针对性原则

组织的公众都是组织公关工作的对象，但对于一次具体的公关活动来说，往往并非所有的公众都应成为工作对象，成为对象的只是与此次公关工作密切相关的公众。在开展公关活动之前，确定目标公众，针对目标公众策划、组织相应的公关活动，可以节省开支，提高效率，取得更好的公关效果。

2. 整体性原则

在公关传播中，传播往往要付出一定的成本。在成本一定的前提下，公关传播要贯彻整体性原则，管理好各种传播要素，以取得最佳的传播效果。整体性原则要求处理好传播主体、传播客体、传播技术、传播观念之间的关系，对不同的传播客体、不同的传播内容，应选择不同的传播媒介和传播技术；对各个公关传播环节、层次、方式要相互协调，避免出现冲突和矛盾。

3. 真实性原则

真实性是公关传播最重要的原则之一。一方面，在公关传播中，公众希望了解组织的真实情况，以便作出相应的决策；另一方面，组织真实地向外传递信息，也体现了组织对自己工作的信心。经常向公众传播夸张性的、虚假的信息，会引起公众对组织的反感，极大地损害组织的形象。

4. 双向沟通原则

在公关传播中，组织不仅应该把自己的政策和行动告诉公众，把组织对公众的希望广泛地宣传出去，而且也应该收集公众对组织的意见、要求和愿望，听取公众对公关传播的反馈，以改进公关传播工作和组织的其他各项工作。在人际传播、小团体传播的场合，只要组织虚怀若谷、真心实意，反馈意见是不难收集到的。在大众传播情况下，反馈性信息的收集要困难得多，这时组织可以通过个别访问、现场观察、开座谈会、问卷调查等方法来收集公众信息。

5.1.4 公共关系传播的层次

公共关系传播的目的是十分明确的，就是向公众传输有关信息，联络与公众的情感，影响公众的态度，改变公众的行为。因此，可以把公关传播过程归纳为四个层次上所开展的传播活动，即信息层次、情感层次、态度层次和行为层次。这四个层次上的传播活动，在传播的目的、内容、形式上，都有着明显的区别。

1. 信息层次上的传播

信息层次上的传播活动的主要目的，就是进行信息交流，把公众的有关信息及时、准确地收集起来，把有关企业的信息及时、准确地传输给公众，达到使企业了解公众和使公众了解企业的目的。前者是为企业的各项经营决策提供事实依据，后者则是为企业公众提供各种有关企业的经营活动和未来发展目标的信息。这项工作是企业公关工作中最大量的、经常性的工作。这种传播活动的成效如何，是检验企业组织的开放性和透明度的标尺，也是其他层次上传播活动的基础。其传播方式丰富多彩，如企业举办各种新产品发布会、产品鉴定会、有关企业活动的调查报告、企业自办的各种简报、杂志、情况通报及电视片等，更可利用大众传播达到广泛公众的目的。

2. 情感层次上的传播

J. 吉拉德是美国享有盛名的汽车经销商，也是一位被美国公关专家一致推崇的美国历史上最有成就的公关活动家。吉拉德每年的汽车销售量远远高于美国的任何一位汽车推销商。吉拉德在解释他成功的原因时说："我每个月要寄出一万三千张以上的卡片。"这些卡片大小不一，格式各异，但内容却相似。开头一般都写着"我喜欢你"，然后接着写道"祝你新年快乐，吉拉德敬贺"。如果是在2月份，卡片上则写着："圣佩翠克日快乐……"总之，在每个月份中，吉拉德总有向顾客祝贺的理由。正是凭借这样一种简单的联系与沟通方式，吉拉德密切了自己同顾客之间的情感联系，许多顾客都认为吉拉德是最值得信赖的人。由于十分注意同顾客之间的情感联系，加之吉拉德在事业上的辉煌成就，使得吉拉德成为人们交口称赞的"美国式英雄"，而这种良好形象又使吉拉德在汽车经销上如虎添翼。

情感层次上的传播活动不仅存在于企业与外部公众的联系中，而且也存在于企业与其内部公众的联系中。前者的目的在于通过联络情感，提高企业的形象，增强企业对外部公众的吸引力；后者的目的在于提高企业的向心力和凝聚力，增强企业对职工的吸引力。同外部公众保持情感沟通的形式有：定期举办用户恳谈会、联谊会，向消费者赠送纪念品，开展微笑服务活动，赞助各种社会公益事业及文体活动等。内部沟通的方式有：举办股东聚餐会，举办各种以企业内部职工为主的联欢会、庆祝会，组织企业内部职工参加各种文化活动，定期召开民主对话等。

3. 态度层次上的传播

态度所表征的是公众对一个企业的评价和认识，公众对企业是否抱有友善的态度，这直接影响着他们是否购买企业的产品或接受企业的服务。英国公关专家弗兰克·杰弗金斯认为："公关人员的目标就是要使四种反面态度（敌意、偏见、冷漠、无知）转变为正面态度（同情、接受、感兴趣、认识），这正是他的职责所在。"

改变公众态度没有特定的模式，如当企业遇到形象危机时，通过新闻媒介向顾客致歉，召开记者招待会向广大公众公布各种突发性事件和纠纷的真相，以及采取其他恢复形象的措施；当企业要扩大自己产品和服务的市场份额时，则可采用产品演示会、产品质量跟踪活动、借助于某一有利事件而开展的宣传活动等。

4. 行为层次上的传播

引起行为是公关活动的最高层次，是其他一切传播层次的归宿，也是公关活动的最终目标。因此，它不是一两次公关活动就能达到的目标，而是一个长期过程。在形式上可以借助其他层次上的传播形式。

5.2　公共关系传播形式及选择

传播的形式多种多样，传播学者对传播行为进行了各种各样的分类，最具代表性的是按信息传递者的范围，把传播分为五种传播形式，包括人际传播、群体传播、组织传播、大众传播、网络传播，这五种传播形式也是公共关系活动中常见的传播形式。

5.2.1　人际传播

人际传播是个体与个体之间的信息交流行为。它是人际关系得以建立、维持和发展的基础，也是构成并维持社会关系的前提。人际传播既包括面对面的亲身传播，又包括通过书信、电报、电话等媒介进行的中介传播。

① 亲身传播。属于直线传播，是指参与传播的成员使用语言（对话）和非语言符号（体语），并且在同时间同空间、彼此能观察对方、面对面地进行的一种传播。

② 中介传播。中介传播属于间接传播，是指参与传播的成员不在同一空间或时间，而必须依靠媒介非面对面地进行的传播。随着社会的发展、技术的进步，通过信件、图片、电话、电报、录音带、录像带、网络等文字和电子传播媒介逐渐普及人类生活的各个领域，成为人们交往的基本手段。

人际传播具有以下特点。

（1）传递和接收信息的渠道多，方法灵活

传播者不仅可以使用语言、文字、图像、音响，而且能够运用表情、眼神、动作等多种渠道或手段来传达信息；同样，受传者也可以通过多种渠道来接收信息。在多种手段、多种渠道的配合下，人际传播的信息的意义就更为丰富和复杂。

（2）传播规定性不强，随意性较大

人际传播对象专一而明确，因此在进行人际传播时，传、受双方承受的心理压力较小，可以比较随意地选择信息传播内容。传播过程中，传者和受者的位置在交流过程中可随时互换，传播的内容和方式也可根据现实情境随时做调整和改变。

（3）人际传播双向性强，反馈迅速，互动频度高

双方的信息授受以一来一往的形式进行，每一方都可以随时根据对方的反应来把握自己的传播效果，并相应地修改、补充传播内容或改变传播方法。因此，人际传播是一种高质量的传播活动，尤其在说服和沟通感情方面，其效果要好于其他形式的传播。

（4）传播内容的保密性强

由于人际传播是一种直接交流，除非传受双方中一方或双方公开交流内容，对外界而言

信息都不具有公开性。当有秘密指令、重要文件需要传达时，由于人际传播的对象和传播范围可以控制，因而比其他方式有优势。

(5) 信息辐射面窄，信息很容易失真

人际传播的弊端在于个体之间的传播面窄，信息不能迅速、广泛地传播，此外，主传与受传双方容易受到情感因素影响，特别是人际基础上的多级口语传播，信息很容易失真。

5.2.2 群体传播

群体传播是指在某一群体范围内进行的意见交流。传播者在一定的规章下，与聚合于某一场所中的受传者进行信息交流。受传者往往为了共同的目的、兴趣聚集在一起，双方的交流形式灵活自由，参与者在相互传播中获得满足，共同协作。如一般性集会、信息发布会、座谈会等。

群体有大小之分，群体传播主要包括小群体传播和公共传播两种类型。小群体传播也称小组传播，这种沟通是介于人际传播和组织传播之间的一种传播方式，即群体内的人际沟通活动。

1. 小群体传播

小群体传播的特点如下。

① 信息传播在小群体成员之间进行，是一种双向性的直接传播。

② 群体传播在群体意识的形成中起重要作用。群体意识越强，群体的凝聚力就越强，越有利于群体目标的实现。

③ 在群体交流中形成的一致性意见会产生一种群体倾向，这种群体压力能够改变群体中个别人的不同意见，从而产生从众行为。

④ 群体中的"舆论领袖"对人们的认知和行为改变具有引导作用，往往是开展健康传播的切入点。

2. 公共传播

公共传播也称公众传播，一般是指一个人对多数人的传播，也称之为公开传播，这一形式的传播速度快、范围广。公共传播的特点如下。

① 面对的是相对集中、参与规模较大的公众群体，公共传播的范围远远超出一般人际传播和小群体传播。

② 传播者与公众的大规模参与。传播对象多是此类传播的最大特点，其场面宏大，气氛热烈，常常会产生轰动效应。

③ 可以多种媒体综合使用，有立体感。在大型传播场合，往往是既有口号，又有文字、图片、音响、模型等媒介形式。

5.2.3 组织传播

组织传播是一种组织内部以及组织与外部环境之间的信息交流行为。它是组织为沟通、疏导内部上下之间、成员之间、部门之间的关系，建立和发展组织与组织之间的联系，为应付环境的不确定性而进行的传达思想、交流情报和信息的过程。组织传播的功能有：了解组织存在的问题，获得反馈，比较成果，进行决策；对部门之间进行协调，以提高组织的效率，保证组织任务的完成；稳定组织成员，维系人际关系，保持组织的统一，争取外界的了解和信任。

组织传播按其发生的范围可以分为组织内部传播和组织外部传播两种形式。

1. 组织内部传播

组织内部传播是指发生于组织内部，组织与成员、团体与成员、团体相互之间的信息交流过程。按是否通过组织正式渠道，可划分为正式传播与非正式传播。从组织的构成看，正式传播又可分为下行传播、上行传播和平行传播三种形式。

① 下行传播。指上级将组织目标、规章制度、工作程序等信息向下级传达的一种信息传播方式。常用的方法有文件、指令、公告、通知、会议等，它是组织传播中占主导地位的传播形式。

② 上行传播。指职工将工作进展、任务完成的障碍以及自己的意见、要求、愿望、批评、建议等信息向上级汇报和提出的一种信息传播形式。常用的方法有定期汇报、口头指示、对话会、员工接待日、民意测验、意见箱、建议箱等。

③ 平行传播。指同级、同层次成员和部门之间的横向交流。常用的渠道有班组会、部门协调会等。

非正式传播是指其他没有计划和系统、不受时间和地点限制、自发形成的信息交流。它建立在组织内部成员的人际关系基础上，如组织员工的私下交谈、议论、传播小道消息等。对于非正式传播，要善于利用和引导，把它作为正式传播的补充，以达到正式传播所达不到的效果。常用的方法有聚餐、郊游、聊天、联谊等。

2. 组织外部传播

组织外部传播是指发生于组织外部，是组织、组织成员、团体与其外部环境之间的信息交流。根据传播方向可以分为两种。

① 内源外向传播。即组织将有关信息向外传播。常用的方法有组织刊物、展览会、新闻发布会、影片、赞助等。

② 外源内向传播。即外部环境的各类信息向组织反馈的一种方式。常用的方法有市场调查、民意测验、免费电话、公众投诉、来信来访等。

5.2.4 大众传播

大众传播是指职业传播者通过现代大众传播媒介对极其广泛的受众进行的信息传播活动，常用的媒介包括报纸、广播、电视、杂志、电影、书籍和网络七大传媒。随着现代科学技术特别是电子技术的进步，大众传播速度不断加快，传播内容也便于大量复制，从而使大众传播的覆盖面更为广泛。特别是网络媒体异军突起，有后来者居上之势。关于网络媒体，将在下节单独阐述。

1. 大众传播的特点

① 传播主体的非人格化。即传播主体不是指某些个人，而是社会组织。

② 信息流动的单向性。即大众传播基本上是信息的单向流动，受众是匿名的，来自受众的信息反馈也是有限的。

③ 受众的广泛性。即大众传播面对的受众是大量的、各不相同的。

④ 传播内容的选择性。即传播机构对采集的信息按传播者的意图和受众的需要经过选择、过滤、加工和传播，而且受众对传播媒介、传播内容和时间也要进行一定的选择。

⑤ 传播手段的科学化。即传播中使用的媒介或手段都建立在一定的科学技术基础上。
⑥ 传播活动的商业化。即大众传播业是一项以盈利为目的的新兴产业。

2. 大众传播媒介的功能

① 报道的功能。大众传播媒介负责将社会生活中发生的新闻事件及时、公正地告知公众。新闻报道是对事实的公正陈述，依靠其实效性和公正性来树立新闻传播界自身的信誉。公共关系运用新闻传播方式必须遵守这种实效性、公正性。

② 教育的功能。大众传播媒介承担了大量的社会教育任务，面向大众普及教育，将政治、经济、文化、科技、历史、生活等知识传递给公众。公共关系运用大众传播媒介向公众传递信息时必须注意知识性、教育性。

③ 娱乐的功能。大众传播媒介为公众提供了大量的娱乐性服务。公共关系运用大众传播媒介向公众宣传时也必须注意趣味性和娱乐性。

④ 监督的功能。大众传播媒介及其所形成的公众舆论，对政府、企业及各类机构的政策、行为、人员、产品起着社会监督的作用。一方面，企业可通过新闻媒介传播正面信息，创造有利于企业发展的舆论环境；另一方面，企业要善待新闻媒介的舆论监督和舆论批评，客观地向公众解释企业的不当行为。

3. 大众传播媒介的个性

大众传播媒介除了具有以上主要共性外，还具有各自的特性。了解和掌握大众媒介的这些特性，对于选择传播媒介，在公共关系传播中扬长避短、充分发挥各种媒介的作用，取得最佳传播效果，具有实际意义。

（1）报纸

报纸至今仍然是国内外十分重要的新闻传播媒介。其主要特点如下。

① 内容深入。报纸是以文字表达形式为主的媒介。文字表达形式的优点是：可以不受时间、空间的限制，纵横捭阖，深入论述；宜于表达一些逻辑性强、抽象思维的内容，还可以留给读者以联想的余地；也便于表现新闻背景、来龙去脉等演变状况。因此，报纸适于用来深入报道某个新闻事件或详细阐述某个问题。报纸的这一优点是广播、电视所不及的。

② 便于选择。一张报纸在手，读者可以任意挑选阅读的内容。既可以从头版头条看起，也可以从报尾看起；可以只看标题，也可以深入阅读、仔细品味某一篇的具体内容。读者在阅读报纸时，有较大的选择余地和主动权，这是报纸相对于广播、电视的一个长处。

③ 便于携带。阅读报纸很少受到时间、空间的限制，随身携带，抽空即可阅读。

④ 便于保存。报纸上的信息内容都以文字的形式固定下来，便于剪辑、保存、查阅。因此，报纸宜于刊登资料性、文件性和深度性的信息。

但是，报纸这种媒介也有其弱点。报纸的生动性、及时性也不如网络、广播、电视。时间性和形象性极强的信息，都不宜用报纸来传播。

（2）广播

无线电收音机和有线广播喇叭曾经是我国普及率很高的媒介。广播的主要特点如下。

① 及时性强。广播上的信息不受时间、空间的限制，通过电波可以在转瞬之间传遍地球的各个角落。

② 机动性强。广播媒介可以随身带、随身听、边干边听。收听广播几乎不受空间和工作条件的限制。这就更有利于信息的广泛、及时传播。

③ 普及性强。收音机和广播喇叭价格便宜，使用长久。因此，普及率较高。另外，广播的最大特点是不受文化水平的限制，任何人都可以接受。

广播的主要缺点是不便检索、不便保存。其信息稍纵即逝，如果不是事先准备并有录音装置，很难检索、保存。其内容的生动性不如电视，信息的深度不如报纸。因此，广播适用于时间性较强、涉及面广和普及性强的信息内容。

(3) 电视

电视是我国影响最大、普及最广的大众媒介，也是公共关系传播中最重要的现代手段之一。电视的特点如下。

① 形象生动。电视传递的信息可以做到五彩缤纷、绘声绘色，使人身临其境，感染力极强。这是其他任何媒介所无法比拟的。

② 迅速及时。由于摄像、传播技术的发展，卫星直播电视技术的采用，电视台基本上可以做到随时传播新发生的事件的实况。再加上电视新闻的正点滚动播出，使得电视传播更为迅速、及时。

③ 广泛普及。电视信息以声音、图像为主，也不受文化水平的限制，因此，老少皆宜、雅俗共赏。再加上其声情并茂、图文并茂，因而也有较高的普及率。

但是，电视也有其弱点，如缺乏深度，电视由于在表现形式上的限制，在内容上容易流于肤浅，难于表达抽象思维、逻辑思维强的内容。另外，它不便携带，使观众的选择余地很小。

(4) 杂志

目前，杂志已成为我国重要的大众传播媒介之一。杂志的主要特点如下。

① 专业性强。除个别综合性杂志外，绝大多数杂志都是专业性的，可以深入细致地报道、探讨专业性的问题。

② 对象性较强。许多杂志都是针对专门对象而创办的，如儿童杂志、青年杂志、老年杂志、妇女杂志等，便于向特定公众传递信息。

③ 周期性强。杂志定期发行，成本成册，便于保存，便于检索。

杂志的缺点是：对读者的文化水平要求较高，有的还要求读者具有一定的专业知识，不易普及；出版周期长，及时性不够等。

(5) 书籍

书籍作为公共关系传播的手段已经日益受到人们的重视。它的主要特点是：内容有深度，便于系统、全面、深入地叙述事件、阐述问题；传递信息持久，非常有利于保存、检索；读者阅读在时间和空间上有较大的活动余地。因此，在公共关系工作中，书籍有利于传递系统性、深度性和持久性的信息。其缺点是制作、出版周期太长；读者受到文化水平和闲暇时间的限制，普及率有限。

(6) 电影

电影的主要特点是：取材广泛，几乎可以无所不包；内容生动，形象具体；表现手段多样，既可以采用新闻纪录片的写实手法，也可采用故事片、童话片的文艺手法；老少皆宜，雅俗共赏。新闻纪录片和电影故事片均可成为公共关系传播的有效手段，特别是在国际公共关系传播中发挥极其重要的作用。

4. 大众传播媒介选择的影响因素

公关人员在选择运用不同的传播媒介时，通常应考虑以下各种因素。

（1）企业与产品的性质

工业品与消费品、技术产品和一般性产品，应分别选用不同的媒介。如服装企业的广告，重要的是显示其"领导服装新潮流"的形象和声誉，产品的样式和颜色要符合各层次消费者的需求，因此最好在电视屏幕上和报纸、杂志上使用彩色画面做广告，可以增强美感，吸引广大公众的注意与兴趣；高技术企业生产的机械产品与电器产品，公共关系人员应当使用样本做宣传，以便详细说明其质量、性能，同时介绍企业各方面的情况，借以树立企业信誉与商品信誉。

（2）消费者的媒介习惯

企业选用宣传媒介是为了有效地开发与占有市场，也是为了吸引广大公众的购买。因此，企业公关部门除了对广大消费者的年龄、职业、性别、购买习惯等因素进行分析外，也要注意分析广大公众接触媒介的习性，这是因为不同的媒介可将信息传播到不同的市场与不同的公众消费者。比如说，生产儿童用品的企业，由于儿童阅读分析能力一般比成人差，因此不宜在报纸、杂志上大登特登文字广告，而应当采用动画、音响与色彩齐备的电视作为宣传传播媒介，用以增强吸引力、理解力与记忆力。公众媒介的消费习惯类型见表 5-1。

表 5-1　公众媒介消费习惯分类

媒介消费习惯类型	主要公众类型	媒介消费习惯类型	主要公众类型
报纸型消费习惯	公务员、老人、知识分子	电视型消费习惯	职员、家庭主妇、儿童
杂志型消费习惯	大学生、专业人员、女性	广播型消费习惯	学生、老人、出租车司机

（3）媒介的流通性

不同媒介的传播范围有大有小，能接近的公众人数有多有少。公共关系活动波及的地理范围关系到传播媒介的选择。畅销全国的产品及其企业的广告宣传，宜在全国性报刊或中央电视台、中央人民广播电台做广告；生产销售地区性产品及其企业广告，可以选用地方性报纸杂志、广播电台、电视台或广告牌、霓虹灯等信息传播工具作为传播媒介。

（4）媒介的影响力

传播媒介的影响力是指媒介传递信息的效率。报纸、杂志发行的数量，电视台的观众人数，媒介的播放时间及声誉，收音机、电视机的社会拥有量等都是媒介影响力的标志。媒介的影响应当深入市场的每一个角落，应当尽可能地影响最大量的社会公众，需要一定频率及数量才能加深消费者的印象。如果公众见之甚少就不易收效。另外，还需要把握地区性、季节性的公关信息，如果不能因时因地播发信息就会失去良好的宣传机会而遭致损失。

（5）媒介的成本

公共关系宣传活动应考虑企业的经济负担能力，力求在一定的经费预算内达到信息触及一定的公众，达到一定的宣传频率与发生尽可能良好的影响，从而创建商品信誉和企业信誉。不同的广告媒介，收费标准也会有所不同，一般来说，覆盖率大的宣传媒介收费较高。

根据以上几点因素，公关人员在选择媒介时应当充分考虑到各种信息传播媒介的优缺点，力求扬长避短，根据不同的企业、不同的商品、不同的公众、不同的市场、不同的目标而确定最优传播方案。

5.2.5 网络传媒

1. 网络传播的特征

互联网的普及宣告了传播方式的革命。网络媒体在传播上的影响力是以惊人的速度在增长，成为公共关系一个新平台，二者逐渐整合形成了一个新的子学科——网络公共关系。

网络传播与传统传播相比，有以下几点重要特征。

① 交互性。互联网和传统媒体的一大显著的区别在于交互性。网络传播不是媒体向接受者传递信息的单向传播，不仅媒体作用于用户，用户也可以作用于媒体，他们可以对网络信息进行加工、处理、修改、重新组合等。最典型的例子就是博客的兴起，这一传播手段的兴起改变了单向的传播方法。在互联网这一特性的影响下，网络公关的互动性十分强。比如企业的网上站点会收到大量的反馈信息，企业会设专人管理这些信息，对于反馈信息中的各类提问，尽可能快速、详尽地予以答复。这使得公关的速度可以大大提高，特别对于危机公关这种需要争分夺秒的情况，企业反应的速度是十分重要的。

② 直接性。与在传统媒体发布相比，网络公关的信息更容易到达受众。制造话题引来关注是公关最有效手段之一。可是在网络公关之前，要把话题传达到受众是要通过传统媒体的。在传统的新闻传播中，编辑、记者等新闻工作者充当"守门员"的角色，他们决定企业的新闻消息能否见诸当天的大众传媒，他们同时还决定这则消息的表现风格甚至隐含内容。这种情况下，企业和消息的受众不能直接联系在一起。而网络公关大大提高了这种直接联系的可能。

③ 多媒体。网络传播不仅能向用户显示文本，还能同时显示图形、活动图像和声音。用户可以自主决定某条信息最终以何种面貌呈现；同时，网络还能根据用户的需要将同一条信息由一种媒体形式转换为另一媒体形式。

④ 容量无限。云技术和"超链接"功能使得网络媒体的信息容纳量得以无限扩大。信息容量无限是互联网极其重要的特征，而网络公关也具有信息容量极大化的特点。作为软营销性十分强的特点很明显的一个行业，公关必须保持它的信息传播"软"和渗透性强的特点。要达到这一特点，不能十分直白地表达所想要表达的观点。这就需要极大的信息量。相比起一次直白的人员推销或者一则广告，一篇好的公关"软"文传送的信息量要多得多。在真实世界中，由于信息容量有限，企业公关资料中许多不是特别重要的信息只好删去。在网络中则没有容量限制，传播效果也会好很多。

⑤ 个性化。网络的特征在公关中所起的一项重要作用是使公关客体这个角色在整个公关过程中的地位得到提高。网络公关具有了创建企业与顾客"一对一"关系的能力。这种能力是很重要的。前面提到的交互性和信息丰富的特点使受众的选择也多样化。网络公关很多时候可以做到分众传播。

⑥ 信息传输的全球性和即时性。由于网络的全球化特点，以前一些因地域限制而不成为公关客体的群体也成为网络公关的对象。微信、微博等移动互联网新媒体的出现则进一步强化了信息传输的即时性。

由此可见，网络传播信息的方式是全新的，网络传播已经成为个人传播（如QQ、电子邮件）、组织传播（如BBS、新闻组）和大众传播的统一体。

媒体行业如何变？5大趋势抢先看

不断有人问：媒体未来的趋势是什么？传统媒体还有市场吗？

关于传统媒体和新兴媒体的话题，行业内已经讨论了很久，有的人说传统媒体终将灭亡；有的人说，未来是移动媒体为王的时代。事实上，传统媒体和新的数字媒体，并非是彼此替代，而是共生共荣的关系，而面对移动互联网时代的受众变革，如下的一些媒体形态和趋势值得关注。

趋势一：渠道即媒体

今天有很多人不仅把电商网站当作购物平台，也把电商当作信息平台，尤其是在中国的二三线市场，这个特征更为明显；而媒体电商化和电商媒体化也成为近几年的一个热点，如生鲜电商平台——"本来生活"网就是媒体人的思路在做电商，通过生活方式的内容来赢得用户的信赖。包装也可以成为媒体，例如，可口可乐的昵称瓶和歌词瓶的营销引起了行业的极大关注，核心是将产品包装变成了媒体。

趋势二：关系即媒体

微信朋友圈广告平台的启动，充分地说明了在移动互联网时代，关系的营销价值。传统的电视、报纸等媒体是信息媒体，而微信朋友圈、微博、微信公共账号本身带有社交属性的平台，关系链成为媒体内容承载的核心。例如，人们要转发一篇文章，很多时候，不是这篇文章真的内容有多好，而是这篇文章是朋友圈哪个人转发的，关系即媒体的特性说明，今天的传播是以关系为中心，媒体要构建、运营用户关系和社群，才能有更大的营销价值。

趋势三：越来越细分，越来越垂直

今天要想在信息嘈杂的时代获得影响力，媒体不再是追求大而全，而是小而专，对于细分兴趣群体的挖掘，本着小圈子、强关系的角度运营媒体，媒体与受众的关系才能更加持久，无论是垂直的App还是垂直的自媒体，都将会在小圈子中创造独特的价值。例如，一个叫 hairbobo.com 的网站，专注为发型师提供服务，发型师可以在上面分享自己的作品和收藏，交流发型的制作技巧，迅速聚集了发型师群体，成为美发行业的垂直营销平台。

趋势四：新媒体元素让传统媒体青春焕发

很多人说，90后不看电视了，高端群体不看电视了，但是视频网站、互联网电视，让电视媒体的形式得以延展，电视媒体的社交化及电视大屏幕体验等，都让电视这个传统媒体可以再次获得主流人群的依赖。视频与场景融合的创新，如移动短视频的崛起也开始让一些内容生产商重新思考移动互联网时代的视频内容的创作与传播方式。

趋势五：精选与筛选也是竞争力

最近，界面举办了一场"界面为盟"的发布会，宣布整合中国最具影响力的自媒体组建传播联盟。在发布会上，小米副总裁陈彤等资深媒体人谈到，好的内容和好的编辑永远是稀缺的，因此，信息庞杂的年代，精选、筛选与个性化的媒体也将赢得机会，提供分析、判断、见识的媒体依然大有市场。例如，雅虎推出了一款名叫 News Digest 的产品，每天只提供选题团队精简的10+10条重大新闻内容，每天仅在早上8点及下午6点的时间各推送一则播报通知，配合上班族的上下班时间来阅读，方便用户在公车地铁等电梯时快速浏览。

（来源：肖明超．梅花网，2015-02-06．）

2. 网络公关的兴起

网络公关的兴起缘于互联网和电子商务的发展、网络传播方式较之传统传播方式的创新，以及公关业发展的需要。传统公关的发展需要新的平台，互联网具有个性化、互动性、信息共享化和资源无限性等传播优势，集个人传播、组织传播和大众传播于一体，具备强大的整合性，并且网络媒体的运作目前正在逐渐规范、成熟，已拥有相当大的媒体影响力，互联网正在成为各界人士获取信息的主要通道。

目前业界对网络公关还没有一个统一的定义。根据网络媒介的三种不同类型，网络公关分为狭义和广义两种定义：广义上的网络公关是指网络化组织以电信网络、有线电视网络及计算机网络为传播媒介，来实现营造和维护组织形象等公关目标的行为；狭义上，网络公关是指组织以计算机网络即互联网为传播媒介，来实现公关目标的行为。因此，网络公关(PR on line)又叫线上公关或 e 公关。这里主要使用的是狭义上的网络公关概念。

公关业的发展与媒介技术的发展密切相关，它随着媒介技术的发展而不断发展。网络公关从在"2000 年中国国际公共关系大会"上成为热门话题，到 2001 年则开办了"中国公关网"，企业网络公关便如雨后春笋般生长起来，目前网络公关在国内发展的现状是喜忧参半。可喜的一方面是，中国公关业和企业有了自己的门户网站和宣传平台，可以以最快捷的速度向国内外交流企业的信息。不少大的企业已经开始配备专职人员做网络媒体代表，负责处理协调网络媒体传播事项；许多企业的企业推广部在自己的核心媒体名单里，也开始加入网络媒体，对核心的网络媒体做重点沟通与维护。但是，另一方面，很多企业的公关部在做网络公关时，缺乏系统的操作体系，往往是顾此失彼，难以组织有效的立体式网络公关战役，从而使企业公关宣传的效果大打折扣。

3. 网络公关的传播过程

网络公关属于传统公关范畴。与平面媒体、广播电视媒体的公关相同，网络公关也是在解决"传播什么、向谁传播、在何处传播"的问题。

(1) 确定传播内容

传播内容取决于传播目的。与传统公关目的相同，网络公关目的也存在于两个层面：一是组织层面，提升组织的知名度，塑造良好的组织形象；二是产品层面，宣传组织的产品特色、优势，促进产品销售。

(2) 确定传播对象

"向谁传播"即确定网络公关的受众。网络公关的受众分为两大类型：一种是围绕组织由利益驱动形成的垂直型网络用户，包括投资者、供应商、分销商、顾客、雇员及目标市场中的其他成员；另一种是围绕某一主题形成的横向网络用户，包括竞争对手、行业协会、联合会等。特征是网络公关的受众范围由于互联网传播的全球性而更加广泛，甚至也扩展至全球。此外，由于网络媒体的双向互动性，使公关的对象更加明确、具体，出现受众细分化趋势。

(3) 选择合适的媒体

"在何处传播"是媒体选择的问题。一般来说，网络公关的媒体是互联网，但是为了取得最佳传播效果，目前许多企业组织采取网络媒体与传统媒体相结合的方式。而两者结合又有两种模式：一是先传统媒体后网络媒体；二是先网络媒体后传统媒体。常用的是第一种模式。

(4) 网络公关的渠道及形式

总体上有两种渠道：一是建立组织自身的网站，二是利用其他新闻服务商和媒体。组织拥有自己的网站，便等于拥有了一个具备很强自主性的宣传媒体。由于受众对事物的认知需要一个过程，在组织网站建立初期，组织可以在相关宣传媒介上来推广组织网站。这一时期，组织的网络公关可以借助专业门户网站或影响大的综合性网站来进行，依靠这些网站的人气来提升组织的认知度，并且为组织的网站聚敛人气。组织网站建成后，传统媒体和其他网站的辅助公关功能也是不可或缺的。

网络媒体在公共关系传播中的影响力不断增强，如何有效地利用网络媒体的传播力，塑造组织尤其是企业良好的形象，促进企业产品、服务的销售，以及有效预防网络公关危机，成为组织必须面对的一个重要话题，也是网络公关兴起的重要原因之一。

网络公关的操作实务将在本书第 12 章进行阐述。

5.3 公共关系传播中的受众分析

受众是听众、观众、读者等传播对象的总称，也是信息传播过程中的信宿。在公共关系传播中，公关人员必须把握受众的心理和行为特征，有针对性地制作信息和选择传播媒介，以达到理想的传播效果。

5.3.1 受众具有的一般特性

过去，许多人认为受众只不过是信息传播特别是大众传播消极、被动的接收者：信源说什么，受众就信什么；信源说干什么，受众就干什么。但是研究与实践证明，这种认识是不正确的。实际上，受众在信息传播中至少表现出以下特性。

1. 受众对于信息接收是持主动、积极和为我所用的态度

受众对于接收什么信息、拒绝什么信息都根据自己的需要来决定，而不是按照信源的愿望来决定。信息是否能为公众所接收，首先取决于这一信息是否符合受众的需要。因此，公共关系人员在制作和传播信息时，要首先考虑受众的需要。这样，才有可能为受众所接收。

2. 受众在接受信息时有差异

对于同一信息，有的受众拒绝接收；有的受众虽然接收了却毫无反应；有的受众接收信息后立即采取同向行动，有的则采取反向行动。受众对信息的不同反应，来源于受众个人在心理特征、文化教育、个人经历、经济地位等方面的差异。公关人员在信息传播时要考虑这种差异。

3. 按照受众接收信息时的倾向和态度，可以划分为不同的群体

同一个群体内的受众将选择大体相同的信息，并以大体一致的方式作出反应。这种群体的差异往往表现在年龄、种族、性别、收入、教育、宗教、政治信仰等方面。

4. 在接受信息时容易受"意见领袖"的影响

"意见领袖"是在群体成员相互发生联系中自然形成的、在非正式组织中具有某种凝聚力、号召力和影响力的特定公众。"意见领袖"的地位不是官方授予的，其成员和地位也是相对的，他们只是在某个时间、某种条件下对某个问题具有一定的权威性和影响力。如某人在一个车间内是电影方面的"意见领袖",而另一个人则可能是体育比赛的"意见领袖"。至于官方人士、学者、专家、社会名流也可以看作是既定的"意见领袖"。对于公共关系活动来说,必须善于发现那些非正式组织中的"意见领袖"。

在信息传播方面,意见领袖往往更多地接触媒介,他们的意见往往会影响到受众对某一信息的接收或拒绝。为了提高传播效果,公关人员应该善于寻找并向特定受众的意见领袖进行重点的信息传播。假如一个企业为改善社区关系召开一次恳谈会,企业的公关部除了应该邀请社区中各机关单位的领导和居民委员会负责人外,还应该考虑社区中有哪些"意见领袖",哪位离休老干部在老同志中有影响,哪个小伙子在青年中是"头儿",等等,召开改善社区关系的座谈会不要漏掉他们。

> **关注"名人效应"** 〔公关专栏〕
>
> 名流公共关系中的名流,指那些对于公众舆论和社会生活具有显著影响力和号召力的社会名人,如政界、工商界的首脑人物,科学、教育、学术界的权威人士,文化、艺术、影视、歌坛和体育方面的明星,新闻出版界的舆论领袖等。这些人的社会能量大,对公众的影响力很强,能够在社会舆论中迅速"聚焦"。通过社会名流进行公众传播工作,具有事半功倍的效果。"名人效应"是一种特殊的公关效应,这种效应是建立在良好的名流关系基础上的。一个组织与社会名流建立起良好的关系,就能借助名流的知名度,利用公众崇拜名流的社会心理,扩大本组织的影响,强化本组织的公众形象。
>
> 知名度的形成至少需要两个条件:一是本身能够吸引公众的关注,具有吸引公众关注的实际内容,如产品的独特功效;二是足够大的传播规模和积累,形成公众舆论的热点、大众传媒的焦点。组织借助名人实际上是利用名人个人长期积累起来的传播资本与无形财富,来增强本组织对大众传媒和公众的吸引力。这既可以通过商业广告(名人广告)的形式,也可以用公关的形式来实现。

5. 受众特别是成年受众带有固有观念

受众特别注意选择那些同他们的兴趣有关、同他们立场一致、同他们信仰吻合,并且支持他们的价值观念的信息。

受众的固有观念主要通过受众心理上的三种选择因素表现出来。

一是选择性接收。人们总是愿意接受那些与自己固有观念一致的,或自己需要、关心的信息,回避那些与自己固有观念相抵触的或自己不感兴趣的信息。

二是选择性理解。对于同样一条信息,不同的人可能有不同的理解。这种理解为人们固有的态度和信仰所制约,即所谓的"仁者见仁,智者见智"。

三是选择性记忆。人们总是愿意记住那些自己关心或感兴趣的信息,而设法忘掉那些自己不关心或不喜欢的信息。

选择性因素在信息传播中是普遍存在的,是传播过程中对受众的主要干扰。特别是在争议很大的问题上,选择性因素的干扰最大,因在这种问题上,人们往往已经各有各的"固有观念";在一般性问题上,选择性因素干扰较小;在受众一无所知的问题上,几乎没有选择性的干扰,因为人们几乎没有成见,这时传播者可以很容易地灌输一种崭新的观点,同时传播者还可以很容易地传播那些同受众固有观念一致的信息。

选择性接收的因素能使受众不去接收那些危及自己固有观念的传播内容；选择性理解的因素会使受众曲解那些自己回避不了的传播内容；而选择性记忆的因素则会帮助受众尽快忘记那些讨厌、反感的传播内容。再加上受众所处的同事、亲属、朋友等团体关系会防止其离经叛道；媒介的多样性也为受众选择自己偏爱的媒介提供了可能性。因而，传播内容很难改变受众的固有观念，而只能加强其固有观念。

综上所述，传播者要想提高传播效果一般有两个办法：一是尽量设法减少选择性因素的干扰；二是使自己传播的信息同受众的固有观念挂上钩。

这样看来，信息传播对于改变受众的固有观念和行动是不是毫无办法呢？当然不是。研究和实践都表明，在受众的固有观念的外围，还有一个思想观念上的缓冲地带，即"可接受范围"。只要新的信息同受众的固有观念并不直接抵触，虽有差异，受众还是不会完全回避或抵制的，甚至会逐渐向新的信息靠拢。通过这样潜移默化、久而久之的信息传播工作，受众的固有观念就有可能得到部分或全部改变。这个"可接受范围"正是公关工作的一个重要领域。公关人员可以通过长期、系统、科学的公共关系信息传播工作，来改变或确立人们对某个组织机构的认识和观念。

5.3.2 公共关系传播中的受众心理变化

从公关活动的角度来看，任何一种公关传播的目的都是使公众对企业的产品及其服务形成偏好并发生购买行为。但这是个长期过程，其中需要经过一系列的中间阶段。因此，公关人员在进行传播活动时，必须了解目标公众现在处于什么阶段，还可能向什么阶段发展，这是进行有效传播的基本条件。

一般来说，企业公关活动对公众的影响，是通过公众心理及行为变化的五个阶段表现出来的。这五个阶段就是：认知、理解、爱好、选择及行动。

第一，认知。在传播过程中，企业公关人员所要做的第一件事就是，确切了解公众对企业、企业产品及服务的认识程度。如果公众对此一无所知，或知之甚少，这时传播的主要任务就是向公众反复介绍企业、企业产品及服务，提高他们对此的知晓程度。

第二，理解。企业公众通过认知阶段，对企业有所了解，但这时理解仍是肤浅的。此时，传播的基本任务就是向企业公众传递有关企业各个方面的信息，使公众在感知企业的基础上，对企业产生一定的评价，并注意反馈这些评价。

第三，爱好。如果公众对企业已有所了解、理解，那么公关传播的任务就是使这种理解变为一种良好的印象，使公众对企业、企业产品或服务产生爱好或偏好。如果发现经过这种传播活动以后，公众仍不能产生好感，要查明原因，并采取相应的改进措施。

第四，选择。当由于有效的传播活动，使公众对企业及其产品或服务产生爱好以后，他们就会进入确定选择企业产品或服务阶段。这时企业公关传播的任务就是向公众推荐适当的产品和服务，帮助他们尽快作出选择。

第五，行动。在企业公关传播活动的影响下，公众已经决定接受企业的某种观念、企业的产品或服务时，他们就会进入行动阶段，产生购买行为或改变原有的行为（这主要是指企业与公众之间发生纠纷时出现的行为）。这时，企业公关传播的任务就是促使这种行为尽快实现，以最终达到公关活动的目标。

公关传播活动对公众的影响，一般来说都要经过这五个阶段。只用一次信息传播就能诱导公众采取购买行动当然是最好不过的，但实际上很少出现这样的奇迹。许多信息传播都只能希望推动公众一次向前移动一个层次。因此，要想实现传播目标，就必须连续不断地把传播活动进行下去。

5.3.3 影响受众态度改变的因素

公关工作就是通过各种传播手段传达信息，以达到影响或改变公众态度和行为的目的。在公共关系信息传播中，影响公众态度改变的因素主要有以下几种。

1. 信息的来源

社会组织向公众提供或传播新的信息时，公众是否接受这些信息，改变其原有的态度，首先取决于信息的来源。也即信息由谁提供，很大程度上会影响公众的反应，这是因为信息的来源决定了信息的可信性。一般说来，公众更愿意接受可信性强的信息，而不愿意接受可信性低或不可信的信息。信息的可信性主要取决于权威性、类似性与可靠性。

① 权威性。指信息来源的资格和信誉，包括个人具有的经验、所受的教育、所具有的专业知识和能力及所处的社会地位等。主要表现在对于同样的信息内容，公众更倾向于接受权威性高的观点。例如，一个著名诗人对一首诗的赞美比一个普通学生的赞美，能够更多地使公众改变对这首诗的否定性评价。这种权威性不仅体现在对权威人物的信任上，也表现在对权威媒介和权威组织的信任上。

由于权威效应对组织的公关宣传有重要影响，所以组织应尽量请权威人士或权威组织出面，利用权威性媒介来传递信息，促使公众的态度迅速形成或转变，使公关传播达到事半功倍的效果。

② 类似性。传播者与受众在观念、利益、职业、爱好、地域、民族、经历等方面有共同之处，会使受众产生信任感和自己人的感觉，从而愿意接受传播者的观点。

权威性的信息传播者和权威性的信息来源在传播知识性信息时效果好；类似性的信息传播者在传播情感性和评价性信息时效果好。

③ 可靠性。指信息传播者在传播过程中被认为是不计自己利益的，是真诚的，这样可以提高信息被受众接受的程度。

2. 信息的组织

如何对传播信息的内容进行组织，直接影响着对受众的说服效果。

(1) 单向呈现和双向呈现

传播者只提出对自己观点有利的依据或同时提出正面和反面的依据，对公众态度的改变有着不同的效果。研究表明，当公众对传播者的观点或信息持肯定态度时，只提出正面的观点和材料比较有效；当公众对传播者的观点持否定或怀疑态度，或者公众原本对传播的观点存在分歧和争论时，则双向说明对形成公众长期稳定的态度更有效。此外，受过良好教育的公众对信息判断能力强，如仅仅提供单向信息会使他们感觉信息不可靠，而双向呈现则令他们感到信息传播者一分为二、中肯、辩证，更具有说服力。

(2) 信息出现的顺序

公众态度的形成与改变，与其接受信息的顺序也有很大关系。研究表明，当呈现一系列信息时，最先到达的信息会起到"先入为主"的作用，就是常说的"首因效应"。而最后到达的信息则具有使记忆鲜明的作用，这就是"近因效应"。介于中间的信息常常发生记忆模糊。如提供的信息只有两个，那么，决定首因效应与近因效应的关键因素是时间。如果第一个信息和第二个信息之间相隔时间很短，那么第一信息对第二信息有很强的抑制作用，因而会出现首因效应；如果在提供第一个信息后隔一段时间再提供另一个信息，且要求接收信息的公众立即表明态度，则近因效应的作用更大。

首因效应和近因效应对公关传播工作有很大影响。如果做公关广告，企业应慎重考虑广告的推出时间和排位问题。从事公关演讲和宣传活动，要注意开头和结尾的安排。可以考虑把有利于组织的信息放在开头，相反的信息放在中间，最后再以有利于组织的信息作强调。这样，既令公众感到信息的可靠，又有利于促进公众态度的形成和改变。

3. 信息付诸情感

情感是态度中的关键成分，态度的改变在很大程度上取决于情感的改变，因而触动人们情感的信息更有助于公众态度的形成和改变。研究表明，能够激发公众好感的信息，如现在一些服务性行业提出的"不满意就退货"的口号；交通安全宣传语"交通工具在你手中，交通安全在你心中"等，触动了人们受重视和被关怀的情感，因而赢得了公众的肯定态度。

4. 信息舆论定位

信息本身所包含的态度在公众态度的形成和改变过程中的作用，值得公关人员重视。即公众原有的态度与传播的信息所包含的态度的距离大小影响着公众对信息的判断和接受，公众常常倾向于接受那些与自己原有态度相一致的信息。所传播的信息与公众原有态度差距越大，对公众形成的心理压力也就越大，从而公众越可能拒绝接受信息所传达的本意。

研究表明，在公众原有态度周围一定范围内，公众会对所传播的信息作同化判断，即判断信息与他本来的态度很一致，从而接受信息；如果所传播的信息超过这个范围，公众会对该信息作异化判断，而拒绝接受。所以，公关人员在传播自己的观点时，事先应对所面对的公众的态度有所了解，选择适当的信息舆论定位，从而获得预期效果。

5. 角色扮演

人们在社会中所扮演的角色不同，对同一事件所形成的态度往往也不同。利用角色扮演来改变公众的对立态度通常是有效的。所谓角色扮演，其实就是让持对立态度的公众设身处地。例如，几年前，纽约出现了一股猛烈的反抗潮流，攻击州政府的社会福利计划。为了解决这个问题，州政府扶助委员会拟订了一个计划：让这些批评者的代表与那些依靠社会福利生活的人交往，并代替扶助委员会的会员处理每天遇到的问题。让这些扮演者们参观社会福利院，与福利院的人们进行交谈，与福利工作者讨论。其结果是，这次活动帮助社会公众解除了对福利工作的不理解。

影响公众态度的形成和改变的因素还有很多，如知识背景、原有的偏见等。公关人员在进行公关传播时，应掌握公众接受新信息的心理和条件，掌握信息对于公众诉求的手段，寓情于理，寓理于情，从而取得良好的公关传播效果。

5.4 传播效果及其制约条件

传播效果是人类传播活动的出发点和归宿。传播作为人类的一种有目的的社会活动，其价值在于通过人们的传播交往达到传递信息、沟通情况、交流经验以及协调行动等目的。因此，对传播效果的研究，是传播研究的重要内容。传播效果贯穿于传播活动的全过程。它始于传播活动实施之前，并显现于某一传播活动完成之后。

要获得良好的传播效果，不仅取决于传播的媒介和技术，还取决于传播者的主体条件、传播内容的制作方式、对受众的研究分析、传播的环境气氛等因素。

5.4.1 最佳的传播者条件

改善传播效果的一个重要条件是树立传播者自身的良好声誉和形象。研究表明，传播者的声誉往往是与权威性、客观性以及公众关系的亲密性紧密相关的。所谓权威性，是指传播者对所谈的问题具有专门的知识，是这方面的权威。搞好专家名流关系，邀请专家发表意见，有利于提高传播者的权威性。所谓客观性，是指传播者在公众心目中被认为是态度超然、客观公正，不夸张渲染，这样信息就有利于被公众信任。因此，应该尽量降低传播中的商业化色彩。所谓亲密性，是指传播者应尽量缩小与公众之间的心理距离，站在公众的立场上传播信息，使公众产生"自己人"的感觉，传播者的观点就比较容易被接受。因此，在传播中邀请与公众同类型的人来发表意见，容易形成这种亲密性。当然，传播者自身完善、行为良好，是最佳传播者的客观基础。

5.4.2 良好的信息制作方式

首先应强调较好的信息组织形式和表达形式，使得信息对公众来说易于获取、易于阅读、易于理解、易于记忆、易于把握。除此之外，还有一个问题，就是要注意扩大与公众的共同语言范围，用能够引起公众共鸣和喜闻乐见的方式来传播，提高传播的感染力。在传播中，受传者一般是根据自己的"经验范围"来理解接受到的信息的，相应地，传播者应该根据传播对象的"经验范围"来制作传播内容。因此，若要有效沟通，双方的"经验范围"必须有若干共同的地方。这个"共同经验范围"越大，传播的效果就越好。

但是，在公关传播中，为了宣传组织的新观点，突破公众经验范围又是不可避免的。当传播内容突破公众的经验范围时，传播者应注意：① 突破性内容要尽可能与公众原有的经验范围结合起来，使新知识、新概念容易为公众所理解；② 每次突破的数量不可太大，最好使传播内容落在受众的可接受范围之内，对突破之处要做必要的解释，聚沙成塔、集腋成裘，使公众慢慢接受全新的观念；③ 对新知识、新概念的传播，尽可能从感性做起，然后上升为理性，符合人们的认识规律，实现有效传播。

在人际传播与小群体传播中，揣摩"共同经验范围"相对比较容易，但在大众传播中面对成千上万的受众，就比较困难。这时，有效的传播还必须研究公众对象。

5.4.3 尊重受众的选择权

有效的传播离不开对受众的分析，需要注意公众在接受信息过程中的能动性问题，即"选择权"问题。也就是说，公众在接受信息时并不是任人摆布的，而是根据各自的需要、兴趣、知识、经验、价值观等，对大量信息进行选择性注意、选择性理解、选择性记忆、选择性接受。特别是大众媒介，所面对的受众是分散的，要让受众接受传播的内容，就需要顺从公众选择的趋势，而不是去强制改变受众的固有立场。公关传播者要注意这样一个事实：

改变自己比改变公众更容易。当传播的效果不理想时，需要改变的不是公众，而是传播者自己，即根据公众的需求来调整传播者自身的行为和传播的内容、方式。所以，有效的传播必须了解受众的需要、兴趣、态度、价值观、信仰、习惯等，尽量使传播有的放矢。

5.4.4 注意环境气氛的影响

传播活动总是在一定的具体场合、情境气氛中进行的，具有一定的传播背景。有效的传播不可忽视具体场合、情境气氛的影响作用。情境不同、场合不同，传播的形式就不同，同样的传播内容就会有不同的传播效果。沟通传播的环境有不同的方面：物质的环境，主要指交往的空间和物理场景，如在谈判桌上与宴会桌上传播沟通的形式与气氛完全不同；社会的环境，主要指参与沟通的人员之间的社会关系，以及与各人的社会关系密切相关的团体背景、社会规范、文化习俗等，它们对传播的影响亦不可忽视；心理环境，主要指交往沟通时的心理状态和气氛，如心情舒畅时容易沟通，心情烦闷时容易相互摩擦等；时间的环境，指传播的具体时机，如果传播时机得当，信息作用就比较显著。当然，以上各种环境气氛的层面在实际传播活动中是相互交叉、共同起作用的。

5.4.5 完善传播沟通的技巧

传播效果与传播技巧的高低直接相关，这是不言而喻的。传播者善于运用各种语言的、文字的与非语言的沟通手段，个人的、组织的、大众的传播技术，以增强信息刺激的强度、对比度、重复率等，以达到不同层次的传播效果：交流信息，联络感情，影响态度，引起行为等。

传播效果的分析研究涉及传播诸要素的综合分析研究。任何一个传播要素不理想都会影响传播的效果。美国的公共关系学权威卡特里普和森特等从传播过程本身出发，提出了影响传播效果的七个要素，这七个要素的英文均以"C"开头，故又称为有效传播的七个"C"。

1. 可信赖性（Credibility）

传播应该从彼此信任的气氛中开始。这种气氛应该由作为传播者的组织创造，这反映了他们是否具有真诚的满足受众愿望的要求，受众应该相信传播者传递的信息，并相信传播者在解决他们共同关心的问题上有足够的能力。

2. 情境架构（Context）

传播计划必须与组织的环境要求相一致，必须建立在对环境充分调查研究的基础上。

3. 内容（Content）

信息的内容必须对接受者具有意义，必须与接受者原有观念具有同质性，必须与接受者所处的环境相关。一般说来，人们只接受那些能给他们带来更大回馈的信息，信息的内容决定了公众的态度。

4. 明确性（Clarity）

信息必须用简明的语言表达，所用的词汇对传播者与接受者来说都代表同一含义。复杂的内容要列出标题或采用分类的方法，使其明确与简化。信息需要传递的环节越多，则越应该简单明确。一个组织对公众讲话的口径要保持一致，不能多种口径。

5. 持续性与连贯性（Continuity and Consistency）

传播是一个没有终点的过程，要达到渗透的目的，必须对信息进行重复，但又必须在重复中不断补充新的内容，这一过程应该持续地坚持下去。

6. 渠道（Channels）

传播者应该利用现实社会生活中已经存在的信息传送渠道，这些渠道多是被传播者日常使用并习惯使用的。要建立新的渠道是很困难的。在信息传播过程中，不同的渠道在不同的阶段具有不同的影响。所以，应该有针对性地选用不同渠道，以达到向目标公众传递信息的作用。人们的社会地位及其他背景不同，对各种渠道都有自己的评价和认识，这一点传播者在选择渠道时应该牢记。

7. 被传播者的接受能力（Capability of Audience）

传播必须考虑被传播者的接受能力。当用来传播的材料对被传播者能力的要求越小，也就是传播信息最容易为被传播者接受时，传播成功的可能性就越大。被传播者的接受能力，主要包括他们接受信息的习惯、阅读能力与知识水平。

复习思考题

1. 传播的含义是什么？包括哪些要素？有哪几种形式？
2. 简述公共关系传播的类型、层次与原则。
3. 大众传播媒介有哪几种？它们各有哪些优缺点？
4. 公共关系中的组织传播媒介有哪几种？
5. 在公共关系中如何选择传播媒介？
6. 网络传播具有哪些特征？
7. 在信息传播中受众具有哪些特性？
8. 影响受众态度改变的因素有哪些？
9. 公共关系传播效果取决于哪些因素？

案例分析题

案例 5-1　　"玻立维"上市大型活动传播案例①

赛诺菲安万特、百时美施贵宝公司同为全球领先的制药企业，它们以研发为基础，主要从事制药及医疗保健相关产品的开发和制造，在癌症、心血管、代谢类综合症及传染病等领域享誉盛名。经过多年研究和试验，两家企业结合各自在心血管病方面的优势，于2006年7月联合推出了针对粥状动脉栓塞症（动脉血栓）的新药——"玻立维"，弥补了新加坡在该领域治疗药物的空白，给患者带来了希望和福音。

赛诺菲安万特、百时美施贵宝公司希望通过新药推广活动让消费者对动脉血栓有一个形象全面的了解，并以此突出企业在承担社会责任方面所作出的不懈努力，号召新加坡公民共同抗击病患，为健康而战。

针对两家制药企业社会化和多样化的公关需求——让新加坡消费者深入了解"玻立维"的药性及治疗效果，并借助新药的推出普及新加坡公民的保健意识，执行方对专业知识、市场需

---

① 资料来源：www.chinapr.com。

求、患者心理等方面做了详细调研，最终向客户提供了一次直观的、多层面的公关活动。

一、项目调研

动脉血栓是目前严重危害人类健康的常见病，是导致中风、心脏病以及其他血管疾病的潜在诱因。近年来，动脉血栓的发病率在全球呈上升趋势。根据世界卫生组织（WHO）的报告显示，动脉血栓疾病的总死亡率位居全球首位。

据初步统计，在新加坡每年由动脉血栓诱发其他疾病而死亡的人数已高达4 500人。然而，这种疾病并不为多数人所熟知。据执行方在新加坡范围内作的消费者调查得知，绝大多数新加坡民众不了解动脉血栓以及其可能导致的其他疾病。此外，多数患者并不重视这种疾病，也不知道应该如何预防。

由此可见，此次活动意义重大。新药推广不仅是一次商业产品的传播，而更应该是一次全民保健知识的普及。同时，也是一次让企业了解民众、让民众信任企业的有效契机。

二、项目策划

公关目标

通过极富创意的公关活动和媒体策略，帮助消费者和患者全面认知动脉血栓，并将"玻立维"定位为动脉血栓的克星。

- 在消费者中普及动脉血栓的基础知识，让其知晓动脉血栓具有导致死亡的危险，并建议具有类似征兆的患者见医就诊。
- 通过医学、医药专家带动消费者全面预防动脉血栓，并认识到有效预防可以降低动脉血栓的死亡率。
- 加强民众保健意识，增强患者抵抗病患的决心。
- 提升企业社会形象，以此突出企业在承担社会责任方面的决心。

公关策略

以极富创意的公关策划把新药推广活动提升为一次大型社会活动。

主题创意

活动主题"B.E.A.T"（脉动），来自于英文短句"Battle to Eliminate Atherotherombosis"（动脉血栓歼灭战）的首字母缩写。在深刻表达了本次活动的传播主旨的同时，向消费者展示"玻立维"的功效和特点，体现企业的社会责任以及此次活动的社会意义。

活动创意

动脉血栓歼灭战公关活动通过多种渠道，向目标受众——患者、高危人群、医学专家及普通民众传达相关信息，并运用多层次的公关技巧，结合媒体传播、广告宣传、路演活动、户外展示等形式，达到全方位的传播效果。

此次活动最大的亮点是邀请新加坡三大权威民间保健组织——新加坡心脏基金会（SHF）、新加坡国家防治中风协会（SNSA）及新加坡糖尿病协会（DSS）的参与。值得一提的是，三家权威民间保健组织共同参与商业活动在新加坡尚属首次。这种活动形式使新药推广活动无形演变为全民参与的一次大型社会活动，在提升了民众参与兴趣、吸引媒体眼球的同时，也为树立企业形象奠定了良好的基础。

传播策略

制定了以日报、杂志、网站、广播、电视媒体的健康、医疗、新闻板块为主的公关传播策略，并借助标语、吉祥物、宣传册、张贴画加大传播力度。

- 邀请医学专家，通过日报开展系列讲座，为活动进行预热和铺垫。
- 通过日报、健康杂志、电视、广播媒体，为活动进行造势。
- 借助吉祥物、标语以及张贴画来满足受众的信息需求。

三、项目实施

媒体前期预热　专家知识普及

5—6月，通过不同语言的平面媒体和广播电视台，对此次活动以及动脉血栓的相关知识进行普及。在《联合早报》《海峡时报》和《商业时报》中进行系列报道，通过《认识血栓这个隐形杀手》《动脉血栓可能引起心脏病、中风》《积极控制动脉血栓危险因素》《糖尿病导致的血栓病难愈症》的文章向消费者详细介绍动脉血栓的相关知识。与此同时，执行方还专门制作了动脉血栓歼灭战的广告，并刊登在每一期动脉血栓专题报道的下方，以引起人们的关注。

为了满足不同类型网民的信息获取习惯，执行方还组织并创建了活动的官方网站，以此作为动脉血栓知识、"玻立维"以及活动信息的及时发布平台，协助平面媒体和广播媒体的传播。

活动开幕

7月1日上午，动脉血栓歼灭战在新加坡著名的商业街乌节路正式开幕。特别邀请新加坡国家健康委员会主席王志豪主持开幕式，以此提升活动的传播高度和专业定位。活动现场人头攒动，各大民间健康组织和赛诺菲安万特、百时美施贵宝的工作人员，积极向消费者发放宣传资料。改装成人体"动脉"模样的过街通道，贴满了这次活动的相关信息，站在人造"动脉"通道中的卡通吉祥物"血栓人"手举"我是不是堵塞了你的动脉？"的标示，形象地向路人传达活动的信息，吸引了不少过往民众驻足观看。

专家答疑

赛诺菲安万特、百时美施贵宝和三大健康社团在现场设立活动专区，向参与者介绍新药"玻立维"以及相关病症的预防常识，并对其关心的问题进行咨询和解答。参与者认真听取专家意见，有的还掏出手中的笔记本，主动将展板上有用的信息记录下来。经过会后统计，当天发放的宣传资料达到了4 000份。

免费体检

现场开展免费体检活动，以提高民众"早发现，早治疗"的意识。来自赛诺菲安万特、百时美施贵宝公司的专家，对现场的参与者进行了仔细的检查。据统计，在当天参加免费体检的人数超过600人。

专业讲座

为了向民众全面普及动脉血栓的相关知识，在活动现场开展相关讲座，并结合早期在日报上所做的新闻专题，对相关问题进行了详细讲解。来自赛诺菲安万特、百时美施贵宝公司的专家还就各健康社团之前采集的各种相关问题，进行了现场解答，充分体现商家与社团之间的有效联系。

四、项目评估

动脉血栓歼灭战是一次集产品推广与知识教育为一体的公关活动，也是一次提升企业社会责任的有效尝试。通过与权威健康组织的合作，比较容易地接触到心脏病、中风、糖尿等目标群体，使新药推广活动更加具有针对性。同时，提升了民众对塞诺菲安万特、百时美施贵宝的信任程度，有力证明了企业对患者的关爱以及在社会责任方面的努力。通过此次活动，塞诺菲安万特、百时美施贵宝在社会中掀起保健防病的热潮，与三大健康组织建立了密切的联系，为今后的合作奠定了基础，也为今后的公关传播打下了伏笔。

当地英文、中文媒体对活动进行了跟踪报道，向消费者持续地传达了活动的相关信息。活动结束后的一个月中，新加坡媒体报道篇数达 23 篇，其中日报类和广播电视类的专题报道篇数达 18 篇，专业媒体关注时间达 3 个月（新加坡媒体数量较少，此次活动落地率为 95%）。

问题

1. 这个案例应用了哪些传播媒介？选择这些媒介的时候突出了每一个媒体的哪些优势？
2. "玻立维"上市大型活动传播案例中，其采用的公关策略有哪些？你对这次活动有什么看法？

案例 5-2 一次成功的品牌宣传活动

一、背景分析

随着移动通信市场的逐步规范，中国联通和中国移动两家移动通信巨头，已经开始由最初的价格竞争逐步转向新业务、新技术的开发利用和公司品牌上的竞争。而在双方技术水平和业务种类又大体相当的情况下，品牌竞争将成为竞争焦点。从知名度上比较，中国联通和中国移动都有着极高的知名度，因此双方的品牌竞争主要集中到品牌注意力上来。

为提高品牌注意力，在世界电信日期间，中国移动山东分公司斥资数百万元，举行了大规模的形象宣传活动。其中包括大规模户外宣传、明星演唱会以及赞助甲 A 联赛等活动，声势浩大。面对竞争对手强大的品牌攻势，山东联通决定"依附"当年高考开展公关传播活动，以提高山东联通的知名度和美誉度。

二、宣传活动的策划

山东联通通过与代理本次活动的广告公司共同分析，认识到以下几点。

第一，事件的注意力程度高低是品牌扩张成功与否的先决条件。目标人群对事件的关注程度，特别是相关媒体对事件的关注程度越高越好，而 6 月高考是万众瞩目的重大社会事件。据了解，当年济南市五区五县范围内共有高考考生 17 000 余名，而每一位考生的考试活动又会引起周围十几个亲友的关注，由此计算，事件本身直接影响到的人数将达到几十万以上。这个数字比济南当地最具影响的报纸——《齐鲁晚报》的发行量还要大。另外，高考期间各大媒体都会以显著的版面和黄金新闻时段进行报道，由此波及的人群数量将难以估计。

第二，需要在事件中选择最适合展示品牌的载体。高考期间考生无疑将成为众人关注和上镜率最高的人群，如果他们穿着统一的文化衫参加考试，将会成为高考活动中最引人注目的风景线。由于文化衫可视性强，容易通过各种可视性媒体报道进行传播，因此文化衫成为本次活动最佳的品牌载体。于是，主办者计划挑选质地精良、凉爽透气的纯棉 T 恤衫 18 000 件作为高考文化衫。文化衫前胸印有联通品牌标志、济南著名雕塑"泉标"图案，后背印有联通标志和醒目的橘黄色的活动主题口号——"心系学子 真情助教"。

为了使品牌形象最大程度地渗透到每一个角落，使品牌形象更加立体化地传播，除了T恤衫外，联通还将为全市25个中学考点印制带有联通标志的条幅，为350个考场配备印有联通标志的考场应急包，内装2B铅笔、小刀、尺子、橡皮、藿香正气水、风油精等，以备考生不时之需。另外，还特地为考场外烈日下焦急等待的家长准备了印有联通标志的遮阳帽。

为方便广大考生能够顺利地参加高考，济南市教委、招办积极协调公交、交警、环保、出租等行业，在高考期间为高考考生提供方便，建立绿色通道。为易于识别，所有考生穿着统一设计的高考文化衫，作为特殊的"通行证"，也非常有意义。这样，文化衫会得到各级政府和相关行业的一致认同，作为赞助企业的品牌，一定能得到社会的认可，对品牌的美誉度有很好的促进和提高。

第三，事件本身影响到的人群要同品牌的市场定位高度重合。近年来，随着移动通信市场的迅猛发展，移动电话迅速褪去贵族光环，形成了大众化消费的局面。传统的企业、政府用户增长比例已经远远低于普通居民用户的增长，老百姓已成为移动通信消费的主力军。因此，联通品牌通过牵动千家万户的高考活动塑造品牌形象，市场定位是非常准确的。

第四，事件本身产生的社会效益要同品牌的精神、文化内涵相符，力求受众在事件和品牌之间产生心理联想。中国联通与教育结合起来，有利于塑造品牌进步、科技、充满活力和前途远大的形象。

第五，品牌和事件的关系要处理得当，不能因事件而忽视品牌的存在，也不能因品牌而失去事件本身的原貌。操作主体是事件本身，应该以事件促进品牌扩张，过分的商业操作往往会使品牌的传播效应大打折扣。本次品牌传播活动本着"心系学子 真情助教"的宗旨，使企业行为自然融入全社会对高考的关心爱护中去，充分利用公众和媒体对事件本身的注意力进行品牌宣传。

三、宣传活动的实施

6月6日，济南市两家影响力最大的报纸《齐鲁晚报》《济南时报》分别在头版、二版刊登大幅图片新闻，以"高考考生穿上通行证"为题拉开了此次品牌传播活动的序幕。

6月7日上午7时30分，街上、公交车、出租车上就已经能够看到身着高考文化衫的考生夹杂在如流的上班人群中赶赴考场，引来周围人好奇的目光。

7日上午8时，济南著名的实验中学考点门前已是人头攒动，考生、家长、记者、警察以及考场工作人员奔来跑去，甚是忙碌，身着高考文化衫的考生更是人群中最引人注目的风景。与此相配合的高悬在学校大门口的印有中国联通标志及"心系学子 真情助教"主题语的考点条幅也分外醒目。

7日上午9时，考试开始后，考场外陪考的家长在烈日下开始了焦急的等待，家长成为媒体追逐的焦点。这时，身着工装、身披绶带的中国联通的营业小姐为在烈日下的等待的家长送去了一顶顶遮阳帽，并道："辛苦了!"引得家长激动不已，连声感谢联通公司想得周到。在场的各新闻媒体的记者自然不会放过难得的机会，一时间镜头、话筒包围了在场的联通工作人员。

6月7日晚间，山东卫视、山东有线、齐鲁电视台、山东教育电视台、济南电视台、山东人民广播电台等各大媒体，都在黄金时段新闻节目头条新闻中报道高考盛况。印有联通标志的文化衫，伴随着考生形象，迅速传遍千家万户。

6月8日,《齐鲁晚报》刊发2 000余字的新闻报道,盛赞联通公司尊师重教、支持教育的义举。

6月9日,山东有线电视台"今日视点"栏目在黄金时间播出了10分钟专题节目,对本次赞助活动进行全方位报道。在随后的两天时间内,所有有关高考的话题、报道、活动都无不和高考T恤衫、中国联通紧密地联系起来。据统计,仅仅3日内,各类新闻电视报道20余次,报刊图片新闻10余幅,电视新闻专题一则,《齐鲁晚报》专题报道一篇。

四、宣传效果评估

短短几天内,依附高考活动,中国联通品牌在济南获得了极高的注意力。经过持续不断的视觉冲击,中国联通品牌在广大受众心目中又一次打上了深深的烙印。活动过后的一次随机抽样调查表明,在"您所知道的通信公司"一问中,第一位提及中国联通公司的人数比例竟高达80%,比活动前的数字提高了一倍。在"您所愿意接受服务的通信公司"一问中,选择中国联通的比例达60%。随后,济南联通市场占有率也达到了50%以上。

另外,本次事件在活动期间获得的新闻报道时间及报纸版面,如果按各自媒体的广告价格计算,所需要的广告费总计要达100万元以上,而此次活动耗资仅为20万元。

问题

1. 联通公司这次活动成功的关键有哪些?
2. 联通公司这次品牌宣传活动为什么会引起媒体的关注?
3. 联通公司这次活动的效果如何?

第6章 公共关系运作程序

- 掌握公共关系的一般工作程序；
- 理解和把握公共关系调查的内容、程序及方法；
- 掌握公共关系策划的程序；
- 掌握公共关系活动的模式；
- 熟悉公共关系实施的内容及方法；
- 了解公共关系评估的程序及方法。

蒙牛"酸酸乳"宣传活动

蒙牛乳业公司开展的"酸酸乳"饮品上市推广宣传活动可以看成是一场经典的公关运作案例。

当年蒙牛的销售总监接下了主攻新产品"酸酸乳"销售的重任。面对当时乳品市场激烈竞争的挑战，他并未急于构思方案，首先他买下市场所有乳制品进行研究，分析对手和相关企业情况，得出结论：最强劲的对手是伊利，商品销售的对象应是青少年族群。

然后他开始策划，找寻最佳的切入点。经再三比较，他注意到湖南卫视"超级女声"节目，并以1 400万元的低价买下了独家赞助权。接着用"四个一"来贯穿节目：一个粉红系色调，一首招牌主打歌《酸酸甜甜就是我》，一句广告词"酸酸甜甜就是我"，一位代言人张含韵，借此来固定蒙牛"酸酸乳"品牌的宣传基础，使其与节目紧密地结合。

在具体实施过程中，他采取报名者全国海选参与制度，并通过电台、报纸、网络、传单，整体包装湖南卫视"超级女声"节目赛事信息，花费近亿元资金配合宣传。结果，几场赛事后，湖南卫视"超级女声"收视率在有些地方高达90%，全国将近四亿人收看节目。最终，湖南卫视"超级女声"做到了街谈巷议，而"蒙牛酸酸乳"当年的销售额也从上年的7亿元上翻到25亿元！

年终评估，蒙牛乳业与湖南卫视"超级女声"节目的公关合作取得了难以想象的成功：其一，它大大提升了蒙牛的知名度，新闻媒介几乎是连篇累牍介绍宣传；其二，它让"蒙牛酸酸乳"的销售额近乎翻了四番，完成了几乎不可能完成的目标；其三，它的公关运作费用极低，1 400万元买下"超级女声"节目独家赞助权，结果电视台一年直播整整59个小时，再加上几百个小时的回放，周边效果至少是数十亿元的进账；其四，蒙牛乳业和湖南卫视获得了双赢，湖南卫视不仅一举跨入全国重量级电视台行列，"超级女声"决赛时的广告价甚至超过了央视一套的黄金时段价格。最终，蒙牛乳业攀上了国内乳制品市场的龙头宝座。

从上面的描述中，可以看出蒙牛销售总监在提高蒙牛新产品"酸酸乳"的销售中，运用了公共关系学四步工作法，使之最终提高了蒙牛的品牌知名度及美誉度，攀上了国内乳制品市场的龙头宝座。

第一，在调查阶段，蒙牛销售总监在接受任务后，没有马上进行构思策划，而是先通过调查研究，分析对手和相关企业的情况，根据得出的结论明确自己的方向，找准产品的市场定位。

第二，在策划阶段，蒙牛销售总监通过比较之后，最终决定与湖南卫视的合作，策划出"四个一"方案，借此来固定蒙牛"酸酸乳"品牌的宣传基础，使其与节目紧密地结合，显示了其高明的公关思维和策划头脑。

第三，在实施阶段，蒙牛销售总监采用了多种媒体传播方式进行宣传，使公关宣传延伸到几乎每个商场、店面，而湖南卫视也长袖善舞，令节目的亮点花絮纷呈。最终，"超级女声"活动家喻户晓。

第四，在评估阶段，蒙牛乳业进行了年终评估，总结了这次活动的成功与不足，目的是为在今后的工作中继续发挥长处，弥补短处，为开展后续公共关系工作提供依据。

公共关系工作的目标就是组织通过坚持不懈的努力，在公众心目中建立起与公众之间和谐、信任的关系并树立良好的组织形象。怎样才能树立组织的良好形象？树立组织良好形象并非是杂乱无章、主观随意进行的活动，它必须是有计划、有系统的一定程序，采取科学的方法，进行周密的计划和严密的组织。公关专家马斯顿将这一程序概括为著名的 RACE 模式，即公关工作中的四个环节。

R（Research）——研究，即公共关系调查。在工作程序中，公共关系调查是起点和基础，通过调查研究确定公共关系问题。

A（Action）——行动，即公共关系策划。在四个环节中，公共关系策划是关键，是公共关系实施的指南和效果评估的标准。

C（Communication）——传播，即公共关系实施。公共关系实施是核心，是执行公共关系策划、取得公共关系成效的具体行动。

E（Evaluation）——评估。总结评估既是对公关活动成效的客观度量，也是对组织形象的重新定位。效果评估是重要的反馈环节，也是下一轮公关活动的起点。

以上四个环节在公共关系学中也被称为"四步工作法"。从整个公共关系的过程来看，这四个步骤虽然各自相互独立，但又相互衔接、前后连贯，构成一个整体。本章将分别对其进行讨论。

6.1　公共关系调查

公共关系调查亦称为公共关系调查研究，简称公共调查。它是公共关系工作规范化和科学化的过程中出现的一种社会调查类型，是指公共关系人员运用科学的方法，有步骤地去考察、了解、分析、研究组织的公共关系状态，搜集必要信息，分析各种问题及其相互关系，以达到解决实际问题的目的的一种公共关系实践活动，它为组织最终确定公关工作目标和制订公关计划打下良好基础。

在现代社会中，人们要有效地开展公共关系工作，必须准确地把握社会组织的公共关系状态，进而就必须有效地掌握与之相关的公共关系信息，这自然少不了开展公共关系调查。公关调查是整个公共关系活动程序的第一步。

> **实例**
>
> ### 醋海风波
>
> 12月5日，四川成都三圣调味品厂在发行量逾百万份的《成都晚报》和《四川日报》上刊登广告，声言"明天吃醋不要钱！"凭12月7—9日的报纸可在成都红旗商场等五个地点领取一瓶该厂生产的陈醋。一时间领醋成了抢醋，各商场难以招架，被迫挂出"免战牌"，无数的消费者大有被戏弄之感。他们质问商场，质问厂家，一场官司不可避免地打到了工商局。
>
> 其实，这个让成都人感觉陌生的厂家地处偏乡僻壤，只不过是一家20多人、固定资产50万元、流动资金不足70万元的小企业。他们于当年6月研制成功新产品——"陈醋王"。平心而论，"陈醋王"质量的确很好，据检测它不含任何防腐剂，无细菌、无杂质、无化学药剂，是全国首家无污染醋。厂长张琦强雄心勃勃地说："在人类生活环境日益严重污染之时，能为人们提供一些绿色食品，我认为是一件功德无量的事。"然而，市场无情。自8月份该产品投放市场以来，销售量并不乐观，部分原因是其价格太高。不过，厂家认为价格并不高，因为"陈醋王"的质量好，销路不好的主要原因是名声不响。于是，厂家不惜血本，开始在广告宣传上大做文章，试图以新奇的营销方式冲击成都市民的视听，以达到出奇制胜的目的。然而，从厂家到广告制作商都忽略了一个基本事实：厂里有这个实力吗？事后看来，这次赠送活动的实施是非常缺乏理智的，一个实际上为此次活动只准备了12 000瓶醋的小企业敢对百万读者口出狂言："明天吃醋不要钱！"厂长事后说："我们没有想到领醋的人会这么多，更没想到会有抢醋的现象。"当然，负责广告制作的四川大中小广告公司也难辞其咎，12月5日报纸称"明天吃醋不要钱！"有消费者6日就去领醋，而赠送活动却从7日才开始；报称"赠完为止"，又言一张报纸一瓶醋，语义不详，引人误解，并且不指明发送量有多少，便有欺诈消费者之嫌。整个策划活动在具体的实施中也有问题，厂家事前并未通知有关商场，自己出动了十几名公关专业学生帮忙，以如此人数应付如此规模的赠送活动，自然是杯水车薪。结果是由于三圣厂从策划、筹备到实施的急功近利，使自己"在错误的时间、错误的地点，打了一场错误的仗"。
>
> 第二年1月17日，成都市工商行政管理局作出处理决定，肇事厂家擅用商家名义，不兑现广告许诺，造成不良后果；因能及时登报向商家及消费者道歉，决定从轻处理，罚款3万元。

这个例子本是个动机和创意都不错的公关促销活动，由于策划者对环境因素分析不准，对社会公众的心态了解甚少，对可能出现的情况没有准确估计，所制订的方案缺乏针对性和应变性，仅准备了12 000瓶醋就去应付上百万的目标公众，从而引起一场官司，给组织造成了很坏的影响。

由此可见，组织要想做好公共关系工作，就必须做好调查研究，只有对组织内部和外部的情况都很了解和熟悉，才能发现问题、解决问题，更重要的是防患于未然，对问题提前作出预警，免于出现问题和危机。另外，要做好实施工作的各项安排，这是公共关系工作的基础，也是使公关工作得以成功的保证。

6.1.1 公共关系调查的意义

作为公共关系工作的第一步，调查研究是其他各个步骤的先导和基础。因为只有弄清楚组织公共关系的现状以及组织所面临的公共关系方面的问题，一个组织才有可能制订出有针对性的公共关系计划，才能找到实现公共关系目标的最佳途径和方法，以及客观、准确地评估出整个公关活动的效果。公共关系调查的意义主要体现在以下几个方面。

1. 帮助组织准确进行形象定位

一个组织的形象尺度是社会舆论和公众评价。公关调查可以使组织准确地了解其在公众中的形象定位。通过形象定位，可以测量出组织自我期望与其在公众心目中实际形象的差距。组织可针对这个差距策划有效的公共关系活动方案，由此大大加强策划的目的性。一个组织准确的形象定位能大大提高其在社会公众心目中的知名度和美誉度，使公众对该组织产生信心和依赖，并给公众留下难以磨灭的深刻印象。

2. 帮助组织及时加强与公众的沟通和交流

公共关系调查可以使组织及时地把握公众舆论并适时地作出决策。公众舆论是自发产生的并处于不断的变化之中，它是公众对组织的一种浮动的表层认识。积极的公众舆论有利于组织塑造自身的良好形象，消极的舆论则会损害组织的形象，甚至会造成组织形象危机。因此，通过公共关系调查，监测公众舆论，对于组织及时扩大积极舆论、缩小消极舆论是非常重要的。

美国亨氏集团的母亲座谈会 〔实例〕

美国亨氏集团与我国合资在广州建立婴幼儿食品厂。但是，生产什么样的食品来开拓广阔的中国市场呢？筹建食品厂的初期，亨氏集团做了大量调查工作，多次召开"母亲座谈会"，充分吸取公众的意见，广泛了解消费者的需求，征求母亲对婴儿产品的建议，摸清各类食品在婴儿哺养中的利弊。之后进行综合比较和分析研究，根据母亲提出的意见，试制了些样品，免费提供给一些托幼单位试用，然后收集社会各界对产品的意见、要求，相应地调整原料配比；他们还针对中国儿童食物缺少微量元素、婴儿童营养不平衡及影响身体发育的现状，在食品中加进一定量的微量元素，如锌、钙和铁等，使食品更趋合理，更具有吸引力，能被中国母亲所青睐。于是，亨氏集团营养米粉等系列产品迅速走进千千万万中国家庭。

---

3. 帮助提高组织公共关系活动的成功率

组织在开展各项公关活动之前，必须对从事公关活动的现有条件，包括人力、物力、财力等作出充分的调查，使组织全面了解并掌握公关活动的主客观条件，这样才能确保公关活动的可操作性并取得良好的效果。

4. 帮助组织正确进行科学决策

公关调查的主要任务就是及时地为组织提供决策依据并能有效地预测和检验决策的正确性。要保证组织决策的科学、正确，调查是最好的办法。因为只有通过调查，才能使组织了解公众的要求和愿望，然后作出符合公众要求和愿望的决策，最终通过实施使组织在公众心目中树立起良好的形象。

先搞清这些问题 〔实例〕

有一家宾馆新设了公共关系部。开办初期，该部就配备了豪华的办公室、漂亮迷人的公关小姐、现代化的通信设备……但该部部长却发现无事可做。后来，这位部长请来了一位公共关系顾问，向他请教"怎么办"。这位顾问一连问了几个问题：

"本地共有多少宾馆？总铺位有多少？"

"旅游旺季时，本地的外国游客每月有多少？港澳游客有多少？国内的外地游客有多少？"

"贵宾馆的'知名度'如何？在过去3年中花在宣传上的经费共多少？"

"贵宾馆最大的竞争对手是谁，贵宾馆潜在的竞争对手是谁？"

"过去一年中因服务不周引起房客不满的事件有多少起？服务不周的症结何在？"

对这样一些极为普通而又极为重要的问题，这位部长竟张口结舌，无以应对。于是，那位公共关系顾问这样说道："先搞清这些问题，然后开始你们的公共关系工作。"

从上述例子可知，公共关系调查的内容范围十分广泛，它涉及社会组织公共关系状态的种种影响因素。可将公共关系调查的内容范围区分为四大方面：组织的形象调查、组织的公众情况调查、公共关系活动的条件调查及公共关系传播媒介的调查。其中，最重要的是组织形象的调查，它包括组织的自我期望形象调查、组织社会实际形象调查和组织自我期望形象与组织社会实际形象差距比较分析。

6.1.2 组织的形象调查与测量

《美国周刊》有一篇文章这样写道："在一个富足的社会里，人们都已不太斤斤计较价格；产品的相似之处又多于不同之处。因而，公司的形象就变得比产品和价格更为重要。"这段话说明了在商品经济充分发展的社会里，企业组织之间的竞争已经主要不是产品和价格的竞争，而是组织形象的竞争。谁能在公众心中树立起良好的形象，谁就能赢得更多的顾客、赢得更多的投资者、赢得社会各界的合作与支持。

那么，什么是组织形象呢？所谓组织形象，指的是一个组织的实际表现在公众舆论中的投影，也是公众对一个组织的总体印象、看法和评价。公共关系工作是一种塑造组织形象的艺术，公关人员是组织形象的设计师。因此，在从事形象设计之前，就应对组织的形象有所了解，脚踏实地地进行调查研究，做到心中有数，有自知之明。关于组织形象的调查，可以分为以下几个方面。

1. 调查组织的自我期望形象

组织的自我期望形象是一个组织自己希望在社会公众心目中所建立的对其自身的全部看法、评估和标准等社会形象。这种组织自我期望的形象是一个组织机构公共关系工作的内在动力、基本方向和既定目标。组织自我期望形象调查是对组织内部公众的调查，包括以下三个方面。

(1) 了解组织领导层对组织形象的期望值

艾维·李在《公关宣言》中就强调公共关系动力来自上层。作为整个组织的决策者和领导者，组织的领导层如董事会、理事长、总经理等，对于自己组织形象的期望水平，对于组织目标和信息的形成以及组织形象的选择与建立具有决定性的意义。因此，调查一个组织的自我期望形象，首先必须调查组织的领导层对组织形象的期望。

一般来说，在组织形象的问题上，如组织的知名度和美誉度应该达到什么指标，组织的领导一般不太可能有非常明确、具体的构想。因此，公关人员不能简单地询问一下领导层的成员就能获知组织领导层对组织形象的期望情况，而必须通过详尽研究领导层所拟定的各项目标和政策，领会领导层的决心和思路，测定他们对组织形象的期望水平和具体要求，并研究领导层成员的性格、言行、经营风格和手段等，以此作为设计组织形象的重要依据。只有这样，才能使公共关系计划符合领导层的意愿，才能顺利地付诸实施。

(2) 调查了解员工对组织形象的看法和期望

员工是组织主体形象的主要代表。一个组织的目标和政策必须得到本组织成员的认同和支持，才能有效地转化为实际的行动。换言之，员工的态度和行为对于组织的目标和策略的实现是具有决定性意义的。因此，对于组织的自我期望形象的调查，不仅要调查一个组织的领导层对组织形象的期望，还应当调查组织的员工对组织形象的期望。

员工对组织形象的期望，主要表现在他们对本组织的行为和一些政策的观点、态度和行为上。所以，员工对本组织形象的期望情况，只有通过详细的调查和研究员工对本组织的评价、要求、批评、建议和归属感、自豪感，以及他们在自己工作上的表现情况，才能了解和掌握。

(3) 了解组织的实际情况和实力

组织对自我形象的评价不能脱离客观的基本情况和实力。对基本情况具体应当调查：组织的总体情况，如组织的性质、类型和规模；组织的经营情况，如组织的发展目标、方针、经营战略等；组织的荣誉情况，如组织的光荣历史、组织发展史上的重大事件及影响、组织对社会的贡献等；组织文化情况，如组织信念、组织精神、组织文化传统及组织的名称和各种识别标志等的文化含义等。对组织实力具体应当调查：组织的物质基础情况、技术实力情况、财务实力情况、组织成员的待遇情况等。

经过以上三个方面的调查研究，我们就可以了解组织的基本情况和领导层、员工的基本要求，从而形成组织的自我期待形象。

2. 调查组织的实际社会形象

组织的实际社会形象是社会公众对一个组织的全部看法和评价、要求和希望。对组织实际社会形象的调查，是公共关系调查的重要内容。从总体和本质上讲，组织的实际社会形象调查能够反映组织的实际状态，其具体的实施方法有以下几种。

(1) 公众范围分析

如要对一个组织机构进行调查，首先必须对该组织的公众范围、公众分类、主要目标公众等进行调查、分析，通过辨认公众、甄别对象，确定调查的对象和范围。公共关系对象不清楚，就不可能正确地找到调查对象，不可能获得正确的调查结果，并可能增加调查的成本。

(2) 形象地位测量（又称知名度与美誉度测量）

由于公众的地位、要求、条件等各不相同，因而他们对同一组织会有不同的评价。组织应该通过对公众态度的调查，确定组织在公众中的知名度和美誉度。知名度是指一个组织被公众了解、信任的程度，以及组织社会影响的广度和深度。它是评价组织名气大小的客观尺度。美誉度即一个社会组织获得公众信任、赞美的程度，以及组织社会影响的美、丑、好、坏。美誉度高不一定知名度高，美誉度低也不意味着知名度低。

一个组织实际社会形象的好坏，可以通过知名度和美誉度两个基本指数来体现，它们反映了社会公众对一个社会组织的看法和评价。尽管公众对组织的评价是复杂多样的，但是可以把各种评价进行分类，分别纳入这两项指标中，并运用"知名度和美誉度形象地位图"（又称"组织形象地位四象限图"），进行评价，该图是测量组织形象地位的工具图。如图6-1所示，整个图形分为四个象限，分别代表四类不同的公共关系状态。图中横坐标表示知名度，纵坐标表示美誉度。

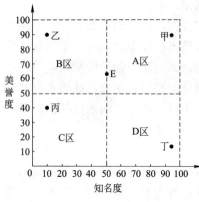

图6-1 组织形象度位图四象限

A区表示高知名度、高美誉度。说明组织公共关系处于最佳状态，公共关系工作要巩固和进一步提高，绝不能万事大吉、高枕无忧。如图6-1中的甲公司。

B区表示高美誉度、低知名度。说明组织公共关系状态具有良好的发展基础，公共关系工作的重点是在保持组织美誉度的基础上提高组织的知名度。如图6-1中的乙公司，应当使自己的形象地位向A区发展。

C区表示低知名度、低美誉度。说明组织公共关系的状态不佳，即公众对此象限的社会组织评价不高。但由于其知名度低，所以，应先改善自身，争取提高美誉度，在传播方面暂时保持低姿态，努力提高业务水平和服务质量，待到享有较高美誉度，进入B区后再开展提高知名度的工作。如图6-1中的丙公司应该采取这样的对策。

D区表示高知名度、低美誉度。说明组织公共关系的状态极为不佳，处于此象限的社会组织不但美誉度低，而且可以说已处于臭名远扬的恶劣境地，知之者甚多。因此，其工作重心应该先降低已形成的坏名声，通过改善自身，设法挽救信誉，使自己的形象地位向C区发展。当美誉度提高后再去扩大知名度。如图6-1中的丁公司。

图6-1的具体应用方法是分别求出组织知名度和美誉度的百分比，然后在坐标上标出。比如，一个组织抽样调查了800人，其中400人知道组织状况，其知名度为50%。知道组织的400人中有250人对组织持认可态度，则其美誉度为250/400=62.5%。在坐标图上即可标出组织形象地位，如图6-1中的E点。

组织形象地位四象限图不仅直观地显示了社会组织在公众心目中的形象，初步诊断其公共关系的问题，而且为制定公共关系的方针、策略提供了依据，是公关决策的必要步骤。

(3) 分析实际社会形象要素（又称级差测评法）

对组织的知名度与美誉度进行综合分析仅初步诊断了组织的总体公共关系状态。而组织处于上述某种形象地位，总是由多种因素造成的。要正确评价组织的实际形象，还需要进一步调查分析形成某种形象的具体原因，以便有的放矢地制定改善公共关系状态的具体措施。

公共关系人员开展此项工作通常是运用"组织形象要素调查表"完成的，具体步骤如下。

首先，根据被调查组织的具体情况，确定构成其组织形象内容的要素，如将一个企业的经营方针、规模、办事效率等作为调查项目。

其次，运用"语言差别分析法"，将确定的项目分别以其语义的两极为两个极端，在这两个极端之间设置若干程度有所差别的中间档次，制作相应的等分表格，以便公众根据自己的看法在要素语言的档次中进行选择和评价。如"管理部门作风"，可以"正派"和"不正派"表示两极的评价，中间则可以设置"相当正派""稍微正派""一般""稍微不正派""相当不正派"等不同程度的评价档次。

最后，公共关系人员对所有调查表进行统计，计算出各档次持某种意见的人在调查总人数中所占的百分比，并将这些百分比数据填入表内，这样就可以较直观地获得公众对社会组织所持有的态度和评价及其具体原因。如表 6-1 为某百货公司设计的"形象要素调查表"。

表 6-1 形象要素调查表   %

	非常	相当	稍微	中	稍微	相当	非常	
管理部门作风正派	80	10	10					管理部门作风不正派
办事效率高			20	20	50	10		办事效率不高
公司业务有创新				20	20	60		公司业务没有创新
产品质量好			20	20	40	20		产品质量差
服务优质					40	40	20	服务质量差
职工在社会上表现好					30	30	40	职工在社会上表现差
公司经理有名气						10	90	公司经理无名气

根据该表勾画的该百货公司的形象是：企业的管理部门作风正派，但办事效率平平；公司缺少创新精神，产品质量和服务态度不够理想；其职工在社会上的表现不好；公司经理在社会上没有名气。总的形象是知名度、美誉度都很低，其具体原因可以通过对该表中逐项内容的分析显示出来。公共关系的计划和措施，有必要针对这些引起原因去制订。需要指出的是，该表的设计应根据组织的实际需要来增删或改变内容。

级差测评法适用于态度测量，有比较广泛的应用价值。如对员工思想态度的测量、员工劳动积极性的测量、员工对公司领导看法的测量、顾客对组织产品质量和服务态度的评价等，都可采用此法。

3. 组织自我期望形象与组织社会实际形象差距比较分析

通过调查了解组织的自我期望形象与实际社会形象之后，接下来的工作就是将组织的实际社会形象与自我期望形象相比较，找出两者之间的具体差距。弥补或缩小这些差距就是组织所面临的并必须加以解决的问题，也就是组织公共关系的努力方向。

为使这一差距形象化，通常运用"形象要素差距图"将形象要素调查结果用曲线表示出来。形象要素差距图是在形象要素调查表的基础上绘制的，其方法是：将组织形象要素调查表中各项属性的档次相应数字化，成为数值标尺。如图 6-2 所示，10 表示非常差，20 表示相当差，依次类推，70 表示非常好。然后，根据统计表的统计数字，计算出公众对每一个调查项目评价的加权平均值。由于组织形象要素调查表中的公众对各档次的评价都是用百分数表示的，所以，组织形象要素的公众评价加权平均值为各档次分值与对该档次项目公众评

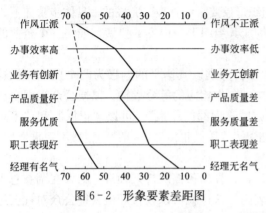

图 6-2 形象要素差距图

价的百分比之积的和。以图 6-2 中该百货公司的服务优质一项为例，其公众评价加权平均值为：40×40％＋30×40％＋20×20％＝32。计算完后，将各个平均值分别标定在标尺相对应的位置，连接各点，即成为组织形象要素曲线。

图 6-2 中实线部分是该百货公司的实际社会形象，虚线部分则是该公司的自我期望形象，两者相比较，差距就可以看出来了：除"正派"一项要素两者较接近外，其余各项要素均有相当大的差距。找出了企业的自我期望形象与实际社会形象之间的具体差距，自然就可以准确地确定本企业要解决的主要问题了。

6.1.3 组织的公众情况调查

公众是公共关系工作的客体，也是社会组织开展公共关系工作的对象，它构成社会组织公共关系工作的微观环境。在公共关系工作中，要想获得公共关系工作的成功，除必要的"知己"外，关键的问题在于"知彼"。因此，公共关系调查必须将相关公众状况调查作为其工作重点。具体的调查内容主要有以下几个方面。

1. 公众构成情况调查

公众是公共关系工作的主要对象，然而公众又是一个不断变化的概念，公众会不断因问题而聚散变化。因此，公共关系工作要想获得成功，必须开展公众构成调查，它将有利于确定公共关系工作的基本范围和重点对象，避免盲目地开展公共关系活动。公众构成情况调查主要包括以下内容。

第一，内部公众构成情况。如组织成员的数量构成、专业构成、年龄构成、性别构成、能力构成、文化程度构成、职务职称构成、需求层次构成、劳动态度构成、思想素质构成等。

第二，外部公众构成情况。如外部公众的数量构成、空间构成、特征构成、需求构成、观念构成、对组织的重要性构成、对组织的依赖性构成等。在本章"醋海风波"实例中，成都三圣调味品厂对这次"赠醋"活动的公众的需求情况、需求数量、空间构成等都没有做具体的事先调查，所以引起了较大的问题。

2. 公众评价情况调查

公众评价情况调查就是通过评估公众的意见和公关活动的效果，了解社会公众对组织相关行为的具体反应和建议。公众对组织的评价主要包括以下内容。

第一，公众意见。即表示社会公众对组织有关问题的反应以及形成反应的具体原因。

① 对组织产品的评价。如公众对产品内在质量的评价，对产品外形的评价，对产品价值的评价等。

② 对组织服务质量的评价。如公众对组织服务项目、服务方式、服务措施、服务水平的评价等。

③ 对组织管理水平的评价。如公众对组织管理机构及其效率的评价，对组织经营创新和管理革新的评价，对组织管理效益的评价等。

④ 对组织人员素质的评价。如公众对组织领导人、中层管理人员、专业技术人员、一般员工、公共关系人员及特殊人物的评价等。

该项调查一般可以通过对相关公众的广泛了解,也可以聘请一些熟悉业务、具有经验和综合分析能力的专家,运用座谈、信函的形式,请他们对组织面临的问题进行诊断并提出解决问题的建议。

第二,活动效果。即了解社会公众对组织实施的公共关系专门活动的评价。正确评价公共关系活动的真实效果并不简单,因为作为长期为组织树立良好形象、为组织获取最大经济效益创造条件的公共关系活动,在相当多的情况下是无法要求它直接创造利润的。所以,对组织实施的公共关系活动,往往不能用数量式的硬性指标来衡量,必须考虑到它所产生的滞后效应。

6.1.4 公共关系活动条件的调查

所谓公共关系活动条件的调查,就是指组织在开展公共关系活动之前,对开展活动的主客观条件进行调查研究。此类调查具有很强的实用性、机动性,它有时在组织策划公共关系活动之前进行,有时则与策划活动交替进行。再好的公关策划思想,如果没有对实施的具体条件进行调查分析,都可能是闭门造车,一旦执行,很难收到预想的效果,甚至还会给组织带来很大的损失。公共关系活动条件的调查内容主要包括以下两个方面。

1. 公共关系活动主体的人力、财力情况调查

组织在开展某项公共关系活动之前,必须对参与此项活动的人力和组织所能承担的财力进行调查分析。人力分析和财力分析都是围绕着公共关系活动的目标进行的,人力、财力应确保公共关系目标的实现。

人力分析包括:组织要使公共关系活动达到预期的目的,应选派哪些人去参与这项活动;参加人员是从组织内部挑选,还是从专业公共关系公司挑选;所选择的人员有何专长,工作能力、经验和业绩如何,能否胜任工作等。只有对参与活动的人员进行认真的调查分析,选派符合条件的人员,并使选派出的人员有一个合理的结构,才能保证公共关系活动的成功。

财力分析从某种意义上说也是一种投入产出分析。就某项公共关系活动来说,组织所能投入的资金有多少,可能取得的效益有多大,资金的使用是否合理等,应当做到心中有数。并不是说投入的资金越多,收效就越大,关键是达到沟通的目的。

在"醋海风波"案例中,成都三圣调味品厂在策划"赠醋"活动时,对本厂目前有多少库存,在发行量逾百万份的《成都晚报》和《四川日报》上登赠送广告可能会导致多少人来领赠送的醋,本厂在最大限度上能否满足他们的需要,都未作分析,只准备了12 000瓶醋来应对这次活动,结果出现了较大的问题。

2. 公共关系活动客观环境调查

客观环境调查分宏观调查和微观调查两部分。

宏观调查是对社会大环境的调查。组织在开展公共关系活动之前,应对社会政治、经济形势进行冷静分析,对市场和人们的社会心理进行认真的研究。在市场活跃和市场疲软的不同环境下,公共关系活动的内容和效果是大不一样的。宏观调查要求组织有一套完善的信息监测系统。

微观调查对开展公共关系活动的具体条件进行调查,也就是对开展公共关系活动的场地、设备以及各类规章和规定要求等进行调查。调查工作做得越全面、越细致、越彻底,公共关系活动成功就越有保障。

在内外环境分析中，常用的一种方法是 SWOT 分析法。SWOT 分析是将组织内部条件的优势（Strengths）与劣势（Weaknesses）、外部环境的机会（Opportunities）与威胁（Threats），同列在一张"十"字形图表中加以对照，既可一目了然，又可从内外环境条件的相互联系中作出更深入的分析评价。这是一种组织内外环境因素综合分析方法。

6.1.5 公共关系传播媒介的调查

公共关系工作的本质是社会组织与相关公众之间的双向信息交流活动，要有效地开展公关工作，就需要充分利用传播媒介交流信息，这必须以对传播媒介状况信息的把握为基础。公关传播媒介调查的主要范围包括以下两方面。

1. 大众传播媒介情况调查

大众传播媒介是公共关系信息传播的支柱性媒介，它们跨越空间大、影响范围广、传播效率高，深受社会组织的重视。对大众传播媒介调查的基本内容包括大众传播媒介的分布情况、功能作用情况、所需信息情况等。

2. 专题活动媒介情况调查

在现代社会中，专题活动已成为一种重要的社会信息交流通道，是现代公共关系工作中一种具有特殊作用的信息传播媒介。专题活动媒介情况调查的内容包括专题活动筹办情况、专题活动效果评价情况等。

在前面的实例中，公关顾问向公关部长提的几个重要问题："贵宾馆最大的竞争对手是谁，贵宾馆潜在的竞争对手是谁？"这是对市场竞争情况的调查；"在过去 3 年中花在宣传上的经费共多少？"这是对组织与各种媒介联系的调查；"过去一年中因服务不周引起房客不满的事件有多少起？服务不周的症结何在？"这是对其服务形象的调查；"本地共有多少宾馆？总铺位有多少？""旅游旺季时，本地的外国游客每月有多少？港澳游客有多少？国内的外地游客有多少？""贵宾馆的'知名度'如何？"这是对组织形象的调查。

6.1.6 公共关系调查的程序与方法

1. 公共关系调查的程序

公共关系调查的过程是由四个相关的基本步骤组成的。这四个步骤是：确定调查任务、制订调查方案和调查计划、收集调查资料、处理调查结果。

（1）确定调查任务

调查任务就是公关调查所要解决的问题，这是实施公关调查的第一步。而公共关系调查的任务是根据社会组织公共关系工作的具体目标、对象、内容和要求确定的。因此，要做到有重点、有针对性地实施公共关系调查工作，首先要确立调查任务，即公共关系调查者通过对社会组织面临的现实的公共关系问题的探讨，根据社会组织公共关系工作对公共关系信息的实际需求，确定具体、实在的公共关系调查任务，使公共关系调查真正做到有的放矢。

（2）制订调查方案和调查计划

调查方案是对调查本身的设计，是指导调查进行的依据。它包括调查的目的和意义、调查的内容和要求、调查的对象和范围、收集资料的方式和方法等内容。调查计划是为了完成设计要求而规定的工作安排，它包括调查的组织与领导、人员的选择、完成时间和工作进度等几个方面，目的是使调查工作有条不紊地进行，以保证调查方案的实现。

(3) 收集调查资料

资料收集阶段是整个公共关系调查过程中最为重要的阶段。公共关系调查能否按照调查准备阶段所确定的调查任务的要求和所设计的调查方案的规定有效地进行，关键是看资料的收集情况。收集调查资料主要有两项任务。其一，进行实际收集，即根据公共关系调查方案的要求，采取各种调查方法，实际收集各种资料，包括原始资料和现有资料。无论收集何种资料，也无论采用何种方法收集资料，都应以保证资料的真实、准确、全面、丰富为原则。其二，争取多方支持。资料的收集是公共关系调查者在一定的社会环境中与被调查者正式接触的阶段，也是公共关系调查者受到种种外部因素制约而无法完全控制自己工作进程的阶段。为了确保资料收集工作的顺利进行，真正收集到真实、准确、全面、丰富的资料，公共关系调查者必须有效协调各种关系，争取多方支持。

(4) 处理调查结果

处理调查结果是公共关系调查的最后一步，它包括两项内容：一是整理和分析资料；二是形成调查报告。整理和分析资料就是对调查中全部资料进行系统检验、归类、统计等。对调查资料进行检验是必须要做的工作，通过检验工作，排除虚假资料，补充缺漏资料。形成调查报告是将经过统计的数据形成图表，用形象要素差距图显示出来，并对此进行文字分析，最后形成一份完整的调查报告。调查报告形成以后，应对调查结果和整个调查过程进行一次总体评估，就调查的科学性、准确性给予必要的说明。调查结果和调查报告应及时提供给组织中的有关人员。

2. 公共关系调查的方法

公共关系调查所运用的方法主要有问卷法、观察法、访问法及文献法。

(1) 问卷法

这是一种用经过周密设计形成的一套问卷要求被调查者回答而收集资料的方法。它可以用邮寄的方法，也可以通过有关组织直接把问卷发放到被调查者手中。问卷法可使调查者在较短的时间内，节省而有效地获取大范围的调查资料。在公共关系调查研究中是最常用的调查方法。

问卷的内容主要归为两大类问题。

第一，是开放性问题，也就是自由回答的问题，调查者对所提出的问题不规定答案，由被调查者根据自己的实际情况进行回答，如"你对提高组织效率有什么建议？""你主要的兴趣爱好是什么？"就属开放性问题，回答的答案往往比较多。开放性问题一般用于探索性的问题上，调查者对此问题不了解、需要收集原始资料时较多采用，它还常用于正式调查前的小规模调查，这样便于了解情况。

第二，是封闭性问题，也叫局限性问题，是指对提出的问题规定了答案，被调查者只能在规定的答案中选择，不准超出这个范围。封闭性问题一般可分为二择一式和多项选择问题。二择一式问题就是在问题的答案"是"与"否"中只能选择一者，如"你是中共党员吗？"被调查者只能在这两个答案中选择一个。多项选择问题是在提供的众多答案中选择一个或几个答案，如"你对自己的工作状况满意吗？"提供的答案有：① 很满意；② 比较满意；③ 一般；④ 不太满意；⑤ 很不满意；⑥ 说不清。被调查者只能在上述答案中选择一个。

由于开放性问题和封闭性问题都存在一些不足之处，因而在一份问卷中，全部都由开放性或封闭性问题构成的很少，大部分问卷都是既有开放性问题，又有封闭性问题，而封闭性问题一般多于开放性问题，有人称之为混合型问卷。

搞好问卷法调查的关键是问卷的设计，这决定着调查的质量，必须慎重。在设计问卷时，应当注意下列几个方面。

第一，问卷开头应写有说明。介绍调查的目的、意义和价值，说明抽样的随机性和对调查资料保证保密以及请求答卷人予以合作配合的答谢词，以使答卷人清楚研究目的，消除顾虑，更好地配合。

第二，问卷上的问题要围绕调查目的而提出，不能离题太远而造成浪费。

第三，提问的意义要准确、清楚、通俗易懂。要使用一般的语句，尽量避免使用专业术语，特别是那些易被人误解的专业术语。

第四，提问题必须考虑到调查对象总体的文化程度，要让每个被调查者都能看得懂，尽可能地按调查对象的知识水平和阅读能力来编制。在规模较大的调查中，应以最低文化程度为准。

第五，问题的排列应当具有逻辑性和顺序性，一般是按先易后难、先一般后敏感、先封闭性后开放性的顺序排列。同时，对于基本情况的问题，如性别、年龄、职业等排在问卷的最前面。

第六，问卷内容不宜太多。一份问卷以 20～30 个问题为宜，这样使答卷人不用费较长时间就可答好，乐于合作。

第七，设计好问卷后，需要在小范围内做预试，以检验所设计的问卷是否合理、恰当。然后，再根据预试情况对问卷进行修改、补充。一般来讲，如不预试，在大范围内进行调查时，则会造成很多的麻烦。调查问卷表举例如下。

调查问卷表举例

亲爱的顾客：
　　为进一步提高服务质量，更好地为广大顾客服务，本公司特设计了这张调查问卷表。请您对下面的问题作答，并于 3 天内将表格送回商场询问处。凡送回问卷者，均可获得精美纪念品 1 份。谢谢您的支持与合作。

××公司公关部
××××年××月××日

1. 您在本商场购买过商品吗？
买过（　　）　　未买过（　　）
2. 您到本商场是因为（从中选几个答案）：
① 商品丰富，便于挑选（　　）　　② 商品质量好（　　）
③ 购物环境好（　　）　　④ 营业员服务态度好（　　）
⑤ 方便，离住地较近（　　）　　⑥ 顺路（　　）
3. 您认为本商场哪个柜台的商品陈列得比较好？
小百货柜（　　）　　文具柜（　　）　　纺织品柜（　　）
针织品柜（　　）　　鞋柜（　　）　　眼镜柜（　　）
4. 请您对下面几个商场商品丰富情况用 1、2、3、4、5 的顺序排列出来。
五星（　　）　　百货大楼（　　）　　商贸中心（　　）
华联（　　）　　皇城（　　）
5. 您对本商场的卫生状况有什么看法？
很好（　　）　　好（　　）　　一般（　　）　　差（　　）　　很差（　　）
6. 您对本商场营业员的服务有何建议？
您的年龄：　　　性别：　　　文化程度：　　　职业：

(2) 观察法

观察法就是调查人员用自己的感觉器官或者借助科学的工具和仪器,直接或间接地接触研究对象以收集第一手感性材料的方法。这种方法适用于研究正在发生、发展着的社会现象。

从各种不同的角度出发,观察法具有各种不同的类型:① 按照观察借助仪器与否,可以把观察分为间接观察和直接观察;② 按照观察内容是否事先设计和有无固定的程序,可分为非结构性的观察和结构性的观察;③ 按照观察的地点和组织条件,可分为实地观察和实验观察;④ 按照观察的进行是否有规律,可分为系统观察和随机观察;⑤ 按照观察者是否亲自参与观察活动,可分为参与观察与非参与观察。

在运用观察法时,为了保证所得资料的客观、全面、深刻,应注意以下几个方面。

第一,观察应明确目的,有意识地进行。调查者在实施观察之前,就应根据调查任务确定好观察对象、条件、范围和方法。

第二,应当随时记录观察结果,在碰到特殊情况不能及时记录时,应在事后及时把观察情况追忆下来,以免遗漏。

第三,对观察到的情况进行记录时,要做到实事求是,是什么记什么,不能凭主观想当然,不能加上猜想,更不能凭空捏造;同时要记录得周密、完整,根据需要把事物的整个情况都记录下来,不能随意记录,否则可能会导致整个观察的失败。

第四,对观察对象应从各种不同的方面和角度进行多次反复观察,对任何事物的认识都需要有一个过程,这样能避免观察的片面性。

第五,对观察到的现象和结果,必须经过验证才能下结论。即通过其他途径如对访问、文献记载所得关于同一现象的资料进行比较,通过比较可以鉴别观察资料是否全面、正确。

(3) 访问法

访问法也叫访谈法,是公共关系调查研究经常使用的方法,它是指调查者和被调查者通过有目的的谈话来收集资料的方法。

访问法按双方接触的方式可分为直接访问和间接访问两种,直接访问即面谈,间接访问则以电话等为媒介。从被访问者的人数多少来看,可分为个别访问和开座谈会访问。从调查者的角度来看,可分为结构性访问和非结构性访问。结构性访问就是调查者严格按照预先拟定的调查提纲或调查表向被访问者发问;非结构性访问就是调查者在访问之前并未拟定详细的调查提纲或调查表,而只是就调查主题提出有关问题,随机应变地发问。

为了能够比较顺利地达到访问目的,了解到所要调查的真实情况,运用访问法时应注意以下几个方面。

第一,调查者在调查前要做好充分的思想准备,明确调查的目的、意义,仔细准备好调查提纲或调查表,熟悉和掌握所要问及的问题,要有坚忍不拔的毅力和吃苦耐劳的精神。

第二,在访问前,调查者应尽量对被调查者有所了解,以便在谈话中做到有较多的共同语言。

第三,访问时,要先向被访问者说明调查者的身份、来意等,以解除被访问者的顾虑、紧张心理。谈话时,应尽量活跃谈话气氛,调查者的态度要诚恳,充分尊重被访者,设法让被访者多讲,不能过多打断被访者的谈话,但调查者要控制谈话内容,不能离题太远,对不清楚的主要问题要多追问。

第四，访问时应进行记录或录音。如被访者不同意记录或录音，应当尊重被访者的意见，在事后马上追忆整理好谈话内容，如时间过长后整理，则很有可能会遗忘掉一些内容。

第五，访问时应时刻注意被访者的面部表情、表达状况，以辨别被访者讲话的真伪性、确切性、有效性。

（4）文献法

文献法也叫历史法、文件法，就是从文献资料中收集调查者研究所需资料的方法。这是第一手资料不够用或不可能取得第一手资料时，利用第二手资料的方法。它的优点是能够帮助调查者克服活动时间上的限制，获取资料比较方便，在人力、物力、时间上都比较节省。

文献的类型按性质可分为三类。第一类是公事性文件，即由正式社会组织记录、保存的文献，包括命令、决议、声明、会议记录、信函、公文、档案及官方统计资料；第二类是大众传播媒介，如广播、电视、录音、照片、图像、报纸、杂志、电子计算机储存的信息等资料；第三类是个人的文件，如日记、通讯、自传、遗嘱、供词、文书等。

运用文献法时应注意以下几点。

第一，应查阅图书馆或图书室的分类图书目录、期刊目录、分类索引、全国总书目、出版年鉴等，迅速找到有关参考资料，全面、概括地了解所有查阅的资料。

第二，确定查阅文献的原则。如文献资料较少，可以全部查阅；如文献过多而无法全阅，则应当进行抽样。

第三，注意辨别文献的真实性。由于文献的撰写人受到主观倾向、写作态度及其立场、观点的限制，文献中难免会存在着片面性、虚假性。查阅文献时一定要高度注意辨别，并要做一些考证工作。

第四，阅读时应做摘录，最好采用活页纸或卡片的形式，便于日后整理、归类。在阅读过程中，经常会出现一些"灵感"，如联想、启发、对原文的评价等，都应及时记录下来，待以后整理、分析时是有很大价值的。

6.2　公共关系策划

通过公共关系状态调查，掌握了大量的信息资料，并进行综合分析之后，公共关系人员就应根据公共关系存在的主要问题确定公共关系活动目标，制订公共关系计划方案，寻求解决问题的方法和途径。

实例

L 品牌 V70 手机上市案例

项目背景

● 中国手机市场是全球竞争最为激烈的市场，共有超过 30 家品牌手机在这个市场进行角逐。中国已经超越美国成为全球第一大市场，在这个市场的成功对于任何一家手机厂商都具有无与伦比的战略意义。

- 对任何手机厂商而言，明星产品的成败都是至关重要的。V70是L品牌年度最重要的产品，其市场推广的成功与否对于L品牌全年的发展具有战略性的意义。此外，由于中国是V70的全球首选市场，其在中国上市的成功也将影响到产品在全球的成功推广。
- 功能与外形是影响手机购买的两大因素。作为一款超越时尚的产品，V70同时肩负着帮助L品牌巩固时尚领军者形象的重任。

项目调研
- 优势：革命性设计理念、颠覆性外形、全面功能、强大品牌力。
- 劣势：较高的价格、可能难以被接受的设计、竞争对手的攻击。
- 机遇：成为全新的时尚标签、引爆全新时尚风潮、成为时尚人士追捧的对象。
- 挑战：不为消费者接受、销量难以提升。

项目策划
- 核心策略：充分利用一切资源和渠道塑造V70超越凡俗的时尚形象。
- 传播策略：

1. 前期：制造悬念，引起公众对产品的期待；同时通过设计师专访突出V70蕴涵革命性设计理念的核心信息。
2. 发布：设计实施超大规模发布活动，营造轰动性效应，鲜明传递产品特性，注重视觉冲击力。
3. 后期：强化前期宣传成果，持续制造关注热点，巩固产品引领时尚的形象。

- 实施策略：整合可利用资源/渠道。
- 全媒体概念：网络、报纸、杂志、电视、户外媒体协调配合，营造最整合的宣传效应。
- 时尚流行品牌合作：发布活动与著名流行娱乐品牌CHANNEL V合作，增加活动影响；后期活动与著名时尚品牌恒信钻石宫殿合作。
- 充分利用明星示范效应：发布活动邀请超过40位炙手可热明星；后期活动邀请最顶尖娱乐界明星，增加公众关注度。
- 产品准确定位：革命性理念＋颠覆性设计＋超越时尚形象，打造笼罩于产品的时尚光环。

最大化公关手段交叉：新闻稿发布/专访/大型活动/时尚派对/软性文章投放/无意性宣传等相结合。

项目执行
A：Revolution Party——L品牌V70手机发布活动

国贸中心展厅，北京/1月11日

来宾邀请：在北京时尚酒吧发放卡片问卷，内容为有关流行时尚的问题，答对者有机会参与发布活动，确保参与者为时尚人群。

现场布置：充分利用现场3 000平方米的空间，营造前卫时尚的气氛。

流程安排：

19:30—20:15　L总公司副总裁兼个人通讯事业部大中华区总经理就L品牌V70手机上市接受文字媒体专访；

20:15—21:00　L总公司副总裁兼个人通讯事业部大中华区总经理就L品牌V70手机上市接受电视媒体专访；

20:30—21:30　消费者签到；

21:00—21:30　媒体、来宾签到；

21:20—21:30　晚会开始前会场循环播放短片《革命》；

21:30—21:35　晚会开始，现代芭蕾《觉醒》；

21:35—21:50　时尚造型秀；

21:50—21:52　空中飞人表演，主持人邀请L总公司副总裁兼个人通讯事业部大中华区总经理汤马斯先生上台，空中飞人将一把钥匙交给汤马斯先生；

21:52—21:59　汤马斯先生推出L品牌V70手机并致辞；

21:59—22:00　现场播放1分钟V70电视短片；

22:00—22:05　主持人宣布后面活动及评选、抽奖安排；

22:05—23:05　狂欢派对开始；

23:05—23:15　第一轮评选——评选最炫服饰小姐、先生并颁奖；

24:15—24:25　第二轮评选——评选最炫丽舞姿小姐、先生并颁奖；

24:25—24:35　抽奖、颁奖典礼；

次日凌晨02:00　派对结束。

B：L品牌V70、恒信钻石宫殿V70手机宝石外环发布暨赠送活动

东方君悦酒店，北京/6月26日

媒体：北京50家大众、生活、时尚类媒体

来宾：L总公司代表

恒信代表：潘石屹、周迅、姜文、那英、李辉、罗中旭

主要流程：

14:30—15:00　媒体签到；

15:00—15:05　新闻发布会开始；

15:05—15:10　L总公司副总裁兼个人通讯事业部中国区总经理讲话；

15:10—15:15　恒信钻石宫殿总裁讲话；

15:15—15:30　V70手机宝石系列屏幕外环展示及介绍；

15:30—15:35　名人介绍短片播放；

15:35—15:45　V70手机宝石系列屏幕外环赠送仪式；

15:45—15:50　发布V70极品宝石外环；

15:50—16:00　L总公司个人通讯事业部中国区销售总监与恒信钻石宫殿总裁现场抽奖；

16:00—16:30　发布会结束，来宾观赏极品宝石外环。

项目评估

- 引发媒体大量报道，全程共收取来自全国的媒体剪报超过300篇，电视报道超

过 20 条，最大化将主要信息传递给消费者；
- 强力推动销售，V70 从上市开始即引发抢购，全年持续高温不断，成为 L 品牌该年度全面保持中国手机市场份额前几位的最大功臣；
- 推动品牌形象建设，V70 的推出，帮助 L 品牌巩固在手机时尚领域领潮者的地位，并引发了大量厂商争先推出时尚手机的热潮；
- 赢得好评无数，V70 推出后在国内外各类评选中赢得多项荣誉，如美国工业协会杰出设计大奖、新浪网年度手机调查时尚手机大奖等；
- 推动产业及社会文化发展，成为该年度手机行业标志性产品，带动各品牌奉献出更多出色产品，并形成广泛社会效应，推动人们追求高质量生活、注重品味的消费化观念。

L 总公司通过一次精心的活动策划，成功地将新产品推向市场。L 总公司所有的活动都紧紧抓住 V70 手机时尚、前卫的特点，整合一切资源和渠道全力打造 V70 超越凡俗的时尚形象。L 总公司将多种公关手段相结合，通过有效的媒体选择与组合，结合媒体的广度和深度，在推广过程中开展一系列的活动，保证了产品与企业关键信息的传递。L 总公司在嘉宾邀请、活动时间安排、合作伙伴和媒体的选择等方面的设计，可以说是精心策划，准备充分，体现了周密策划的原则。

所谓公共关系策划，是指公关人员为实现组织的公共关系目标，在充分调查分析的基础上，运用科学和艺术的方法，对公关活动进行设计和制作的过程。它作为公关活动的一个步骤，是公关的核心和基础，也是顺利实现公关目标的前提。它要回答公关"应该怎样做"的问题，它不仅是公共关系行为活动的指南，而且直接影响到公共关系行为的效果。因此，公关策划在整个公关活动中起着关键性的作用。

6.2.1 公共关系策划的程序

公共关系策划分两个阶段八个步骤（见图 6-3）。策划的前一个阶段为准备阶段，分为形象现状及原因的材料分析和确定目标要求两个步骤；策划的后一个阶段为实际策划阶段，分为设计主题、分析目标公众、选择媒介、选定公关模式、编制预算、制定日程表六个步骤。

1. 公共关系策划的准备阶段

在着手进行公共关系策划之前，应首先做好以下两项准备工作。

1) 组织形象现状及原因的材料分析

组织形象现状及原因的材料分析工作，就是要求公共关系人员在进行公共关系策划之前，对策划所依据的调查材料进行一次分析、审定。调查材料必须真实、可靠；否则，再好的策划，也不会取得成功。

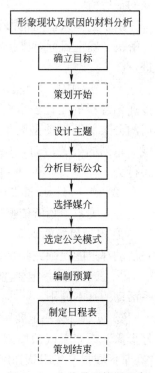

图 6-3 公共关系策划程序

2）确立目标

确立目标即根据调查分析中发现的问题确定公关目标。公共关系目标是指导和协调公共关系活动的依据，对搞好组织的公共关系活动有着重要意义，也是评价方案实施效果的标准。

(1) 公共关系活动目标的分类

组织的公共关系活动目标总是与组织的总目标、总任务联系在一起的。由于不同时期的条件不同，不同类型组织的总目标、总任务不同，存在的问题不同等，组织的公共关系目标会表现为不同的内容与类型。组织的公共关系目标一般有以下几种。

① 传播信息。这是指组织向公众开展传播宣传活动，让公众知晓有关组织的真实情况，是公共关系最基本的目标，也是公关策划首先要考虑的问题。

② 联络感情。这是组织公共关系活动中长期起作用的一个目标。它是指组织与内外公众建立感情、维护感情和联系感情的一个目标。它也可以在一定时期内作为近期目标，通过一次次的公共关系活动，不断扩大与公众的感情联络范围与深度，以形成全体公众对组织的信任与好感。

③ 改变态度。改变公众对组织的态度，始终是公关的主要目标。尤其是在一个组织初创或推出新政策、新产品时，或在组织出现危机、形象受到损害时，特别需要认真制订以改变态度为目标的公关计划。

④ 引起行动。即在一定时期内，通过公共关系活动的促进，激发公众在信任和理解的基础上，自愿产生出对组织有利的某种行为。这是在传播信息、联络感情、改变态度、树立了良好的组织形象的基础上追求的目标。这也是公共关系的最高目标，是前几项目标实现程度的最后检验。

由于公关人员的精力和公关经费是有限的，所以不可能在同一时间企望将所有的问题予以解决。确定目标时应按重要程度、实施时间先后统筹考虑，按各类目标的轻重缓急分别进行。

本节实例中，L总公司将此次公关活动的目标定为传播信息、改变态度和引起行为。传播信息指的是让公众全面了解V70手机的性能特点。改变态度是指让公众知道L总公司的公共关系活动是为了促进销售，引起公众的购买行为。引起行为指的是L总公司开展一系列的公关活动，让公众全面了解和体会到新机型的性能特点，从而引起公众的购买行为。

(2) 确立目标应注意的问题

公共关系策划所依据的目标要明确、具体，并应具有可行性和可控性。

① 策划目标的确立一定要与组织总目标相一致。任何游离于组织总目标之外的公共关系活动都只能是画蛇添足。

② 策划目标一定要注意兼顾社会利益、组织利益和公众利益。互惠互利是一切公共关系活动的基本原则。

③ 策划目标一定要明确具体。含糊抽象的策划目标往往会使人感到无所适从，如"良好形象"或"真诚的奉献"。目标应当是组织在内外环境条件下必须达到的实际结果，如"在某区域提升组织认知度五个百分点""与内部公众的和谐度提高三个百分点"等。

④ 策划目标一定要讲究可操作性。空洞、华而不实的目标只能使公共关系活动表层化、

简单化，无法实现最终目标。在确立目标时，必须考虑在组织现有条件下，能否解决问题，能在多大程度上解决问题，实现目标。

⑤ 策划目标一定要有时间限制。组织公共关系活动要实现的目标，必须是在规定的时间里应达到的结果，不应远不可及、遥遥无期。

2. 公共关系策划的实质性阶段

在完成公共关系策划的准备工作之后，便可着手进行实质性策划工作了。

1) 设计主题

公共关系活动的主题是对公共关系活动内容的高度概括，它对整个公共关系活动起着指导作用。主题设计得是否精彩、恰当，对公共关系活动的成效影响很大。

公关活动主题的表现形式多种多样，可以是一句简洁的陈述句，也可以是一个简短的口号或是一条标语，如"雀巢咖啡，味道好极了""农夫山泉——有点甜"。不论何种形式，其一般由公关目标、信息个性和公众心理及审美情趣等要素构成。用公式表示为：

公关主题＝公关目标＋公众心理＋信息个性＋审美情趣

① 公关目标，是指公关主题必须与公关目标统一起来，并能充分表现目标。例如，2010年上海世博会的主题是"城市，让生活更美好"；北京王府井百货大楼庆典活动的主题是"40年真情不变"。

② 公众心理，是指公关主题要适应公众心理的需要。主题要形象化，富于激情，又要有人情味，使人既能产生积极奋发的情绪，又觉得可亲可信。例如，广州市开展"住房改革千家谈"的大型公关活动，其主题是"让政府了解您，让您了解政府，住房是您生存的条件，参与是您神圣的权利"。

③ 信息个性，是指主题要独特新颖，有鲜明的个性，表述要有新意，还要有多种选择方案，避免雷同。例如，北京贵宾楼饭店紧挨着故宫，在举办"世界一流酒店年会"时，就利用自己饭店的特色，举办了"帝王之梦"欢迎晚会。

④ 审美情趣，是指公关主题应使人见到、听到后感到有兴趣、回味无穷、印象深刻。

在上述实例中，L总公司此次活动的主题就是为了突出产品的时尚形象，V70作为L总公司的主打产品，在产品的外观设计和性能上有了很大的提高。因此，本次活动主题确定为打造V70手机时尚领军地位十分恰当，充分体现了以上的原则。

确定主题时还应注意以下两点。

一是简明扼要。词句要高度概括，能一语中的。心理学家证明，人们对语言的记忆，其间节在16个以下效果为佳。对此，主题定名必须做到简短、凝练。比如，北京申办2008年奥运会的主题"新北京、新奥运"；美菱集团的广告主题"中国人的生活，中国人的美菱"；惠普公司的广告主题"科技有形，创意无限"等，简洁好记，朗朗上口。

二是贴切朴素。一个理想的主题词并不是抽象的豪言壮语，而是一个脚踏实地的行动目标。

2) 分析目标公众

目标公众即开展公共关系工作的具体对象。任何一个组织都有其特定的公众，公关工作是以不同的方式针对不同的公众展开的。

确定目标公众分两个步骤。

① 公共关系人员要根据公共关系目标从组织的公众中划分出目标公众，这就要求必须

明确公众的权利要求,将其作为策划的依据之一。

② 对公众对象的各种权利要求进行分析,找出各类公众权利要求中的共同点,把满足各类公众的共同权利要求作为组织总体形象设计的基础。再分析各类公众的特殊要求,那些带有个性的问题,是设计组织特殊形象的基础。应注意的是,将不同的权利要求分出轻重缓急,一般选择同组织的观念和发展利益相同、相近或利益关系特别紧密的公众,作为工作的主要对象。如一家五星级宾馆确立的公关目标是吸引外国游客,公关人员就在宾馆的所有公众中选择出外国游客及涉外旅行社、导游作为目标公众,并研究相应的公共关系内容。

3) 选择媒体

媒体即公共关系信息传播的载体。公共关系工作对象的复杂性和公共关系传播内容的广泛性、传播形式的多样性,决定了公共关系传播媒体的包容性。要想达到预期的传播效果,公共关系策划者必须知晓各种媒介,了解各种媒介各自的优缺点,并要善于通过巧妙的组合方式,造成优势互补、交相辉映的整合性传播效果。至于如何去确定那些功能特点各有所长的媒体,应当根据不同的情况做不同选择,最常见的有以下几种方法:

第一,根据传播对象选择媒体;

第二,根据传播内容和形式选择媒体;

第三,根据组织实力选择媒体;

第四,根据组织的环境条件选择媒体。

在上述实例中,针对此次活动的受众人群并配合上市广告的宣传,L总公司邀请了北京50家大众、生活、时尚类媒体。

4) 选定公共关系活动模式

公关活动模式是公关工作的方法系统,它由公关目标、任务和手段组成,在企业公关策划中占有十分重要的地位。公关活动模式有明显的针对性,一种模式往往只适用于特定的目标和任务。在企业公关策划中,选择公关活动的模式时,绝不能生搬硬套,而应根据企业的特点和特定要素,科学地选择。企业常用的公关策划模式分为两大类,即战略型公共关系活动模式和战术型公共关系活动模式。这两大类模式又分为十种具体的公关活动模式,下面将单独予以阐述。

5) 编制预算

编制预算是将人力、物力、财力等因素按一定的方式合理配置,其目的主要是做到心中有数,避免浪费和超支,避免因经费和人力不足而使计划不能顺利进行,从而保证公共关系活动的正常开展。公共关系工作计划的预算一般包括以下三个方面。

(1) 人员预算

人员预算是指实施计划作业所需的人数预算,它是通过对工作人员工作量的测算与评估来进行的。对公关人员工作量的测算,依据公关活动的难易程度而有所不同,因而它没有一定之规,但这种预算必须符合公关部门事先对每个公关从业人员岗位责任和职责的规定,并且体现少用人、多办事的原则。

(2) 经费预算

经费预算是编制公关预算过程中最为重要的方面,它是一项十分复杂的工作,经费预算编制是否合理,直接关系到公关活动的效果。一般来说,公关活动经费包括以下几大类。

① 人力酬金：包括公关从业人员的工资和各种补助、工作人员的劳务费。
② 行政办公费：包括房租、水电费、通信费等。
③ 器材费：包括视听器材费、展览设备及展品费等。
④ 实际活动费用：如广告费、赞助费、交际活动费等。

（3）时间预算

时间预算是对完成一项公共活动的具体的时间进程进行的预算，时间预算中的时间计量单位依具体的公关活动的规模而不同，既可用年、季度、月等单位，也可用天、小时等单位。

6）制定日程表

在策划方案确定后，应制定公关活动工作日程表，以保证整个公关活动的协调进行。制定公关活动工作日程表时，应该注意以下几个问题：

① 明确各部门工作的轻重缓急，对于核心工作要做优先安排；
② 各部门工作要协调进行，人员要进行合理配置；
③ 各部门要有明确的工作量和负责人；
④ 对没有按期完成工作的部门要有督促的方法，不能按期完成工作要有补救措施；
⑤ 对于长期的公关活动要分阶段来安排，对于时间较短的公关活动要逐日来安排，对于一天之内须完成的公关活动要按小时来安排。

6.2.2 公共关系活动模式

如前所述，公关活动模式是公关工作的方法系统，通常分为两大类和十种具体活动模式。

1. 战略型公共关系活动模式

这是指在一定时期内，组织为达到宏观战略目标所选择的公关活动模式。这类公关活动模式往往由一系列或一组公关工作构成。常见的战略型公关活动模式有以下五种。

1）建设型公关

建设型公关指企业初创时期或新产品、新服务首次推出之时，为打开局面而开展的公关活动，是打基础的模式。其主要功能是提高企业知名度，在公众心中树立良好的"第一印象"。其工作重点是宣传和交际，尽量使更多的公众知道、了解企业，取得公众的信任与支持；但要注意掌握分寸，不要有过多的宣传痕迹，更不能乱吹乱捧。常见的活动方式有开业庆典、开业广告、新产品展销、新服务介绍、免费品尝、免费试用等。

2）维系型公关

维系型公关是组织在稳定发展时用以巩固良好企业形象的公关活动模式。它实施的主要目的是通过不间断的宣传和工作，维持组织在公众心目中的良好形象。这种模式一方面通过各种传播媒介和传播活动，以较低的姿态把企业的各种信息持续不断地传递给各类公众，使企业的良好形象持续保留在公众的记忆中。一旦有需要，公众就可能首先想到你，接受你的产品和服务，与你合作，为你带来利润和好处。另一方面，开展各种优惠服务，吸引公众再次合作。

> **实例**
>
> 某年夏天，上海禽蛋五厂创办了一家名为"稳得福"的烤鸭店。开张伊始，该店采取了一系列建设型公关活动方式。首先，他们发动全厂职工献计献策取店名，最后定名为"稳得福"，与北京"全聚德"相呼应，以此提高"北有全聚德，南有稳得福"的声誉。其次，利用新闻媒介传播该店形象。在春节联欢晚会上，魔术师变出了稳得福烤鸭，稳得福师傅在电台《生活之友》节目中向公众介绍烤鸭的制作方法等，扩大"稳得福"的知名度。最后采取独特的经营目标和方式。他们向许多单位宣传该店的商品和宗旨，欢迎大家来批发预约登记。正因为开展了建设型公关活动，"稳得福"烤鸭店通过取名、媒体宣传、散发资料等方面的精心策划，给公众留下了深刻的印象。

维系型公共关系模式的活动方式分为两种，即硬维系和软维系。硬维系的活动方式目的明确，对象明确，主客双方都能理解活动的意图。如西方某航空公司明确宣布，凡乘坐该公司航班若干次的旅客，公司可以提供免费乘机一次。许多商家对顾客给予某种优惠以及赠送礼品等都属于硬维系。软维系的维系对象不很明确，目的也不是十分具体。如1986年圣诞节，北京长城饭店公关部特邀一批孩子来饭店装饰圣诞树。除供应他们一天吃喝外，临走时饭店还特地送给每人一份礼物。这批孩子分别来自各驻华使馆，父母均为各使馆官员。长城饭店顾客主要是各国访华人员，邀请这批孩子的真正用意在于希望通过他们维系饭店与各使馆的联系，饭店的热情好客无疑会在他们幼小心灵里留下深刻印象，从而影响他们的父母，为饭店做义务宣传，这一活动充分体现了软维系的奥秘。

3) 进攻型公关

进攻型公关是组织与环境发生摩擦冲突时所采用的一种公关活动模式。这种模式的最大特点是"主动"，以一种进攻的姿态开展工作。它要求企业运用一切可以利用的手段，密切关注环境的变化，抓住一切有利的时机和条件，以积极主动的姿态调整自身行为，改变周围的环境，创造有利于企业发展的新局面。

采用进攻型公关活动模式，应着重做到：

① 将企业形象的崭新姿态展现在公众面前，给人以面目一新的感觉；

② 要有凌厉的攻势，锐不可当，切忌软弱无力，不痛不痒；

③ 改变组织对环境的依赖感；

④ 利用广告、产品示范、公关沟通、推销等多种形式同时进行复合式传播，切忌单打一；

⑤ 开拓的范围和领域要广泛，四面开花，形成"东方不亮西方亮"的局面。

4) 防御型公关

防御型公关是组织为防止自身公关失调而采取的一种公关活动模式。这种模式适用于组织与外部环境出现了不协调或与公众的关系出现摩擦苗头时，其特点是防御与引导相结合。在开展防御型公关活动中，公关人员一方面应及时发现各种危机苗头，通过迅速调整企业的产品结构、方针政策或运营方式等，以适应环境的变化，适应公众的要求，防患于未然；另一方面，还要通过自身的努力，积极引导，有效利用有利的时机开创工作局面。防御型公关多采用调查、预测等手段。

> 邯郸市糖业烟酒公司自筹资金开办了4个自选商场，就在这一年，某个全国性大报上发表了数篇报道，反映自选商场不景气，不适合中国国情，当时影响很大。公司领导看了报道后意识到必须尽快采取措施，防止邯郸4家自选商场陷入同样的境地。为此，公司开展了一系列的防御型公关活动。
> 　　首先，进行调查研究。他们发现，自选商场在中国不仅可行且大有发展前途。
> 　　其次，改善和加强管理。他们根据国内消费者的不同层次和对象，变单一自选为灵活经营，进行以自选为主的综合调整。
> 　　最后，加强同新闻单位和上级主管部门的沟通工作。公司在邯郸电视台播放了20分钟的相关节目，《经济日报》《中国商品报》《河北日报》等都报道了邯郸自选商场越办越兴旺的消息。公司还邀请首都有影响的新闻单位采访，并在中央电视台新闻节目播出。
> 　　通过这一系列防御型公关活动，邯郸市自选商场不仅没有陷入困境，相反名扬全国，越办越兴旺。

5）矫正型公关

矫正型公关是企业遇到风险时所采用的一种公关活动模式。这种模式适用于企业公关严重失调，从而使企业形象发生严重损害的时候，其关键是"及时"，及时发现问题，及时纠正错误，及时改变不良形象。

在企业形象受到损害时，公关人员应立即采取有效措施，尽量减轻损害造成的后果，做好善后工作，配合企业其他部门重新建立企业的新形象，挽回企业的声誉。

一般来讲，在企业危机发生后，公关部门应迅速查明原因，制定对策，采取行动，尽快实施信息沟通，控制影响面，并及时把外界的舆论准确地反馈给企业决策层和有关部门，提出消除危机的办法和纠正错误的措施。与此同时，公关人员还应运用各种手段和技巧开展公关活动，消除不良影响，将企业形象重新树立起来。如日本三菱汽车，经媒体曝光其老款汽车技术不合格后，在全球各地马上分别成立专项处理小组，对不合格汽车进行调换、召回，不但消除了不良影响，反而在公众中树立了企业敢于负责的形象。

2. 战术型公共关系活动模式

为了落实公共关系的战略规划，可以根据公共关系的功能来选择战术型的公共关系活动模式。常见的战术型公关活动模式有以下五种。

1）宣传型公关

所谓宣传型公关，就是运用大众传播媒介和内部沟通方式开展宣传工作，树立良好企业形象的活动公关模式。主要做法是：利用各种传播媒介和交流方式进行内外传播，让各类公众了解企业、支持企业，进而形成有利于企业发展的社会舆论，使企业获得更多的支持者与合作者，达到促进企业发展的目的。其特点是主导性强、时效性强、传播面广、推广组织形象效果好。

根据宣传对象的不同，此种模式可分为内部宣传和外部宣传。内部宣传方式的主要对象是内部公众，目的是让内部公众及时、准确地了解组织的各类信息，以便鼓舞士气，取得内部理解和支持。常用的手段有组织报刊、黑板报、座谈会等。外部宣传方式的对象包括与组织有关的一切外部公众，目的是让他们迅速获取本组织的有利信息后，形成良好舆论。常用的手段有：举办展览会、交易会及公关广告等。

2）交际型公关

交际型公关是通过人际交往来开展的公关活动模式。目的是通过人与人的直接接触，进行感情上的联络，为组织广结良缘，建立广泛的社会关系网络，形成有利于企业发展的人际环境。其方式是开展团体交际和个人交往。团体交际方式包括各式各样的招待会、座谈会、工作午餐会等。个人交往方式有交谈、拜访、祝贺、信件来往等多种。

交际型公关是一种极有效的公关活动模式。它能使人际间的感情融洽，通过沟通进入"情感"的层次。另外，它还具有直接、灵活等特征。不过，在开展交际工作时，切记要坚持公关原则，决不能使用不正当手段，如欺骗、行贿等。

3）服务型公关

服务型公关是以提供优质服务为主要手段的公关活动模式。其目的是以实际行动来获取社会公众的了解和好评，建立组织的良好形象。所谓"公共关系就是百分之九十要靠自己做得好"，其含义即在于此。对企业来讲，要想获得良好的社会形象，宣传固然重要，但更重要的还在于自己的工作，在于自己为公众服务的质量和水平。日本有一位企业家曾经说过，现在的顾客与其说是买商品，不如说是买服务。美国IBM公司正是以它的最佳服务赢得世界上众多用户的。

服务型公关最显著的特征在于实际行动，企业以特殊媒介——服务来密切组织与公众之间的关系。

> **实例**
>
> 阿迪达斯体育用品公司在世界同类公司中居首位，它的成功很大程度上依赖其有效的服务型公关活动。首先，以"试穿"开路。该公司凡有新产品，都先赠送给运动员试穿，以此证明公司为运动员服务的诚意。柏林奥运会前夕，公司设计了一种短跑运动员穿的钉鞋，送给许多运动员试穿，结果阿迪达斯因此而名声大振。其次，为广大运动员提供最佳服务。但凡国内外重大比赛，阿迪达斯公司每场必派代表参加，听取运动员的意见。在一次世界杯赛中，欧洲某国足球队前锋布洛欣对该公司的鞋不满意，在场的该公司代表当场量好布洛欣所穿鞋的尺码、形状，听取了要求，立即乘飞机赶回总公司，召集技术人员和工人连夜为布洛欣设计了一双足球鞋，第二天送到他手里。与此同时，他们还注意做公关广告。而今，阿迪达斯已举世闻名，并深受人们欢迎。

4）社会型公关

社会型公关是组织利用举办各种社会性、公益性、赞助性活动开展公关，塑造企业形象的公关活动模式。其目的是通过积极的社会活动，扩大组织的社会影响，提高其社会声誉，赢得公众的支持，为树立良好的社会形象创造条件。

社会型公关活动具体形式有三种：一是以组织本身为中心开展的活动，如开业剪彩、周年纪念等；二是以赞助社会福利事业为中心开展的活动，如赞助社会福利、慈善事业等；三是资助大众传播媒介如报纸、杂志、广播等举办各种活动。

> **安利：把做公益当作一种习惯**
>
> "把做公益当作一种习惯"，这句质朴的表白，早已成为无数安利人的行为准则。在上海世界特奥会期间，安利给予的支持是全方位的，可以概括为出钱、出力、出人。在出钱方面，安利（中国）用于上海世界特奥会的捐款累计超过725万元人民币。所谓出力，就是积极宣传特奥会的理念。安利通过组织长跑、公司网站、内部刊物、宣传片等手段积极宣传、普及有关特奥会的知识。先后有近100万人次参加了公司组织的为特奥加油的长跑活动，加上配套宣传措施，使数千万人接触到特奥会。出人，更是安利支持特奥会的一大特色。公司积极鼓励和引导其遍布全国的141支志愿者队伍走进智障人群，帮助他们接触社会、融入社会。已在全国开展了80多场融入活动，有近5 000名志愿者参加，累计服务时间约1.9万个小时。
>
> 　　此外，安利进入中国12年来，已在中国开展公益项目3 100多个，投入资金1.9亿元人民币，并形成了一些品牌项目，如已连续做了6年的名校支教活动，已连续做了4年的珠峰环保大行动等。安利表现出的爱心和企业社会责任，也得到了社会各界的认可。安利曾荣获首届"中华慈善奖"，并连续4年获得"光明公益奖"等公益领域的权威奖项。

　　值得注意的是，此类公关活动不能拘泥于眼前的一得一失。近期看，它不一定马上给组织带来多大的经济效益，因为它不是为扩大市场的短期目标服务的，而是着眼于组织的长远利益，为组织树立良好形象、创造良好的社会环境。

　　5）征询型公关

　　征询型公关是以提供信息服务为主的公关活动模式。其目的是通过采集信息、舆论调查等工作，了解社会舆论及民意民情，为组织的经营管理决策提供依据，使组织的行为尽可能地与国家的总体利益、市场的发展趋势以及民情民意一致起来。

　　征询型公关可采用的形式很多，如美国可口可乐公司通过征询调查，掌握主动权，战胜了诸多的竞争对手。除此之外，还有市场调查、产品调查、征询使用意见、开展各种咨询业务、处理举报和投诉等。

　　征询型公关的特点是长期、复杂、艰巨，它要求从事这项事业的公关人员具有智慧、耐力和诚意，通过各种方法获得公众的配合，不断向企业提供有价值的信息，使企业成为"千里眼""顺风耳"，能根据公众要求，随时调整企业的行为，不断改进企业的产品和服务，保证企业与社会环境的协调、平衡，促进企业的发展。

　　以上十种公关活动模式在策划时可以根据实际情况交叉组合使用。任何一种战略型公关活动模式都可以同时配合使用五种战术型公关活动模式，任何一种战术型公关活动模式都可以服务于任何一种战略型公关活动模式，一切都从组织的需要和条件出发，不要拘泥、刻板。

6.3 公共关系实施

> **实例**
> 东京奥运会结束后不久,曾有日本人访问罗马。在一家餐厅里,侍者看到这位日本人手腕上戴的是瑞士表时,竟疑惑地问:"您真是日本人吗?"诧异什么?日本人竟然没戴东京奥运会上叱咤风云的国粹——精工表。
>
> 精工表饮誉东京奥运会,其公共关系战略却要追溯到4年前,当奥运会一经宣布在东京举行,日本主办单位决定大会的计时装置要使用国产表,而这之前奥运会使用的几乎都是瑞士表。这使得一些人心中不安,唯恐发生故障。为此,日本精工计时公司决心消除这种顾虑,制订了"让全世界的人了解精工的计时是世界一流的技术和产品"的公共关系计划,确立"荣获全世界的信赖"为公共关系目标,将"世界的计时——精工表"作为公共关系活动的主题,并制订和实施了一项长达4年之久的整体计划,开始了一场史无前例的公共关系活动。
>
> 根据调研,整个计划分为几个阶段实施。第一阶段全力以赴开发计时装置技术,并同时说服主办单位使用该产品;第二阶段开展了以"精工的竞技计时表将被用于东京奥运会"为主题的公共关系活动,在全世界大造舆论。由于精工与奥运会的完美结合,公共关系活动收到成效,实现了"精工——世界的计时表"的目标。

公共关系实施是整个公关活动过程的中心环节,是将公关活动的计划与方案贯彻、落实的过程。这一过程要回答公共关系"具体做什么"的问题。它是公共关系实施步骤中最复杂、最多变、最难以把握的一个步骤,也是整个工作程序中最为关键的环节。

6.3.1 公共关系实施的内容

如果说公共关系计划的制订是策划过程,那么计划的实施则是一种行动过程。

1. 实施时机

这是指能使公共关系实施获得最佳效果的开始工作时间和结束时间。不善于利用时机,事后即使投入更大的力气,也无法收到好的效果。一项公共关系创意的实施,往往有若干项工作内容,其中,与公众发生关系的工作内容的开始与结束时间特别重要,必须准确把握、科学决策。公共关系实施的最佳时机,有时表现为一刻一时一日,有时表现为一个较长的时间段,这些时机有些是日常性的,有些是固定性的,而有的则具有偶然性。

2. 实施进度

这是在确定实施时机后,对各项工作内容规定所需的时间并进行日历进度安排。实施进度安排,要尽量充分估计到各种因素的干扰,要留有余地。最直观的时间进度安排方法是拟出时间进度表。

3. 实施工作流程

公共关系实施各项工作内容之间存在着一种客观的分工与协调的关系,只有合理分工、有机协调,才能保证各项工作的顺利完成。我们把公共关系实施的各项工作内容之间的衔接、协调和配合关系有机组合的过程称为公共关系实施流程。它反映了各项工作内容之间的内在联系规律，是公共关系作为一项系统工程的表现。公共关系实施流程中的时间衔接、分工协调和有机组合关系要通过流程图来表示，并配以文字说明。流程图的文字说明，主要是对各项工作之间的协作关系、责任关系进行规定，必要时形成一种制度。一定要防止彼此责任不清、相互推诿、踢皮球等情况发生，否则将严重影响工作进度和质量。

4. 实施工作机构和人员

社会组织公共关系的实施主体有三种：组织内部公共关系部、公共关系公司和公共关系社团。不管哪种实施主体，都必须建立公共关系实施机构，配备得力的实施人员，实施人员的能力与素质十分重要。所谓公共关系实施机构，是指为完成某一项公共关系任务，实现公共关系目标而建立的专门机构。规模较大的公共关系活动的实施机构具有多层级的特点，从低级层次到高级层次，人数依次减少，权力依次增大，形成金字塔式的结构。一般以领导中心机构为核心，下设智囊机构、执行机构、监督反馈机构。

6.3.2 公共关系实施的方法与时机选择

1. 目标导向

这是指在公共关系实施活动中始终遵循公共关系计划目标。它是加强控制的手段之一，目的在于不使公共关系活动越出范围。利用目标对整个实施活动进行引导、制约和促进，可以把握实施活动的进程和方向。目标导向的主体是实施计划的社会组织，客体是目标公众，手段就是目标本身。

2. 进度控制

这是根据公共关系计划和目标的需要，按照一定的程序，掌握工作进展情况，进行量的控制。在公共关系计划实施中，往往会出现多方面工作不同步的现象。因此，注意经常检查各方面工作的实施进度，掌握哪些已经完成，哪些正在进行中，哪些尚未实施，以便查明原因，及时协调人力、物力、财力在各方面的投入，以求在围绕总目标实现的前提下，使各方面工作达到同步和平衡发展。

3. 整体协调

这是指在计划实施中，各方面达到和谐、统一的状态。协调不同于控制，控制是对实施中与计划有偏差的行为进行纠正；协调强调实施中各个环节、各部门之间及实施主体与客体之间的相互配合，避免矛盾。协调的目的，是使全体实施人员在认识和行动上取得一致，保证实施活动的同步与和谐，提高工作效率。整体协调的工作过程包括：确定目标，据此作出工作设计，并绘制推进工作的网络图，进行优选后作为控制实施工作的蓝本。网络图包括各项工作的名称，体现了各项活动的相互关系及每项工作的起止时间、时差和关键路线。实施者可以据此指挥和控制实施活动的进行，发现问题及时解决，保证顺利地完成原定任务。

4. 反馈调整

这是指将反馈后获得的信息用于调整整个公共关系计划的实施活动。其特点是根据过去的实施情况去调整未来的行为。反馈调整的工作过程包括：确定公共关系目标，据此制订实施方案，然后组织有关人员对方案进行评估，将评估结果与原定的公共关系目标进行比较，发现问题后重新修订公共关系计划，再将修订后的计划付诸实施，实施后将结果与原定目标进行比较，用以调整下一步公共关系计划的制订与实施。当然，一次反馈调整并不能解决所有问题,需要多次循环往复,直至完成公共关系计划、实现战略目标。

5. 正确选择实施时机

"机不可失,时不再来"。时机对一个公共关系活动来说至关重要,并且是提高公共关系计划成功率的必要条件。因此,明智的公关人员总是善于创造、利用时机。在公共关系计划实施过程中,对时机进行精心选择与安排,整个计划将会借助于恰当时机而收到良好效果。

在选择公关计划实施时机时,应注意以下几点。

① 避开或利用重大节日。凡是同重大节日没有联系的活动都应该避开节日,以免被节日活动冲淡了公关活动的色彩。凡同重大节日有直接或间接联系的公关活动则可以考虑利用节日为活动烘托气氛、扩大活动影响的辐射范围,如龙年国际旅游年的开幕典礼选在春节前后进行会收到良好的效果。

② 注意避开或利用国内外重大事件。凡是需要广为告知的公关活动都应避开国内外的重大事件,避免与重大事件冲突。凡是需要广为告知但又希望减小震动的活动可选择在有重大事件的时候,如公布物价的上涨,此时公众的注意力被重大事件所吸引,这样可减少活动的影响和舆论的压力。

③ 适时利用形成新闻事件的时机以及抓住有利的引起社会注意的新闻,因势利导,加以利用,以扩大组织的影响。前者如天津海鸥手表厂,利用赞助北极探险时机进行宣传,取得了良好的效果。还可以利用各种大型的运动会、社会文化交流活动等形成大的新闻事件,造成大的社会影响,提高组织的知名度和美誉度。后者如苏州香雪海电冰箱厂,利用报道上海某地居民由于使用该厂的电冰箱省电,被人怀疑为偷电后双方争吵,以致要求法院调解的新闻,因势利导,派出专人帮助用户认真检查、验证结果后作进一步的报道和宣传,扩大了香雪海电冰箱在上海的影响,进而拓展了上海市场。

④ 利用与知名人士、权威人士接触交流的时机,借助权威的声望进行公关宣传。如广东三水县健力宝饮料厂最早就是利用营养学家来厂参观的时机,通过权威的营养学家对本厂产品的品尝、鉴定并向社会推荐而一举成名的。

⑤ 注意不要在同一天或同一段时间里同时开展两项没有关联的重大公关活动,以免效果相互抵消。

总之,选择时机也是实施公共关系活动的一种重要技能。它不能按一种固定不变的模式去硬套,而应具体问题具体分析,从具体的公共关系现实出发,正确地选择时机、及时地把握时机和巧妙地运用时机,从而顺利实现预期的公关实施效果。

6.4 公共关系评估

俗话说:"编筐编篓,全在收口。"公共关系评估是公共关系工作过程的最后阶段,要回答公共关系"做得怎么样"的问题,所以也称"事后的调查"。正确评估有助于社会组织把握公共关系工作的效率和水平,有助于总结经验教训,并为新的公共关系活动提供前景材料。

6.4.1 公共关系评估的程序

公共关系评估的程序可以界定为评估从开始到结束的工作安排的先后次序和具体步骤。合理安排评估的程序，有助于保证评估工作的顺利进行。

1. 明确评估目的

进行公共关系评估，首先要明确评估的目的。因为公共关系评估是检查、分析和评价公共关系活动及其成效的，所以公共关系评估的对象和内容是各不相同的。对评估的对象和内容来说，是选择项目的评估，还是整体的评估；是选择个别过程的评估，还是全过程的评估，均需要根据公共关系评估的目的来确定。只有明确目的后，才能确定评估的对象、内容、重点、搜集资料的方法以及应该注意的问题，并保证评估工作的顺利进行。

2. 确定评估的主持者

从实践来看，公共关系评估一般可以分为自我评估、组织评估和专家评估三种形式。自我评估是由主持和参与公共关系工作的人员凭自我感觉评价工作的效果，这种评估既有反映工作真实状况的一面，也存在着不可靠的一面。组织评估是由组织负责人出面主持，由组织各部门的负责人或有关人员参加对公共关系工作进行评价，这种评估能全面反映组织成员对公共关系工作的认识。专家评估是由组织出面聘请外部公共关系专家或顾问对公共关系工作进行评价，并提出有价值的意见和建议。评估究竟由谁主持，应根据评估的目的或视具体情况来确定。

3. 选择适当的评估标准

进行准确、有效的公共关系评估，必须选择适当的评估标准。由于公共关系的评估对象是公共关系活动及其成效，对这些不同的对象应考虑用不同的评估标准来进行检查、分析和衡量。例如，对公共关系活动评估，评估的标准可以考虑采用公共关系计划，即公共关系活动是否按公共关系计划进行；对公共关系成效评估，评估的标准可以考虑使用公共关系目标，更具体的标准则对目标进行细分并具体化，以考虑公共关系活动的结果是否达到了组织期望达到的目标。因此，社会组织应根据公共关系评估的目的、对象和内容来选定可靠的公共关系评估标准，才能使评估工作顺利展开，从而保证结果的准确、可靠。

4. 确定搜集评估资料的最佳方法和途径

为保证评估结果尽量客观、公正和准确，不能单凭公共关系部门和人员的自我感觉和认识进行评价，还要采用科学的计量方法，使定性分析和定量分析相结合。为使评估更加可行，结果更加可信，在搜集评估资料的过程中，应根据评估的目的及所需资料的内容和范围适当选择调查的途径和方法。对一些公关项目，评估所需的资料应同样采用公共关系调查阶段所用的渠道和方法搜集，以增加现时和过去公共关系状态和组织形象地位的可比性。

5. 开展评估

通过各种方法和途径搜集的资料，数量往往很多，其中有些资料可能杂乱无章、片面和不真实，所以对这些资料应该根据评估的目的和内容，通过系统地整理分析后，才能作为评估的材料和依据。在此基础上，再把公共关系的活动情况及结果与公共关系计划或目标进行对比分析，才能确定公共关系计划、目标完成和实现的程度及其原因，从而对整个公共关系活动过程及其结果进行全面、准确的评估。

6. 评估结果的汇报

评估完成后，必须把各种评估意见进行整理、分析和总结，最终以书面报告形式向组织的管理层和决策层汇报。评估报告的基本内容应包括工作过程、目标完成情况、预算执行情况、取得的成绩、仍存在的问题和差距以及采取的相应对策等。通过评估结果的汇报，既可以充分说明公共关系工作的重要性，同时又有助于保证领导及时掌握情况，以便对组织进行有效的管理和控制。

7. 评估结果的利用

公共关系评估的最终目的是促进今后的公关工作。为此，组织的领导人和公关人员必须对公共关系评估的结果给予高度重视并将其用于决策。这包括两方面的内容：一是把评估结果用于未来的公共关系决策，促进公共关系状态的改善和公共关系事业的发展；二是把评估结果用于组织总目标实现、总任务完成的决策，促进组织经营管理目标的实现。

6.4.2 公共关系评估的方法

公共关系评估的对象和内容主要是公共关系活动及其结果，因而可将公共关系评估的方法分为活动评估方法和结果评估方法。

1. 公共关系活动评估的方法

公共关系活动评估是一项过程性评估，它主要检测、评价公共关系活动是否按预定的计划进行，其目的就在于控制和协调公共关系活动，努力实现既定目标，以避免公共关系活动的失败。具体来说，公共关系活动评估可分为公共关系调查评估、公共关系计划评估及公共关系传播评估三种，因而公共关系活动评估的方法也可分为以下三类。

（1）公共关系调查评估的方法

在公共关系调查过程中或结束后，应该对公共关系调查活动及其搜集的资料进行验证和分析。这一评估有利于发现调查中是否存在问题，并提供及时补救。

对调查计划和方案的可行性研究的主要方法是：① 逻辑分析，即用逻辑学的原理和方法对调查计划和方案的可行性进行检验和分析；② 经验判断，即用以往的实践经验对调查计划和方案的可行性进行分析和判断；③ 试验分析，即通过小规模的实地调查对调查计划和方案的可行性进行检验和评价。

（2）公共关系计划评估的方法

公共关系计划评估主要是对公共关系目标、活动项目以及计划编制等内容进行评价和分析。这一评估的目的是预先发现漏洞，进一步审定或调整计划与战略，改进方案的实施过程，以增强信息说服力，避免宣传发生负效果，提高计划的可行性。

对公共关系计划评估的主要方法有：① 经验判断，即用以往的实践经验对公共关系计划和方案的可行性进行检验和分析，这种方法没有完全客观的标准，易受到评估者主观因素的影响；② 试验分析，即通过小范围的试验对公共关系计划和方案的可行性进行验证和分析。

（3）公共关系传播评估的方法

在公共关系传播过程中或结束后，也应对公共关系传播活动进行评价。

对制作并发送信息数量的衡量。其主要方法是清点并统计制作、发送信息资料以及开展其他宣传活动的数量。

对接受信息，也称之为信息曝光度的衡量。其最常用方法是：① 搜集剪报，检查报刊索引和广播电视记录，以统计信息被新闻媒介采用的数量；② 统计新闻媒介的发行量，推算可能阅读报刊或收听、收看广播电视节目的人数，以测定接触信息的公众数量；③ 统计展览、演讲、专题活动等的人次，也能反映组织开展公关活动的影响程度。

对信息准确度的衡量。其常用的方法有：① 内容分析，通过对信息资料的分析来观测目标公众的数量；② 受众调查，通过选择小组座谈、个人访问、电话访问或问卷调查等方法来调查公众对信息的理解程度。

2. 公共关系结果评估的方法

这种方法又称为公众行为检测法，它是一项总结性评估，主要检测、评价公共关系活动对目标公众的作用和影响程度，以及整个公共关系目标的实现程度，其目的就在于了解公共关系工作的效果，因而又称为公共关系效果评估。一般包括以下几个内容。

（1）公众态度变化情况评估的方法

这种方法又称为事前事后测验法，它是对公众在开展公共关系活动前后对组织的认识、了解和理解等的变化进行调查比较，即通过调查公众态度变化的基本情况和趋势，判断、评估公关活动的效果。

（2）公众产生行为的数量评估的方法

常用的方法有：① 自我报告法，由公众自己说明行为变化的方向、程度和原因；② 间接观察法，公共关系人员利用仪器或有关部门的记录对公众行为进行观察。

综上所述，公共关系评估在公共关系工作中占有重要的地位，因而公共关系评估不应是公共关系工作的附属物或公共关系工作的事后补救措施，而应是整个公共关系工作的重要组成部分和重要内容之一。切实开展公共关系评估工作，有助于提高我国公共关系工作的科学性和水平，有助于我国公共关系事业的健康发展。

复习思考题

1. 公共关系工作程序包括哪几个阶段？试举例说明它们之间的关系。
2. 简述公共关系调查研究的基本内容和常用方法。
3. 在组织初创期、发展期、衰退期、危机期等不同条件下，企业应选择何种公共关系活动模式来实现组织的最终目标？
4. 在实施传播过程中如何把握好时机？
5. 试述公共关系评估的方法，并结合实例说明。
6. 运用所学的知识，为某公司起草一份该公司公共关系调查报告。
7. 为自己所在的学校或学院拟定一份"××大学（学院）××周年校庆活动策划书"。

案例分析题

案例6-1　　北京喜来登长城饭店的日常调查与策划

北京喜来登长城饭店是1979年6月由国务院批准的全国第三家中外合资合营企业。1983年12月试营业，是北京6家五星级饭店中开业最早的饭店，是北京第一座玻璃大厦。

随着改革开放的深入发展，北京新建的大批高档饭店投入运营，饭店业竞争日益加剧。北京喜来登长城饭店之所以能在激烈的竞争中立于不败之地，成为京城饭店的佼佼者之一，除了出色的推销工作和优质服务外，饭店管理者认为公共关系工作在塑造饭店形象上发挥了重要的作用。

一提到北京喜来登长城饭店的公关工作，人们立刻会想到那举世闻名的里根总统的答谢宴会、北京市副市长证婚的95对新人集体婚礼、颐和园的中秋赏月和十三陵的野外烧烤等一系列使北京喜来登长城饭店声名鹊起的专题公关活动。北京喜来登长城饭店的大量公关工作，尤其是围绕为客人服务的日常公关工作，源于它周密系统的调查研究。

北京喜来登长城饭店日常的调查研究通常由以下几个方面组成。

（一）日常调查

1. 问卷调查。每天将表放在客房内，表中的项目包括客人对饭店的总体评价，对十几个类别的服务质量评价，对服务员服务态度评价，以及是否加入喜来登俱乐部和客人的游历情况等。

2. 接待投诉。几位客务经理24小时轮班在大厅内接待客人反映情况，随时随地帮助客人处理困难、受理投诉、解答各种问题。

（二）月调查

1. 顾客态度调查。每天向客人发送喜来登集团在全球统一使用的调查问卷，每日收回，月底集中寄到喜来登集团总部，进行全球性综合分析，并在全球范围内进行季度评比。根据量化分析，对全球最好的喜来登饭店和进步最快的饭店给予奖励。

2. 市场调查。前台经理与在京各大饭店的前台经理每月交流一次游客情况，互通情报，共同分析本地区的形势。

（三）半年调查

喜来登总部每半年召开一次世界范围内的全球旅游情况会，其所属的各饭店的销售经理从世界各地带来大量的信息，相互交流、研究，使每个饭店都能了解世界旅游形势，站在全球的角度商议经营方针。

这种系统的全方位调研制度，宏观上可以使饭店决策者高瞻远瞩地了解全世界旅游业的形势，进而可以了解本地区的行情；微观上可以了解本店每个岗位、每项服务及每个员工工作的情况，从而使他们的决策有的放矢。

综合调查表明，任何一家饭店，光有较高的知名度是远远不够的，要想保持较高的"回头率"，主要是靠优质服务，使客人满意。怎样才能使客人满意呢？经过调查研究和策划，喜来登集团面对竞争提出了"宾至如归方案"。计划中提出在3个月内对北京喜来登长城饭店上至总经理，下至一般服务员进行强化培训，不准请假，合格者发证上岗。在每人每年100美元培训费基础上另设奖金，奖励先进。其宗旨就是向宾客提供满意的服务，使他们有宾至如归的感觉。随着这一方案的推行，饭店的服务水平又有了新的提高。

问题

1. 北京喜来登长城饭店在公共关系调查方面对我们有何启示？
2. 如果你是一位总经理，你认为还应从哪些方面来做好日常的公共关系工作？

案例 6-2　　　　　　奥克斯年度商务大会活动案例

一、项目背景

在 2007 年空调行业淡季中，奥克斯通过内部的整合和提升，实现了从价格竞争向价值竞争的战略转型，明确提出 8 年之内成为中国空调行业第一、二年之内进入空调行业前三的战略目标。而这一战略目标的实现所依赖的就是价值竞争战略的实施，通过自身的变革，奥克斯已经为新的目标和战略做好了准备。但是，奥克斯深刻地认识到，价值竞争不是企业单体的竞争，而是上下游价值链合作能力的竞争。因此，新的目标和战略需要广大经销商、供应商和所有合作伙伴的认同和配合，让他们了解和认同奥克斯的现状和未来，凝聚他们的信心，成为本年度商务大会要解决的核心问题。

商务大会邀请 500 多名经销商代表、政府官员、行业协会代表和媒体代表齐聚北京稻香湖景酒店，通过主题发言、趋势论坛、"A 计划"发布、新品发布、"奥奥联盟"合作纪念仪式、激光焰火主题晚会等环节，探讨奥克斯如何实现成功转型和价值竞争新战略，并预测行业发展趋势，激发和传递奥克斯携手广大经销商共创未来的激情，以此推动奥克斯产品营销，提升奥克斯品牌形象。

二、项目调研

根据奥克斯积累的资料和专业调查公司提供的空调行业调查报告显示，空调行业的激烈竞争正在进一步升级，已经由价格竞争转向技术、服务和品牌的竞争，品牌集中度不断加强，强者分割市场、弱者出局是发展大势。未来三年将会是空调市场"华山论剑"的时期，是空调品牌重排座次的最后机会。而空调市场和品牌格局的变化，必将影响经销商对空调品牌的选择，引起经销商与空调企业合作关系的变化。在这一变化到来之前，与广大经销商进行深入沟通，不但是必要的，而且是一个非常好的时机。

在 2007 年空调行业淡季中，奥克斯进行了品牌、产品、团队、产能和营销的五大整合，实现了企业发展战略从价格竞争向价值竞争的转型，在商务大会上向经销商传递以上信息，同时发布以"A 计划"命名的新战略，对经销商具有很强的说服力和吸引力。

从调研的情况看，商务大会面临的挑战主要有：一、如何通过恰当的主题和议题策划，将奥克斯对空调行业发展趋势的判断、奥克斯的成功转型及其竞争力的提升、奥克斯新战略等信息清晰、准确、有力地传递给与会经销商；二、如何通过大会内容和形式的创新，从现场效果上强化奥克斯变革创新的勇气，问鼎未来的胸怀和大气；三、如何使大会产生良好的媒体传播效果，更广泛地覆盖那些没能参加大会的经销商，并对本年度淡季的营销和品牌传播有所贡献。

三、项目策划

主题和议题策划

商务大会的核心目标在于传达奥克斯问鼎未来的实力和抱负，凝聚经销商与奥克斯共赢未来的信心。因此，"未来"成为商务大会的关键主题词。在过去的 13 年中，奥克斯通过"爹娘革命""空调白皮书""一元空调"等一系列营销创新，用价格武器占有市场，冲入行业第四。而今天的转型，明天的"A 计划"，都在更加坚实的基础上，展现了奥克斯"敢想、敢做、敢创新、敢为空调行业领导者、敢为下一个中国传奇"的独特个性和梦想。通过这种分析，在与奥克斯营销团队多次探讨的基础上，确定了"未来，由敢而生"的大会主题。

商务大会的议题按照历史、现状、未来三个角度进行设置,结合空调行业宏观环境的历史变化,探讨奥克斯在战略、管理、产品、技术、团队、品牌、营销、服务等方面不断实现的创新和变革。重点议题是当前空调行业的发展趋势,奥克斯为迎接空调行业调整所实现的战略转型和系统提升。

活动策略

冗长的与会嘉宾名单介绍,枯燥的各方领导讲话,常常会使会议现场情绪和氛围变得沉闷。而且,奥克斯每年都举行一次商务大会,多数经销商也习以为常。为此,必须营造一个富有变化、层次和节奏感的现场气氛,让经销商对这次大会及其所传播的信息留下深刻印象。我们选择的策略是利用高科技手段实现会场布置和舞美设计的创新。同时,设计了"A计划"发布、空调新品发布、"奥奥联盟"纪念仪式、激光焰火主题晚会等活动形式,从多个角度演绎大会主题和议题。还根据大会行进环节和节奏策划了相应的主题宣传片、乐队演奏,将平铺直叙的演讲和论坛进程予以分割和衔接,对现场氛围予以烘托和渲染。

传播策略

在商务大会的策划过程中,活动内容和形式的设计不只考虑了现场的经销商,而且考虑了媒体需求,力图在大会特色、风格和摄影效果等方面引起媒体关注,使大会成为媒体热议的空调行业淡季营销亮点。

对商务大会的相关信息进行充分挖掘,从不同角度撰写了4篇新闻稿和1篇评论稿。在媒体组合上,采取了会议或论坛经常使用的网络媒体直播和平面媒体发稿相结合的常规手法。此外,充分利用邀请函、会议手册、视频短片等受控媒体,辅助强化传播效果。设立媒体服务中心,为参会媒体提供多种介质的文字和图片资料,包括新闻稿、背景资料、行业数据等,在宾馆和现场提供便捷的网络服务。通过细致周到的媒体服务,扩大媒体传播效果。

四、项目实施

8月中旬,向经销商和媒体发送邀请函以及新闻背景资料。新闻背景资料从行业趋势、战略转型、营销竞争、渠道模式、奥运营销多个角度阐明商务大会对本年度空调行业淡季可能产生的影响。

9月7日,商务大会在北京稻香湖景酒店召开。政府和行业协会领导,经销商代表,CCTV-2、新华社、人民网、热讯家电网、《市场报》《中国经营报》《第一财经日报》等50多家媒体代表,共500多人出席大会。舞台区由"A""U""X"三个蓝色英文字母组成。运用开合式视频、翻转式栅格、旋转式舞台等现代高科技手段,使整个现场不但大气磅礴,而且还不失现代感的细腻。再加上精心制作的视频短片和开场交响乐演奏,给与会嘉宾带来强烈的视听冲击,引起他们对大会进程的高度关注和期待。

在主题演讲和趋势论坛环节,政府领导、行业领导、经销商代表分别就"有敢""有为""共赢""共生"做主题演讲,探讨空调行业的发展,以及奥克斯13年的创新变革之路。奥克斯集团领导在主题演讲和论坛讨论环节突出介绍了奥克斯在去年淡季为实现战略转型所做的五大整合和三大提升,全面阐述了"A计划"的内容。在这两个常规性会议环节中,奥克斯核心信息被反复沟通、准确传达。"A计划"发布仪式采用开合式大屏幕打开的启动方式,奥克斯11位高层领导集体亮相,共同点亮分别代表品牌、技术、网络、服务、团队五个不同颜色的A字。空调新品发布现场清新自然,春笛、夏萧、秋笙、冬唢四段幕间曲以及相应的舞美变化,营造出春、夏、秋、冬四幕场景,诠释本年度奥克斯空调健康、节能、家居一体化、人性化、时尚化的特征。"奥奥联盟"纪念仪式以翻日历牌的方式,再现去年6月12日奥克斯与国家奥林匹克体育中心正式结盟为"独家战略合作伙伴"的时刻,向经销商传递奥克斯抓住奥运营销、实现大品牌崛起的决心。而晚上的激光焰火主题晚会分为"敢之源""敢之道""敢之情""敢之果"四个篇章。从酒店楼顶平台区发射的"飞火流星",在夜空中引爆"AUX",七彩激光和特效礼花炮同时开启。夜幕、湖面、音乐、激光、焰火等元素的交织配合,营造出流光溢彩、神奇绚丽的现场效果。

五、项目评估

商务大会前期准备充分,现场执行流畅,现场传播和媒体传播效果突出。

大会结束后,就执行效果向30多位经销商进行调查,他们认为现场效果令人耳目一新,激光焰火主题晚会获得一致好评。超过80%的经销商认为奥克斯已经实现了从价格竞争向价值竞争的战略转型,"A计划"被认为是鼓舞人心而且切实可行的。

媒体传播统计,CCTV-2"全球资讯榜"栏目播发新闻1条,人民网、热讯家电网等对大会做了文字直播,平面媒体发稿200多篇。4篇新闻稿和1篇评论稿全部成功发稿,以这些稿件标题作为关键词在百度进行搜索,截至2008年4月14日,搜索结果合计798条。商务大会不但提升了奥克斯品牌形象,而且为本年度奥克斯空调营销成功地树立了一个战略高地和传播高地。

问题

简述"奥克斯年度商务大会活动案"的全套操作程序,说明其有何特色。

案例6-3　　　　亚都"收烟"的风波

5月30日是世界禁烟日,颇具声势和规模的戒烟活动在全国各地接连举行。黄浦江畔的上海外滩,由上海市吸烟与健康协会主办的万人戒烟签名活动如期举行。政府官员、接受咨询的专家学者和闻讯而至的市民云集陈毅广场。以生产空调换气机在市场上"闹腾"得颇为火爆的北京亚都科技股份有限公司上海办事处斥资30万元,也介入了这次活动。

在活动的前一天,亚都公司在上海有影响的两家报纸上,以"亚都启事"为题打出广告:"请市民转告烟民——亚都义举,全价收烟"。具体内容是,亚都公司按市价收集参加此次活动的烟民的已购香烟,并在公众的监督下集中销毁。为使活动顺利圆满,亚都的工作人员兑换了用于收烟的5万元零币,购置了"销烟"用的大瓷缸、生石灰,并按当地商场的零售价格核准了烟价,可谓万事俱备。

上午10时,活动开始后,人群向亚都戒烟台前聚集并排起了长队。队列中既有老者,也有时髦女郎,还有小孩,这与亚都人设想中的烟民形象相去甚远。更引人注目的是,排队中的许多人拎着成条的香烟,少者一两条,多者达20条,绝大多数还是价格不菲的"中华""红塔山""万宝路"等高档香烟。但从外包装上一眼就能看出是假烟。精于计算的上海人让亚都的工作人员乱了阵脚。收烟台前,为了鉴别烟的真假,吵嚷、争吵之声时有所闻。为使活动得以进行,亚都公司临时决定,每人只限换一条,香烟是真是假也不再计较。可烟民也有对策,让工作人员奈何不得。

下午2时，亚都公司的5万元现金已经用光，宣布活动结束。尚在排队的数百名烟民不干了，他们把收烟台和10余名工作人员团团围住，纷纷指责亚都公司"说话不算数"、活动内容和广告不符云云，并对工作人员有撕扯、推搡的现象。双方僵持了约半个小时，仍没有缓和的迹象。为平息事态，尽早脱身，工作人员只得拿出200件文化衫免费发送。之后，在闻讯赶来的保安、巡警的协助下，工作人员才得以离开广场。

问题

1. 试分析亚都"收烟"活动失败的原因。
2. 请运用公关的四步工作法为上述活动设计一套操作方案。

实务篇

第7章 新闻传播与广告策划

学习目标

- 熟悉新闻事件策划的范围与方法技巧;
- 掌握新闻内容的选择与新闻稿撰写;
- 把握广告的内涵与种类;
- 明确公共关系广告与商品广告的关系;
- 了解公共关系广告的类型与策划技巧;
- 了解新闻发布会的准备和注意事项。

案例导入

制造新闻案例①

美国星闪食品公司是猫食"九命猫"的制造商。猫的食品,技术含量低,怎样才能使自己的产品受到欢迎,让消费者乐于购买?美国星闪食品公司的做法如下。首先,为企业的产品创造一个猫的代言人"毛丽丝",然后围绕它创造出了一系列有新闻价值的事件。

① 在九个主要市场发起一场竞赛,寻找与毛丽丝"面目相似"的猫,然后将其照片刊登出来,并大量登载有关寻找面目酷似的猫的新闻报道。

② 出版一本书:《毛丽丝——亲切的传记》,描写这只猫的各种冒险活动。

③ 设立令人垂涎的"毛丽丝"铜质雕像奖,奖给在地区猫展上评选出的猫的主人。

④ 倡议发起"收养猫月"。推出毛丽丝作为"猫的正式发言人",敦促人们像毛丽丝曾经被收养那样收养迷路的猫。

⑤ 分发一本照管猫的小册子:《毛丽丝法》,告诉人们如何照管猫。

所有这些活动,使"毛丽丝"名声大振,也使它宣传的猫食成了著名品牌。如果没有新闻制造,这家企业要想吸引大家的关注、成为民众的焦点,谈何容易。

第5章阐述了公共关系传播的基本原理,本章介绍公关传播活动中的一些常用方法及操作实务,包括公关关系新闻传播和公共关系广告。在现代社会,公共关系新闻传播以其影响面最广、影响力最大、影响速度最快而在公共关系实务中处于越来越重要的地位。大多数公共关系学者认为,与新闻界打交道,利用新闻媒体,将信息传达给目标公众,是公关工作最突出的作业特征。

公共关系传播担负着将社会组织的信息准确、及时、高效地传递给社会公众的基本任

---

① 资料来源:http://media.open.edu.cn。

务。在完成这一任务的过程中，可以借助多种手段，如人际传播、群体传播，但最有影响力、最能大范围地传输信息的手段还是专业的大众传播手段，这种手段的核心就是新闻传播。新闻传播可以提高社会组织的知名度和美誉度，创造良好的社会舆论氛围，提高和推广社会组织良好的公众形象。

一般来说，新闻是对新近发生的、重要的、有意义的、能引起广泛兴趣的事实的报道，其内容是那些尚未被接受者所知道的信息。它产生于人们在社会活动中了解和沟通实情的需要，其特性是向公众传递各种信息。

公关新闻则是社会组织对自身出现的有意义的和有影响的事件，借助于大众传播媒介向公众传递社会组织信息的一种传播活动。这种从社会组织自身方面确定的公关新闻有两种含义：一种是新闻发布，另一种是制造新闻。因此，公共关系新闻传播的主要工作包括新闻事件策划和撰写新闻稿。

7.1 新闻事件策划

1. 新闻事件策划的含义与范围

策划新闻事件也可以理解为"制造新闻"，它是指公关人员在真实的、不损害公众利益的前提下，有计划地策划、组织、举办具有新闻价值的活动、事件，以制造新闻热点，吸引新闻界和公众的注意与兴趣，争取被报道的机会，并使所报道的消息尽量产生轰动效应，以提高社会组织的知名度，扩大社会影响。

制造新闻有其独具的特点。首先，制造新闻不是捏造新闻。公关活动的"制造新闻"，是组织在尊重客观事实的基础上，以社会组织的利益为重，为达到组织的一定目的而策划的。新闻可以策划，也可以制造，但不能无中生有，不能伪造。其次，策划出来的新闻总有独特之处，能够引起公众的关注。此外，制造出来的新闻由于是事实，又能吸引人，所以能明显提高组织的社会知名度。

制造新闻的过程，也就是对社会组织内部具有新闻价值的东西进行发掘、收集、筛选、整理的过程，是对新闻素材的观察、了解与发现。

由于社会组织目标不同、需要不同，其构成公关新闻的范围也有所区别。例如，对一个企业来说，构成公关新闻的主要事物有以下几种。

① 企业改革。如企业的组织制度、管理制度等方面的改革，并且这种改革具有创新性、典型性的社会意义。

② 新的技术或新的成就。如新产品的研发成功并投放市场；新工艺的试验与投入，并获得了奖项或填补了国内空白；新成就的取得与发展，并对国家或地方财政做出了重要的贡献，等等。

③ 介绍组织独特的理念或独有的管理方式，以及服务社会的创新举措，特别是组织独有的优势。

④ 重大的战略性行为。如联合、兼并、重要的人事变动等。

⑤ 企业重大的活动。如周年纪念、奠基仪式等。

⑥ 企业参加社会公益活动。如赞助体育比赛、开办希望小学、植树造林等。

⑦ 企业事迹。如员工的模范事迹，获得的社会殊荣，企业承担社会责任方面的良好表现，等等。

政府机关和服务行业等其他各类社会组织也有与之相应的构成公关新闻的主要事物，在此就不一一列举了。

2. 新闻事件策划的方法与技巧

新闻事件策划是一种技巧性、艺术性很强的公共关系实务活动，需要充分发挥策划人员的创造性和智慧，有时更需要策划人员的偶然灵感和直觉，并无固定的模式。但这并不代表新闻策划无规律可循，事实上，通过系统地分析大量公共关系案例，还是可以找出一些带有普遍意义的方法与技巧。

① 抓住公众在某一时期关注的热点制造新闻。在不同地区的不同时期，有大多数公众都十分关注的重大事件，围绕这些事件会形成当时当地的热门话题。因此，社会组织如果能把自己的活动与这些热点有机结合起来，从公众的需求和社会组织的需要出发来制造新闻，就会对一大批公众产生影响，从而引起新闻媒介的关注。

> **实例**
> 2003年"非典"疫情暴发时，一个名叫"威露士"的洗手液产品抓住这一时机，与媒体合作，率先在广深两地大规模无偿捐赠6万瓶洗手液，同时，威露士也大力宣传产品，成立专门应急小组，"防止病从手入，请用威露士洗手液"系列广告与广州各大媒体疫情报道同步出现，其将自身品牌诉求更快地圈定在"家庭消毒"上，一举奠定了在消毒洗液市场的霸主地位。

② 抓住事件的新闻价值。一个事件的新闻价值就在于它的"新、奇、特、巧、妙"上，公关人员必须别出心裁，使公共关系活动具备这几个条件，抓住这几点去制造新闻，即突出主题的"新"、形式的"奇"、内容的"特"、方法的"巧"、效果的"妙"。

> **实例**
> 美国一家剧院演出歌剧，临开场，前边第一排正中的八个位子仍然空着，就在灯光渐暗、音乐响起、大幕即将拉开的时候，从大门走进八位绅士，一色的黑色晚礼服和高筒大礼帽，排成一排，迈着整齐的步伐走到第一排的八个空位，全场的注意力都被吸引过来了，好奇地看着他们，八个人一起转身面向观众，然后齐刷刷地一起摘下礼帽，每个人都是光头，每人头顶上都醒目地写着一个字母，合起来就是cocacola。毫无疑问，可口可乐这精彩的一幕给观众留下了鲜明而生动的印象。

③ 事先制造一些热烈气氛，使公众有些心理准备，以强化制造新闻的效果。在媒体高度竞争、追求"眼球经济"的今天，要想成为新闻并不容易。因此，很多社会组织在制造新闻时，会有意识地制造一些悬念以吸引公众和媒体的注意力，或者事先就制造一些热烈气氛，使公众有一种先入为主的感觉。

④ 制造新闻时，要有意识地把企业和某些权威人士或社会名流联系在一起，即发挥"名人效应"。社会名流、明星、权威人士往往是媒体的宠儿，他们的一举一动都会成为媒体追逐的对象。因此，如果能把社会组织制造的新闻事件和名流、明星、权威联系起来，被报道的机会就会大增。

飞鸽自行车的特殊使命

1989年2月，美国总统老布什访华。天津飞鸽自行车厂抓住这个难得的机会，毛遂自荐，向布什总统和他的夫人芭芭拉各送一辆最新型号的"飞鸽"牌自行车。我国政府的有关领导考虑到布什夫妇当年在北京联络处任职时非常喜欢骑自行车上下班和外出旅游，也就同意了飞鸽自行车厂的请求。

当我国政府领导人将两辆飞鸽自行车赠送给布什夫妇时，他们异常高兴，布什甚至还跨上自行车骑了起来。这条消息全国130多家报纸都作了报道。不久，一批外商专程来天津看样订货，法国一客商一下子订了30 000辆飞鸽自行车。总统返美后，在白宫草坪上骑飞鸽车，再次被美国新闻媒介作了报道。一时间国外兴起一股争买"布什""芭芭拉"型"飞鸽"牌自行车的热潮，飞鸽自行车厂名声大振。飞鸽自行车厂送飞鸽车取得了公关、推销双重的成功。

⑤ 善于利用传统的节日或纪念日制造有关企业的新闻。到了春节、中秋、端午等传统节日，与家人、朋友团聚，叙亲情、讲友情又成为人们的首选话题。社会组织可以利用这一时机制造新闻，引起人们的关注。

⑥ 注意和各新闻媒介联合举办各种活动，以增加企业在新闻媒介中出现的机会。制造新闻能不能成功，其标志是能不能引起新闻界注意并加以报道，新闻媒体是最后的"把关人"。所以在某种程度上，制造新闻"谋事在组织，成事在媒介"，这就要求社会组织与新闻界建立良好的关系。为此，一方面社会组织的公共关系人员要了解新闻界的经营宗旨、经营风格、报道重点和工作方式，以便有的放矢地策划新闻；另一方面，社会组织要注意与新闻机构联合举办活动，在活动中增进与新闻媒体的关系，从而增加被新闻媒体报道的机会。

⑦ 要审时度势，找到最佳的新闻制造时机，做到出奇制胜。制造新闻要产生好的效果，在传播新闻的时机上要注意艺术性，善于把握新闻发布时机，争取更大限度地提高和发挥新闻的价值。

看新闻稿如何帮助企业应对危机公关

在微信圈、朋友圈，你可能都听到过这样一条消息：安利公司的老板56岁英年早逝，吃了一辈子纽崔莱，你还会再相信这个品牌以及它的保健品吗？笔者也在与朋友的闲聊中听到这样的消息，还对纽崔莱的品牌产生了些许质疑，当时也没看到有安利公司出来辟谣的信息。后来，再看到各车站关于安利纽崔莱的广告也觉得暗藏着一丝讽刺意味。然而，这篇新闻稿的标题却一下子抓住了笔者的眼球"安利创办人耄耋之年再出新书 早逝谣言不攻自破"。什么？安利的老板还活着！于是就迫不及待想要阅读里面的内容，了解事情的真相。

这篇新闻稿的标题无疑是吸引人的，能一下子调动读者阅读下去的欲望。"安利的老板怎么还活着？出了什么书？"读者的问题在第一段就可以看到答案：87岁的作者新书 Simply Rich 及新书的中文版即将出版。还有这位安利创始人理查·狄维士耄耋之年的两张配图。有图有真相，还是一位慈眉善目的老人，一下子拉近了这位老人，甚至安利这个品牌与读者的距离。

紧接着，文中第二段介绍了理查·狄维士的其他书籍及其获得的荣誉。在介绍这位传奇老人的荣誉时，特别提到了一句话："理查·狄维士作为美国梦的践行者和推动者，一直致力于通过自己的演讲和著述，传递奋发向上的人生价值和自由企业精神，并因此被美国共和党全国委员会授予最高荣誉：美国精神奖。"这里，新闻稿对安利这个品牌所倡导的"人身价值和精神"只字未提，却从公司创始人的精神描述中侧面宣扬了其所创始的公司也拥有同样积极的价值观。

在两段精要的文字之后，新闻稿内容一转，提到了"安利老板英年早逝"的谣言。看到这里读者是否已经对这位创始人甚至他所带领的公司都有了充分的好印象，想要继续读下去，一探谣言的究竟？接下来的文字不仅交代了谣言的始末，还提供安利公司已经发布声明，要追究造谣者的法律责任，论据非常有力。

文中接下来三小段再回到对安利创始人的介绍，但不是历数其功勋，而是重点讲诉这位老人积极的人生精神以及他的中国情。让中国的读者再次增加对这位安利创始人的好感。这三段文字并不太长，主要的信息却能与读者产生共鸣，让人愿意了解更多。

最后，新闻稿并未在一段安利公司简介或者纽崔莱品牌简介的单调乏味中结束，而是更有特别爆料，这位创始人——理查·狄维士——竟然还是奥兰多魔术队的主席！这个信息足以再次让读者震惊并留下深刻印象。

总的来讲，这篇新闻稿的标题颇能吸引读者，图文并茂、篇幅适中、架构紧凑，让读者可以一口气读完并感觉收获颇丰。试想，如果这篇新闻的标题是"安利发表声明 斥责网络谣言"，内容是义正言辞地谴责造谣者，你会饶有兴趣地读下去并相信这是事情的真相吗？

（来源：Diana. 美通社，2014 - 08 - 08.）

7.2 新闻稿写作技巧

新闻稿，是公关人员向新闻媒介投送的文字资料。写好新闻稿是公关人员必须掌握的一项技能。新闻稿的写作与一般文书不同，它具有自身的特点和要求。

1. 新闻内容的选择

按照通常的说法，对新近发生的事实的报道就是新闻。可是从社会、企业到家庭，每天发生的事情很多，究竟哪些可以作为新闻报道呢？这就涉及新闻价值的问题。也就是说，在社会上发生的众多事件之中，只有那些具有新闻价值的事件才值得报道，才值得通过大众传播媒介向社会广为介绍。

新闻价值是贯穿于新闻写作以及整个新闻传播过程中的重要规律，是记者、编辑、受众判断构成新闻的事实和材料所具有的价值要素的总称。用作公共关系新闻的事件的内容必须具有新闻价值，具体要求包括以下几点。

① 真实性。没有事实就没有新闻，杜撰的事件不是新闻。真实性不仅是新闻的生命，

同时更是社会组织的生命之所在,公共关系新闻不是文学作品或艺术品,不允许夸张和杜撰,更不是社会上的流言蜚语,来不得胡编瞎传,只能是社会组织真实面貌、真实情况的反映。

② 重要性。新闻的价值是由事件所蕴涵的意义决定的,一个事件对某个国家或地区的政治、经济和社会生活产生了一定的影响,那么这一事件就具有很高的新闻价值。这种具有重要性的事件特别容易受到新闻界的注意,一般都要放在显著版面上报道。

③ 特殊性。亦即显著性,是指新闻事件必须是在同一类型事件中具有明显特色的事件。俗话说:"狗咬人不是新闻,人咬狗才是新闻。"指的就是这个道理。一个事件与众不同或极为罕见、奇特,才能引起社会公众的普遍关注,才具有新闻价值。同样,"物以稀为贵",很少发生的事情,其新闻价值也很高。这些具有特殊性的事件也备受新闻媒介的注意,一般都要给予迅速报道。如一些企业的成绩、科技发明的价值、人物的重要性等超乎寻常,从而引起社会关注。

④ 及时性。越是新近发生的事情越能引起公众的兴趣和注意,特别是动态新闻,要求越快越好。好的新闻是抢出来的。即使是非常重要的事件,只要过了有效期,就不再是新闻,而是"旧闻"了。企业的公共关系人员一般应在事件刚刚发生时,就抓住机会进行传播,以达到传播的目的。

⑤ 接近性。离公众的空间距离越近的事情越能引起公众的兴趣和注意;跟人们心理越接近的事情越能引起人们的关注。这种具有接近性的事件得到报道,易于在公众那里引起共鸣,所以公共关系人员要深切了解社会生活,了解公众心理。

⑥ 人情味。一个被报道的事件与亲情、爱情、友情、人道主义等相关,它就具有了人情味。这种具有人情味的事件得到报道,易于打动公众。

2. 新闻稿撰写的步骤

(1) 选择材料

公共关系人员选择新闻材料的关键是考虑这些材料中哪些最具有新闻价值,而且还要考虑具有新闻价值的材料中哪些最能有助于达到此次公共关系的目的。同时,材料的选择要针对已选择好的新闻媒介和受众的情况。

(2) 确定写作形式

新闻稿的写作形式多种多样,有所谓倒金字塔式、画面式、对话式、散文式等。通常多采用倒金字塔式的写作方法,即把最重要的东西写在前面,整个结构按新闻事实的重要程度依次写下来。这一方面可让读者在最短的时间内读到最重要的信息,从而提高了信息传播效果;另一方面也便于编辑人员删节。

(3) 遣词造句

新闻稿在遣词造句上的总原则是准确精练、点到为止、通俗易懂、慎用术语、生动活泼、减少重复。在具体用词方面,有以下几点要注意:

① 避免使用高级形容词,尽量不用或少用最好、最高、最先进等形容词,以避免有自我吹嘘之嫌;

② 应尽量使用精确和具体的词汇,避免使用模糊和笼统的词汇;

③ 尽量少用专用名词和术语;

④ 少用冗长而复杂的句子,多用短句。

3. 新闻稿的结构技法

公共关系新闻与普通新闻一样，一般由五个部分组成：标题、导语、主体、背景、结尾。

（1）标题

标题是新闻的题目，又称为"新闻的眼睛"。俗话说："看书先看皮，看报先看题。"新闻标题对于吸引、引导人们阅读新闻具有举足轻重的作用，是新闻主题最简明、最有力、最好的体现。

制作新闻标题的基本要求如下。

第一，要贴切传神。新闻标题应从新闻中抽筋取髓，使读者望题而知文意；不能文不对题，更不能歪曲和虚构。

第二，要具体明了，突出主要新闻要素。

第三，要简练生动。新闻标题要求字少、句明、朗朗上口。最好能使人一见为之怦然心动，激起强烈的阅读兴趣。

（2）导语

导语是新闻的开头，通常是第一个自然段或第一句话，是新闻独有的结构语言。它一般由最新鲜、最重要的新闻事实或依托新闻事实的精辟议论组成，或者说，它概括了一条新闻的精华。新闻导语主要担负着三项使命：

第一，以省俭的笔墨反映出新闻的要点和轮廓，使读者一见即知新闻的主要内容；

第二，一语定意，为整篇新闻定下基调；

第三，吸引读者注意，最大程度地激发读者的阅读兴趣。

（3）主体

主体是新闻的主要内容所在，是全文的重点与关键部分。新闻反映的全部事实、来龙去脉、看法意见，都要写在这部分。它的作用包括：

第一，对导语提出的问题进行解释；

第二，具体展开导语中交代的主要事实；

第三，补充导语里没有揭示的事实。

新闻主体的写法主要有以下几种。

① 时序法。以时间或记者参观采访的顺序来组织材料。在分清主次详略的同时，理清条理线索。这种写法的最大特点是事物的来龙去脉清楚，读起来好记，写起来顺手。

② 逻辑法。按事件的逻辑层次组织材料，把事物的性质、类别、内容、功效等分别归纳，或并列，或递进，或从属，分成几个方面的问题来写。这种写法的特点是便于人们认识问题，能容纳复杂丰富的内容。

可作主体的内容应充实，尽量具体，多用典型的材料说明问题。在进行必要的说理时，最好将观点与材料有机结合起来。

（4）背景

新闻背景是指新闻所写事实产生的原因、社会环境及其与周围事物的关系等。它解释事件发生或人物成长的主客观条件及其实际意义，为烘托和发挥新闻主题服务。但它不是独立的结构部分，没有固定的位置，往往穿插于新闻主体之中。使用背景的目的是丰富内容，补充交代事物的前因后果，烘托主要事件。

(5) 结尾

结尾是指新闻的最后阶段、最后一句话。它的作用在于深化主题、照应全文，给读者以回味与联想。它的主要表现形式有以下几种。

① 归纳式。归纳式结尾是把新闻中的所有"头绪"归拢到一块，使它同导语遥相呼应。其形式类似"从那以后""至此""在此之前"等。

② 号召式。又称展望式，即展望前景，预测结局，预示新闻事件的发展趋势，令读者或感奋，或清醒，或激励前进，不达目的不罢休。

③ 启发式。启发式结尾对所报道的新闻事实不直接作出是非之答，而是余意不尽，让读者去思考，往往收到弦外之音的效果。

④ 小结式。又称分析式结尾，即对所报道的事实进行详尽的分析比较，或肯定成绩，或得出结论，或指出不足，使报道内容客观而全面，避免片面性。

从整体上说，新闻结构的五个组成部分都要包含六大要素，即回答五个 W（When 何时、Where 何地、Who 何人、What 何事、Why 何因）和一个 H（How 怎么样），将事情的来龙去脉、前因后果、经历过程交代清楚。

7.3 新闻发布会策划

新闻发布会是指特定的社会组织或个人把有关新闻单位的记者邀请到一起，宣布有关消息或介绍情况，让记者就此提问，由专人回答问题的一种特殊会议形式。它是传播信息、谋求新闻界对某一事件客观报道的行之有效的手段，也是社会组织搞好与新闻界关系的最重要的方式之一。

7.3.1 新闻发布会的酝酿

新闻发布会的特点是规格高、形式正规、成本高、隆重且深度广，对发言人和主持人的要求较高。因此，举行新闻发布会必须经过充分酝酿，认真考虑其必要性和可靠性。

首先，举行新闻发布会必须有恰当的新闻由头，所要发布的新闻有特殊意义、特别价值，具有专门召集记者前来予以报道的新闻价值信息；其次，选择好举行新闻发布会的最佳时机和切入方式。比如，发生重大事件，重要人物来访，重大庆祝日或纪念日等。最后，公关人员应善于筹划或制造新闻，通过有计划的引导、推动或挖掘，帮助组织制造出实实在在的新闻来，而不是弄虚作假。

要使新闻发布会成功召开，达到预期的效果，在发布会召开之前、召开之中、召开之后要做很多方面的工作。

7.3.2 会前的准备工作

新闻发布会会前准备工作主要有以下几个方面。

1. 明确目的，确定主题

主题是新闻发布会的中心议题。社会组织要从新闻媒介和社会公众的角度出发，确定会议的主题和信息发布的最佳时机。再进一步考虑这个主题是否非常重要，是否具有新闻价值,能否对公众产生重大影响,此时召开新闻发布会是否适宜等,并以此确定会议的中心议题。

2. 选择恰当的时机

一般应尽量避开节假日和有重大社会活动的日子,以免记者不能参加发布会或冲淡会议。但如果新闻发布会的主题与这些事物有内在的联系,则同期举行也可能会锦上添花。关键要统筹谋划,权衡利弊。会议时间一般宜控制在一小时以内,对无关或过长的提问应有礼貌地予以制止。会议应有正式结尾。

3. 选择合适的地点

举办新闻发布会,在地点选择上主要考虑给记者创造各种方便采访的条件。场合的大小、设备的完整、环境的舒适、交通的便利等都要考虑周全。选择一个良好的环境,既气派又节俭,并富于时代感和体现企业精神,如可安排在某一饭店或会议室、公关俱乐部机构等。会场要具备必要的照明设备、视听设备和通信设备等,并且要安静,不受电话干扰,要有舒适的座椅以便记者就座。

4. 做好邀请和接待

邀请的记者覆盖面要广,各方新闻机构都应照顾到。不仅要有报纸杂志记者,还要有电台、电视台的记者,不仅要有文字记者,还应有摄影记者。特别注意对记者要一视同仁,不能厚此薄彼。发邀请信时,认识的记者可以发给本人,不认识的可以发到新闻机构,并且在会议举行前要及时用电话联系落实记者出席情况。邀请时除电话通知外,最好使用请柬以示庄重、热情、有礼。如有条件可设临时休息室,准备简单的烟茶款待。必要时,可赠送与会议宣传有关的礼品或纪念品。

5. 选定主持人和发言人

由于记者的职业习惯,提问大都尖锐深刻,有时甚至很棘手,这对主持人和发言人提出了很高的要求。会议的主持人和发言人必须思维敏捷,反应快,有较好的语言表达能力,面对记者的提问能够应对自如、游刃有余。主持人一般应由有较高专业技巧的人担任,发言人则应是对社会组织整体情况及方针、政策、计划都十分了解并具有权威性的社会组织高级领导。

青岛双星集团总经理汪海一次到美国考察,在记者招待会上,一位记者问"双星"的含义,汪海微笑答到:"一颗星代表东半球,一颗星代表西半球,我们要让'双星'牌运动鞋潇洒走世界。"当时在场的另一位记者立刻问到:"请问先生您脚上穿的是什么鞋?"这一尖锐的提问极易造成尴尬局面。如果汪海自己穿的不是"双星"怎么办?这时汪海并不慌,自信地答道:"在贵国这种场合脱鞋是不礼貌的,但是这位先生既然问起,我就破例。"于是脱了自己的鞋并高高举起,指着商标处大声说:"Double star! Double star!"这一举动立即赢得场下雷鸣般的掌声。记者们争相拍下这一镜头。次日,美国纽约各大报纸在主要版面上纷纷刊登出这一幕的照片。这就是汪海作为发言人的智慧。他通过睿智幽默的言行,不仅抓住了记者的心,且对本公司的产品作了一次巧妙宣传。

6. 准备好各种会议资料

公关人员在会议召开前,应在组织内部统一口径,组织专门小组负责起草发言稿,全面、认真收集有关资料，写出准确、生动的发言稿。并且可以写出新闻报道提纲，在会上发给记者作为采访报道的参考。这些都有利于加强记者的感观印象和理解，资料一般以书面形式提供，也可采用另外附电脑光盘、软盘的形式，会前会后还可以安排现场参观。

7. 做好预算

应根据新闻发布会的规格和规模做好经费预算。经费预算应考虑全面并留有余地。新闻发布会的费用项目一般包括场租费、会议布置费、邮电费、印刷品、交通费、住宿费、音响器材、相片费、茶点或餐费、礼品、文具用品等。

7.3.3 会中及会后注意事项

1. 组织工作

充分发挥主持人的主持和组织作用。主持人的言谈要有幽默感、庄重、有内涵，同时要善于控制会议的气氛和引导会议的话题，把握会议的时间。

2. 善待提问

会议的主持人和发言人要有效地进行对话答疑，回答各种具体问题或疑难问题。对于不便发表和透露的东西，应委婉地向记者作出解释，对记者的提问不要随便打断，也不要表现出不满，即使记者的提问带有很强的偏见，也应以平静的话语和确凿的事理给予纠正或反驳；在回答中应表现出良好的涵养。

3. 效果评估

新闻发布会结束后，应尽快整理出新闻发布会的记录资料，进行总结；及时收集与会记者在各类新闻媒体的报道，分析是否达到预定的目的。如果有因为失误而造成的不利于企业的报道，应尽快作出妥善的应对策略，以挽回企业声誉。

7.4 公关广告的创意与策划

> **五粮液集团的"MTV"** *实例*
>
> 一首《香醉人间五千年》唱响了五粮液完美发展状态的经典乐章。画面中，五粮液集团健康和谐发展的风貌给人耳目一新的感觉，未曾参观过五粮液基地的人们从中看到了传说的十里酒城与气势雄伟的五粮液大本营。
>
> 五粮液将中国酒文化和中华民族文化融会贯通，创造了中庸和谐、积杂成醇的文化理念。形象、健康、充满激情的乐曲赋予消费者一种感染身心的情愫。企业的发展、五粮液人的奋斗展现在公众面前，让人们对这个优秀的国有大型企业、这个几近千年的老字号更产生无比敬仰。企业的中庸和谐精神、产品的完美品质理念都得到了精彩的演绎，直观而饱含深意。

广告既是一门科学，又是一门艺术。随着商品生产的高度发展和市场竞争的日益加剧，广告不仅是推销商品的工具和商业竞争的途径，更是推销企业和组织形象的途径，同时它还向公众提供了多种多样的经济、文化、社会服务活动的信息。

7.4.1 公共关系广告概述

为了明确什么是公共关系广告,必须首先了解什么是广告,广告的分类主要有哪些,然后才能阐明公共关系广告的特点。

1. 广告与公共关系广告

广告有广义和狭义之分,广义广告主要是指宣传某种思想、澄清某种事实、制止某种不良行为的信息传播,包括非经济广告和经济广告。非经济广告指不以营利为目的的广告,如政府行政部门、社会事业单位乃至个人的各种公告、启事、声明等。狭义广告仅指经济广告,又称商业广告,是指以营利为目的的广告,通常是商品生产者、经营者和消费者之间沟通信息的重要手段,或企业占领市场、推销产品、提供劳务的重要形式。

根据不同的标准,广告可有不同的分类。如表 7-1 所示。

表 7-1 广告分类表

分类方法	广告的类型
按诉求对象划分	消费者广告、生产者广告、中间商广告、社会集团广告
按媒体划分	视听广告、印刷广告、户外广告、邮寄广告、展示广告、其他媒体广告
按信息内容划分	商品广告、劳务广告、金融广告、技术广告、租赁广告
按传播范围划分	国际性广告、全国性广告、区域性广告、地方性广告
按直接目的划分	声誉性广告、销售性广告
按广告表现艺术形式划分	图片广告、表演性广告、演说性广告

现代广告是随着宣传产品和服务为主的商业广告的发展而发展起来的,其在社会经济生活中的地位越来越重要,然而,由于企业之间竞争日益激烈和生产技术日臻成熟,产品同质化现象时有发生。此时,人们对同类产品的选择余地越来越大,除了考虑产品的价格、质量、外观、售后服务等因素外,人们更愿意购买自己熟悉和喜欢的企业的产品。因此,企业的形象和知名度成了影响企业产品和服务销售的重要因素,企业对能扩大自身知名度的广告宣传更加重视。与此同时,基于树立企业良好形象的共同目标,广告与公共关系的联系也越来越密切,于是产生了以树立企业良好社会形象为直接目的的公共关系广告。

所谓公共关系广告,是指以树立社会组织良好形象、提高社会组织声誉、融洽组织与社会公众之间的关系、增进公众对组织的整体了解、赢得公众对组织的信赖和支持为目的,从而促进社会组织实现其整体目标的一种广告方式。

2. 公共关系广告的特点和分类

公共关系广告作为从广告家族中分衍出来的一种特殊广告,既属于公共关系活动的一部分,又属于广告的范畴。因此,它有其自身的特殊性,又兼具广告与公共关系的综合优势。

公共关系广告的特殊性表现在:

① 特殊的目的——"推销"组织机构的形象;

② 特殊的手段——采用科学引导和教育的方式,让公众了解组织或企业乃至产品及服务;

③ 特殊的观念——在选择目标上注重长期性和系统性。

其综合优势表现在以下几个方面。

① 树立品牌形象。公共关系的宗旨是为组织营造和谐的内外环境、塑造良好的形象，公共关系广告同样以树立形象、提高其声誉及知名度为核心目标，它不以推销商品或服务为直接目的，淡化商业气息，渲染感情色彩，从而避免了受众对一般商品广告的心理排斥，增强了广告的吸引力及影响力。

② 双向沟通的方式。公共关系广告多与企业公共关系活动相配合，同时也秉承了现代公共关系的理念，以尊重公众、对等沟通为信条，其传播方式是双向性的，其广告定位与诉求也往往建立在对公众心理的认知基础上。

③ 长期战略性。一般商品广告常常是短期的，其时效性决定它追求某些短期目标，如促销目标、周期性销售额等。公共关系广告注重的是对企业形象的整体塑造，着眼于建立并维系与公众的情感联系，培养公众的忠诚度，因而是一种持久的良性积累。

④ 与企业公共关系活动相整合。现今中国的市场已进入了一个公共关系导向的品牌营销时代，有很多成功的营销实践，都是公共关系导向的，即启动一个营销往往都是先从公共关系活动开始。公共关系广告与企业公共关系活动相辅相成、密切配合，共同打造企业的声誉和形象。

具体来说，公共关系广告与一般商品广告的区别如表7-2所示。

表7-2 公共关系广告与一般商品广告的区别

	公共关系广告	商品广告
传播内容	与组织形象有关的信息	产品及相关技术
传播对象	公众与舆论	顾客及潜在消费者
传播目的	"爱我"：交朋友、树形象	"买我"：卖产品、做生意
营销功能	间接促销	直接促销
传播色彩	公众色彩较浓	商业色彩较浓
影响模式	公众—企业—产品	公众—产品—企业
表现方式	客观性强	主观性强

根据社会组织公共关系目标的不同，公共关系广告可采用不同的广告类型。常见的公共关系广告的类型主要有以下几种。

① 组织广告。这是主要介绍社会组织有关情况的广告。对于企业来说，也可以直接称为企业广告，其内容主要包括：企业的基本情况；企业的经营宗旨或价值观念；实力和成果；企业对社会的贡献；企业的重大事件等。

制作企业广告的目的不是自我炫耀，而是通过系统的情况介绍，增加企业的透明度，使公众对企业更了解、更关心，进一步密切公众与社会组织的关系。比如，当你踏上北京车站地下走道时，迎面看到一块大型灯箱广告牌，上写："诸位旅途辛苦了，欢迎您到北京来"，这块广告牌在塑造北京车站的良好形象方面，立下了极大的功劳。

② 公益广告。公益广告是就某些行为、观念、道德或哲理向社会公众进行告知、提示、劝导和警示的社会性广告。其主要内容涉及社会的方方面面，诸如社会公德、文明礼貌、风俗习惯、生态环境保护、慈善救灾、交通安全、禁赌戒烟、防火防盗、心理教育、亲情友情等。它具有社会的效益性、主题的现实性和表现的号召性三大特点。因此，公益广告往往容

易深入人心，极易使公众对组织产生某种认同感，从而来改善和强化公众对组织的印象，是社会组织树立形象、赢得公众信任和支持的一种有效手段和策略。

> **实例**　新华人寿保险公司在其他企业花重金打造商业广告的时候，把主要力量放在公益广告上。通过《守株待兔篇》，呼吁"珍爱生命，从我做起"，通过《微笑篇》呼吁"彼此尊重，快乐工作"，通过《儿童意外伤害篇》提醒人们"用心发现，及时相助"……正是通过在媒体上经常出现的公益广告，"新华"扩大了影响力，让公众认识了自己，并树立了"新华"关爱他人、关爱社会的好形象。

③ 响应广告。这是指用广告形式响应社会生活中的某个重大主题，如政府号召、公众呼吁等，表达社会组织关心、参与社会公众生活的意愿，借此扩大组织的社会影响，提高社会组织的美誉度。

常见的"响应广告"如祝贺性广告，一般在某组织运营之初或周年庆典及其他重大喜庆活动之时，以社会组织的名义发出。其目的是表示与对方携手共进的良好愿望，以获得对方的好感，争取盟友；同时促使其他公众对本组织产生好感，改善社会组织的形象。另外，祝贺广告本身就是增加社会组织名称传播次数，提高社会组织知名度的措施之一。

④ 倡议广告。倡议广告是以企业名义，率先发起某种社会活动，或提供某种有意义的新观念的广告。如"献给母亲节有奖征文启事"。每年五月第二个星期日是传统的母亲节，《北京青年报》与中华乌鸡精厂决定共同举办"中华乌鸡精献给母亲节"有奖征文，讴歌无私的母爱，提倡尊重母亲的风气。倡议广告一般来说要有明确的主题和目标，以表明企业对社会活动的关心、支持与积极参与的态度，树立企业组织领导社会新潮流、为社会经济发展、为公众谋利益的良好形象。

⑤ 致歉广告。常见的致歉广告有两种：一是向公众赔礼道歉的致歉广告；二是向公众排除误解的致歉广告，也称解释广告。前者是对社会组织自身的错误向社会公众致歉，以消除误解、争取谅解、减少损失。也可以退为进，用谦逊的方式表达社会组织已经获得的进展和进一步的发展。例如，广州中药厂曾在报上刊登"道歉启事"，说明该厂生产的某产品由于购买者众多，一时出现脱销，厂方深表歉意，目前工厂正在加紧生产以满足消费者的需求。这个出其不意的广告用迂回的方式说明了两个问题：第一，该厂的产品深受欢迎；第二，厂方时刻为消费者着想。这样，用歉意之名，行产品宣传之实，既宣传了企业，又推广了产品；既扩大了企业的知名度，又提高了企业的美誉度，效果非常好。后者是当社会组织受到公众误解时，向公众澄清事实真相，说明社会组织的观点、政策，避免社会组织声誉受到更大损害。

⑥ 谢意广告。用广告形式向顾客、合作者等公众表示感谢。这既是一种商务礼仪，又是显示社会组织注重与公众之间感情联络的表达手段。目前这种类型的公共关系广告在我国已非常普遍。

公共关系广告除了以上类型外，在实际应用中还有许多不同形式，如记事广告、信誉广告、声势广告等。需要注意的是，公共关系广告往往并不拘泥于某种固定的类型，而是经常出现几种类型的交叉或混合，从而新的类型也不断出现。所以，实际运用中，应灵活掌握、不断创新，以便充分发挥其作用。

7.4.2 公共关系广告策划与创意设计

公共关系广告作为整个公共关系活动的一个组成部分，也是企业组织运营的环节之一。要有计划、有步骤地完成这个工作，在公众中树立良好的形象，提高知名度和美誉度，在其制作前，就必须做好策划和创意设计，这关乎公共关系广告的成败。

1. 公共关系广告的策划

以策划为主体，以创意为中心，进行科学管理，是现代广告活动的一个重要特征。现代广告活动是一项系统工程，没有完善而周密的策划，就会使整个广告活动目标不明、计划不周、行动盲目，难以取得理想的广告效果，甚至会走向初衷的反面，导致企业生产经营活动的失败。因此，从这个意义上说，公共关系广告策划是公共关系广告的核心和灵魂。就广告活动的一般规律而言，公共关系广告的策划可以依次分为四个阶段，即调查分析阶段、决策计划阶段、执行实施阶段和评价总结阶段。

(1) 调查分析阶段

这一阶段主要是对企业内外部环境的调查与分析，收集有关信息和资料，主要用来分析公众对这个企业的看法如何，进而通过公共关系广告，改变公众对企业的不良态度和模糊认识，强化和完善公众对企业的良好印象。

(2) 决策计划阶段

这一阶段，主要是对公共关系广告活动的整体过程和具体环节进行战略及策略的决策和计划。

第一步，进行公共关系广告战略决策。主要是公共关系广告目标的制定、广告定位和目标对象的选择。首先，公共关系广告旨在树立社会组织良好形象，提高社会组织声誉，融洽组织与社会公众之间的关系，增进公众对组织的整体了解，赢得公众对组织的信赖和支持，因此，在前期调查分析的基础上，企业应制定特定公共关系广告的具体目标；其次，好的公共关系广告，不论其内容的长短，都是在向公众宣传企业某一方面的良好形象，在制订有效的公共关系广告宣传计划时，必不可少的一项工作就是广告定位，即确定自己的公共关系广告将企业放在竞争中的什么位置上；最后，公共关系广告活动中，必须选择好目标受众，即确定广告的目标对象，是向谁宣传的，要影响哪一类人，这就需要对公共关系广告的对象进行细分。

第二步，制定具体的广告策略，包括主题策划、创意策略、媒体策略。公共关系广告的主题策划是指公共关系广告创作人员在商品或企业中找出最重要的部分加以诉求和发挥，它是广告创意展开的基点，是公共关系广告成功的关键。在确定公共关系广告的宣传主题时，一要考虑主题的思想性与真实性；二要将主题的一贯性和内容的创新性有机结合起来。对于公共关系广告的创意策略和媒体策略将在后面详细论述。

第三步，编制公共关系广告预算。根据上述安排，详细编制一切广告费用。费用编制时，应力求精细，并做到表格化。

第四步，编写公共关系广告计划。策划小组的案头研究工作至此已告完成。应将研讨的一切结论，由负责的策划人员编拟成完整的公共关系广告计划。

(3) 执行实施阶段

这一阶段主要是执行并实施公共关系广告决策与计划。公共关系广告计划经批准后，即可进行广告的设计制作，制成广告作品，并对广告作品进行事前测定与评价，然后定稿并按计划发布。

第一步，决定广告表现。在这一步骤里，要进行公共关系广告的广告文案、广告色彩的设计和发展。

第二步，进行广告制作。广告制作是整个公共关系广告创作的后期工程，广告制作的结束也就是广告作品的完成。制作水平的高低直接影响到公共关系广告效果。不同的媒体对广告制作的要求是不一样的。

第三步，根据确定的广告目标，明确公共关系广告发布的地区、时间、媒体组合等，将公共关系广告正式文本提交媒体单位，正式推出广告。

（4）评价总结阶段

在这一阶段，主要是对公共关系广告发布后的传播效果进行评估。

第一步，征集广告信息反馈，测定广告效果。

第二步，总结公共关系广告运作经验，写出总结报告。

2. 公共关系广告的创意设计

在进行完公共关系广告策划之后，广告活动便进入了实质性的创意阶段，这时，公共关系广告的创作者要考虑的是如何充分、艺术性地表达阐述广告主题的问题。美国广告专家大卫·奥格威说："如果广告活动不是由伟大的创意构成的，那么它不过是二流品而已。"成功的公共关系广告战略首先来自不同凡响的、卓越的创意。

（1）选择恰当时机

公共关系广告要想取得良好效果，必须注意选择恰当的时机。一般来说，公共关系广告的重要时机有：

① 外部时机，包括社会舆论热点、重要会议、社会公益事件等；

② 内部时机，社会组织经营管理出现差错，或没出差错而被公众误解，或社会组织开张、更名、新工程奠基等重大活动开幕的时候以及重要人物前来视察之时等，都是社会组织做公共关系广告的大好时机。

（2）构思要新颖

公共关系广告的效果在于新颖性、启发性、有艺术感染力。为此，创意要时时更新，用语要时时出新，不能囿于格式化，忌讳人云亦云和千篇一律。创作人员要发挥艺术想像力，使构思独特，内容简洁完整，令公众产生新奇、惊喜之感，这样广告所要传达的信息也就深深刻印在他们心目中了。

世界经典广告 （实例）

好的广告语就是品牌的眼睛，对于人们理解品牌内涵、建立品牌忠诚都有不同寻常的意义。下面，我们来看看这些耳熟能详的世界经典广告，是如何造就世界级品牌的。

戴比尔斯钻石：钻石恒久远，一颗永流传

事实证明，经典的广告语总是丰富的内涵和优美语句的结合体，戴比尔斯钻石的这句广告语，不仅道出了钻石的真正价值，而且也从另一个层面把爱情的价值提升到足够的高度，使人们很容易把钻石与爱情联系起来，这的确是最美妙的感觉。

雀巢咖啡：味道好极了

这是人们最熟悉的一句广告语，也是人们最喜欢的广告语。简单而又意味深远，朗朗上口。因为发自内心的感受可以脱口而出，正是其经典之所在。以至于雀巢以重金在全球征集新广告语时，发现没有一句比这句话更经典，所以就永久地保留了它。

麦氏咖啡：滴滴香浓，意犹未尽

作为全球第二大咖啡品牌，麦氏的广告语堪称语言的经典。与雀巢不同，麦氏的感觉体验更胜一筹，虽然不如雀巢那么直白，但却符合品牌咖啡时的那种意境，同时又把麦氏咖啡的那种醇香与内心的感受紧紧结合起来，同样经得起考验。

IBM：四海一家的解决之道

在蓝色巨人经营处于低谷时，提出这一颇具煽动性的口号，希望不仅成为一个名副其实的跨国企业，而且真正成为为高科技电子领域提供一条龙解决方案的企业。进入电子商务时代，IBM 正在将这一角色实现，扮演着电子商务解决方案的提供商角色。

山叶钢琴：学琴的孩子不会变坏

这是台湾地区最有名的广告语，它抓住父母的心态，采用攻心策略，不讲钢琴的优点，而是从学钢琴有利于孩子身心成长的角度，吸引孩子父母。这一点的确很有效，父母十分认同山叶的观点，于是购买山叶钢琴就是下一步的事情了。

人头马 xo：人头马一开，好事自然来

尊贵的人头马非一般人能享受起，喝人头马 xo 一定会有一些不同的感觉。因此，人头马给你一个希望，只要喝人头马就会有好事等着到来。有了这样吉利的"占卜"，谁不愿意喝人头马呢？

可口可乐：永远的可口可乐，独一无二好味道

在碳酸饮料市场上可口可乐总是一副舍我其谁的姿态，似乎可乐就是可口。虽然可口可乐的广告语每几年就要换一次，而且也流传下来不少可以算得上经典的主题广告语，但还是这句用得最长，最能代表可口可乐的精神内涵。

百事可乐：新一代的选择

在与可口可乐的竞争中，百事可乐终于找到突破口，它们从年轻人身上发现市场，把自己定位为新生代的可乐，邀请新生代喜欢的超级歌星作为自己的品牌代言人，终于赢得青年人的青睐。一句广告语明确地传达了品牌的定位，创造了一个市场，这句广告语居功至伟。

(3) 迎合公众心理

公共关系广告应围绕社会组织的目标进行，应讲求社会效益和经济效益的统一。因此，公共关系广告必须研究公众的需要、迎合公众的心理，尽可能多地争取朋友。在广告创作过程中，要通过文字的表达和感情的倾述密切社会组织与公众及同行间的关系，在和谐的气氛中使接触者感受到社会组织的亲切和温暖。就是对竞争对手，也不要肆意贬低；对那些曾排挤和刁难过自己的公众，也不要肆意攻击。另外，公共关系广告应给人以真善美的熏陶，使人获得精神上的愉悦和享受。

辉瑞制药公司的广告

荧光屏上出现了一对母女。一名护士把女儿带进了检查室。然后电视旁白说:"这位母亲患有糖尿病,她的女儿也极有可能患同样的疾病。"护士抽血时,旁白又说:"美国有1 100万人患有糖尿病,可能你就有,尤其是如果你年逾四十而且体重过重时,更应该去检查。本广告由辉瑞制药提供。"

这则广告在一定程度上消除了公众对商品广告的抵触心理,它从关心人的健康出发,并无兜售药品之意,使公众从好感中接受了公司的信息。

(4) 巧用传播媒介

公共关系广告也是需要付费的广告,但是,如果能够通过开展公共关系活动,引起新闻媒介的关注,并予以报道,则是最理想且又免费的广告,这就要善于巧妙地利用传播媒介。

复习思考题

1. 什么是"制造新闻"?它有哪些作用?
2. 制造新闻应注意哪些方面的问题?
3. 公共关系新闻一般由哪几个部分组成?
4. 公共关系广告创意设计有哪些原则?

案例分析题

案例7-1   "鸽子事件"

美国联合碳化钙公司一幢52层高、新造的总部大楼竣工了,一大群鸽子竟全部飞进了一间房间,并把这个房间当作它们的栖息之处。没多久,鸽子的粪便、羽毛就把这个房间弄得很脏。有的管理人员建议将这个房间所有的窗子打开,把这一大群鸽子赶走算了。这件"奇怪"的事传到公司的公关顾问那里,公关顾问立刻敏锐地意识到:扩大公司影响的机会来了。他认为,举行一次记者招待会,设计一次专题性活动,散发介绍性的小册子等,都可以把总部大楼竣工的信息传递给公众,这些自然也算是好方法,但仍是一般常规的方法。最佳的方法应做到使公众产生浓厚的兴趣,以致迫切想听、想看。现在一大群鸽子飞进了52层高的大楼内,这本身就是一件很吸引人的新奇事,如果再能够巧妙地在这件事上做点文章,则一定能产生更大的轰动效应。于是,在征得公司领导同意后,他立即下令关闭这个房间的所有窗门,不能让一只鸽子飞走。接着,他设计并导演了一场妙趣横生的"制造新闻"活动。

首先,这位公关顾问别出心裁地用电话与动物保护委员会联系,告诉他们这里发生的事情,并且说,为了不伤害这些鸽子,使它们更好地生息,请动物保护委员会能迅速派人前来处理这件有关保护动物的"大事"。动物保护委员会接到电话后居然十分重视,答应立即派人前往新落成的总部大楼处理此事,他们还郑重其事地带着网兜,因为要保护鸽子,必须小心翼翼地一只只捉。

公关顾问紧接着就给新闻界打电话,不仅告诉他们一个很有新闻价值的一大群鸽子飞进大楼的奇景,而且还告诉他们在联合碳化钙公司总部大楼将发生一件既有趣又有意义的动物保护委员会来捕捉鸽子的"事件"。

新闻界被这些消息惊动了。他们认为,如此多的鸽子飞入一幢大楼是极少见的,又加上动物保护委员会还将对它们采取"保护"措施,这确是一条有价值的新闻,他们都急于想把这条信息告诉更多的公众。于是,电视台、广播电台、报社等新闻传播媒介纷纷派出记者进行现场采访和报道。

动物保护委员会出于保护动物的目的,在捕捉鸽子时十分认真、仔细。他们从捕捉第一只鸽子起,到最后一只鸽子落网,前后共花了3天的时间。在这3天中,各新闻媒介对捕捉鸽子的行动进行了连续报道,使社会公众对此新闻产生浓厚的兴趣,很想了解全过程,而且消息、特写、专访、评论等体裁交替使用,既形象又生动,更吸引了广大读者争相阅读和收看。这些新闻报道把公众的注意力全吸引到联合碳化钙公司上来,吸引到公司刚竣工的总部大楼上来。结果,联合碳化钙公司总部大楼名声大振,而且公司首脑充分利用在荧屏上亮相的机会,向公众介绍公司的宗旨和情况,加深和扩大了公众对公司的了解,从而大大提高了公司的知名度和美誉度。同时,借此机会,他们将联合碳化钙公司总部大楼竣工的消息巧妙地、顺利地告诉了社会,使公众全盘地接受了这一消息。通过"制造新闻",终于事半功倍地完成了向公众发布此消息的任务。

问题

1. 美国联合碳化钙公司策划"鸽子事件"的最佳新闻价值是什么?
2. "制造新闻"不等于编造新闻,请说明区分的理由。

案例7-2　　　　　云南马帮入京"进贡"普洱茶[①]

马帮是云南一种古老的运输方式。云南马帮在1839年驮茶进京后终止,至今已有166年。在交通运输工具高度发达的今天,一队古老原始的马帮浩浩荡荡走进城市,进入现代人的视野。马铃叮当,马蹄声声,独特的少数民族服饰,其吸引力之大是可想而知的。

历史上,云南大叶种茶在马帮外运途中,沐风栉雨,自然发酵成为了功效独特的普洱茶。普洱茶成为皇室贡茶后,也是通过马帮运送中自然发酵而最后成形。"我们组织这次马帮驮茶进京活动,就是想再现当年的一段历史,让世人认识到真正的、原生态的、自然发酵的普洱茶。"云南省茶叶协会会长邹家驹这样说。

2005年5月1日,40多位赶马人、100多匹骡马组成的马帮从云南的普洱县起程赴京,至10月抵京。赶马人年长者53岁,年少者19岁,来自云南省的11个民族。马帮驮载着5吨多普洱茶,穿越六个省市,行程四千多公里,成为一种独特的文化形态,冲击着人们的视线,也引起了媒体的关注和大量报道。马帮的成功进京,拉近了普洱茶与主流消费市场的距离。邹家驹甚至乐观地预测,北方历来是绿茶和花茶的天下,由于云南马帮千里进京,云南普洱茶在北方市场进行了一次成功的渗透,北京将掀起一股云南普洱茶的热潮。

一种古老的运输方式,一次市场化的运作,马帮就能转化为云南民族文化新"名片",

---

① 资料来源:http://media.open.edu.cn。

打造成云南茶产业发展的新载体。由云南茶叶协会主办、云南六大茶山茶业有限公司赞助的"云南马帮驮茶进京"活动掀起的热潮给人们以许多启示。

问题

1. 指出该新闻的五个 W（When 何时、Where 何地、Who 何人、What 何事、Why 何因）和一个 H（How 怎么样）。
2. 请分析该篇新闻稿的结构。

案例 7-3　　　　　　　　迟到的声明广告

某年江苏南京的××房地产公司在清凉门大桥附近开发了一个楼盘。由于该楼盘地理位置和规划较好，因而刚刚完工的一期住宅很快接近售完，同年 5 月份开始推销二期。但此时出现了一个不小的问题：该公司不小心从一家经销商那里进了一批假冒钢材，名义上是南钢产，实为某县一个小钢铁厂生产，质量较差。另一竞争经销商不知如何获知的，进行了举报，市工商局和南钢的工作人员前来检查、验证，查明是事实。南京一家大报社也同时前来采访，记者回去作了报道。公司觉得事情可能会扩大，随即登报说明情况，表明是自己未把好关，经销商弄虚作假所致，但假冒钢材尚未使用。一个月之后，另一家报社又前来采访，记者回去又作了报道，其中一个看法引起了业主的担忧，即"假冒钢材是否已投入使用目前还是个谜"，业主纷纷前来询问。公司随后在该报上也登了一个声明，试图证明确实未用这批假冒钢材。但为时已晚，此事在房地产界传播较广，一些人幸灾乐祸，说不少业主已退房。

问题

1. 指出该公司公共关系广告活动开展中出现的问题。
2. 如果你是该公司的高层主管，你会如何处理这一事件。

案例 7-4　　　"智取"天津——亚都加湿器成功打进天津市场

北京亚都科技股份有限公司是生产空调换气机、加湿器等产品的高科技企业，"亚都"牌超声波加湿器在北京市场上市场占有率达 93%，而在气候条件、收入水平差不多的天津却受到冷遇，3 年共销售 400 台。为了更好地了解天津市场，公关部门制订并实施了一个"亚都加湿器向天津市民有偿请教"的公关活动方案。

11 月 15 日和 16 日，《天津日报》《今晚报》《广播节目报》最显著的广告位置，被"亚都有偿请教"的广告占据。广告一反商品广告的商业词汇，充满着人情味、知识性。广告的内容是：

"尽管亚都加湿器的特殊功能满足了现代完美生活的新需求，尽管亚都加湿器在与洋货竞争中市场占有率高达 93%，尽管亚都加湿器的热销被商业部长称为'亚都现象'并引起国内各大新闻单位数十次重点报道。总之，尽管亚都加湿器顺天时地利人和已成热销定势，但奇怪的是在天津的购销情况却不尽理想。

是天津冬季室内气候不干燥吗？不，不是！

是天津的老年人不了解湿度对益寿延年的重要性吗？不，不是！

是天津的女士不懂得湿度是美容驻颜的第一要素吗？不，不是！

是天津市民情愿自家的乐器、家具、字画等名贵物品在冬季干裂变形吗？当然不是！

面对上述困惑，国内规模最大、专业性最强的人工环境科研开发高科技机构——北京亚都科技股份公司在百思不得其解后，特决定向聪慧的天津公众虚心请教，请热心的天津市民为北京科技企业指点迷津。

来函赐教，或宏论，或短论，均请注明详细通信处，亚都人将以礼相谢。"

选择这两个日子推出广告，让企业和产品在天津市场亮相，可谓用心良苦。15日，是天津市统一供暖的日子，在这一天，提出"干燥""湿度"的概念，容易得到人们的理解；16日，是周末，家人团聚的日子，什么是亚都，它是做什么用的？是不是要买一个亚都，自然需要家人讨论一下。

11月17日，星期日。40名经过专家培训的亚都公关人员，拂晓自北京出发，一大早就出现在天津商场、百货大楼、国际商场、劝业场等大商场内。他们统一着装，身佩绶带，向过往顾客散发"有偿请教"的各类宣传品，回答着人们关于"人工环境""湿度与健康"等方面的疑问。连续4个星期日，共散发出宣传品14万件，直接接触了60万人次天津市场的顾客。

亚都一下子成了天津人议论的话题。从11月16日至26日这10天的时间里，1 200多封天津消费者的来信寄到了亚都，他们在信中提出各种建设性意见4 000余条。

亚都继续推出新的招数。

12月3日，向1 200多名来信的消费者回复"感谢函"，随函寄出"感恩卡"，凭卡可特价购买亚都加湿器一台。

12月6日，在天津《今晚报》上刊出半版广告，1 200多位来信的天津市民的名字，以姓氏笔画为序，逐一见诸报端，这一做法，在全国广告业尚属首创。

12月8日，亚都全体科研技术人员抵达天津，在国际商场举办公开答谢活动。

统计表明，11月15日至第二年1月15日，亚都超声波加湿器在天津市场的销量达4 000台，相当于过去3年销量总和的10倍。

问题

1. 该公司实施这次公关活动的目的是什么？
2. 该公司的公关广告通过什么媒介推出？这种媒介的优势和劣势分别是什么？
3. 该公司公关广告的内容与推出时机有哪些可取之处？
4. 简单评估一下该公司这次公关活动的效果。

第 8 章　公共关系专题活动

> 学习目标
> - 熟悉庆典的组织方法和程序；
> - 了解展览活动的定义、特点和类型；
> - 掌握赞助活动的类型、特点和方法；
> - 把握开放参观活动的类型、特点和程序。

公共关系专题活动又称为公共关系特殊事件或特殊项目，它是以一个明确的主题为中心开展的与公众某一方面的交流，具有操作性强、应用面广等特点，其目的是引起社会各界的广泛兴趣和关注，扩大组织的知名度、美誉度，协调与公众的关系。公共关系专项活动的种类很多，下面主要介绍庆典仪式、展览活动、赞助活动、开放参观活动等。

8.1　庆典仪式

庆典是隆重的庆祝典礼，是社会组织围绕重要节日或自身重大事件举行庆祝的一种公共关系专题活动，它包括开幕典礼、奠基典礼、节庆、周年纪念、签字仪式、颁奖仪式等。此外，一些有里程碑意义的事项也可以举行庆祝仪式，如某位运动员获得世界冠军或打破世界纪录，某企业成立50周年等。如果庆典仪式组织得隆重大方、气氛热烈，将会给公众留下深刻的印象，组织借这些活动对内可以营造和谐氛围，增强员工凝聚力，对外可以协调关系，扩大宣传，塑造形象。

下面介绍几种庆典仪式的组织方法和程序。

1. 开幕典礼

开幕典礼是社会组织的首次亮相，是第一次向社会公众展现组织以及组织的活动，体现出组织领导人的管理能力、组织公关人员的策划能力和组织能力、组织的社交水平以及企业的文化素质等。它不仅仅是宣布新企业的开张，更是让来宾认识新诞生的企业、树立良好的企业形象的重要时机，所以，如何撩开"面纱"，给来宾留下难忘的第一印象至关重要。开幕典礼如果成功，组织会迅速提高知名度，塑造自身良好的形象，给社会公众留下深刻而美好的记忆。

> **实例**
> 某外资玩具公司筹划开业庆典，公司经理突发奇招，决定开业典礼上的致辞由公司年龄最大的中国员工担任，剪彩嘉宾由当地福利院残疾儿童担任。这一奇想通过新闻媒介的传播，在社会上引起广泛影响。开业当天，人山人海，当残疾儿童拿起剪刀剪彩时，引起全场经久不息的掌声。外资经理当场把5万美金赠送给福利院，立刻又引起全场的喝彩。

举行开幕典礼时,要遵循"热烈、隆重、节俭"的原则,开幕典礼一般按照以下程序进行。

(1) 拟定出席典礼的宾客名单

开幕典礼影响的大小,往往取决于来宾身份的高低与其数量的多少。在力所能及的条件下,要力争多邀请一些来宾参加开业典礼。邀请的宾客应包括政府有关部门负责人、社区负责人、知名人士、社团代表、同行业代表、新闻记者、公众代表及员工代表等。请柬应尽可能早地寄出,以便被邀请者安排时间,按时出席。

(2) 拟写开幕词、答词和新闻通稿

所有致辞均应言简意赅、热情庄重。

(3) 拟定庆典活动程序

活动程序一般为:由主持人宣布典礼开始;宣读重要来宾名单;来宾代表致贺词;本单位负责人致答词;由领导和嘉宾代表共同剪彩。剪彩人员一般应由本组织负责人和来宾中地位最高、有较高声望的知名人士共同承担。致辞、剪彩人员和主要宾客,应事先安排好他们的座位或站位。

(4) 搞好接待、宣传工作

公关人员要事先确定迎宾、签到、接待、剪彩、摄影、录像、播音等有关服务人员,并在典礼前到达指定岗位。尤其要注意安排专门人员接待记者,为他们提供摄影、录像、录音等方便。还要准备好向与会者散发的宣传资料。

(5) 必要的助兴节目和其他相关活动

组织可以安排一些助兴节目,如锣鼓、鞭炮、礼花、仪仗队、小型歌舞、专题表演等。典礼结束后,可安排客人参观、座谈,或宴请招待、发放纪念品或礼品等。

开幕典礼的形式并不复杂,时间也不会太长,但要办得丰富多彩、热烈隆重,给人留下深刻的印象,绝非易事。举办此类活动,组织要创意一些新颖的方法。同时,在安排活动时,准备要充分、细致、周到、热情、有序。

2. 纪念活动

(1) 节庆活动

节庆是"节日庆典"的简称,是指组织在社会公众重要节日时举行或参与的共庆活动。通过举办节庆活动,提高当地的知名度,吸引旅游客源,发展当地经济,已经成为国际上的一个通行做法。

搞好节庆活动,要注意以下几点。

一是要区分节庆的类别。名目繁多的节庆活动,一般可分为国际性节日、民间传统节日两大类。国际性节日,如元旦、"三八"妇女节、"五一"劳动节等,一般由政府部门、社会团体主持举行庆祝活动,工商企业的公共部门参与协助举办,乘此节日举办各种展销活动。民间传统节日,主要根据各自的地理文化环境、习俗、民间传统、土特产、民族等特点举办具有浓郁地方特色的特殊节庆活动,如山东潍坊的"风筝节"、哈尔滨的"冰雪节",傣族的"泼水节"等。有些节庆是自古就有,有些则是创办的,目的是借此机会扩大地方影响力,反映地方成就,沟通各界朋友、同乡的感情,吸引国外投资、旅游,举办技术交流等。"文化搭台、经济唱戏",主要是利用这些节庆活动开展的公关活动。

青岛啤酒节①

青岛国际啤酒节是青岛市独具特色的大型节庆活动，从最初由青岛啤酒集团主办、"民办官助"的企业行为发展成为现在由国家五部委和青岛市政府主办的国家级大型节庆活动，逐渐发展成为青岛市的"市民节""狂欢节"，并作为青岛市一张亮丽的城市名片，在海内外具有了相当的品牌认知度和影响力。

青岛国际啤酒节对青岛城市和经济发展的作用十分明显。第十二届啤酒节参节总人数突破200万。啤酒节的带动效应十分明显，节日期间，青岛市饭店业、餐饮业、旅游业、娱乐业、交通业、零售业等得到较大提升，以第十二届为例，节日期间，各星级酒店及旅游饭店开房率达到95%以上。尤其是开幕后头三天，市区主要饭店的客房全都爆满。崂山风景区和海滨风景区游客明显增多。从上可以看出啤酒节确已成为青岛市的重要旅游资源和提高城市经营水平的重要品牌，对扩大青岛市对外开放、增强综合竞争力、推动经济与社会全面发展起到了越来越大的作用。

二是开展节庆活动，要富有传统特色。特色要从节日内容上寻找。如在我国，春节应该请宾客吃"年夜饭"，中秋节则请他们赏月。组织他们参加一些富有民族特色的游艺活动，可以使国内同胞感到分外亲切，缓解思乡之情；使国外宾客领略到异国风情，添加生活乐趣。对于国际通行的节日，如"圣诞节"等，对有关的宾客按照当地的特殊规定和要求，予以庆祝并给以特殊服务，能起到尊重顾客、增添友情的作用。

(2) 周年纪念活动

周年纪念活动指组织在发展过程中各种内容的周年纪念活动，包括组织"生日"纪念，如工厂的厂庆、商店的店庆、宾馆的馆庆等，还包括组织或企业之间友好关系周年纪念，等等。组织利用这种机会，举办庆祝活动，可以向公众宣传自己的发展成就，借机振奋员工精神，扩大宣传效应，协调与公众的关系，扩大影响力。

社会组织的周年活动可以召开隆重的庆祝大会，同时举办各种活动，如组织发展史展览，放映相关影片，发行纪念册、纪念文集等。同时也可通过新闻媒体刊发信息、广告等。组织周年庆典活动不能总是一样的模式，组织公关人员应发挥其创造性。

美国某连锁商店开业30周年纪念日时，为了使这次庆典活动在公众心目中产生轰动效应，满足社会公众的求奇心理和塑造良好形象，培养员工对本公司的认同感、归属感，进一步增强凝聚力和向心力，公司总裁为一位在公司商店门口擦了25年皮鞋的老年黑人举办了一次活动。利用这个颇具影响的事件，引起新闻界和公众的好奇心，调动了公司员工的积极性。

(3) 特别"日""周""月""年"

由政府和社会团体举办的"消费者权益日""爱鸟周""安全月""效益年"等均属此类。这类活动通常包括提供咨询、义务服务、演讲、讨论、竞赛、颁奖、专题晚会等活动，达到相互沟通、扩大影响的目的。

---

① 资料来源：http://www.woplan.com.

8.2 展览活动

展览活动是社会组织通过实物的展示和文字、图表等的示范表演来配合宣传组织形象和推广产品的专题活动。展览活动所运用的实物、图表、动人的解说、优美的音乐和造型艺术相结合的方式，比一般的文字和口头宣传更有效、更引人入胜、更能产生吸引力，不仅能加深公众的印象，而且能提高组织和产品在公众心目中的可信度。展览活动是一种复合传播形式，是公共关系专项活动中经常采用的一种形式。

1. 展览活动的特点

常见的展览活动是展览会。展览会作为社会组织在特定环境条件下开展的一种专题活动，具有以下几个特点。

(1) 传播方式的复合性

展览会通常要同时使用多种媒介进行交叉混合传播，包括：① 实物媒介，如展品、模型、实物演示、展台及展厅布置；② 文字媒介，如印刷宣传材料、组织或产品介绍材料、展品的文字注释等；③ 声音媒介，如讲解、交谈、广播录音或现场广播；④ 图像媒介，如各种幻灯、照片、录像等；⑤ 人体媒介，如主持展览的各种服务人员、礼仪人员等。

(2) 传播效果的直观性

展览会一般以展出实物为主，并以专人讲演和示范产品的使用方法等方式进行现场示范表演。这种形象记忆能起到强化效果的作用，如雕塑作品展览会上，艺术家当场雕刻作品，民间艺人现捏泥塑品等。展览会这种直观形象、声情并茂的传播方式，能吸引大批公众前来参观，使参观者对展品留下较深刻的印象。

(3) 与公众沟通的双向性

展览会为组织与公众提供了直接接触、相互交流的机会，通过听取意见、相互交流、深入讨论，参展单位在让公众了解自己的同时，也在了解公众对展品、组织形象的意见反应，并根据公众反馈的信息及时改进工作。这种直接双向沟通的交流性、针对性强，收效较好。

(4) 沟通方式的高度集中性

展览会可以集中许多行业的不同展品，也可以集中全国甚至全世界各种品牌的同类产品，这就为参观者提供了更多的方便和选择余地，节省了时间和费用，提高了选购效率，使采购人员不会错过与自己业务有关的展览会，同时也给新企业和新产品提供了一个脱颖而出的好机会，许多参展者正是通过展览会建立了自己的良好形象并打开了销路。

(5) 活动的新闻性

展览会是一种大型活动，往往成为新闻媒介追踪的对象，是新闻报道的好题材。展览会一般都预先做广告、搞宣传，开幕时，还要请政府官员、知名人士前来庆贺。参展单位可以利用展览会制造新闻、扩大影响，并利用这一机会搞好与新闻界的关系。

茅台酒的出名之道——展览会 〔实例〕

以前，茅台酒在国外还没有什么名气。有一次，厂家代表带它去参加在印度新德里举办的世界酒类饮料博览会。该博览会汇集了世界各国著名的各种酒类饮料，而世界著名的酒类品牌也绝不肯放弃这样的极好机会。

茅台酒是首次参展，光租展位就是很大一笔开销。但厂家认为，只要能够提高知名度，还是值得的。然而，面对法国的香槟等西方传统的酒类饮料，人们对来自中国的茅台酒展位根本不屑一顾。展览的第一天，茅台酒基本无人问津。面对这样的尴尬局面，茅台酒展览工作人员急得团团转，他们决心要扭转这种受冷落的状况。

第二天的展览开始之后，在人流最高峰的时候，工作人员急中生智地拿着一瓶茅台酒走到展厅中央，假装在人流中不小心将它"打翻"在地，顿时，整个大厅充满了茅台酒的酒香。参观展览的人们立即被这从来没有闻到过的香味所吸引，好奇地相互打听这是什么牌子的酒的香味。茅台酒展览人员抓住这一机会，向参观者介绍茅台酒。很快，茅台酒展台就吸引了大批参观者。当天引起整个展览会的轰动，新闻媒介也闻风而动，纷纷予以报道。结果，茅台酒在本次展览会上获得金牌。从此，茅台酒身价百倍。

2. 展览活动的类型

根据划分依据的不同，展览会可以划分为几种不同的类型。

（1）按展览的性质可分为贸易展览会与宣传展览会

贸易展览会的特点是"展"且"销"，展出实物产品，并当场出售货品，目的是打开产品的营销局面，提高产品的市场占有率，促进商品的销售，如"迎春节吃穿用商品大展销"。宣传展览会是只展不销，它以某一文化主题宣传为目的，通过有关组织的照片资料、图表和实物等来宣传组织的成就、价值观念等，以扩大组织文化和形象的社会影响，如北京的中国国际展览中心举办的国际图书博览会。

（2）按展览的内容范围可分为综合性展览会和专题性展览会

综合性展览会通常是由专门性的组织机构或单位负责筹办、不同组织应邀参加的一种全方位的展示活动。综合展示的规模一般很大，参展项目繁多，参展内容全面，综合概括性强。例如，世界著名的"日本筑波国际博览会""中国进出口商品交易会"等。专题性展览会通常是由组织或行业性组织围绕某一特定专题而举办的展示活动。与综合性展览相比，其内容较为单一、规模较小，但要求主题鲜明、内容集中而有深度。例如，我国举办的"中国酒文化博览会"，就是专门以酒为核心，通过酒来展示企业文化和中国传统的酒文化。

（3）按展览举办场地可分为室内展览会和露天展览会

室内展览会的特点是正规、隆重，不受天气的影响，展出的时间可长可短，但受空间限制较大，且布展费用较高，一般较为精致、价格高的商品展览宜在室内举行。露天展览会最大的特点是不受空间限制，展品可大可小，可多可少；不需复杂的布展，费用低，但受天气影响较大，因此宜安排大型机械展览、花卉展览和农副产品展览等。

（4）按展览的规模可分为大型展览会、小型展览会及袖珍展览

大型展览会一般由专门的单位举办，规模大，参展项目多，需要较复杂的程序和较高的布展技巧，如"世界博览会""西湖博览会"等。小型展览会一般规模较小，由组织自己举办，展出自己的商品，展览会的地点常常选择在各类建筑的门厅、图书馆、旅馆房间、候车室或专辟陈列室、样品室等。袖珍展览主要指橱窗展览和流动展览。橱窗展览是通过创意和

艺术设计，对商店橱窗里展示的商品或模型进行组合设计来吸引消费者注意，促进商品销售，塑造商店形象；流动展览是发挥人们的创造才能，利用各种交通运输车辆进行的展览。

（5）按展览的时间可分为长期展览、定期更换内容的展览、一次性展览

长期展览适用于比较固定的内容，如北京的故宫博物院、自然博物馆等；定期更换内容的展览适用于反映不同时期社会组织新的发展变化，如北京的工业展览馆、农业展览馆等；一次性展览会则适用于为了某一个主题而进行的宣传活动，如食品展销会、服装展示会等。

此外，还有巡回展出，如"自贡灯会""盆景展览"等；特殊展品，在现场展示样品，让人反复试用证明其性能，如在铁路站台及机场铺设地毯，以便证明经受了成千上万旅客的踩踏，引起顾客的兴趣及有价值的询问；名城街，指具有重点历史文物价值的历史城街，是重要的旅游地点，也是开放的城街博览，如北京的"王府井"、天津的"食品街"等。

3. 办好展览活动的注意事项

① 分析展览会的必要性和可行性。展览会将耗费大量人力、物力、财力，要对其可行性进行研究，写出可行性报告。如果不进行必要的分析和论证，展览会就不会起到应有的作用，不仅会劳民伤财，而且还会对社会造成不良影响。

② 明确主题思想。各类展览都应有明确的主题思想，一切准备活动和规划都应围绕这个主题展开。主题要围绕展览的目的而定，并写进展览计划，成为日后评价展览效果的依据。

③ 明确参观者类型。展览会面对的公众是谁？重点公众是谁？公众范围有多大？这些是在展览会策划过程中必须解决的问题，并根据参观者的类型决定信息传播的手段和方法，因为参观者的类型将影响到信息传播手段的复杂性和多样性。如果参观者对展出项目有较深的了解和研究，就需要展览会的讲解人也是这方面的专家，介绍的资料要较为专业化和详细深入；如果参观者只是一般消费者，则应采用通俗易懂的语言进行直观的普及性宣传。

④ 选择展览时间和地点。展览的时间和地点均要方便参展者和参观者。展览场地一般应设在交通方便、容易寻找的地方。同时，考虑展览地点周围环境是否与展览主题相得益彰。此外，还要考虑辅助设施是否容易配备和安置等。

⑤ 选好工作人员。展览会需要解说员、接待员和服务员，展前应根据展览的主题，结合展出的项目、内容进行基本的专业知识培训和公共关系知识教育。

⑥ 搞好展览设计。展览场地的设计除了按主题要求布置展品外，还可以考虑张贴、悬挂一些宣传标语，甚至设计专门的展览徽标。

⑦ 做好同新闻界的联络工作。可以成立专门发布新闻的机构，负责与新闻界联系，包括向新闻界提供展览活动的有关信息、消息，准备好向新闻界提供的各种文字或图片资料。

⑧ 注意运用有助于展览活动的技巧。展览活动中可以邀请有关知名人士出席，举办别开生面的开幕式，邀请有关文艺团体助兴等，把展览活动办得有生气、有吸引力。

⑨ 确定展览活动的经费预算。对展览活动中所需的各项费用支出要具体列出，认真核算，做到心中有数。

⑩ 及时收集各种反馈信息。可以通过设留言本、开座谈会、现场采访和现场对话等形式收集参观者对展览活动的反映，及时解决存在的问题，并把意见或建议传递给有关部门。

8.3 赞助活动

赞助活动是社会组织通过资助一定的实物或者承担全部或部分费用，赞助兴办文化、体育、社会福利事业和市政建设等向社会表示其承担的责任和义务，以扩大组织影响、提高组织知名度和美誉度的公共关系活动形式。赞助活动有利于树立社会组织关心社会公益事业的良好形象，培养与社会各界或某类公众的良好感情，有助于提高社会组织的知名度和美誉度，加强社会组织广告宣传的说服力和影响力。

1. 社会赞助活动的目的

企业等社会组织开展社会赞助活动的直接目的可以归纳为以下四个方面。

（1）通过赞助活动来做广告，增强广告的说服力和影响力

通过赞助活动来做广告，一方面可以把赞助活动作为广告宣传的载体，在公众获益的过程中产生对组织的好感和心理倾向；另一方面可以通过赞助所获得的"冠名权"和优先宣传提高广告的效果。

（2）树立企业关心社会公益事业的良好形象

社会组织在发展过程中，除了营利及其他目标外，还必须自觉履行一定的社会责任和社会义务，以表明自己是社会的细胞，要为社会贡献一份力量。同时，也可以借此得到政府和社区的支持，获得生存和发展的可靠保障，从而有效地树立组织关心社会公益慈善事业的良好形象。例如，社会组织赞助有关部门共同修建一所敬老院，照顾孤寡老人，并派员工定期看望他们，节假日组织慰问活动，那么公众就容易为社会组织热心公益事业的行为所打动，从而扩大社会组织在公众中的影响，无疑能形成这家企业关心社会公益事业的良好形象。

（3）培养目标公众的良好感情

社会组织举办主题内容一致、与目标公众密切相关的赞助活动，能够有效地培养社会组织同目标公众的情感，增进彼此之间的友谊，加强双方的联系，使公众在内心深处认同社会组织，自觉地成为社会组织的顺意公众。例如，可口可乐公司专门赞助青年人活动，和青年公众培养了良好的感情。

（4）追求企业的社会效益和承担企业的社会责任

例如，广州花园酒店联合广州市妇联等单位举办了我国首次"母亲节"活动，这一活动有益于精神文明建设，自然引起了新闻界和社会各界的普遍兴趣。

综上所述，企业等社会组织要想向社会表示其承担责任和义务，与社区和政府部门等有关公众搞好关系，以提高其影响力和知名度，举办社会赞助是最有效的方式之一。

2. 赞助活动的类型

（1）赞助体育活动

体育活动有着广泛的社会基础，随着人们生活水平的不断提高，公众对体育活动的兴趣日益浓厚。通过对体育活动的赞助，可增强对公众施加影响的广度和深度。赞助体育活动多以赞助大型比赛为主，可以由一个社会组织独立举办，也可以由若干个社会组织联合举办。

（2）赞助文化活动

这不仅可以培养社会组织与公众的良好感情，而且还可以大大提高社会组织的社会效益

和知名度。赞助文化活动又可分为赞助文艺表演活动、赞助电视节目制作和播映、赞助报刊开辟专栏、赞助节日和庆典活动、赞助出版图书等形式。

(3) 赞助教育事业

教育事业与国家的兴旺发达有直接关系，赞助教育事业一举两得，既有助于教育事业，也使社会组织从中受益。社会组织可采取赞助设立奖学金、赞助学校常年经费、赞助社会办学等形式。

(4) 赞助社会福利和慈善事业

这是社会组织与社区、政府搞好关系的重要途径。通过为残疾人、孤寡老人、军烈属等提供各种帮助，使公众对社会组织产生良好印象。

(5) 赞助社会公益事业

社会组织出资参加市政公共建设，如修建马路、天桥、公园、候车棚、路标等，一方面可以为政府减轻建设压力，赢得政府公众的信赖；另一方面又能为广大市民公众带来方便，赢得市民公众的称赞。

百事的"母亲水窖"项目①

百事公司很早就开始支持中国妇女发展基金会组织实施的"母亲水窖"项目，帮助中西部地区贫困缺水家庭，百事公司因而成为参与该项目的首家"财富500强"企业。在过去的6年中，百事基金会、百事中国公司和中国员工投入巨大热情参与献爱心活动，其中百事公司在百事基金会的支持下，向"母亲水窖"项目捐赠1 200万元人民币。百事基金会、百事中国公司和中国员工已共同捐资1 560万元人民币，共建水窖1 500多口，受益人群达到10 000多人，已培训农村妇女万余人进一步维护当地的水窖工程。

2005年开始，百事基金会同中国妇女发展基金会深入合作，在部分地区整合各方资源，利用百事在水处理方面的先进和实用技术，实施农村安全饮用水工程，争取实现水窖项目的持续发展和水资源的可持续利用，将"母亲水窖"项目推向新阶段。

(6) 赞助学术理论活动

社会组织赞助学术理论活动，如提供开会地点、资助会议经费、设立学术研究基金等，既可利用学术理论活动在公众中的影响提高社会组织的知名度，又能直接得到理论工作者的科学评价和积极建议，从而改进社会组织的经营管理工作。

(7) 赞助公共节日庆典活动

社会组织利用自己的产品或服务项目赞助公共节日庆典活动，增加节日气氛，让公众在心情舒畅的气氛中享受社会组织的祝贺与便利，也能收到良好的公共关系效果。

此外，还有公共宣传用品的制作、社会竞赛活动的开展等，公关人员都应认真研究、不断开发，以增强赞助活动的效果。

3. 赞助活动的原则

(1) 社会化和专业化的统一

---

① 资料来源：http://www.1chuanmei.com.

社会赞助应争取有积极、广泛的社会影响，选择的赞助项目要能够较为有效地获得社会各界的好评。同时，这种赞助最好争取能同时提高本单位及其产品的声誉、地位。如精工手表作为奥运会的计时表，制鞋厂赞助球队的球鞋，服装厂承制赞助演出的服装，无不体现了专业化的特征。最理想的赞助效果是社会性声誉与专业化权威的统一。

（2）主观愿望与经济承受能力的统一

企业等社会组织对于赞助什么、数额大小要心中有数，款项使用要留有余地，注意适当留存以备不时之需。

（3）责任与权利的统一

赞助是企业性社会组织自觉自愿履行社会责任和义务，因而社会组织同时也就拥有选择赞助的权利。它不可能满足所有的征募者。遇到不愿赞助、不必赞助或明显不合理不能赞助的情况，社会组织应照章办事，量力而行，坚持自主权，不为利诱或威胁所动，以法律或社会舆论等各种方法保障自身的合法权利。

8.4 开放参观活动

开放组织是指将本组织的工作场所或工作程序对外开放，欢迎社会各界人士或有关公众代表参观考察的一种社会活动。其主要作用是加深公众对组织的了解，引起公众对组织的兴趣，解除公众对组织的误解或者扭转公众对组织的不良印象。20世纪60年代，英国的化学工业联合会首创了开放组织这一活动方式并取得了良好的活动效果，此后被广泛推广。

1. 开放参观的目的和内容

开放组织的目的主要有四个：一是扩大组织的知名度，维护和扩展良好声誉；二是促进业务拓展；三是密切组织与公众的关系，广结良缘；四是增强员工的自豪感。

开放参观活动的内容根据开放的目的及参观者的需要与兴趣的不同主要涉及：企业技术工艺特点、企业的地位、企业文化、企业工作现场、企业的各类产品、企业职工的生活娱乐情况等。

> **实例** 日本丰田公司以参观活动作为树立公司形象、推销产品的重要手段，它不仅欢迎顾客参观公司，而且想办法招揽参观者。为此，公司专门盖了一栋楼房。一楼陈列公司的各种资料、零件和成品；二楼、三楼有冷暖设备，是放电影的大礼堂；四楼、五楼则为套房，给最近10年买过公司汽车的参观者免费住宿。这样一来，丰田公司顾客盈门，那些想买丰田汽车的人不辞劳苦，前来公司参观，了解各种型号汽车的性能、优缺点，以便作出最佳选择。为了使参观者对组织产生兴趣和好感，组织对外开放参观日需要做好具体、细致的准备。

2. 开放参观的类型

根据社会组织邀请的公众对象的不同，常见的参观活动一般可划分为以下三种类型。

（1）员工家属的参观活动

邀请员工家属参观，可以让他们认识到自己亲人所从事的工作的重要性，既能增进对亲人的理解和支持,又能激发员工的荣誉感,提高其积极性。

> **实例**
> 　　北京长城饭店是家中外合资企业,非常善于开展公关活动。某年7月,长城饭店开展了一次成功的开放参观活动:就是以饭店总经理和副经理名义,邀请全店员工的家属到饭店做客参观。这次接待参观,从请柬的设计、印发到食品饮料的准备,从参观区域的选择到参观路线的确定,从导游的培训到接待的礼仪,每个环节都要计划得具体周密。饭店各部门通力合作,整个活动十分顺利。
> 　　本次参观活动引起了强烈的反响。不少员工的亲属认为,饭店能接待美国总统,又能接待员工亲属,说明饭店管理者对员工是很关心、很重视的。这次参观活动,不仅使员工亲属了解了饭店工作的性质,也了解了员工的工作规律,并取得了他们对饭店工作的理解和支持。

（2）逆意公众的参观活动

逆意公众是对社会组织的决策和经营方式持怀疑和抵触情绪的公众,如企业邻近受污染的居民、对产品质量有意见的顾客等。邀请这些公众参观企业,可以改变他们对企业的看法,不仅可能消除其不合作、不支持的言行,而且可以利用他们在公众中的特殊地位,扩大公共关系信誉效果。

（3）新闻媒介的参观活动

社会组织如果取得了新成就或者重大事件时,需要向公众澄清事实真相,或者向公众宣传组织的发展规划,可以邀请记者、编辑、节目主持人等前去参观组织,以便借助媒体及时扩大社会组织的影响,或消除不利的影响。

3. 开放参观活动的注意事项

参观活动虽然比较简单,但是组织得好不好,其效果有天壤之别。因此,组织的公关人员要认真做好参观活动的组织工作。

（1）明确参观活动的目的和主题

任何一次开放参观,都应确定一个明确的主题,即想通过这次活动达到什么样的效果,给参观者留下什么印象。常见的主题有：强调企业的优良工作环境,表明企业是社区理想的一员,只会给社会和周围的公众造福。

（2）确定邀请对象

参观活动的邀请对象主要有三类：员工家属、逆意公众、新闻媒介。

（3）确定参观时间

除了政府要员的时间不能由组织安排外,其他公众参观时间都可由组织决定。开放参观既可以常年进行,也可以定期进行。一般来说,开放参观宜安排在一些特殊的日子,如周年纪念日、逢年过节,或者大型工程开工等。还要注意季节、气候,如暮春、初秋气温较适宜,是理想的参观时间,太热、太冷都不宜安排参观,同时还应避开一些对有关公众更有吸引力的社会活动日期等。

（4）搞好接待工作

对参观者应热情周到地做好接待工作。应有专门的接待人员负责登记、讲解、向导等工作。安排合适的休息场所和茶水饮食,赠送有意义的纪念品。有关部门负责人或组织负责人必要时要亲自出场热忱地迎送参观者，介绍本组织的发展情况，感谢来宾光临，竭诚征求大家的意见。

(5) 拟定参观活动路线

参观活动不是一种自由、随便的活动，不能任由参观者到处乱走动，要提前拟定好参观路线，制作向导图及标志，标明办公室、餐厅、休息室、医务室、厕所等有关方位。如有保密和安全需要，应注意防止参观者越过所限范围，以免发生意外的伤亡事故和影响正常的工作秩序。

(6) 做好宣传工作

为了使参观活动起到应有的效果，还应准备一份简单易懂的说明书或宣传材料。在参观之前，先放视频资料或幻灯片进行介绍，帮助参观者了解组织的主要概况；然后再由向导陪参观者沿参观路线作进一步解释和回答问题。

复习思考题

1. 公共关系专题活动一般有哪些形式？
2. 展览会有哪些类型？具体分析展览会的特点。
3. 试举例说明社会赞助活动的有效展开对企业发展的重要作用。

案例分析题

案例 8-1　　北京啤酒厂投资协办国际文化交流活动

北京啤酒厂是全国啤酒行业中第一家国家二级企业。该厂生产的"丰收"牌啤酒，曾荣获第十三届巴黎国际食品博览会金奖，并受到广大消费者好评。并且北京啤酒厂还出资协助中国酒文化研究会举办国际文化交流活动。

北京啤酒厂获悉中国酒文化研究会即将举办国际文化交流活动，届时将邀请美国纽约飞速霹雳舞精英访华团等艺术团体来华演出，认为自己作为一家酒厂，理应尽一份义务，而且这也是广泛的社会交往和进行公关宣传的一次极好机会，于是决定给予大力支持。北京啤酒厂出资10万元，协助中国酒文化研究会，举办了这次国际文化交流活动。

在这次国际文化交流活动期间，纽约飞速霹雳舞精英访华团先后到北京、沈阳、天津、武汉、南京、杭州、上海等地巡回演出。每到一地演出，报幕员都斜披着印有"北京啤酒厂"字样的绶带，朗声宣布：这次演出是由北京啤酒厂与中国酒文化研究会联合举办的。北京啤酒厂还派出供销人员随团到各地宣传本厂产品。

通过这次活动，使得北京啤酒厂及"丰收"牌啤酒在食品饮料行业和广大公众中，留下了美好且深刻的印象，也促进了企业的发展及产品的推销。

问题

1. 北京啤酒厂为什么要赞助这次活动？他们的目的达到了吗？
2. 这属于哪种赞助活动？属于哪种公关模式？

案例 8-2　　　　白兰地进军美国市场的公关妙棋

1957年10月14日，华盛顿。

这天，是美国总统艾森豪威尔的67岁生日。华盛顿街道彩旗飘扬、标语醒目，白宫周围人山人海，华盛顿市万人空巷，等候着一个时刻的到来，这一刻，人们已经等了很久。

按照美国人的脾气，爱好自由、民主的公民们是不屑于为总统的一个区区生日而特意来凑热闹捧场的。总统也好，国务卿也好，你过你的生日，与我山姆大叔何干？

可是这一天，美国人却显得异乎寻常地热情、激动，到底发生了什么事？

一个月前，法国人就在各种媒介上广为宣传，为了感谢在第二次世界大战中美军对法国人民的恩情，为了表示法美人民永远的友谊，法国人决定，在艾森豪威尔总统67岁寿诞之时，向美国总统敬赠两桶酿造已达67年的法国白兰地。这两桶极品白兰地将由专机运送，并在总统生日这天，举行盛大的赠酒仪式，向全世界表明法国人民对美国人民的友好之情。

法国白兰地？！美国人似乎一下子想了起来，那不是扬名全世界的美酒佳酿吗？我们以前怎么就没有想起来尝一尝呢？一时之间，白兰地的历史、趣闻、逸事，陆续地出现在各种媒体上。

久盼的时刻终于到了。上午十时，四名英俊的法国青年，穿着雪白的王宫卫士礼服，驾着法国中世纪时期的典雅马车进入白宫广场，由法国艺术家精心设计的酒桶古色古香，似已发出阵阵的美酒醇香。全场沸腾了，当四个侍者举着酒桶步向白宫时，美国人唱起了《马赛曲》，欢声雷动，掌声轰鸣，人们沉浸在欢乐的气氛中。各大新闻机构毫无例外地派出了记者。关于赠酒仪式的报道文字、图片、影像，充斥了当天美国的各大媒体。

借白兰地唱法美友谊，缩短了白兰地与美国公众的感情距离，这是法国白兰地制造商们举行的极为成功的公关活动。它直接地为白兰地进入美国市场扫清了道路。赠酒仪式不久，一向不为美国人重视的白兰地酒，迅速成为市场上的抢手货，在人人以喝上法国白兰地为荣的背景下，法国白兰地成为供不应求的俏销产品。

"酒香也怕巷子深"，在商品经济时代，这早已成为人们的共识。任何商家，都怕自己的产品"藏在深闺无人识"，都在不遗余力地宣传自己的产品。

然而，在公共关系和营销艺术走俏的今天，"王婆卖瓜"式的推销已面临淘汰的命运。说千道万，卖什么的，最终还得吆喝什么。怎么样才能既吆喝了自己的商品，而又不至于引起顾客的忽视，甚至抵触、厌恶呢？或者，如何做才能让顾客心甘情愿地打开自己的皮夹子，买完后依然笑逐颜开呢？白兰地进军美国市场有许多值得称赞的地方。

问题

1. 请指出本次活动属于什么类型的公共关系专题活动？
2. 这种专题活动的特点是什么？
3. 指出此次活动的准备工作有哪些？
4. 请指出此次公关策划的创意体现在什么地方？

第9章 公共关系社交礼仪

学习目标

- 正确把握公共关系交际的概念；
- 了解公共关系交际与人际交际的区别；
- 正确理解礼仪的定义及内涵；
- 掌握公共关系礼仪的类型；
- 了解公共关系礼仪在现代公关活动中的作用；
- 明确仪表礼仪的基本要求；
- 熟悉介绍、握手、名片礼仪的规范与禁忌；
- 掌握公务电话的礼仪要求；
- 了解接待、会务、宴请等礼仪的基本要求。

案例导入

礼仪修养是第一课

有一批应届毕业生22个人，实习时被导师带到北京国家某部委实验室里参观。全体学生坐在会议室里等待部长的到来，这时有秘书给大家倒水，同学们表情木然地看着她忙活，其中一个还问了句："有绿茶吗？天太热了。"秘书回答说："抱歉，刚刚用完了。"林然看着有点别扭，心里嘀咕："人家给你水还挑三拣四。"轮到他时，他轻声说："谢谢，大热天的，辛苦了。"秘书抬头看了他一眼，满含着惊奇，虽然这是很普通的客气话，却是她今天唯一听到的一句。

门开了，部长走进来和大家打招呼，不知怎么回事，静悄悄的，没有一个人回应。林然左右看了看，犹犹豫豫地鼓了几下掌，同学们这才稀稀落落地跟着拍手，由于不齐，越发显得零乱起来。部长挥了挥手："欢迎同学们到这里来参观。平时这些事一般都是由办公室负责接待，因为我和你们的导师是老同学，非常要好，所以这次我亲自来给大家讲一些有关情况。我看同学们好像都没有带笔记本，这样吧，王秘书，请你去拿一些我们部里印的纪念手册，送给同学们作纪念。"接下来，更尴尬的事情发生了，大家都坐在那里，很随意地用一只手接过部长双手递过来的手册。部长脸色越来越难看，来到林然面前时，已经快要没有耐心了。就在这时，林然礼貌地站起来，身体微倾，双手握住手册，恭敬地说了一声："谢谢您！"部长闻听此言，不觉眼前一亮，伸手拍了拍林然的肩膀："你叫什么名字？"林然照实作答，部长微笑点头，回到自己的座位上。早已汗颜的导师看到此景，才微微松了一口气。

两个月后，同学们各奔东西，林然的去向栏里赫然写着国家某部委实验室。有几位颇感不满的同学找到导师："林然的学习成绩最多算是中等，凭什么推荐他而没有推荐我们？"导师看了看这几张尚属稚嫩的脸，笑道："是人家点名来要的。其实你们的

> 机会是完全一样的，你们的成绩甚至比林然还要好，但是除了学习之外，你们需要学的东西太多了，修养是第一课。"

9.1 公共关系交际与礼仪

社会上人与人、组织与组织之间实际上是一种普遍联系的、相互依赖的关系，人际关系与交际构成了人们社会生活的基本内容。虽然利用大众媒介的信息传播对提高社会组织的知名度、美誉度有极大的影响，但交际与协调是与日常业务紧密联系的、更为琐碎具体的活动，对提高社会组织的融洽度或建立和发展良好的公众关系具有直接影响。公共关系就其实质而言是一种交际活动，它是组织成员与社会公众及组织内部公众的广泛交往。因此，有关交际的基本理论构成组织公共关系交际的基础，交际的一些基本准则和礼仪知识可以作为公共关系交际的指导。

9.1.1 公共关系交际的概念与特点

交际，即人际交往，是人得以生存、社会得以存在和发展的基础和保证，是促进人际关系和谐、保持社会稳定的纽带。因此，可以认为，交际是人们在共同社会活动中，通过人与人之间相互接触、互通信息，以达到相互沟通为目的的行为。

公共关系交际是组织在开展公共关系过程中，有计划、有目的、有组织地开展与内外环境的信息、情感、物质等方面的交流活动。公共关系交际属于群体交往，但又离不开人际交往；与交际有着千丝万缕的联系，但又不等同于一般的交际。与一般交际相比，公共关系交际有如下特点。

(1) 组织性。公共关系交际不同于个人平常交际的一个显著特点就是整个交际的非私人性，即具有组织性。人们平常的交际活动是人们的私下行为。公共关系交际是一种组织行为，是有计划、有目的、有组织地进行的群体交往活动。公共关系交际虽然也以个人间的交往为基本工作单元，但却是以公事为核心、为内容，而非私事与私交。换言之，公共关系交际在一定程度上采用个人交际的形式，以此来实现组织与公众之间信息和情感的沟通。

(2) 自觉性。公共关系交际在交往手段上讲究技巧，并注意自觉运用社会学、心理学、行为科学、公共关系学等相关学科对交际对象、交际心理和交际行为的研究成果，提高交际意识，能够比较客观地看待和评价自己的交际心理和行为。公共关系交际注意改善组织及其成员的交际形象和交际技巧，以便更好地进行交际，取得较好的交际效果。

(3) 效益导向性。在现代社会，由于工作、生活节奏加快，也由于交际的功利性加强了，所以深交的面有所缩小，一般交往中就很难听到肺腑之言。而作为公关活动，交际双方更多的要考虑对方能否为己方提供合理的、力所能及的帮助和回报，这是无可否认的事实，也是合情合理的，这也就是说公关人员的交往更注重效益。

(4) 广泛性。过去单调的生活限制了人们更多的交往，而现代社会经济文化的发展使人们的交往空间不断拓展，交际层面的选择不断增加。作为公关人员的交际，更为丰富多彩，更需要通过各种渠道和接触形式，与更多的人打交道。只要是对自己所在组织的形象地位有利，对经营目标的实现有利，在不损害对方和第三者利益的前提下，广交朋友是公关活动所提倡的。由于组织所面临的公众对象相当广泛，几乎要和各类社会组织和群体、各种职业的人发生直接或间接的利益关系。因此，不少公关人员，除了在商务活动的圈子里开展交际，还会与社会上有关团体、新闻媒介、影视界和体育界、学校和研究机构等方面频频接触，以期得到其理解和支持，构成全方位的关系网。

（5）结构性。在交往关系的构成形态上，公共关系交际具有比较鲜明的结构性特点。一般说来，组织的交往关系按其重要程度分为首要交往关系、次要交往关系和一般交往关系。属于首要交往的对象有内部公众、用户与顾客等，这些需要组织花费最多的时间和精力与之交往。

（6）技巧性。公关人员开展的各类交际与一般亲戚、朋友的交际相比，前者有比较明确的目标，并往往肩负着组织托付的任务，或树立组织形象、传播沟通信息，或求得对方的谅解、化解矛盾和分歧……最终要与对方合作好、协调好；即便是竞争对手，也讲究资源共享和优势互补，也必须注意交际的形象与交际策略技巧。这就要求公关人员除了娴熟地掌握自己专业方面的知识外，还应该学习和掌握交际的方法和技巧，要学习心理学、社会学，要学会与不同性格特征和不同职业及学历层次的人打交道。

9.1.2 公共关系交际与一般的人际交往的联系与区别

从以上分析可以看出，公共关系交际不同于一般的人际交往，但是二者又有着密切的联系。

公共关系交际必须通过个人即组织的公共关系人员或者其他人员来开展工作，许多时候表现为人际之间的交往，即公共关系交际以人际交往为基本的工作交往。从交往目的性上看，二者都是有目的的行为；从交往内容成分上看，二者的交往内容成分有相似性，都有信息和情感的成分；从交往关系的发展形态上看，二者也有相似性，都是以主体为中心向外辐射发展的；从社会对这两种交往的要求上看，也有一致的地方，即都要求交往讲诚信，要真诚可靠，言而有信，在"义"与"利"的天平上，多选择一些"义"，多为对方着想，少计较回报。

但是，公共关系交际毕竟不同于一般的人际交往，两者有以下区别。

1. 交往的主体不同

公共关系交际的主体是组织而不是个人，即使它在运作过程中使用交际的方式，但去具体接触公众的公共关系人员是代表组织行事的，他们的行为具有双重性，既是个人行为，更是组织行为。

2. 交往的工作对象有所不同

公共关系交际的工作对象主要是群体，也包含个体，而人际交往的对象只有个体。当然，由于公共关系交际的需要，公共关系工作最终总要落实到某一群体中的个体或零散的个体身上，例如，当一个组织要进行公众意愿调查时，就必须与一个个具体的公众打交道。但是从总体来讲，公共关系将其工作对象是作为一个公众整体来看待的。人际交往则主要局限于个人与个人之间，如血缘、亲缘、学缘和业缘之间的交往关系等。

3. 交往的手段和范围存在差异

公共关系交际的手段除了用人际传播外，还要经常运用大众传播的交往手段。人际传播也是公共关系传播的一个重要手段,但是它的传播速度、内容、范围相当有限,一对一面谈、小组交流、电话交谈等是其主要的交往方式。目前,由于通信、影像、计算机网络等现代信息技术的发展,人际交往中也运用了媒体传播、计算机网络等先进手段,但它的交际范围仍然不能同公共关系交际中使用大众传播手段相提并论。

4. 交往的选择机制不相同

公共关系交际是效益导向的选择,而人际交往主要属于情感导向的选择。

5. 交往行为的性质不相同

公共关系交际是组织行为,是组织为改善生存发展的内外环境条件而采取的交往行动;而人际交往属于个人行为,是人们相互往来、加强联系的一种个人的社交活动。

将公共关系交际与人际交往的区别列于表9-1中加以比较。

表9-1 公共关系交际与人际交往的比较

比较项目	人际交往	公共关系交际
行为特征	个体性	组织性
交往主体	个人	组织
交往目的	满足个人需要,尤其是情感的需要	满足组织塑造形象、获得公众信任和支持的需要
手段	经验性,非大众传播手段	自觉性,讲究技巧,用大众传播和非大众传播手段
选择机制	情感导向	效益导向
交往对象及范围	个体,范围窄	群体与个体
交往关系形态	三个社交圈:家庭;关系密切的朋友、同学、同事;其他有接触的人。越是内圈的越稳定	内部公众、外部首要公众、外部次要公众、外部一般公众等,交往的结构相对稳定,但其中具体的公众对象会发生变化
交往的信息内容	私人信息	组织信息

9.1.3 公共关系礼仪在现代公关活动中的作用

1. 礼仪的内涵

礼仪是人类文明的产物。两三千年前的《礼记》就说:"礼者,天地之序也。"到了现代社会,礼仪渗透到人类生活的每一个角落。公共关系礼仪是传统礼仪在现代公共关系交际活动中的发展和具体展现,成为公共关系工作中不可或缺的一部分。

礼仪的"礼"是规范,"仪"是程式。所谓礼仪,就是人们进行社会交往的行为规范与程式,具体表现为礼貌、礼节、仪表、仪式等。礼貌是人们在交往过程中表示敬重、友好的行为规范与准则,如尊老爱幼、热情好客等。礼节是指人们在生活交往活动中表示致意、问候、祝愿等惯用的形式及规范,是礼貌的外在表现形式。仪表是指人的外表,如容貌、表情、服饰、体姿等。仪式是指在一定场合举行的具有专门程序的活动,如开业庆典、迎送仪式等。

2. 公共关系礼仪的作用

公共关系礼仪就是在开展公共关系活动中所必须遵循的礼仪规范及程式。具体地讲,就是组织或个人为促进彼此间的了解和合作,在公共关系活动中,在塑造个人和组织的良好形象上,应当遵循的尊重他人、注重仪表、讲究礼节和仪式等的规范及程式。

如果公共关系工作是舟,礼仪则是桨;如果公共关系工作是机器,礼仪则是润滑剂。学习和掌握公共关系礼仪,对于提高公关人员综合素质、搞好公关工作、树立良好组织形象将起到积极的作用。

(1) 公共关系礼仪是公共关系人员进入社交场所的通行证

公关礼仪对于公关人员来说,起着促进社会交往、发展公共关系"通行证"的作用。作为一名公关人员,要在各种不同的社交场合接触各类不同的公众,除了应具备良好的身心素质、深厚的文化修养、多样的活动技能外,还要懂得并掌握礼仪常识,并能将其娴熟地运用到实际的公共关系活动中。公关人员时时讲礼节,处处有礼貌,尊重他人,关心他人,以礼仪作为约束自己行动的外在标准,就能顺利地进入各种社交场所,并且赢得公众的欢迎和尊重,由他们所代表的组织形象也将随之高大起来。

(2) 公共关系礼仪是组织与公众之间的润滑剂

在公共关系工作中,社会组织只有重视礼仪,积极而妥善地处理各种社会关系,才能广交朋友,左右逢源,消除隔阂误解,改善公众关系,为组织的发展拓宽和铺平道路。礼仪对于交际,就像服装对于人体的美化,能在组织与公众之间架起友谊的桥梁,而公共关系人员是架设组织与公众之间桥梁的建筑大师。讲究礼仪,不但有利于组织与公众之间进行良好的沟通,而且有利于协调组织与公众之间的关系,巧妙、艺术地处理各种复杂的关系,减少交往之中的冲突,避免摩擦,扫除障碍,促进和谐,为组织创造一种宽松融洽的社会氛围,达到相互了解、相互适应的目的,赢得公众的信赖与支持。

(3) 公共关系礼仪是塑造和提升组织形象的基础

从公共关系的角度来说,礼仪是一个组织形象的表现,是组织与公众沟通的纽带和桥梁。讲究礼仪不仅有利于树立组织的良好形象,而且能促进组织自身的发展。进一步说,公共关系的最终目标是树立组织自身的形象,以创造最佳的社会关系环境。而影响组织形象的因素很多,其中公关人员遵守社交礼仪是塑造组织形象的基础。每个社会组织的公关人员往往代表组织同公众进行交往,公关人员落落大方、稳重端庄、彬彬有礼的形象会使公众感受到他们所代表的组织的进取精神与整个组织的风采,可以证明他们所代表的组织确实可靠和成熟。公关人员肩负着组织的重任,为树立组织的良好形象与公众进行广泛而深入的社会交往,熟知并遵循礼仪规范,可以大大提高交往的成功率。成功的社会交往可以创造出有利于组织发展的最佳的社会人际环境与和谐融洽的社会关系网络,为组织带来长久的、巨大的经济效益与社会效益。

9.2　日常社交礼仪

随着社会的进步、物质生活条件的改善,社会文明程度日益提高,人们对礼仪倍加推崇。公共关系人员在日常社会交往中,应注重风度美、重视服饰美、强调语言美、推崇行为美,培养讲究礼节、注重礼仪的习惯。

9.2.1 仪表礼仪

仪表，即人的外表，包括容貌、举止、服饰、姿态、风度等。在政务、商务、公务及社交场合，一个人的仪表不但可以体现其文化修养，也可以反映其审美趣味。穿着得体，不仅能赢得他人的信赖，给人留下良好的印象，而且还能够提高与人交往的能力；相反，穿着不当，举止不雅，往往会降低身份、损害形象。由此可见，仪表礼仪是一门艺术，它既要讲究协调、色彩，也要注意场合、身份；同时它又是一种文化的体现。

1. 仪容

仪容是一种无声的语言，在人际交往的最初阶段，它是影响"第一印象"的最主要因素，直接影响人际交往的效果。因此，在公共关系实际工作中，要求公关人员在社交场合讲求仪容，力求做到仪容得体、举止大方。

一般说来，对仪容的修饰主要指对面部、头发和肢体的修饰。

（1）面部修饰

面部是人际交往中关注的焦点，是人真正的"门面"，因此，面部的修饰是仪容修饰的最重要的环节之一。美化面部的基本要求是：端庄、自然、清洁和适当修饰。

男士要注意每天修面剃须，切忌胡子拉碴地参加各种社交活动。即使蓄须，也需考虑工作允许，并注重常修剪、讲整洁。男士除非参加登台的演艺活动，一般不宜化妆，否则有失庄重。

女士工作时要化淡妆。淡妆的主要特征是清丽、素雅，具有明晰的立体感，容易给人留下较深的印象。一般情况下，总体宜以淡雅、自然为主，白天（自然光下）略施粉黛即可，不宜厚粉艳抹；晚间社交活动，则多为浓妆。另外，要注意不当众化妆，不非议他人的化妆，不借用他人的化妆品等。

浓妆淡抹总相宜 〖实例〗

王芳，某高校文秘专业高才生，毕业后就职于一家公司做文员。为适应工作需要，上班时，她毅然放弃了"清纯少女妆"，化起了整洁、漂亮、端庄的"白领丽人妆"：不脱色粉底液，修饰自然、稍带棱角的眉毛，与服装色系搭配的灰度高偏浅色的眼影，紧贴上睫毛根部描画的灰棕色眼线，黑色自然型睫毛，再加上自然的唇型和略显浓艳的唇色，虽化了妆，却好似没有化妆，整个妆容清爽自然，尽显自信、成熟、干练的气质。

但在公休日，她又给自己来了一个大变脸，化起了久违的"青春少女妆"：粉蓝或粉绿、粉红、粉黄、粉白等颜色的眼影，彩色系列的睫毛膏和眼线，粉红或粉橘的腮红，自然系的唇彩或唇油，看上去娇嫩欲滴，鲜亮淡雅，整个身心都倍感轻松。

心情好，自然工作效率就高。一年来，王芳以自己得体的外在形象、勤奋的工作态度和骄人的业绩，赢得了公司同仁的好评。

（2）头发修饰

在社交场合，头发的基本要求是发型要朴素大方，头发要勤于梳洗。发型的选择应考虑工作场所、时间、年龄及个性、体貌特征等因素，基本要求是长短适当、风格庄重。就男士而言，要求是前发不覆额，侧发不掩耳，后发不触领，不可长发披肩或梳起发辫，也不可剃光头。对女士而言，一般以简约、明快为宜，脸长者不宜头发过短，脸短者则不宜头发过长；个高者可留长发，并可梳理蓬松，个矮者宜剪短发，不可梳理成大发式；肤黑或肤黄者不宜留披肩发。另外，染发不应改变自然本色，也不可过于前卫时髦。

(3) 肢体修饰

人的四肢既是劳动的工具，也是在社交场合展示自我风采和魅力的载体。任何优美的体态语言都离不开四肢的和谐运用，因此，在公关礼仪中也应重视对四肢的合理运用。这就要求人们合理地修饰自己的手臂和腿脚，以保持一个良好的整体形象。

一是手臂的保养和妆饰。要随时清洗双手，注意修剪与洗刷指甲，不留长指甲，甲长一般不过指尖；如用指甲油，忌用大红色，最好选用玉白色。手臂上也不可刺字、刻画；因温度或某种交际场所而身着短袖或无袖服装时，最好剃去腋毛；若手臂汗毛过于浓密，也应设法去除。

二是腿脚的清洁和美化。勤于洗脚，特别是赤脚穿鞋时要保持趾甲、趾缝以及脚跟等处清洁。要勤换袜子，最好每天换洗一双，不要穿着那些不易透气、易生异味的袜子。要勤于换鞋，并注意鞋面、鞋跟、鞋底等处的清洁。注意腿毛，少数女性腿毛十分浓密，又要穿裙子，最好设法去除，或选择色深不透明的袜子。勤剪趾甲，并注意剪除趾甲周围可能出现的死皮，使之洁白无瑕。忌化彩妆，除可涂抹养护趾甲的无色油外，不可涂彩造型。

2. 体姿

体姿就是人的身体姿态，又称为仪态。体态语言学大师伯德·惠斯戴尔的研究成果表明，在双方的沟通过程中，有65%的形象是通过体态语言来表达的，用优美的体态表现礼仪比用语言更让受礼者感到真实、生动、美好。

(1) 站姿

站立是人最基本的姿势，是一种静态的美。男性站姿：抬头，目视前方，挺胸直腰，肩平，双臂自然下垂，收腹，双腿并拢直立，脚尖分呈"V"形，身体重心放到两脚中间；也可两脚分开，比肩略窄，双手合起，放在腹前或背后。女性站姿：双脚要靠拢，膝盖打直，双手握于腹前，面带笑容；站立时不要歪脖、斜腰、曲腿等，在一些正式场合不宜将手插在裤袋里或交叉在胸前，更不要下意识地做一些小动作，那样不但显得拘谨，给人缺乏自信之感，而且也有失仪态的庄重。

(2) 坐姿

坐也是一种静态造型。端庄优美的坐，会给人以文雅、稳重、自然大方的美感，如图 9-1 所示。男性坐姿：一般从椅子的左侧入座，紧靠椅背，挺直端正，不要前倾或后仰，双手舒展或轻握于膝盖上，双脚平行，间隔一个拳头的距离，大腿与小腿成 90°。女性坐姿：双脚交叉或并拢，双手轻放于膝盖上，嘴微闭，面带微笑，两眼凝视说话对象；轻轻入

(a) 男士标准坐姿　　　(b) 女士标准坐姿

(1)　　(2)　　(3)　　(4)

(c) 女士优美坐姿

图 9-1　社交场合的坐姿

座,至少坐满椅子的2/3,后背轻靠椅背;对坐谈话时,身体稍向前倾,表示尊重和谦虚;如果长时间端坐,可将两腿交叉重叠,但要注意将腿向回收;在正式场合,入座时要轻柔和缓,起座要端庄稳重,不可猛起猛坐,弄得桌椅乱响,造成尴尬气氛。

(3) 走姿

良好的走姿应该是自如、轻盈、平稳、直线。男士应抬头挺胸,收腹直腰,上体平稳,双肩平齐,目光平视前方,步履稳健大方,步幅以一脚半距离为宜。女士应头部端正,目光柔和,平视前方,上体自然挺直,收腹挺腰,两腿并拢而行,步履匀称自如,步幅以一脚距离为宜,显示女性庄重文雅的温柔之美。

(4) 谈话姿势

谈话的姿势往往反映出一个人的性格、修养和文明素质。与顾客交谈时,两眼视线落在对方的鼻间,偶尔也可以注视对方的双眼。恳请对方时,注视对方的双眼。为表示对对方的尊重和重视,切忌斜视或只顾他人他物,以免让对方感到你不礼貌和心不在焉。

3. 服饰礼仪

服饰已成为人的仪表的重要组成部分,它反映了一个人的文化品位、审美意识、社会地位以及生活态度。具体说来,服饰既要自然得体、协调大方,又要遵守某种约定俗成的规范或原则。服饰不但要与个人的具体条件相适应,还必须时刻注意客观环境、场合对人的着装打扮的要求,即着装打扮要优先考虑时间、地点和目的三大要素,并努力在穿着打扮各方面与时间、地点、目的保持协调一致。

着装与职业 〔实例〕

有位女职员是财税专家,她有很好的学历背景,常能为客户提供很好的建议,在公司里的表现一直很出色。但当她到客户的公司提供服务时,对方主管却不太注重她的建议,她能够发挥才能的机会也就不大了。

一位时装大师发现这位财税专家在着装方面有明显的缺憾:她26岁,身高147厘米,体重43公斤,看起来机敏可爱,喜爱着童装,像个16岁的小女孩,其外表与她所从事的工作相距甚远,所以客户对于她提出的建议缺少安全感、信赖感,因此她难以实现自己的创意。这位时装大师建议她用服装来强调出学者专家的气势,用深色的套装,对比色的上衣、丝巾、镶边帽子来搭配,甚至戴上重黑边的眼镜。这位女财税专家照办了,结果,客户的态度有了较大的转变。很快,她就成为公司的董事之一。

---

(1) 女士着装礼仪

理想的女士职业服,一般以套裙为基础,以一定程度的"中性化"为基础,讲究庄重优雅的格调。

① 面料选择上乘、纯天然,裁剪合体,做工精细。正式场合应着典雅大方的套装(以上衣、下裙为宜),以民族性或古典性服装为宜。套装应掌握如何配饰、点缀使其免于死板之感;若是将几组套装作巧妙的搭配穿用,则不仅是现代化的穿着趋势,也是符合经济原则的装扮。职场穿着的基本忌讳:过分鲜艳,过分杂乱,过分暴露,过分紧身,过分透视,过分短小。

② 鞋袜。在社交场合,穿鞋要注意鞋子与衣裙色彩和款式的协调,但不可穿凉鞋、拖

鞋等,如布鞋配套裙就不恰当。穿袜着裙装时,应配长统或连裤丝袜,袜口不得短于裙摆边;颜色以肉色或黑色为主,袜子大小松紧要合适;不能穿着挑丝、有洞或缝补过的袜子,也不要当众整理自己的袜子。

③ 饰品的搭配不要多。女士佩戴珠宝饰物一定要美观、大方、得体、雅而不俗,切不可过分炫耀而使对方产生相对寒酸的心理。饰品要与佩戴者协调、与其他服装协调、与饰品协调、与佩戴场合协调。如果同时佩戴两件以上的首饰,一般要求要同质同色(黄金项链、黄金戒指),戒指一般戴在左手上,拇指和食指一般不戴戒指。

(2) 男士着装礼仪

男士着装应遵循整洁、稳重、和谐、雅致的原则。

① 服装。一般场合可以穿着便装,即各式外衣、牛仔裤等日常服装;而在商务、政务交往中的正式场合,如典礼、谈判、会议等,通常要求穿西装。西装穿着看似简单,其实也要遵从一定的规范而避免"十忌":一忌西裤过短或过长(以裤脚盖住皮鞋为基准);二忌不摘除袖口的商标;三忌衬衫不扎于裤内;四忌不扣衬衫扣子;五忌西服袖子长于衬衫袖子;六忌衣裤袋内鼓鼓囊囊;七忌领带太短(一般以领带盖住皮带扣为宜);八忌西服配便鞋(休闲鞋、球鞋、旅游鞋、凉鞋等);九忌穿尼龙丝袜或白色袜子;十忌衣裤皱皱巴巴、污渍斑斑。

② 色彩。要体现庄重、俊逸,色度上不求华丽、鲜艳,色彩变化上不宜过多,穿西装套装时全身的颜色不能多过三个,以免显得轻浮。鞋子、腰带、公文包最好为一个颜色,其中黑色为首选。

③ 鞋袜。在正式场合中,以穿黑色或深棕色皮鞋为宜,娱乐场所可穿白色或浅色皮鞋。穿袜子,袜长要高及小腿中上部,颜色以单一色调为好,而着礼服时的袜色要与西裤色相近,白色运动袜忌穿于正式场合。

④ 帽子与手套。帽子要整洁、端正,颜色与形状符合自己的年龄与身份。戴帽子与手套一般在室外,但与人握手时应脱去手套以示礼貌,向人致意时应取下帽子以显尊重,室内社交场合不要戴帽子和手套。

9.2.2 见面礼仪

见面礼仪在公共关系礼仪中具有重要的地位,能否给公众留下一个好的印象,与公共关系人员能否遵循见面礼仪有很大关系。

1. 介绍

(1) 自我介绍

在社交活动中,时常需要自我介绍,如和陌生人见面、应聘某个职位等。自我介绍的内容通常包括自己的姓名、单位及职业、身份等。在介绍中,应尽可能找出与对方的相似点,以搭建彼此沟通的桥梁。

自我介绍必须注意以下几个问题。

① 要注意介绍内容的繁简。自我介绍时要措辞坦然,简繁恰当。在某些公共场所和一般性社交场合,自己并无与对方深入交往的愿望,这种情况下只需介绍自己的姓名。如因公务、工作需要与人交往,自我介绍应包括姓名、单位和职务,无职务可介绍从事的具体工作,如"我叫唐文章,是天音公司的公关经理。"

② 要讲究自我介绍的艺术。自我介绍时，要寻求适当的机会，举止大方，表情要亲切自然，掌握分寸，言语得体，实事求是、恰如其分地介绍自己。介绍时要充满自信，先向对方点头致意，得到回应后再向对方报出自己的身份，语调要热情友好，充满自信，眼睛要注视对方。

(2) 为他人做介绍

① 介绍的顺序。为他人做介绍时，必须遵循"尊者优先了解情况"的规则，先确定双方地位的尊卑，然后先介绍位卑者，后介绍位尊者。具体的礼仪规则有：先将男士介绍给女士，先将年轻者介绍给年长者，先将职位低者介绍给职位高者，先将未婚者介绍给已婚者，先将客人介绍给主人，先将非官方人士介绍给官方人士，先将本国同事介绍给外国同事，先将自己公司的同事介绍给别家公司的同事，先将后到者介绍给先到者。

② 介绍他人的礼仪。当为他人做介绍时，不要用手指指点对方，而要手掌心向上，五指并拢，胳膊向外微伸，斜向被介绍者。向谁介绍，眼睛就要注视谁。

2. 握手

握手礼是当今世界上最通行的交往礼仪，也是人们日常交往中最常使用的一种见面礼。握手礼可以表达欢迎、友好、祝贺、感谢、尊重、致歉、慰问、惜别等多重复杂的情感。握手礼的基本精神是以一种简单的身体接触，表达自己的坦诚和信任。

(1) 握手的顺序

在人际交往中，握手时伸手的先后顺序讲究较多，要具体视身份、地位而定，不可贸然伸手。握手一般讲究"尊者决定"，即待女士、长辈、已婚者、职位高者伸出手之后，男士、晚辈、未婚者、职位低者方可伸出手去回应。是主人时，不管男女，都应先伸手来热情迎接客人。

(2) 握手的姿态

一般是双方站立，彼此间保持一步左右的距离，各伸出右手，手掌略向前下方伸直，掌心向左，拇指张开，四指并拢，微微弯曲。上身稍向前倾，头略低，面带微笑，眼睛注视对方，手臂自然弯曲，上下轻摇。握手的时间以2～3秒为宜。握手时，应让对方感到你的诚恳与真挚，不要斜视别处或东张西望，更不可与某人握手的同时，与另一人交谈。

(3) 握手禁忌

① 忌左手相握。② 忌不摘手套。③ 忌厚此薄彼。④ 忌心有旁骛。⑤ 忌慢条斯理或迟迟不伸手。⑥ 忌握手时拍对方的肩膀。⑦ 忌用湿手、脏手同他人握手。⑧ 忌握手后马上揩拭手掌。

3. 鞠躬

鞠躬意即弯身行礼，是对他人敬佩的一种礼节方式。鞠躬时必须立正、脱帽，应从心底里发出向对方表示感谢和尊重的意念，从而体现在行动上，给对方留下诚恳、真实的印象。

鞠躬的场合与要求：遇到客人或表示感谢或回礼时，行15°鞠躬礼；遇到尊贵客人来访时，行30°鞠躬礼；与客户交错而过时，行15°鞠躬礼；接送客户时，行30°鞠躬礼；初见或感谢客户时，行45°鞠躬礼。

行礼时面对客人，并拢双脚。男性双手放在身体两侧，女性双手合起放在身体前面。

4. 名片

作为交际工具之一的名片，在我国已经有两千多年的历史。名片是现代社会中必不可少的交际工具。早在西汉时,"名片"其实就存在了,当时因纸未发明,故削木、竹为片,上面写上姓名,称之为"谒",后又改叫"刺"。有了纸以后,又叫"名帖""名纸",现在则称名片。

名片可分为三类:社交名片,名片上只印姓名、地址、邮政编码、电话号码;职业名片,除了上述内容外,还有单位、职称、职务和社会兼职;商务名片,名片正面内容与职业名片相同,但名片背面通常印上单位经营范围、项目等。

名片使用的礼仪涉及递送、接受、交换三个方面,递、接双方都应注意。

(1) 递送名片的礼仪

① 递送名片,时机要恰当。若是初次见面,相互介绍后即可递上名片。若是比较熟悉的朋友之间,可在告辞的时候递过去。

② 递送名片时,双目正视对方,不可目光游离不定或漫不经心,要使名片正面朝向对方,用双手或右手递送给对方,并说相应的寒暄语,如"请多关照""请笑纳"等。

(2) 接受名片的礼仪

① 接受名片时,应起身或欠身,目视对方,恭敬地用双手的拇指和食指接住名片的下方两角,并点头致意。

② 接过后,要认真阅看一下以示敬重和有兴趣,可以说些表示客气的话,如"谢谢""深感荣幸"等。

③ 看过后,郑重放入口袋或名片夹或其他适当地方,切不可一眼不看地随手置于一边,或随意扔于桌上或其他地方,也不可随意在手中玩弄。

递、接名片时,如果是单方递、接,应用双手递、双手接;若双方同时交换名片,则应右手递、左手接。

(3) 交换名片的礼仪

交换名片表达了双方愿意交往的意愿。一般是地位低者、晚辈或客人先向地位高者、长辈或主人递上名片,然后再由后者予以回赠。若上级或长辈先递上名片,下级或晚辈也不必谦让,双手礼貌接过,再予以回赠。

9.2.3 电话礼仪

电话是人们开展社交活动不可或缺的工具。电话交谈的礼仪包括:打电话的礼仪和接电话的礼仪。

1. 打电话的礼仪

① 准备好电话号码,确保周围安静,嘴里不含东西,琢磨好说话内容、措辞和语气语调。

② 如无急事,非上班时间不打电话。给客户家里打电话,上午不早于8点,晚上不晚于10点。

③ 电话拨通后,应先说"您好!"然后问一声:"这里是××单位吗?"得到明确答复后,再自报家门"我是××单位×××",然后报出自己要找的人的姓名。

④ 拨错号码,要向对方表示歉意,切不可无礼地挂断电话。

⑤ 如果对方不在,而事情不重要或不保密时,可请代接电话者转告;如果事情紧急或需保密时,应向代接电话者询问对方的去处和联系方式,或把自己的联系方式留下,让对方回来后回电话。

⑥ 感谢对方或代接电话者，并有礼貌地说声"再见"。

2. 接电话的礼仪

① 接听电话要及时，铃响不过三声，拿起电话首先自报家门，然后再询问对方来电的意图等。

② 电话交流要认真理解对方意图，并对对方的谈话做必要的重复和附和，以示对对方的积极反馈。

③ 应备有电话记录本，重要的电话应做记录。

④ 电话内容讲完，应等对方结束谈话再以"再见"为结束语。对方放下话筒之后，自己再轻轻放下，以示对对方的尊敬。

⑤ 代转、代接电话，要慎重热情、及时准确转达，切忌越俎代庖；

⑥ 语言表达尽量简洁明白，语调平实，切忌声嘶力竭、尖声怪气或有气无力。

9.3 公务活动礼仪

公务活动礼仪是指在公务工作中处理事务所应遵循的礼仪规范。在日常工作中，要注重服饰美，强调语言美，提倡交际美，推崇行为美，培养讲究礼节，注重礼仪的习惯。在比较重要的公务交往中，更要遵守礼节规范。

9.3.1 接待、拜访礼仪

接待和拜访是公务人员在公务活动中的一项经常性的工作。公务人员在接待和拜访中的礼仪表现，不仅关系到其本人的形象，而且还涉及其所代表的组织形象。因此，接待礼仪和拜访礼仪历来受到重视。

1. 接待礼仪

① 事先了解来宾的背景资料，如年龄、性别、身份、来访目的、来访时间长短及其工作内容等，确定迎送规格，并根据背景资料，按照与客人对口、对等的原则，确定级别相当的人员或组织出面迎送。如果由于其他原因，级别相当的人员或组织不能出面，可灵活变通为职位相称者或副职人员代替，但要向客人解释，说明原因，表示歉意。

② 掌握迎送时间。迎客时，迎接人员应提前到达飞机场、火车站或轮船码头等候；送客时，无论是在门口还是在机场、码头、车站，都要待客人走远或在交通工具启动后挥手道别。送行时应根据情况或陪同前往，或在客人登机、上车、上船前到达，如果有仪式则应于仪式前到达。

③ 对来访者，接待人员一般应起身握手相迎。对上级、长者、客户来访，应起身上前迎候。对于同事、员工，除第一次见面外，可不起身。

④ 不能让来访者坐冷板凳。如果自己有事暂不能接待来访者，应安排秘书或其他人员接待客人，不能冷落了来访者。要认真倾听来访者的叙述，公务往来是"无事不登三宝殿"，来访者都是为了谈某些事情而来，因此应尽量让来访者把话说完，并认真倾听。

⑤ 对来访者的意见和观点不要轻率表态，应思考后再作答复。对一时不能作答的，要约定一个时间再联系。对能够马上答复的或立即可办理的事，应当场答复，迅速办理，不要

让来访者无谓地等待或再次来访。

⑥ 正在接待来访者时，有电话打来或有新的来访者，应尽量让秘书或他人接待，以避免中断正在进行的接待。对来访者的无理要求或错误意见，应有礼貌地拒绝，不要刺激来访者，避免使其尴尬。

⑦ 如果要结束接待，可以婉言提出借口，如"对不起，我要参加一个会，今天先谈到这儿，好吗？"等，也可用起身的体态语言告诉对方就此结束谈话。

2. 拜访礼仪

① 约定时间和地点。事先打电话说明拜访的目的，并约定拜访的时间和地点。不要在客户刚上班、快下班、异常繁忙、正在开重要会议时去拜访，也不要在客户休息和用餐时间去拜访。

② 做好准备工作。阅读拜访对象的个人和公司材料，准备拜访时可能用到的材料，注意穿着与仪容，拜访前检查各项携带物是否齐备（名片、笔和记录本、电话本、磁卡或现金、计算器、公司和产品介绍、合同等），明确谈话主题、思路和话语。

③ 出发前。最好与客户通电话确认一下，以防临时发生变化。选好交通路线，算好时间出发，确保提前5～10分钟到达。

④ 到了客户大楼门前。再整装一次。如提前到达，不要在被访公司门前溜达。

⑤ 进入室内要面带微笑，向接待人员说明身份、拜访对象和目的，从容地等待接待人员将自己引到会客室或受访者的办公室。如果是雨天，不要将雨具带入办公室。在会客室等候时，不要看无关的资料或在纸上涂画。接待人员奉茶时，要表示谢意。等候超过一刻钟，可向接待人员询问有关情况。如受访者实在脱不开身，则可留下自己的名片和相关资料，请接待人员转交。

⑥ 见到拜访对象后，首先问候、握手、交换名片。当客户请人奉上茶水或咖啡时，应表示谢意。会谈时，注意称呼、遣词用字、语速、语气、语调。会谈过程中，如无急事，不打电话或接电话。要注意观察接待者的举止表情，适可而止，当接待者有不耐烦或有为难的表现时，应转换话题或口气，当接待者有结束会见的表示时，应立即起身告辞。

9.3.2 会务礼仪

会议是各种人员交流、沟通、认识、了解的场所，会议交流的主要是会议内容本身，而要有效地开好会议，则要讲求会务礼仪。

1. 会议准备

1) 会议通知

根据会议的主题和会议步骤（议程、程序、日程等具体内容），确定与会人员名单或范围，拟定并及时寄发会议通知。

2) 会场选择

会议地点选择尽可能靠近交通中心（车站、码头），方便与会人员聚散。会场大小适中，太大显空旷，太小则显拥挤。要有停车场，便于与会人员停放交通工具。会场照明、通风、卫生、电话、服务、音响等设备一应俱全。

3) 会场布置

会场布置的气氛要适宜。根据会议性质，或隆重庄严，或喜庆热烈，或和谐亲切等，作出相应安排，要有相应标语、会标、花卉、彩灯等，以烘托气氛。安排好会议文件资料、后勤服务等事宜。根据会议规模与性质，可以采用圆桌式、方桌式、"口"形、"U"形等样式。

4）座次排列

座次排列包括主席台座次和其他与会人员座次，可按汉字笔画式、地理位置式、行业系统式等排列。

（1）自由式

一般在非正式交往或双方身份、地位差不多时，采用自由式的座次，事先不排列，到时随机入座。

（2）相对式

宾、主双方面对面而坐。这种就座方式体现主次分明、距离明显、公事公办，适用于公务性会客。座次遵循以右为上（行进中的右，即动态的右）、内侧高于外侧的原则。

① 就座双方一方面对正门，一方背对正门。面对门为上，坐客人；背对门为下，坐主人，如图9-2（a）所示。

② 双方面对面就座于室内两侧。进门后右侧为上，坐客人；左侧为下，坐主人，如图9-2（b）所示。宾、主双方不止一人时，也是如此，如图9-2（c）所示。

（3）并列式

宾、主双方并排就座，暗示双方"平起平坐"、地位相仿、关系密切。座次遵循面门为上、以右（静态的右）为上的原则。如果宾、主双方一同面门而坐，讲究以右为上，宜请客人坐于主人右侧，如图9-3（a）所示。如果双方不止一人，双方随员各自在主或宾一侧按身份高低依次就座，如图9-3（b）所示。

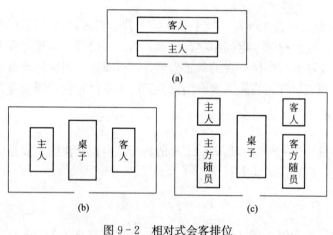

图9-2 相对式会客排位

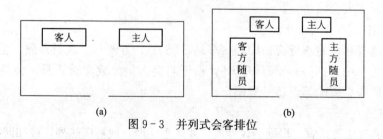

图9-3 并列式会客排位

（4）主席式

在正式场合，主人一方同时会见两方或两方以上客人，采用主席式。此时，主人面门而坐，来宾在其对面背门而坐，如图9-4（a）所示。或者，主人坐于长桌或椭圆桌的尽头，各方客人坐其两侧，如图9-4（b）所示。

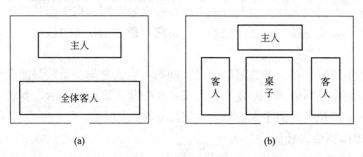

图9-4 主席式会客排位

2. 会议进程

① 迎接与会人员。根据会议性质、规模及参会者的情况，有关人员要派车分赴车站、机场、码头迎接。

② 生活安排。会务人员要热情引领参会者签到，然后分送到相应住处并告之会场会议事项。

③ 会场服务。包括茶水供应、会议记录、接转电话等，要由专门人员处理，并遵守会议纪律，不谈论非会议内容，不干扰会议秩序。

④ 会议结束工作。按照会务预先安排，调派车辆欢送与会人员离去，然后清理会场、整理会议记录、会务决算上报等。

3. 会议参加者礼仪

会议参加者应衣着整洁，仪表大方，准时入场，进出有序，依会议安排落座。开会时应认真听讲，不要私下小声说话或交头接耳。发言人发言结束时，应鼓掌致意。中途退场应轻手轻脚，不影响他人。

9.3.3 宴请礼仪

宴请是为了表示欢迎、庆贺、答谢、饯行等而举行的一种餐饮活动，具有社交性、规格化和聚餐式三个特点。国际上通用的宴请形式有四种：宴会、招待会、茶会、工作进餐。宴会按规格可分为国宴、正式宴会、便宴和家宴；按时间可分为早宴（茶）、午宴、晚宴、夜宴（宵夜）；按目的可分为欢迎宴、庆贺宴、答（酬）谢宴、送（告）别宴、朋友聚餐宴等。

1. 桌次安排

在宴请中，桌次与座位是一个不可忽视的问题。按国际惯例，桌次的高低以离主桌位置远近而定。右高左低，有左、中、右之别时，中尊右高左低。桌数较多时，要摆桌次牌。宴会可用圆桌、方桌或长桌，一桌以上的宴会，桌子之间的距离要适中，各个座位之间的距离要相等。团体宴请中，宴桌排列一般以最前面的或居中的桌子为主桌。传统中上座的位置，在面向上讲究背北面南即坐北朝南。由于现代建筑风格的多样化，人们便习惯于把面对门的位置定为上座，故宴请中主座的位置即面向餐厅正门的位置。

2. 座次安排

正式宴请，一般均排座位，席位高低以离主宾的座位远近而定。有时是排出部分客人的座位，其他人只排桌次或自由入座。要在入席前通知到每一个出席者，现场还要有人引导。

安排次序以礼宾次序为主要依据。按外国习惯，男女穿插安排，以女主人为准，男主宾在女主人右上方，主宾夫人在男主人右上方，女士由她左侧的男士为其服务。我国习惯按个人本身职务排列，以便交谈和餐饮。如果夫人出席，通常把女方安排在一起，即主宾位于男主人右上方，其夫人坐在女主人右上方。

在具体安排座位时，还应考虑其他因素。例如，客人之间关系紧张的应尽量避免安排在一起，可将身份大体相同或同一专业的客人安排在一起。席位排妥后，要着手写座位卡；便宴、家宴可以不放座位卡，但主人也要大致安排好客人的座位。

3. 西方人出席宴会的礼仪

① 准备。出席宴会前，稍做梳洗打扮，穿上一套合适、得体、整洁的衣服，以示对主人的尊重。

② 到达。最好按时到达，迟到四五分钟也行，但千万不能迟到一刻钟以上。

③ 寒暄。进入客厅，不要着急找位子坐。西方人在这种场合一般都要各处周旋，待主人为自己介绍其他客人，还可以从侍者送来的酒和其他饮料里面选一杯合适的边喝边和其他人聊天。等到饭厅的门打开了，男主人和女主宾会带着大家走进饭厅，女主人和男主宾应该走在最后，但如果男主宾是某位大人物，女主人和他也许会走在最前面。

④ 入席。西餐入席的规矩十分讲究，席位一般早已安排好。男、女主人分别坐在长方形桌子的上、下方，女主人的右边是男主宾，男主人的右边是女主宾。其他客人的坐法是男女相间。男士在上桌之前要帮右边的女士拉开椅子，待女士坐稳后自己再入座。大家落座之后，主人拿餐巾，客人就跟着拿餐巾。

⑤ 用餐。一般的菜谱是三至五道菜，前三道菜应该是冷盘、汤、鱼，后两道菜是主菜（肉或海鲜加蔬菜）、甜品或水果，最后是咖啡及小点心。吃饭的时候不要把全部的精力都放在胃的享受上，要多和左右的人交谈。甜品用完之后，如果咖啡没有出现，则可能是等会儿去客厅喝。总之，看到女主人把餐巾放在桌子上站起来后，就可以放下餐巾离开座位。这时，懂礼貌的男士也应起身帮女士拉开椅子，受照顾的女士不必对这一前一后的殷勤有特别的想法，这是男士应该做的。

⑥ 告别。如果不想太引人注目，最好不要第一个告辞，也不要最后一个离开，在这其间什么时候告辞都可以，只是一旦告辞就应该爽快地离开。

9.4　公共关系交际的语言艺术

语言艺术是指在语言运用上驾驭语言的技巧和技能。古人云："三寸之舌，强于百万之师""脚是江山，口是路"。语言艺术无论对个人还是对社会组织，都有着十分重要的价值和意义。而讲究语言艺术的根本点就在于选择最恰当的语言表达形式，以利于更好地达意传情。

9.4.1 公关语言的形式

公关语言的表现形式很复杂,主要可以归纳为以下几种:口头语言、副语言、体态语言、服饰语言及书面语言等。

1. 口头语言

口头语言,也称口语,是公关语言中最直接、最普遍的一种表现形式。公关的口头语言又可以分为单向式(独白式)和双向式(会话式)两种。

单向式口头语言是公关人员一人讲、众人听的口头语言,传播过程以说话人的单向性言语传递为主,如演讲、报告、授课、会议发言等。单向式口头语言主要在主题具有确定性、公关信息的传播具有时限性、公关工作具有明确的计划性和逻辑性以及需要对听众施以动员、激励、感染、解释的实务活动中使用。

双向式口头语言是指公关人员与一位或几位公众进行的交谈,如对话、商讨、谈判、电话、记者采访、辩论等。双向式口头语言主要是在双方面临共同的背景,但各自利益不同,或虽有共同利益但互不清楚对方立场,或双方需要联络感情、交流信息、弥合分歧、促进沟通和理解等的实务活动中使用。

2. 副语言

副语言,语言学中称之为"类语言",是指伴随口头语言出现的音符、音速、语调、重音等语言现象,以及笑声、叹息声、哭声、呻吟声等。交际活动中常见的副语言有语调、语速、语顿、重音等。

① 语调。是指一句话中声音的高低起伏。语调分平直调、弯曲调、降抑调、高升调等常规类型。公关语言艺术中的语调既指对常规语调的运用,更需要根据公关活动的实际需要进行超常规运用。

美国心理学家阿尔塔特通过实验得出一个公式:

$$口头语言的效果 = 7\%的内容 + 38\%的声调 + 55\%的表情$$

语调加上表情等体态语言的艺术化运用,不仅可以有效地表达思想,而且可能创造出异乎寻常的交流效果。

> **实例** 有一次,意大利著名的悲剧影星罗西应邀参加一个欢迎外宾的宴会。席间,许多客人要求他表演一段悲剧,于是他用意大利语念了一段"台词",尽管客人听不懂他"台词"的内容,然而,他那动情的声调和表情,凄凉悲怆,不由得使人流下同情的泪水。可一位意大利人却忍俊不禁,跑出厅外大笑不止。原来,这位悲剧明星念的根本不是什么台词,而是宴席桌上的菜单。这个例子生动地证明了语调的作用与魅力。

② 语速。是指说话的速度,即单位时间里吐词的数量。语速大致可以分为慢速、中速、快速三种类型。在通常情况下,人们用慢速表达平稳、沉重、悲哀等情感;用中速叙述平静和缓的事情;用快速传递迅猛、急迫、命令等信息。此外,艺术化的语速还指对三种语速综合的、超常的、巧妙的运用。

③ 语顿。是指口头语言中的语言停顿。常规的语顿出现在词语间、句子间和段落间,相当于书面语言的标点和转行。副语言中的语顿是指艺术化的超常规停顿。恰如其分的语

顿，能造成悬念，形成犹如相声艺术中的"包袱"效果，产生非凡的听众反应。

④ 重音。是指口头语言中加重发音的语言现象和表达技巧。重音也可分为常规的语法重音和根据需要而设置的强调重音两种。前者是句子的语法关系的自然要求；后者是说话人为了加深接受一方对句子中某一主要信息的印象和感受，而对该部分词语加重发音而形成的。重音不仅是一种语言技巧，而且常常是发布某项信息时让公众更加清楚明白的必然要求。

> **实例**
>
> "华光厂的订货会明天在北京举行"这句话，重音的位置不同，强调的信息、给人的印象就各有差异。
> A. 华光厂的订货会明天在北京举行
> B. 华光厂的订货会明天在北京举行
> C. 华光厂的订货会明天在北京举行
> D. 华光厂的订货会明天在北京举行
>
> A句将"华光厂"重读，强调的是开订货会的不是别的厂；B句将"订货会"重读，语义是强调召开的会不是新闻发布会、动员会等别的会；C句将"明天"重读，强调开会的时间不是今天、后天或者其他时间；D句将"北京"重读，语义是强调开会地点不是在上海、天津、重庆等其他城市。

3. 体态语言

体态语言，又称动作语言，是人际信息传播的一种副载体，是一种无声的非语言的语言。动作语言在交际传播中属于非语言传播或非语言交际，它包括静态和动态两大方面。

静态动作语言又包括前身体语言和微身体语言两种形式。前身体语言主要是指通过遗传获得的面相、五官布局、骨架等方面。微身体语言则主要反映通过后天活动所引起的人体密码的改变结果，如皱纹、肤色、指甲的纹理和颜色、气质等。静态动作语言可以帮助我们了解动作语言主体的身心健康情况、营养状况等，从而可以大致推测出动作语言主体的经济社会地位、生活历程、文化教养状况、生活压力情形等。

动态动作语言主要指人的仪态，即动作语言主体的身体姿态。它是指人因外界刺激或内心体验所引起的头、躯干、手势等的不同组合与改变及其所传递出的信息，包括动作和表情两大方面。

4. 书面语言

书面语言是指用文字表达的语言，是其他语言（主要是有声语言）的文字符号形式。书面语言的形式很复杂，有公文体、新闻体、礼仪体、广告体等各种各样的文体形式。

9.4.2 公关语言艺术

公关语言艺术在实际运用中，常用的有说服的语言艺术、赞扬的语言艺术、应急的语言艺术和推拒的语言艺术等几个方面。

1. 说服的语言艺术

公关人员与对象公众进行语言交流的目的在于说服对方，获得他们对组织的支持、信任和理解。说服的技巧主要有以下几种。

(1) 循循善诱法

选好开头等于与对象公众打开了话题,如何把话题引向深入,就需要循循善诱。循循善诱,即有步骤地、耐心地引导对方思考,要"诱导"得当、巧妙,使对方心悦诚服。在"善诱"的同时,还要注意以信任的态度,不断鼓励、激励对方的讲话情绪,以理诱之,以情导之,最终达到双方极为融洽的境地。周恩来总理在"西安事变"中将这种方法运用得很出色。

> 1936年"西安事变"发生后,西北军杨虎城部队中的一部分军官强烈要求杀掉蒋介石,周总理为了实现我党"和平解决西安事变"的政治主张,达到"逼蒋抗日"的目的,到这些军官中做说服工作。
>
> 周恩来对他们说:"杀他还不容易,一句话就行了。杀了他还怎么办呢?局势会怎么样呢?日本人会怎么样?国家和民族的前途会怎么样?各位想过吗?这次捉住了蒋介石,不同于十月革命中逮住克伦斯基,不同于滑铁卢中擒拿了拿破仑。前者是革命胜利的结果,后者是拿破仑军事失败的悲剧。现在呢?虽然捉住了蒋介石,可并没有消灭他的实力。在全国人民抗日高潮的推动下,加上英美也主张和平解决西安事变,所以迫蒋抗日是可能的。我们要爱国,就要从国家和民族的利益考虑,不计较个人的私仇。"
>
> 周恩来的这番话,充分运用了循循善诱法。先用一句话稳住了军心,控制了局面,接着连续五个问句,激发引导军官思考,最后才提出"逼蒋抗日"的主张。三个层次,层层相扣,层层深入,以理导之,以情诱之,终于使"杀"声一片的军官们心悦诚服。

(2) 以理服人法

晓以大义,以理服人,这是说服的最基本的方法。当然,要想真正说服别人,理由必须充足,话必须讲得巧妙。

> 1971年10月下旬,美国总统尼克松的国家安全事务助理基辛格来到北京进行秘密谈判。对于会谈公报,双方存在着严重分歧。美方在公报上掩盖双方对国际事务和台湾问题的分歧。我方主张在公报上列出各自的观点,哪怕是相反的也要列上。基辛格认为我方主张是没有先例的,也是美国和它的盟国所不能接受的。对此,周总理说了一段很精彩的话:"博士,你想想,公开阐明分歧,难道不会使双方的盟国和朋友更放心吗?这说明他们的利益得到了保护,还会使各方面的人确信公报是真诚的。"周总理的话,说理透辟,一语中的,坦率真诚,所以基辛格终于被说服了。

(3) 侧击暗示法

侧击暗示法即通过曲折隐晦的语言形式,把自己的思想、意见暗示给对方,引起对方心理或行为反应,借此说服对方。侧击暗示,既巧妙地引出了问题,把自己所要表达的意思传递给对方,又避免了由于问题的直接和敏感而引起对方不快。

> 19世纪意大利作曲家罗西尼碰到一位拿东拼西凑的乐曲手稿来向他请教的人。演奏过程中,罗西尼不停地脱帽,那人问他:"屋里太热了?"罗西尼回答:"不,我有见到熟人就脱帽的习惯。在阁下的曲子里,我碰到了那么多熟人,不得不连连脱帽。"

(4) 以褒代贬法

此法就是运用修辞中正话反说或反话正说的方法,把自己的意图和看法从相反的角度表达出来。例如,一位顾客在饭馆吃饭,米饭中沙子很多,他不得不接连把它们吐在桌子上。服务员见后抱歉地说:"净是沙子吧?"顾客笑着说:"不,也有米饭。"顿时两人都笑了,服务员没有收他的饭钱。

(5) 妙用类比法

运用类似事例,可以增强说服力。一事当前,并不是谁都能看得清、把得准。运用类似事例,可以使人豁然醒悟、心扉洞开。类比的对象可以是历史教训,也可以是成功例证;可以现身说法,也可以妙用比喻。

> 1939年,爱因斯坦派萨克斯博士带信给罗斯福总统,希望美国抢在希特勒之前造出原子弹。罗斯福看了爱因斯坦的信后,对此建议十分冷漠。第二天,萨克斯在白宫辞行的餐桌上讲了一段历史:拿破仑在对英海战中,由于拒绝采用富尔顿发明的新舰船,结果被英国舰队打得一败涂地。要是拿破仑采纳了富尔顿的建议,19世纪的欧洲历史就可能重写。罗斯福总统听了这番话才动心,最终批准了研制原子弹的"曼哈顿工程"。

(6) 以其之矛攻其之盾法

此法就是根据对方的看法和观点,设置一个个问题引导对方,暴露对方自相矛盾之处,最后用对方自己的话来否定其看法和观点,从而达到说服人的目的。

> 三国时,有一次曹操的马鞍被老鼠咬坏了,他认为这是不吉之兆,要处管仓库的官吏以死罪。曹冲闻讯后,把自己的衣服弄破如鼠咬状,来到曹操面前故作愁容。曹操便问因何发愁,曹冲说:"人们都认为被老鼠咬破衣服的主人不吉利,现在我的单衣被老鼠咬了,所以忧愁。"曹操忙劝儿子说:"老鼠咬破衣服,主人就不吉祥,这全是无稽之谈,何用忧愁。"这时管仓库的官吏前来请罪,曹操只得一笑了之。

2. 赞扬的语言艺术

赞扬,是对他人长处的一种肯定。通常,每个人在心理上都有一种对赞扬的期待。交谈中若能适度地赞扬对方,就容易使对方产生亲和心理,这种亲和心理既可成为接受对方意见的起点,也可成为转变态度的开始,这一点在公关交往中尤为重要。

在社交场合赞美别人的语言表达方式也是很多的,且举以下几种。

(1) 当面亲口说

这种表达法在双方关系十分亲近、随和的情况下,一般效果都比较好,能起到"加油、润滑"的作用。例如,"您这件事办得真漂亮,快介绍一下经验,让我们也学习学习。"

(2) 借第三者之口说

在双方关系还没有达到"十分密切"的时候，面对面地说出赞美对方的话语，难免会给人一种"拍马屁""客气奉承"或"言不由衷"的感觉。因此，用其他人的评价，用第三者的口吻来表达对对方的赞扬，就显得比较客观、自然了。例如，"贵公司的工作真是出色，难怪××公司总是在我们面前推荐你们高质量的产品，大家都很佩服呢！"

(3) 先轻后重地赞扬

就是把对方不很重要的、不显眼的，甚至是有所欠缺的方面放在说话的前一部分，然后用"但是"转换语气，重点强调你认为更好、更美的方面，加以真诚的赞扬，这样，包括被称赞者在内的听众，都能留下深刻的印象，并乐意接受你的赞美和推崇，乐意与你所代表的组织继续深入交往下去。

(4) 扬长避短，寻找优点加以赞扬

在交往对方的缺点多于优点的时候，应尽量寻找对方的优点，淡化其缺点，努力肯定、赞美其长处和优点。这样做之后，对方会冷静思考："他只肯定我们次要的方面和微小的优点而避开主要方面的评论，看来主要方面的欠缺太多，不值得称道，得认真改进才行。"由此，对方会通过自我反省而克服短处，发扬长处，也因此而体会到我们的真诚友谊，交往更加深化。

(5) 模糊赞扬，主动请教

在缺乏事先深入的研究和准备，不甚了解对方的优缺点时，或者想称赞对方但又说不出来恰如其分的"美言"时，不妨采用这种方法。例如，"我对这个事情了解不深，只觉得很特别，很有启发。看来您在这方面是胸有成竹的，我很想听听您的高见，请多多指教。"

(6) 转移话题，迂回赞扬

在赞美和夸奖并没有引起交往对方的共鸣时，最好的办法是迅速转移话题，通过迂回的方法，把你的赞扬同对方所期待的赞美一致起来，这样可以避免"话不投机"的困境转而"化险为夷"，继续愉快地沟通和交谈。例如，"真是'好事多磨'，既然你们在无意中收到这么好的结果，只要在这个基础上继续努力，预料中的好效果肯定会得到的。我完全相信你们会成功。"

(7) 先褒后贬，把赞扬当作"糖衣炮弹"

在必须及时指明对方的失误，给对方以善意的忠告时，可以把赞扬作为"糖衣炮弹"，采取"先褒后贬"的口语表达法，使对方消除对立情绪而乐意改正错误。例如，"你们单位在改善管理、关心职工、调动积极性、提高质量等方面所做的工作很有创造性，很值得我们学习；以我们一点不成熟的想法，如果在××方面再做一些调整，可能你们的工作会更出众、更成功的。"

3. 应急的语言艺术

在公关人际传播过程中，有时会出现一些意料之外的事情。如果公关人员缺乏应变能力，处理不当，就会使信息交流受阻，影响公关目标的实现。公关人员的应变能力体现在特定情景中的语言表达技艺和选用的语言表达形式。恰当的语言表达形式和高超的语言艺术常使紧张的气氛变得轻松，使窘迫的场面变得自如，使危机的形势得到缓解，变被动为主动。具体来讲，应急的技巧主要有以下几种。

(1) 顺势牵连

顺势牵连即在对方突然提出问题而无法正面回答时，巧妙地联系其他事物进行回答。这些都要求公关人员对"势"要"导"得好，"牵"得妙。

> 山东蓬莱一位导游在给日本游客讲述"八仙过海"的故事时，游客提出"八仙过海飘到哪儿去呢？"这个问题是无法考证的。导游一看是八位日本游客，就巧妙地回答："我想是为了发展中日人民的友谊，八仙过海东渡去邻邦日本了。"日本游客一听高兴地笑起来。导游回答得非常巧妙，妙就妙在把眼前的情境，巧合的数字，顺着游客的问话和中日两国人民的友谊自然联系起来，使回答既得体又意味深长。

（2）巧释逆境

巧释逆境是公关人员在突然出现对自己不利的情况时，把话题岔开，巧妙进行别出心裁的解释以挽救危急的局面。巧释的关键在"巧"，即对问题有别出心裁的解释，使解释指向自己所要表达的意思。

> 1988年，老布什参加美国总统竞选，另一名竞选者杜卡基斯攻击布什是里根的影子，缺乏个性，没有政绩，连问："布什在哪里？老布什在哪里？"布什很聪明，并不与杜卡基斯正面交锋，而是巧妙地回答："老布什在家里，和他夫人巴巴拉在一起。"布什将"在哪里"一词的深刻含意曲解为字面意义，避开正面回答，又含而不露地宣传自己对家庭的情感和对传统道德的尊崇，巧妙地维护了自己的形象。

（3）自圆其说

在社交场合，或者说错了话，无意中触伤了对方的忌讳禁区，或者念错了对方的名字，认错了人，等等，都可以临时编一个小小的、美丽的谎言以自圆其说。诸如："刚才我用一根火柴点着了三个人的香烟，并不表示我们要'散伙'，而是表示咱们三人已经是分不开的'同伙'了。以后可要同心协力啊！""对不起。不过，过去凡是被我念错名字的人，后来都成了一流人才。我相信您也是不例外的。""真是'三日不见当刮目相看'，您的外貌变化太大了，这么漂亮、潇洒，我都认不出来了。"或者"对不起，您的长相太像我的那位朋友了。看来我今天又多了一位新朋友。"

（4）反口诘问

在交际中，有些问话，既不能如对方所愿作出明确的答复，又不能拒绝回答，从而陷于进退两难之中。这时最有效的办法，就是循着对方提出的问题的轨迹，反口诘问，迫使对方自己去解答。这样不仅可以达到回避难题的目的，还可以转被动为主动。

> 美国一家电视台在华采访知青出身的作家梁晓声，现场拍摄电视采访节目。采访进行一段时间后，记者让摄像机停下来。记者对梁晓声说："下一个问题，希望您做到毫不迟疑地用最简短的一两个字，如'是'与'否'来回答。"梁晓声点头认可。摄像机"啪"的一声响，记者的录音话筒立刻就伸到梁晓声的嘴边，问："没有'文化大革命'，可能也不会产生你们这一代青年作家，那么'文化大革命'在你看来究竟是好还是坏？"梁晓声略为一怔，没有料到对方的问题竟如此"刁"。但是他立即镇定下来，随即反问道："没有第二次世界大战，就没有以反映第二次世界大战而著名的作家，那么您认为第二次世界大战是好还是坏？"美国记者不由一怔，摄像机立即停止了拍摄。

4. 推拒的语言艺术

拒绝别人，是一件十分困难的事。但是，推拒是一门学问，有很多方式、方法值得我们去探究。在公共场合，怎样说话才能做到既拒绝了对方又不会伤害对方的自尊心，不会损伤交往双方的友情呢？

常见的推拒语言技巧有以下几种。

（1）推托拖延

对于公众无法满足的要求，推托拖延也不失为有效的拒绝方法。

推托拖延的具体方法有两种。一是借他人之口加以拒绝。例如，营业员小王在自行车商店工作。一天，他的一个朋友来店购买自行车，看遍了店里陈列的车子，都不满意，要求小王领他到仓库里去看看。小王面对朋友，"不"字说不出口。于是他笑着说："前几天经理刚宣布过，不准任何顾客进仓库。"尽管小王的朋友心中有几分不满，但毕竟比直接听到"不行"的回答减少了几分不快。二是推延时间。例如，小张得知小周的店里卖打折商品。他来到小周的店里，说自己急着想买，小周示意他看看排队的顾客，对小张说："今天看来不行了，下次吧。到时候我再告诉你。"

有时候也可以把上述两种方法结合起来运用。例如，某单位一个职工找到车间主任要求调换工种，车间主任心里明白调不了，但他没有马上回答说"不可能"，而是说："这个问题涉及好几个人，我个人决定不了，我把你的要求反映上去，让厂部讨论一下，过几天答复你，好吗？"这样回答可让对方明白：调工作不是件简单的事，存在两种可能，使对方思想有所准备，这比当场回绝效果要好得多。

（2）诱导对方自我否定

诱导对方自我否定的语言形式，通常先用提问的方式使对方作出回答，而对方的回答应是预料之中的，也正是自己要说的话，只是借对方的口说出来而已，以此达到拒绝的目的。

> **实例**
>
> 罗斯福当总统之前，曾在美国海军担任要职。一天，一位朋友问起海军在加勒比海建立潜艇基地的计划。罗斯福看了看周围，低声说："你能保守机密吗？"
>
> "当然能。"朋友回答。
>
> 罗斯福微笑着说："我也能。"

（3）先表同情后婉拒

当对方喜气洋洋或者悲情切切地向你提出某个请求的时候，如果你仍然以自己的"亲情"或"公事"为理由拒绝对方，则容易被对方误认为你是"不尊重友情""不可靠"的人，甚至是"势利小人"，因此而伤害了双方的友谊。这时候，"盛情难却"，你首先要在语言和行动上表明诚意，或者真情地向对方表示祝福，或者沉痛地表示哀情，然后再委婉地说明实在无法脱身的难处，请对方谅解。例如，"你们厂的新发明获得专利，这是一件大喜事，真该好好庆贺一番。只是我今天已有约在先，要去参加商务谈判并签订协定，参加的单位代表很多，不好更改日期，过后我一定登门道贺，好吗？"这样，由于自己的诚意和重视，对方是很容易谅解的。

（4）移花接木

所谓"移花接木"，就是指不直接回答对方提出的问题，而是用与对方提出的问题相关的内容去回答。

> **实例**
> 亚洲大学生辩论会上,在中国内地大学生和香港大学生争夺第一名的决赛中,香港大学生的论题是"发展旅游事业好",问中国内地大学生是否赞同。如果表示赞同,则意味着认输;而反对又理由不足。结果,中国内地大学生的回答是:"如果不分时间、环境,盲目地发展则是有害的。"这里,中国内地大学生运用的就是"移花接木"的语言艺术,把"发展旅游事业好"的提问转换为"发展旅游事业要适度",既回避了直接表示赞成或反对,又不影响辩论会的气氛。

(5) 隐晦曲折

有时候,对一些明显不合情理或不妥的做法必须予以回绝,但为了避免因此而起冲突,或由于某种原因不便明确表示,则可采用隐晦曲折的语言向对方暗示,以达到拒绝的目的。请看下面一段对话。

甲:"我们的意图是使下次会议能在纽约召开,不知贵国政府以为如何?"

乙:"贵国饭菜的味道不好,特别是我上次去时住的那个旅馆更是糟糕。"

甲:"那么您觉得我今天用于招待您的法国小吃味道如何?"

乙:"还算可以,不过我更喜欢吃英国饭菜。"

乙方用"贵国饭菜不好""法国的饭菜还可以""喜欢吃英国饭菜"委婉含蓄地拒绝了在美国、法国开会的建议,暗示了在英国举行会议的想法。

也可以用绕圈子的形式来达到回绝的目的。一个老板,有一天把一个青年雇员叫到办公室,对他说:"小伙子,我真难以设想,如果我们公司没有你,我们的日子将怎么过——但是从下星期一开始,我想试试看。"这位老板绕着圈子,避开了"辞退"的字眼,用动听的语言达到了辞退对方的目的。

(6) 避实就虚

避开实质性问题,故意用模棱两可的语言作出具有弹性的回答,既无懈可击,又达到在要害问题上拒绝作出答复的目的。

(7) 以问代答

这种方法一般不由自己说出拒绝的理由,而是提出问题,请对方权衡,由对方自己放弃要求。例如,"很感谢您邀请我参加你们单位的活动,但是,我同一时间还要去参加我们厂的一个新产品鉴定会,您看怎么办呢?"

(8) 装聋作哑

在某些场合,对对方的提问不管作出怎样的回答,都于己不利,这时不妨佯装没有听见,不作任何表示(包括有声语言和无声语言),也是一种行之有效的方法。

复习思考题

1. 公共关系交际的特点是什么?
2. 公共关系交际与人际交往的联系与区别是什么?
3. 公共关系交际的语言技巧有哪些?
4. 公共关系的体语交际技巧有哪些?

5. 握手礼仪要注意的事项有哪些？
6. 递送名片要讲究哪些礼仪？
7. 参加宴会应注意什么？
8. 有人说，人与人交往最重要的是坦率、自然，不必拘泥于形式上的礼仪和规矩。你如何看待这个问题？
9. 组织创设一次公共关系活动的模拟场景，体验公共关系礼仪。

案例分析题

案例 9-1 一次漏洞百出的接待

小张今年大学毕业，刚到一家外贸公司工作，经理就交给他一项任务，让他负责接待最近将到公司的一个法国谈判小组。经理说这笔交易很重要，让他好好接待。

小张一想这还不容易，大学时经常接待外地同学，难度不大。于是他粗略地想了一些接待顺序，就准备开始他的接待。小张提前打电话和法国人核实了一下来的人数、乘坐的航班及到达的时间。然后，小张向单位要了一辆车，用打印机打了一张A4纸的接待牌，还特地买了一套新衣服，到花店订了一束花。小张暗自得意，一切都在有条不紊地进行。

到了对方来的那一天，小张准时到达了机场，谁知对方左等不来右等也不来。他左右看了一下，有几位老外比他还倒霉，等人接比他等得还久。他想，该不会就是这几位吧？于是又竖了竖手中的接待牌，对方没有反应。等到人群散去很久，小张仍然没有接到。于是，小张去问询处问了一下，问询处说该国际航班飞机提前了15分钟降落。小张怕弄岔了，赶紧打电话回公司，公司回答说没有人来。小张只好接着等，周围只剩下那几位老外了，他想问一问也好。谁知一询问，就是这几位。小张赶紧道歉，并献上一大束黄菊花，对方的女士看看他，一副很尴尬的样子接受了鲜花。接着，小张引导客人上车，客人们便大包小包地上了车。

小张让司机把车直接开到公司定点的酒店，谁知因为旅游旺季，对方早已客满，而小张没有预订，当然没有房间。小张只好把他们一行拉到一个离公司较远的酒店，这家条件要差一些，至此，对方已露出非常不快的神情，小张把他们送到房间。一心想将功补过的他决定和客人好好聊聊，这样可以让他们消消气，谁知在客人房间待了半个多小时，对方已经有点不耐烦了。小张一看，好像又吃力不讨好，以前同学来我们都聊通宵呢！小张于是告辞，并和他们约定晚上七点饭店大厅等，公司经理准备宴请他们。

到了晚上七点，小张在大厅等，谁知又没等到。小张只好请服务员去通知法国人，就这样，七点半人才陆续来齐。小张想，法国人怎么睚眦必报，非得让我等。到了宴会地点，经理已经在宴会大厅门口准备迎接客人，小张一见，赶紧给双方作了介绍，双方寒暄后进入宴席。小张一看宴会桌，不免有些得意：幸亏我提前做了准备，把他们都排好了座位，这样总万无一失了吧。谁知经理一看对方的主谈人正准备坐下，赶紧请对方到正对大门的座位，让小张坐到刚才那个背对大门的座位，并狠狠地瞪了小张一眼。小张有点莫名其妙，心想：怎么又错了吗？突然，有位客人问："我的座位在哪里？"原来小张忙中出错，把他的名字给漏了。法国人都露出了一副很不高兴的样子。好在经理赶紧打圆场，神情愉快地和对方聊起一些趣事，对方这才不再板面孔。一心想弥补的小张在席间决定陪客人好吃好喝，频繁敬酒，弄得对方有点尴尬，经理及时制止了小张。席间，小张还发现自己点的饭店的招牌菜辣炒泥鳅，对方几乎没动，小张拼命劝对方尝尝，经理脸露愠色地告诉小张不要劝，小张不知自己又错在哪里。好在谈锋颇健的经理在席间和客人聊得很愉快，客人很快忘记了这些小插曲。等双方散席后，经理当夜更换了负责接待的人员，并对小张说："你差点坏了我的大事，从明天起，请你另谋高就。"小张就这样被炒了鱿鱼，但他仍不明白自己究竟错在哪里了。

■ 问题

本案例中小张究竟错在哪里了？你认为小张在整个商务活动中，应该注意哪些基本的礼仪？

案例 9-2　　　　　　　　郑经理的交流难题

郑经理领导一家小型软件开发公司，公司员工不多，但有几位却颇令郑经理头痛：

王先生是难得的软件人才，开发的计算机游戏轰动业界，但他我行我素，特立独行，视公司若干规定如无物，经常不来上班，偶尔却深夜上机，连续作战一星期。公司同事对此颇有微词，尤其是后勤人员埋怨王先生增加了他们的工作负担。

赵小姐从创业开始即做秘书工作，勤勤恳恳，兢兢业业，但她性格脆弱，有时郑经理一句话讲重了，她就会流下泪来。今天又有客户反映，公司电话无人接听。

曹先生的维修工作是公司一绝，但他性格暴躁，稍不如意就跳将起来，曾经与客户、同事争吵多次，公司内外对他印象不佳。

钱先生主管财务，属于稳健型，但稳健再进一步就是保守。钱先生过分强调规避风险，对公司发展的关键一环——对外融资一直犹豫不决。

郑经理觉得应该和这几位好好谈一谈了，但如何能够既解决实际问题，又团结同事，既保证企业组织有效运转，又调动员工个人的积极性呢？郑经理陷入了沉思。

■ 问题

假如你是郑经理，谈谈如何与王、赵、曹、钱四位进行有效的交流。

第10章 危机公共关系

学习目标

- 正确理解危机及危机公关的含义；
- 把握组织危机的特点和基本类型；
- 理解危机公关管理的原则；
- 掌握危机公关管理的主要流程；
- 掌握危机处理的一般程序；
- 把握针对不同公众的危机公关处理对策；
- 了解危机公关评价。

案例导入

尼康"黑斑门"：拖延症患者

尼康D600率先在美国和英国上市后，就深陷"黑斑门"，2013年2月22日尼康发表公告，承认一些用户指出使用尼康D600数码单反相机拍摄时，照片上会出现多个颗粒状影像。但是，尼康在处理D600"黑斑门"时内外有别。欧洲部分用户把机身内部进灰的D600相机送到服务站除尘后收到了全新的D610相机；在法国，进灰D600换全新D610仅需支付很小一笔费用；而在中国，尼康在拖延一年之后给出的解决办法仅是免费清洁而已。当时尼康给出的解决办法是让用户按照用户手册关于"清洁影像感应器"进行清洁，或用气吹手动清洁，或者到尼康售后服务中心进行清洁。尼康对国内的声明也晚于国外整整一年。

但就连免费清洁尼康也做得不好。央视2014年3·15晚会报道称，全国多位消费者发现新买的尼康D600拍摄照片后出现黑点。用户就此到尼康维修点进行过四五次清洗进灰，也无法解决问题。随后尼康通过更换快门等方式，也无法解决这款宣称防尘防潮相机的问题。按照三包规定，相机因质量问题返修两次之后，可以退换产品。不过尼康售后辩称清灰不算修理，但尼康官方规定清灰属于修理范围。在随后发布的公告中，尼康再次要求用户对D600进行清理更换。自此，危机被激发，席卷全国。

2014年3月17日，尼康中国发表声明同意换新，但这个声明是"致中国3·15晚会特别节目组"，而不是"致D600用户"。短短几天时间，全国已有300多名用户采取法律行动。

古希腊一位哲学家说过："人类的一半活动是在危机当中度过的。"现代企业是一个与外界环境有密切联系的开放系统，其经营与发展受到诸多因素的影响与制约。在市场经济条件下，处于动态环境之中的企业组织，遭遇危机是不可避免的。正如英国著名公共关系专家弗兰克·杰夫金斯所说："今天，我们生活在化学、核能、电气外加恐怖危机之中，必须承认，如不采取措施防止最大可能的危机，任何事情都可能发生。"

可以说，任何组织中都隐藏着爆发危机的可能性，危机会给组织造成危害，轻则影响组织正常运营，重则危及组织的发展甚至生存，并给相关公众带来极大的损失，给社会环境造成极大的破坏。既然危机不可避免，那么正确地处理各种危机事件，就成为公共关系的日常工作。树立科学的危机意识，掌握危机公共关系的处理技巧和艺术，是有效消除危机影响、开发危机可利用资源、塑造组织形象、强化公共关系效用的基础。

10.1 危机公共关系概述

危机管理是公共关系发展中的新领域，是对危机处理的深化和对危机的超前反映，是社会组织在探讨危机发生规律、总结处理危机经验的基础上形成的新型管理范畴。其做法是针对组织自身情况和外部环境，分析、预测可能发生的危机，然后制定出针对性措施。其目的是防患于未然，将危机爆发的可能性降到最低限度，将事故消灭在萌芽状态；一旦危机爆发，能胸有成竹、有条不紊地将危机化解，把损失控制在最小范围内。

10.1.1 危机公共关系的基本概念

现代汉语中，危机之"危"，含"危险""危难"之意；危机之"机"，有"时机""机缘"之意。合而称之，"危机"即生死成败的紧要关头，一方面代表着危险的境地，另一方面也意味着大量的转折机会。对于危机，如果处理不当，则会使其扩大，使组织面临深渊，甚至会危及组织的生存；但是，如果能对危机进行正确处理，通过精心策划的公共关系活动来转化危机，则不但可能使组织转危为安，而且还能使组织获得更大的发展。美国管理大师迈克·波特指出："企业的发展、壮大以及灭亡，50%的机遇是在危机发生时或处理危机的情况下产生的。"

具体地说，所谓危机，是指危及企业形象和生存的突发性、灾难性事故与事件，其结果是给企业带来较大损失，严重破坏企业形象，甚至使企业陷入困境，难以生存。

危机公共关系，指组织面临危机时的公共关系，即从公共关系角度对危机的产生、发展、变化实施的有效控制。它是公共关系实务中的重要领域，是公共关系理论的重要课题之一，也是职业公关能够确立的一个支点与价值所在。需要指出的是，当危机发生时，组织可以从不同角度、用不同方法来消除危机，而公共关系只是消除危机的一种方法、一个角度。危机公共关系的内容主要包括：危机出现前的预测与管理、危机中的应急处理以及危机的善后工作。

公关专栏

不管你多么强大，总有危机找上门

1999年，可口可乐比较烦，因为比利时和法国的一些中小学生饮用美国饮料可口可乐，发生了中毒事件。

2000年，中美史克在中国遭到"审判"，同年11月，国家下发通知禁止PPA！中美史克的康泰克被押上媒体的审判台，PPA等于康泰克的舆论几乎将中美史克在中国多年的经营压垮。

2001年是南京老牌食品企业冠生园的灾难年,虽然冠生园的经理吴寰中称,他们是遭到了"知情的同行暗算",因为用陈陷当新陷在月饼行业是一种普遍现象,但是冠生园的品牌却从此倒下了。

2002年,"砸大奔""牛拉奔驰游大街"等事件,引发了大家对奔驰服务和质量的质疑,奔驰公司在中国消费者心中的尊贵形象一落千丈。

2003年,SARS考验了中国政府的危机公关能力。

2004年,阜阳劣质奶粉事件使得整个乳品行业陷入危机。

2005年3月以来,素以"优质"著称的洋品牌危机频现。亨氏、家乐福、肯德基与"苏丹红"有染,宝洁公司SK Ⅱ被告含有腐蚀性成分,强生婴儿油被指含有有害成分,高露洁牙膏"三氯生致癌"风波、雀巢的"金牌成长3+奶粉"碘超标引发信任危机。

……

每年都有企业遭受危机困扰,每年都有企业在重重危机中倒下,几乎所有的企业都惧怕危机,都在寻求可以预防危机和破解危机的办法。

如果将企业比作一个人,那么,企业的危机就是围在脖子上的围巾:有的企业被这个围巾勒伤甚至勒死,但是有的企业将它作为服饰的点缀或者用来取暖。

10.1.2 危机的种类

1. 形象危机

形象危机指由于组织内外部种种因素,严重损害了组织的声誉和形象,使组织陷入了强大的社会舆论的包围,造成公众对组织不信任甚至怨愤的倾向。形象危机又称为信誉危机,它直接影响组织的经济效益。

由于错误的经营思想、不当的经营方式、忽视产品质量、忽视经营道德、延误交货期、服务态度恶劣、企业领导或职工的不妥当或错误的言行、竞争对手或媒介的误导等都会造成企业形象危机。

4月7日,在《浙江日报》发表的记者根据消费者上门投诉而采写的文章披露:某用户晚上收看"百乐"电视机时发生爆响,随后有绿色火苗从机壳内窜出。用户向厂方多次反映,一直未能得到圆满解决。文章见报的当天下午,生产"百乐"电视机的杭州电视机二厂的厂长气势汹汹地来到报社,殴打了记者及报社的一位部主任。此事引起了省委、市委领导的重视,明确表示对打人者要严肃处理。中国记协发来专电,对被打记者进行慰问。最后,该厂厂长受到了行政记大过处分,企业声誉也受到很大损害。

2. 经营决策危机

这是企业决策者在生产经营方面的战略、策略失误及管理不善造成的危机。名噪一时的新疆德隆因资金链断裂而坍塌;有勤奋务实之誉的企业家黄宏生出事引发了人们对企业和企业家诚信的质疑;巨大的资金"黑洞"又把曾经的沪市龙头股四川长虹拉向了亏损的深渊;

等等。经营决策危机往往给企业带来直接的利益损失,但外部影响较小,只要处理得当,一般可顺利度过危机期。

3. 媒介危机

由于媒介对企业的错误报道而引发的企业危机称为媒介危机。虽然真实性是新闻报道的基本原则,但是由于客观事物和环境的复杂性和多变性,以及报道人员观察问题的立场角度有所不同,媒介的报道有时会出现失误。对此,企业应该有正确的认识和充分的准备。面对不公正的报道,企业要冷静克制,应善于体谅媒介的错误,及时澄清真相,请求予以更正,尤其不可与媒介发生正面冲突。

> **实例**
> 这是几年前发生的一件事,上海某报载文批评"稳得福"烤鸭店以优惠供应烤鸭之名,欺骗广大教师的不道德行为,在社会上引起了强烈反响。而事件的真实经过却是:为表达对广大教师的敬意,"稳得福"烤鸭店决定在教师节期间向广大教师优惠供应烤鸭,平均每只降价6~7元。但是由于事前对购买烤鸭的教师人数估计不足,不少教师没能买到优惠的烤鸭。店方当即表示对这些教师在下月凭登记号再次优惠供应。显然,媒介的报道是不全面的。但店方并没有埋怨指责,而是首先登门为自身工作不足做自我批评,然后讲述了本店为优惠教师做的一系列工作,并带去了许多教师对"稳得福"的表扬信。弄清事情的真相后,该报以"先后接到一些教师来信来电,反映报纸的批评不够全面"为文,对自己的失误进行了更正,并称赞"稳得福"为教师办了一件好事。由于店方妥善处理了与媒介的关系,不但迅速平息了这场风波,而且提高了"稳得福"在广大消费者中的知名度与美誉度。

4. 突发性危机

这是指人们无法预测和人力不可抗拒的强制力量造成巨大损失的危机。这类危机不以人的意志为转移,严重影响企业的生产经营活动和业务的开展。一般说来,这类危机对企业的形象不会带来太大的影响,关键是当事件发生后,企业要迅速组织内部公众共同度过"非常时期",并与外界公众及时沟通,求得帮助、支持和理解,迅速排除危机。

突发性危机常见的表现形式如下。

① 由不可抗拒力量导致的重大伤亡事件。

② 外在因素引起的事故。如环境污染,导致工作无法正常进行、伪劣产品导致工伤等。

③ 外来的故意行为。如重大盗窃案件、假冒他人行骗等。

正确处理突发性的、非人为因素的危机,能加强企业内部员工间的团结,增强凝聚力和向心力,妥善处理危机会使企业化险为夷,进而密切企业与外部公众的关系。

以上分类是按危机的性质来划分的,除此之外,还可按以下方法予以分类。

按危机发生的原因分类,有主观原因造成的危机,如组织决策失误、行为不当或沟通不力等;有客观原因造成的危机,如突发事件、公众误解、形象失调、谣言传播等。

按危机的形成和影响分类,有直接危机和间接危机。前者指组织自身的信誉和形象危机;后者是由直接危机引发的危机,如人才危机、财务危机、经营危机等。

按危机的来源分类,有内部危机和外部危机。内部危机是指组织内部公众对组织丧失信心，关系紧张；外部危机是指外部公众对组织认知上模糊，情感上疏远，态度上冷漠，行为上抵制。

10.1.3 危机处理的宗旨和原则

一般来说，危机事件发生的时间急，出乎意料，影响面大，处理起来有一定难度。因此，处于危机处理第一线的公关人员应遵循的宗旨是：保持镇定，争取主动；积极稳妥，真实传播；平息风波，挽回影响。

面对突发事件，企业要保持镇定，迅速查明情况；维护企业和公众双方的利益，积极稳妥地处理事件，最大限度地减少损失；利用媒介真实、准确地传播有关信息，解释企业所采取的政策、措施，表明对公众的态度，取得公众的谅解和配合，变被动为主动，重新树立企业形象。

危机公关专家游昌乔提出的危机公关 5S 原则，可以说是为企业进行危机处理提供了一套标准体系。

1. 承担责任原则（Shoulder the matter）

危机发生后，公众会关心两方面的问题。一方面是利益的问题，利益是公众关注的焦点，因此无论谁是谁非，企业应该承担责任。即使受害者在事故发生中有一定责任，企业也不应首先追究其责任，否则会各执己见，加深矛盾，引起公众的反感，不利于问题的解决；另一方面是感情问题，公众很在意企业是否在意自己的感受，因此企业应该站在受害者的立场上表示同情和安慰，并通过新闻媒介向公众致歉，解决深层次的心理、情感关系问题，从而赢得公众的理解和信任。

实际上，公众和媒体往往在心目中已经有了一杆秤，对企业有了心理上的预期，即企业应该怎样处理，我才会感到满意。因此，企业绝对不能选择对抗，态度至关重要。

2. 真诚沟通原则（Sincerity）

企业处于危机旋涡中时，是公众和媒介的焦点。你的一举一动都将接受质疑，因此千万不要有侥幸心理，企图蒙混过关；而应该主动与新闻媒介联系，尽快与公众沟通，说明事实真相，促使双方互相理解，消除疑虑与不安。

真诚沟通是处理危机的基本原则之一。这里的真诚指"三诚"，即诚意、诚恳、诚实。如果做到了这"三诚"，则一切问题都可迎刃而解。

3. 速度第一原则（Speed）

好事不出门，坏事行千里。在危机出现的最初 12~24 小时内，消息会像病毒一样，以裂变方式高速传播。而这时候，可靠的消息往往不多，社会上充斥着谣言和猜测。公司的一举一动将是外界评判公司如何处理这次危机的主要根据。媒体、公众及政府都密切注视公司发出的第一份声明。对于公司在处理危机方面的做法和立场，舆论赞成与否往往都会立刻见于传媒报道。

因此公司必须当机立断，快速反应，果决行动，与媒体和公众进行沟通，从而迅速控制事态，否则会扩大突发危机的范围，甚至可能失去对全局的控制。危机发生后，能否首先控制住事态，使其不扩大、不升级、不蔓延，是处理危机的关键。

> 过去有人提到危机管控黄金24小时，近年来也有学者提到黄金4小时原则。根据美国西北大学舆论研究所的最新研究成果指出，在互联网环境下，重大危机发生时最佳回应时间应在"45分钟内"。否则将引起公众的不安，以及谣言在互联网上的传播。其实这方面也有很成功的案例，央视曾在3·15晚会上报道麦当劳餐厅食品安全问题。当报道在8点多播出后，麦当劳在45分钟内，便已经发出了第一篇道歉的官方微博，这条微博在当天晚上11:20已经被转发8000多次，并且转发的大多是媒体微博，直接覆盖受众达到1000万人。在危机发生后的数小时，麦当劳不花1分钱，便已向各界公众传递了麦当劳对此事的态度和改进措施，迅速稳定了舆情。由于麦当劳在此次危机中利用新媒体及时、得当的处理，此次重大危机在一个星期内即告平息，麦当劳的销量也没有受到影响。

4. 系统运行原则（System）

在逃避一种危险时，不要忽视另一种危险。在进行危机管理时必须系统运作，绝不可顾此失彼。只有这样才能透过表面现象看本质，创造性地解决问题，化害为利。

5. 权威证实原则（Standard）

自己称赞自己是没用的，没有权威的认可只会徒留笑柄。在危机发生后，企业不要自己整天拿着高音喇叭叫冤，而要曲线救国，请重量级的权威第三者（如正式检测机构、政府监管部门或有较大社会影响的机构、人物等）在前台说话，为自己证言，使消费者解除对自己的警戒心理，重获他们的信任。

> ## 携程"泄密门"：自说自话
>
> 2014年3月22日晚上，国内漏洞研究机构乌云平台曝光称，携程系统开启了用户支付服务接口的调试功能，使所有向银行验证持卡所有者接口传输的数据包均直接保存在本地服务器，包括信用卡用户的身份证、卡号、CVV码等信息均可能被黑客任意窃取。
>
> 正处于央行对于第三方支付表示质疑的关口，加上安全漏洞关乎携程数以亿计的用户财产安全，舆论对于这一消息表示了极大的关注，用户由此引发的恐慌和担忧亦如野火一般蔓延开来。根据中国上市公司舆情中心监测数据显示，从"泄密门"事发至截稿时止，以"携程＋安全漏洞"为关键词的新闻及转载量高达120万篇之多，按照危机事件衡量维度，达到"橙色"高度预警级别。
>
> 3月22日晚23时22分，携程官方微博对此予以回应，称漏洞系该公司技术调试中的短时漏洞，并已在两小时内修复，仅对3月21日、22日的部分客户存在危险，"目前没有用户受到该漏洞的影响造成相应财产损失的情况发现"，并表示将持续对此事件进行通报。
>
> 这一说法引发了用户的重重回击。有用户声称，携程"官方信息完全在瞎扯"，并附上信用卡记录为证。作为携程的钻石卡会员，他早于2月25日就曾致电携程，他的几张绑定携程的信用卡被盗刷了十几笔外币，但当时携程居然回复"系统安全正常"。

他以强烈的语气提出,携程应该加强安全内测,"尽快重视和处理用户问题,水能载舟,亦能覆舟"。这一微博得到了网友将近900次转发,评论为150条,大多对其表示支持。

3月23日,携程官方微博再以长微博形式发表声明称,93名潜在风险用户已被通知换卡,其余携程用户用卡安全不受影响。

不过,其微博公关并未收到很好的成效,不少网友在其微博下留言,以质问语气表达不信任的态度:怎么证明携程没有存储其他客户的CVV号?怎么才能确认用户的信用卡安全?……面对质问,携程客服视若无睹,仅以"关于您反馈的事宜,携程非常重视,希望今后提供更好的服务"等官方话语加以回应。

在舆论对其违规存储用户信用卡信息、并未能妥善保存的重重压力下,3月25日,携程发出最新声明承认此前的操作流程中确有违规之处,今后携程将不再保存客户的CVV信息,以前保存的CVV信息将删除。

3月26日,21世纪网直指"携程保存客户信息属于违反银联的规定,携程不是第三方支付机构,无权保留银行卡信息。另外,PCI-DSS(第三方支付行业数据安全标准)规定了不允许存储CVV,但携程支付页面称通过了PCI认证,同样令人费解"。

《21世纪经济报道》更是简单明了地表示,在线旅游网站中,只有去哪儿已经引入该认证标准,"此前携程曾有意向接入该系统,但是公司工作人员去考察之后发现,携程系统要整改难度太大,业务种类多且交叉多,如果按照该系统接入而整改会使架构都会有所变化"。

针对上述质疑,携程一直保持着沉默,而不少业内人士已经忍不住跳出来指责其"闭着眼睛撒谎"。3月27日,《中国青年报》更是发表题为《大数据时代个人隐私丢哪儿了》的署名文章,谴责企业"在用户不知情的情况下收集有限的数据,在一定程度上忽略了人的权利"。

(来源:夏姜. 国企,2015(3).)

从上述案例可以看出,携程的一些做法明显与危机公关的原则不符。第一,推卸责任。泄密门曝光后,携程坚称"网络支付是安全的",将泄密门原因归结于"技术调试中的短时漏洞",对用户的质疑始终含糊其辞,最后在重重压力下承认此前的操作流程中确有违规之处,然而品牌形象已经受损。第二,沟通不真诚。危机发生后,携程不断通过官方微博进行回应,但并未收到预期效果。对用户的质疑,携程客服没有拿出解决问题应有的诚意,敷衍塞责的态度导致危机更加激烈。第三,面对危机没有更多系统的释疑举措,没有第三方权威证言,只是自说自话,让质疑越滚越多,大大影响了品牌信任度。

10.2 危机公共关系管理流程

当企业发生重大事故或突发事件时,公共关系便处于危机状态。面对强大的公众压力和危机四起的社会环境,公关部需要动员企业的一切力量,综合运用各种手段和传播媒介,组织一些特殊的公关活动，积极有效地进行危机管理。

> **"泰莱诺尔"中毒事件**
>
> 以生产保健及幼儿药品闻名的强生制药公司是美国最大的医药公司。1982年，强生公司通过综合运用管理、市场营销和公共关系的手段，成功地处理了危及公司生存的"泰莱诺尔"中毒事件。这一成功的危机公关案例现已成为美国公关史上的一个经典案例。1983年3月，美国公关协会向强生公司和博雅公关公司授予协会最高奖——银钻奖。1990年1月1日，美国《时代》周刊又将这一案例评为美国20世纪80年代最佳公关案例，强生公司的董事长詹姆斯·伯克也由此成了当今公关界的名人。
>
> 1982年9月30日早晨，有消息报道说，芝加哥地区有7人因使用强生公司的一个子公司——麦克尼尔日用品公司生产的"泰莱诺尔"镇痛胶囊而死于氰中毒。据传还另有250人生病或死亡（后来证实，这些人的生病或死亡与"泰莱诺尔"镇痛药无关）。这一消息引起了美国使用"泰莱诺尔"药的约1亿消费者的巨大恐慌。
>
> 该药控制了美国35%的成人止痛药市场，年销售额达四亿五千万美元，占强生公司总利润的15%。博雅公关公司1978年以来一直负责"泰莱诺尔"的宣传工作。危机发生后，强生公司的公关部门会同博雅公司立即采取措施控制危机。第一项关键性决策是与新闻媒介通力合作，因为新闻界是向公众报警的关键。这一决策得到了公司管理部门的全力支持。强生公司经过对800万片药剂的检验，发现所有这些受污染的药只源于一批药，总共不超过75个，最终死亡人数7人，并且全在芝加哥地区。为向社会负责，该公司还将预警消息通过媒介发向全国。随后的调查表明，全国94%的消费者知道了有关情况。
>
> 为了保护消费者，公司以1亿多美元的代价从市场上撤回了3 100万瓶胶囊。同时花了50万美元向有关的内科医生、医院和经销商发出警报。
>
> 随后，立即开始的第二阶段工作是重返市场。博雅公关公司为强生公司组织了一次记者招待会，有30个城市的记者参加，通过卫星将记者招待会的实况传向世界各地。1982年11月11日，美国各电视网、地方电视台、电台、报纸报道了强生公司抗污染包装的胶囊重返市场的消息。公司还花了5 000万美元向消费者免费赠送这种重新包装过的药品。
>
> 一年后，强生公司重获大部分市场份额，公司及其产品也重新得到公众的信任。政府有关部门和一些大公司开始严格对日用品包装的管理，使消费者受益匪浅。强生公司也由此处理好了其日后与政府的关系。

危机公共关系管理是一个专门处理组织危难情况的管理系统，其有效运作必须以合理的流程为前提。从国内外管理实践看，危机公关管理的主要流程是建立危机预防、危中处理、危后重塑三大管理系统。

10.2.1 建立"危机预防系统"

"凡事预则立，不预则废"。一般危机的发生都有预兆性的信号，这就要求组织的公共关系人员有敏锐的洞察力,能根据日常收集到的各方面信息,对可能面临的危机进行预测,及时做好预警工作,并采取有效的防患措施,避免危机的发生或使危机造成的损害和影响尽可能减少。

防范危机的一项有效手段就是提前拟订应急反应计划,做好应付危机的准备工作。尽管一般的危机都是由突发性事件引起的,突发性事件具有影响力大、破坏性强等特点,常常是不经意而至,但只要有早期的准备,还是能做到"有备无患,防忌于未然"的。即使危机突然发生,也能做到临危不乱,按照计划迅速果断地采取有效措施,将危机对组织造成的损失和影响降到最低程度,使组织转危为安、化险为夷。

1. 树立正确的危机意识

组织的全体员工,上至领导人,下到一般员工,都应"居安思危",将危机的预防作为日常工作的组成部分。要教育员工认清每个部门、每个环节和每个人的行为都与组织形象密切相关,危机的预防有赖于全体员工的共同努力。全员的危机意识能提高组织抵御危机的能力,有效地防止危机产生,即使产生了危机,也会把损失降到最低程度。

早在1985年,海尔集团总裁张瑞敏当着全体员工的面,将76台带有轻微质量问题的电冰箱砸毁,使员工产生了一种危机感与责任感,由此创造出了一套独具特色的海尔式产品质量和服务理念,譬如"用户永远是对的","海尔卖的不是产品,而是信誉","真诚到永远",等等。海尔的生存理念:"永远战战兢兢,永远如履薄冰",更是给人一种强烈的忧患意识和危机意识,成为海尔集团打开成功之门的钥匙。

正确的危机意识还体现在对危机的看法上。危机不仅指危险而且蕴涵着机遇。危机如果处理得好,可以广泛建立与社会各界的良好关系,增进彼此间的沟通和了解,获得相关公众的理解、谅解和支持,借助危机提高知名度的同时也扩大组织的美誉度。如果组织有正确的危机意识,就不仅仅是处理危机,而在于利用其中的机遇。

预防危机要从组织创办之日起就着手进行,伴随着企业的经营和发展长期坚持不懈。那种出现危机才想到公关,把公关当作一种临时性措施和权宜之计的做法是不可取的。在公关工作中,要时刻把与公众沟通放在首位,与社会各界保持经常联系、保持良好关系,企业内部双向沟通顺畅,消除危机隐患。

危机意识还体现在严格管理上,许多事故是由于管理不善、要求不严、有章不循、马虎大意引起的。企业对生产、销售等各个环节的管理必须从严,严格按操作规程和规章制度办事,克服短期行为。经常自我审查,如发现违章违规、违背政策、损害公众利益的行为,应及时纠正。

2. 建立预防危机的信息监测系统

现代企业是一个与外界环境有密切联系的开放系统,不是孤立的封闭体系,其兴衰存亡取决于在市场之中的地位和形象。预防危机必须建立高度灵敏、准确的信息监测系统,随时搜集各方面的信息,及时加以分析和处理,把隐患消灭在萌芽状态。

① 随时收集公众对企业产品的反馈信息,一旦出现某一方面的问题,立即跟踪调查,加以解决。

② 掌握政策决策信息,如有关法规、条令的颁布,研究和调整企业的发展战略和经营方针。

③ 了解企业产品和服务在用户心目中的形象信息,包括质量、价格、服务等,产品形

象信息对企业发展至关重要,是建立"防范"网络的重要内容。

④ 研究竞争对手的现状、实力、潜力、策略及发展趋势,经常进行优劣对比,做到知己知彼。

⑤ 分析和了解公众对企业的组织机构、管理水平、人员素质和服务的评价。

⑥ 搜集和分析企业内部的信息,进行自我诊断和评价,找出薄弱环节,采取相应措施。

⑦ 总体研究企业的经营状况,可采用民意测验和形象研究的方法来进行。民意测验主要是设计一些可供选择的问题请相关公众回答,从中发现公众对企业的态度及其变化趋势。

3. 成立危机管理委员会

成立危机管理委员会是发达国家组织的成功经验,是顺利处理危机、协调各方面关系的保障。委员会成员一般是兼职的,由组织的领导人及公关、安全、生产、后勤、人事、销售等部门人员组成。其职责有:

① 全面、清晰地对各种危机情况进行预测;

② 为处理危机制订有关策略和计划;

③ 监督有关方针和步骤的正确实施;

④ 在危机实际发生时,对全面工作作指导和咨询。

4. 制订危机管理计划

企业应根据可能发生的不同类型的危机制订一整套危机管理计划,明确怎样防止危机爆发,一旦危机爆发应如何立即作出针对性反应等。可将计划措施印制成危机管理手册,在各个环节确定适当人选:有人处理企业停工问题;有人负责产品处理;有人负责对外传播沟通。并把以上方案写成书面形式,书面方案要灵活,以包容那些不可预见的方面。另外,要对危机管理计划进行试验性演习,在专家指导下,模拟危机发生时应采取的措施。

波音公司的危机演练 _{实例}

波音公司曾别出心裁地摄制了一段模拟企业倒闭的电视新闻:在某个天气阴暗的日子,员工们一个个哭丧着脸,耷拉着头,步履沉重地离开自己的岗位,离开自己心爱的工厂。高大的厂房上悬挂着"厂房出售"的招牌,一个沉重的声音在反复宣告着一则不幸的消息:"今天是波音公司时代的终结,波音公司关闭了最后一个车间……"画面反复播放。这则企业倒闭的电视新闻使员工们强烈地意识到市场竞争的残酷无情,市场经济的大潮随时都会吞噬掉企业,只有不断进取、创新、拼搏,企业才能在经济大潮中乘风破浪,在竞争中立于不败之地;否则,虚幻的模拟倒闭就会成为企业无法避免的事实。企业员工危机感因此大大增强了。

---

5. 做好危机传播方案

公关专家帕金森认为,危机中传播失误所造成的真空,会很快被颠倒黑白、胡说八道的流言所占据。"无可奉告"的答复尤其会产生此类问题。过时的消息会引起人们的猜疑,并导致不正确的报道。更糟糕的是,它还会令人指责企业采取了不光彩的掩盖手段。只有进行有效的传播管理,才能进行有效的危机管理,因为外部公众对危机的看法主要依赖于他们的所见所闻。

6. 建立处理危机的联络网

根据企业可能发生的危机，与处理危机的有关单位建立联系、形成网络，以便危机出现后能及时、有效地沟通和合作。这些单位包括新闻媒介、医院、消防、公安部门、邻近驻军、相关科研机构、保险公司、兄弟单位等。事先让这些单位了解可能出现的危机以及可能寻求的帮助。

10.2.2 完善"危中处理系统"

1. 危机公关处理的程序

危机一旦爆发，公关部门和公关人员要立即行动起来，首先要在企业内部稳定员工情绪、振奋精神，把危机公关变为企业各部门密切配合的全员公关，唤起员工的责任心和使命感，共同渡过难关。

危机公关处理的程序大致分为以下几个环节。

（1）建立临时专门机构

临时专门机构是危机处理的领导部门和办事机构，一般由企业的主要领导、公关人员和有关部门的负责人参加。这对于保证突发事件能够顺利、有效地处理是十分必要的。危机处理的专门机构主要有三方面的作用：一是内外通知和联络；二是为媒介准备材料；三是成立公关信息中心，加强对外界公众的传播沟通。根据事件的情况，可设领导小组和办公室，还可设专人或专门小组负责事故调查、公关联络、涉外对策、事故处理、总务等工作。

（2）对危机事件进行调查

组织出现危机事件后，应及时组织人员深入公众，了解危机事件的各个方面，收集关于危机事件的综合信息，并形成基本的调查报告，为处理危机提供基本依据。危机调查不同于一般的公关活动调查，在方法上强调灵活性和快速性。主要运用公众座谈会、观察法、访谈法等进行调查。

调查的要求是：有关证据、数字和记录要准确，经过核实；对事故有关各方面要进行全面、深入的调查，不得疏忽大意；对事态的发展和处理后果应及时进行跟踪调查。

在内容上，危机调查强调针对性和相关性，一般侧重调查下列内容。

① 突发事件的基本情况。包括事件发生的时间、地点、原因及事件周围的环境等。

② 突发事件的现状和发展趋势。包括事态的目前状况如何，是否还在发展，采取了什么措施，控制措施的实施情况。如果事件仍在发展，需调查恶化的原因，有什么办法能控制事态的发展，如果继续发展会造成什么后果和影响等。

③ 事件产生的原因和影响。包括引发事件的原因，伤亡的情况及人数，损坏的财产种类、数量及价值，事件涉及的范围，以及在经济上、社会上甚至政治上会带来什么影响等。通过周密的调查，迅速查明情况，判断事件的性质、种类，进而判断事件的现状、后果及影响。定性准确是采取灵活对策的前提，针对不同性质的危机采取不同的对策，既不能小题大做，也要防止大题小做。

④ 查明事件涉及的公众对象。包括直接的受害者、间接的受害者；与事件有直接关系和间接关系的组织和个人，与组织有利害关系的部门和个人；与事件处理有关的部门机构及新闻界、舆论界的人士等，还要与事件的见证人保持密切的联系。

危机事件的专案人员在全面收集有关危机的各方面资料的基础上，经过认真分析后形成危机事件调查报告，提交组织有关部门。

（3）对危机事件进行分析，确定处理对策

公关人员提交调查报告后，应及时会同有关部门进行分析、决策，针对不同公众确定相应的处理对策，制订消除危机影响的公关方案。

（4）分工协作，实施公关方案

公关人员会同有关部门制定出对策后，就要积极组织力量，实施既定的消除危机事件影响的公关方案，这是危机公关工作的中心环节。在实施方案过程中，公关人员应注意以下几点：

第一，调整心态，以友善的精神风貌赢得公众的好感；

第二，工作果断、干练，以高效率的工作作风赢得公众的信任；

第三，认真领会公关活动方案的精神，做到既忠于方案，又能及时调整，使原则性与灵活性在工作中均得到充分的体现；

第四，在接触公众的过程中，注意观察、了解公众的反应和新的要求，并做好思想劝服工作。

2. 处理危机事件的公共关系对策

危机事件的发生对不同的公众产生的影响也不同，因此，必须针对不同的公众，根据其心理和行为特点、受影响的程度，采取不同的应对措施。

（1）针对组织内部员工的对策

① 在稳定情绪和秩序的基础上向员工告知事件真相和组织采取的措施，使员工上下一致，同心协力，共渡难关；

② 收集和了解员工的建议和意见，做好说明解释工作；

③ 如有伤亡损失，做好抢救治疗和抚恤工作，及时通知伤亡者家属或亲属，做好慰问及善后处理工作；

④ 制订挽回影响和完善组织形象的工作方案与措施。

（2）针对受害者的对策

① 设专人与受害者接触；

② 确定关于责任方面的承诺内容与方式；

③ 制订损失赔偿方案，包括补偿方法与标准；

④ 制订善后工作方案；

⑤ 确定向公众致歉、安慰公众心理的方式、方法。

（3）针对新闻界的对策

新闻媒介对危机事件反应敏感、传播速度快、传播范围广、影响力大，处理不好容易误传，形成不利于危机事件处理的舆论。因此，组织要特别注意处理好与新闻媒介的关系。

① 确定配合新闻媒介工作的方式；

② 新闻媒介及时通报危机事件的调查情况和处理方面的动态信息；

③ 确定与新闻媒介保持联系、沟通的方式，何时何地召开新闻发布会应事先通报新闻媒介；

④ 确定对待不利于组织的新闻报道和逆意记者的基本态度。

除此之外，组织还应通过新闻媒介不断提供公众所关心的消息，如善后处理、补偿办法等。除新闻报道外，可在有关报刊发表歉意公告、谢罪书，向公众说明事实真相，向有关公众表示道歉及承担责任，使社会公众感到企业的诚意。谢罪书的内容包括：说明谢罪是针对哪些公众，介绍公众希望了解的事项，明确表示企业敢于承担事故的社会责任，表明知错必改的态度和决心。当记者发表不符合事实的报道时，要尽快提出更正要求，指出不实之处，并提供真实材料表明立场，但要注意避免产生对立情绪。

(4) 针对上级有关部门的对策

危机发生后，组织要与上级有关部门保持密切联系，以求得到指导和帮助。组织要及时、实事求是地汇报情况，不隐瞒、不歪曲事实真相，随时汇报事态发展情况，事件处理后详细报告事件经过、处理措施、解决办法和防范措施。

(5) 针对其他公众的对策

组织应根据具体情况，向兄弟单位、社区公众、社会机构、政府部门通报危机事件和处理危机事件的措施等情况，并制订出相应的方案，全面消除危机事件的影响。

10.2.3 巩固"危后重塑系统"

即使企业采取积极有效的措施处理危机，一定时期内企业的形象和销售额也不可能完全恢复到危机发生前的水平。公关危机对企业形象造成了损害，其不利影响会在今后企业的生产经营中日益暴露出来。因此，企业公关危机得到处理，并不等于危机完全了结，企业公关危机管理还需要进入重建企业良好形象的运营阶段。只有当企业形象重新得到建立，才谈得上转"危"为"安"。

危机，可能是陷阱，也可能是推动企业发展的助推器，好的处理方式将更有助于巩固品牌形象，扩大市场销售。危机不仅带来了麻烦，也有可能蕴藏着商机，所以有人说"危机＝危险＋机遇"。危机善后重塑系统就是一种着力于将危险转化为机遇的机制。组织对危机所产生的后续问题，如人员安抚、组织机构的重建及形象口碑的再造等，皆需作适当规划和调整，以期尽快脱离受创后的困境，走向未来。

实例

肯德基化危机为商机

在禽流感影响之下，广东人已经从"无鸡不成宴"变成"有鸡无鸡都成宴"了，加上网上到处流传越南肯德基转卖"肯德鱼"，许多人揣测中国肯德基可能会受到影响，肯德基公司也成为媒体追问的对象。

肯德基的应对态度十分积极，肯德基广东区市场经理崔焕铭召集各大媒体，在广州维多利广场首层的肯德基店内举行危机公关，就其安全的鸡肉供应体系作了长达半个多小时的介绍，并向全社会庄严承诺：肯德基有完善的系统与措施，有信心、有把握为消费者把好安全关。现场消费者与记者们共同听取了肯德基的介绍，一位消费者说："本来就觉得不必太恐慌，现在听完介绍，看完幻灯片，明白其鸡肉产品是系统把关的，并需经过2分30秒到14分30秒、170℃以上高温烹制，更觉得可以放心吃炸鸡了。"

本来看似不利的一件事，现在透过积极的媒体对话途径并向社会传达，很可能会消除许多消费者的疑虑，化危机为商机。

危机善后重塑系统包括对内、对外两项机制。

对内：一是要以诚实和坦率的态度安排各种交流活动，以形成企业与其员工之间的上情下达、下情上传、横向连通的双向交流，增强企业管理的透明度和员工对企业组织的信任感；二是要以积极和主动的态度动员员工参与决策，制订出组织在新的环境中的生存和发展计划；三是要进一步完善企业管理的各项制度和措施，有效地规范组织行为，总结经验，找出不足，制订一个更切实可行的危机管理计划。

对外：一是要与平时和企业息息相关的公众保持联络，及时告诉他们危机后的新局面和新进展；二是要针对企业组织公关形象受损的内容与程度，重点开展某些有益于弥补形象缺损、恢复公关状态的公共关系活动，与广大公众全面沟通，如回馈社会大赠送、关注社会弱势群体的公益活动等，让公众真正受益；三是要设法提高企业组织的美誉度，争取拿出一定过硬的服务项目或产品在社会上亮相，从本质上改变公众对企业的不良印象。

10.2.4 危机公共关系评价

公关人员在平息危机事件后，一方面，要注意从社会效应、经济效应、心理效应和形象效应诸方面评估消除危机的有关措施的合理性和有效性，并实事求是地撰写出详尽的事故处理报告，为以后处理类似危机事件提供参照性文献依据；另一方面，要认真分析危机事件发生的深刻原因，切实改进工作，从根本上杜绝此类危机事件的再次发生。

1. 危机公关效果评价标准

危机公关效果的评价标准主要涉及四个方面：

首先，在危机事件处理过程中公众受到的不良影响是不是降到最低；

其次，在危机公关的实施过程中，给社会造成的损害是不是最少；

再次，在危机事件发生后所进行的处理中，组织是不是以最小的代价保住了组织在经济方面最大的利益；

最后，危机事件处理完成后，组织在公众心目中的形象受到的损害是不是最小，或者是否已经尽最大的努力在公众中建立起新形象，最大可能地恢复了组织的美誉度和信誉度。

2. 危机公关评价方法

在危机公关评价中，经常使用的方法是公关实效调查法和数据分析统计法。

（1）公关实效调查法

通过走访各方当事人，如组织的经营管理者、责任人、受害人、相关专家、社会公众等各方人员，使其从不同的角度分析、评价危机公关处理方法和措施的成败得失，使组织从中把握重点，找到成功的原因和不足之处，以便把握规律，积累经验，防患于未然。

（2）数据分析统计法

在危机公关实施后，对公关组织在事件处理过程中所进行的一系列工作进行收集、整理、量化核算，将其行为和组织的最终效益、社会形象、公众认可度及社会效益结合起来，通过统计和换算，寻求危机公关实施中的成功经验和失败教训。

上述危机公关管理流程和危机公关评价，构成了危机公关工作的整体运作过程，其程序综合图如图10-1所示。

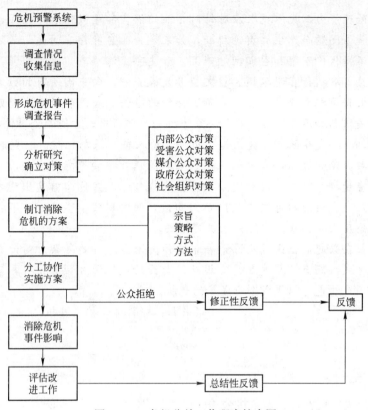

图 10-1 危机公关工作程序综合图

网络环境下企业更应提高危机公关能力

> 专栏

在全国两会上，全国人大代表、娃哈哈集团董事长宗庆后提交了一份名为《关于打击网络谣言维护企业权益的建议》。他说，去年有人炮制"科学实验"，称娃哈哈营养快线产品烘干形成凝胶"能当避孕套"，事实上这是正常的蛋白质凝结现象，但娃哈哈因为这个谣言，销售少了 50 多亿元。

杭州拥有一批知名的大公司，娃哈哈集团就是其中的佼佼者。企业因为网络谣言遭受经济损失，这既是对正常经济秩序的伤害，也是对法规制度的挑衅。近年来，甚至有的企业为压垮对手而发动网络舆论攻势，恶意诋毁、抹黑竞争对手。面对这些现象，一方面应从健全和完善相关法律法规入手，遏制侵害企业正当利益的违法行为；另一方面，企业也要提高应对危机的能力，在不断变化的市场环境中维护自身名誉和公众信任度。

一些企业在高速发展时，往往危机公关能力却难以与其发展速度同步。在互联网时代，一旦知名企业被曝光出负面信息，将会在网络上被迅速传播并放大。假若企业缺乏舆论敏感性，没有及时应对处理危机，片面相信"清者自清，浊者自浊"，企业的诚信和形象难免会受到损害。

企业危机处理能力，既体现在应对针对企业的谣言和虚假信息等方面，也体现在回应因产品质量等问题而产生的舆论质疑。如果是企业自身存在问题，必须及时向公众作出道歉，不惜代价下架和召回问题产品。如去年上海福喜"过期肉"事件，福喜集团全球主席兼首席执行官谢尔顿·拉文公开发表声明，向中国所有的顾客道歉，承诺对此次的过失将承担全部责任，并公布了详细的事件调查进展情况和整改方案。只有及时公开相关信息和调查进展，告知公众事件的真实情况，才能避免事件扩大化。

　　与之相反，当年发生的"三鹿奶粉"事件，给人留下深刻记忆。当奶粉问题被曝光后，面对公共舆论的追问，有的企业仍然采取隐瞒、推诿等应对方式，导致国产奶粉整体形象严重受挫，很长一段时间难以重拾公众信心。在负面信息出现之后，企业首先要快速反应，在最短的时间内做出正面回应，面对现实，不逃避，不推诿，以勇于承担责任的态度面对公众，才能化危机为转机。

　　随着网络社会兴起，企业所处的竞争环境和舆论生态日趋复杂。对此，企业不能固守传统管理方式，而有必要建立一套规范、全面的危机管理预警系统，只要应对及时、处理得当，危机也可以变成企业成长的契机。

（来源：郑莉娜. 杭州日报，2015-03-05.）

复习思考题

1. 什么是公关危机？什么是危机公关？
2. 简述组织危机的特点和基本类型。
3. 危机公关管理应遵循的原则有哪些？
4. 简述危机公关管理的主要流程。
5. 简述危机处理的一般程序。
6. 简述针对不同公众的危机公关处理对策。
7. 简述危机公关效果的评价标准。

案例分析题

案例 10-1　　兰州自来水苯含量严重超标事件

　　2014年4月11日，兰州市城区唯一的供水企业——兰州威立雅水务集团公司出厂水及自流沟水样被检测出苯含量严重超标。

　　针对兰州自来水苯含量严重超标一事，兰州市政府4月11日下午做出回应，16时30分举行新闻发布会称，兰州主城区自来水未受大影响，但不建议市民24小时内饮用，政府将每两个小时向市民公布一次检查结果。

　　4月12日，新华社"中国网事"记者从兰州市委市政府、环保和相关区县等部门在西固区政府召开的电视电话会议上了解到，此次自来水苯超标的源头是中国石油天然气公司兰州石化分公司一条管道发生泄漏，污染了供水企业的自流沟所致。

兰州市环保局局长闫子江在会上说，受到苯污染的是兰州威立雅公司自流沟的4号线。他在会后接受采访时表示，从挖掘出的泥土中发现了原油，目前尚未挖到泄漏的管线，不过泄漏点已经确认，施工人员仍在进行挖掘作业。

然而，在随后的采访中，北京师范大学水科学研究院教授、国家环境应急专家组成员王金生又给出了不同的答案。王金生表示，初步判断，兰州自来水中的苯来源于兰州石化20世纪80年代发生泄漏事故后渗入到地下的污染物。

针对回应前后不一致的情况，4月13日，兰州市"4·11"局部自来水苯指标超标事件应急处置领导小组向"中国网事"记者表示，初步判断，此次局部自来水苯指标超标应是周边油污造成的，根据目前调查排摸的情况，周边企业生产装置及环保设施运行正常，对本次事件，调查组正在作更深入的调查分析。

兰州市"4·11"局部自来水苯指标超标事件应急处置领导小组事故调查组副组长郑志强表示，根据环保专家现场初步分析判断，周边地下含油污水是引起自流沟内水体苯超标的直接原因，下一步调查组将对从探坑中提取的含油废水进行化验，进一步从技术层面核实含油污水与自流沟内苯超标水体的关联性。同时，对自流沟内的具体泄漏点位进行实地勘查核实。

4月14日，甘肃兰州市政府新闻办通报称，经事故应急处置领导小组及专家研判，全市自来水已稳定达到国家标准。截至14日上午7点，兰州的城关、七里河、安宁、西固4个区全部解除应急措施，全市自来水恢复正常供水。

4月22日下午，兰州市政府就自来水苯污染事件举行第六次新闻通报会。兰州威立雅水务集团公司董事长姚昕首次公开道歉，当被追问姚昕"如何对市民进行赔偿"的问题时，他回答说："最近可能会考虑，但现在具体还没有研究。"

6月12日，兰州市政府新闻办召开新闻发布会，由兰州市"4·11"局部自来水苯超标事件应急处置领导小组事件调查组副组长陈建军全面通报了事件发生原因。经专家论证、调查组认定，兰州市"4·11"局部自来水苯超标事件为供水安全责任事件，兰州威立雅水务集团公司主体责任不落实是导致局部自来水苯超标的间接原因之一，公开承认存在信息迟报、延报。造成此次事件的直接原因是，兰州威立雅水务集团公司4号、3号自流沟由于超期服役，沟体伸缩缝防渗材料出现裂痕和缝隙，兰州石化公司历史积存的地下含油污水渗入自流沟，对输水水体造成苯污染，致使局部自来水苯超标。共有20名相关责任人、9个责任单位被问责处理。

发布会上，兰州市还一并公布了"4·11"局部自来水苯超标事件的长远防范措施。兰州市将充分吸取"4·11"局部自来水苯超标事件的教训，以供水安全保障、环境安全保障为重点，及时排查供水卫生安全隐患，确保7月13日前全面完成原4号、3号自流沟球墨铸铁管管线敷设工程，全线实现管道输水；7月中旬完成自流沟所在区域地下水污染场地、兰州石化公司厂区的污染治理，同时将苯等有机物非常规检测指标纳入日常检测，定期向社会公布检测结果。

问题

对照危机公关5S原则，对案例中的公关活动进行评价。

案例 10-2　　　　　　　　　宝洁陷入诚信危机

在"3·15国际消费者权益保护日""健康、维权"的主题下,很多企业都在积极打造自己健康、诚信的形象,但是著名的跨国企业宝洁公司却因为旗下的SKⅡ化妆品被消费者起诉,成为消费者关注的一个负面焦点。名牌商品、名牌企业遭遇投诉事件并不新鲜,但是在"3·15"之际,全球著名的宝洁公司旗下SKⅡ化妆品发生在南昌的一起诉讼事件,却迅速演变成一场全国性的信任危机。

事情起因源于江西。江西的一位吕女士听信了宝洁公司旗下的化妆品SKⅡ的一则广告,该广告称"连续使用28天,细纹及皱纹明显减少47％",结果吕女士使用28天后反而出现皮肤瘙痒和部分灼痛,为此她向法院提起诉讼。作为消费者的吕女士始终没有露面也没有接受任何媒体采访,而她的代理律师唐伟则非常活跃,为此事件专门向媒体设置了公开信箱和密码,向所有媒体随时传递最新信息,且据唐伟称,吕女士对于购买和使用SKⅡ的过程进行了全程摄像。而唐伟本人也并不简单,曾经起诉过百威公司,让刚刚进入中国的百威撤换过广告。针对此,宝洁公司作出了"恶意炒作"的判断与"动机不纯"的定性。事实上,"恶意炒作"的判断并没有让媒体停止继续"炒作","动机不纯"的定性又缺乏事实依据。

事件发生后,宝洁公司搬出SKⅡ代言人——明星刘嘉玲进行声援,但是事态不但没有缓解,反而因为刘的名气而使得此事件受关注度进一步提高,并造成矛盾的进一步激化,对方从只起诉SKⅡ到追加起诉宝洁公司和刘嘉玲,明星卷入事件只能让事件增加传播价值,为本来可能逐渐平淡的舆论增加传播热点,看看明星介入后该事件的报道增加了多少篇幅。

3月9日晚,南昌市工商局公平交易局有关人士也作出了"SKⅡ广告中所涉及的内容都有试验数据支持的说法很值得质疑"的评述。

而对产品的另一问题,即产品含有烧碱是否对皮肤有"影响"的争议,宝洁公司提供了两位卫生专家的意见,即化妆品在合理的范围内可以存在烧碱成分,并对皮肤没有影响。但最为关键的问题仍然没有解决,即SKⅡ这一产品在作用于皮肤时是否有影响却没有作出评述。

在宝洁的声明中,强调的是:SKⅡ广告中的试验数据是研发部门经过对16个消费者的皮肤试验测试所得,而且SKⅡ有一台肌肤测龄仪,通过电脑对肌肤进行数据分析,20分钟便可从毛孔、细纹、肤色等方面得出相应的肌肤年龄。

面对这个"刁民"的诉诸公堂,宝洁先是专家表态、代言人声援,接着不惜自曝试验秘密,游刃有余、娴熟干练的应对手段显出宝洁国际化大公司的名号不是凭空掉下来的,的确,在中国扎根几十年,大风大浪都挺过来了,还会在这个小阴沟里翻船吗!

从最初急切地寻找消费者,到此时,宝洁的态度已经悄然变化:"从现在的情况看,我们作为被告,已经不太适宜与原告沟通,我们希望还是通过法律途径解决。"

对于媒体的采访,宝洁只是以传真或已公开的声明作为回复,因此情形比较被动。在媒介应对策略上,SKⅡ危机显得宝洁非常缺乏媒介关系支持。众所周知,宝洁是中国媒介市场的采购大户,完全有条件和众多媒体沟通,争取在有关部门没有定论前尽可能少报道或在报道中多体现公司的观点。但在对该风波的报道中根本看不到宝洁控制的痕迹,直到3月11日,宝洁没有举行任何媒体见面活动。

吕女士状告SK Ⅱ的案件还未开庭,宝洁公司又被吕女士的代理律师唐伟"抓住了小辫子"。SK Ⅱ品牌3月28日在江西两家报纸上登出广告,广告上称"SK Ⅱ产品近日通过了南昌市有关部门的检测,结果显示各项指标均符合国家要求,不存在任何质量问题"。"这又是宝洁公司不负责任的做法。"唐伟质疑说,"广告中所指的质量检验机构和卫生检验机构具体的名称是什么,它们检测了哪些指标,结果是否权威?消费者无从得知。"

"宝洁公司太急于盖棺论定了,在最权威的检测结果出来之前就急于说自己没事,效果适得其反。"君策总经理屈红林认为,宝洁公司可谓又连续走错了几步。"在危机公关上,宝洁实在是处理失败的典型。"越来越多的业内人士指出,如果这场危机不尽快平息,将很有可能危害到宝洁旗下的其他品牌。这大概也是宝洁急于扳回舆论的重要原因。

陷入SK Ⅱ危机中的宝洁公司近期正在展开一系列的公益活动,其中包括在全球范围内推出公益品牌——"生活、学习和成长",向中国公益事业第一品牌——希望工程捐献了400万元。然而,此举被业内人士认为有转移危机视线之嫌。

问题

1. 对宝洁公司这起危机事件的公关做法进行评价。
2. 你认为宝洁公司针对目前的处境,应该如何应对?

第11章 CIS策划与导入

学习目标

- 掌握CIS的概念、基本特征和功能；
- 了解CIS的局限性；
- 理解和把握企业理念识别的含义、功能和应用形式；
- 熟悉企业行为识别的特征与类型；
- 了解视觉识别的基本内容、核心和设计原则；
- 了解企业标志、标准字、标准色的设计；
- 掌握CIS导入的时机、程序；
- 了解CIS导入时可能面临的问题。

案例导入

"红豆"走红的奥秘

红豆针纺集团公司的前身——港下针织厂，1982年租用一个旧祠堂、8台老式棉毛车起家，在商品经济海洋中自我积累，负债经营，滚动开发，现已发展成为一个拥有2 500名员工，织造、染印、电脑绣花、成衣一条龙生产的现代化制衣企业，产品畅销海内外。"红豆"能够从无锡农村走向世界，除了精美产品、优质服务、特色经营外，还得益于新颖的形象标识的构建。

建厂之初，公司董事长周耀庭曾经为给产品起个好名颇费踌躇。一次，他想起工厂附近山上有两棵红豆树，传说是1 400多年前南梁大文学家昭明太子萧统亲手所栽，还有一个动人的爱情故事。唐代大诗人王维曾为此写下了"红豆生南国，春来发几枝；愿君多采撷，此物最相思"的名作。红豆在中国是美好情感的象征，在英语里更是被译作"爱的种子"。红豆两字又是一种组合——"红"是精神，"豆"是物质，"红豆"显示两个文明一起抓。出于对红豆树的钟情，他们选择红豆作商标，借红豆之名扬企业、产品之名。红豆标识也别出心裁，这个通过有近万人参与的商标设计征集活动产生的图案设计，墨绿色的衬衣领子拥抱着一颗光灿灿的红豆，底下是半个太阳，象征红豆公司如喷薄而出的朝阳冉冉而升。

"红豆"的问世，立即以其丰富的文化内涵，散发出特有的感情魅力。年轻情侣互赠红豆衫表达爱慕之心，老人们把红豆衫看作吉祥物寄给亲朋好友，异国他乡的游子更爱买红豆衫寄托思乡之情。日本人也熟悉王维这首爱情诗，红豆衫因此风靡日本市场。艺术的回味、道德的感召、情感的寄托以及对古人的仰慕，使广大消费者产生了对"红豆"的亲切感和购买欲。文化商标的知名度扩大了产品的美誉度。

高品位的广告是红豆公司树立企业形象的又一招法。亚运会期间，他们向中外体育记者赠送上万件红豆运动衫。请央视新闻联播和专题节目的播音员、主持人穿着红豆衫走上荧屏，还将红豆衫分赠参加春节联欢晚会的各方嘉宾。在武汉举行的全国商业系统的针棉纺品交易会上，红豆公司召开了有 3 300 人参加的"红豆牌"产品工商联谊会，轰动了商界，成交额比春季交易会增加 7 成。公司又在无锡市体育馆举行"红豆金秋"大型文艺演出活动，著名演员、歌手都到场献艺。这些活动，通过新闻媒体的宣传报道，大扬了"红豆"的美名。

现代激烈的市场竞争，迫使企业不断寻求克敌制胜的"利器"。提升企业形象，刷新企业面貌，积累无形资产，创造整体效益——这已成为企业走向成功的重要法宝。过去，企业界对企业形象的设计和塑造往往是通过推销、广告、公共关系以及其他宣传方式和手段进行的，但是自从 CIS 被开发和引入后，逐渐成为一种强化企业形象的系统方法和工具，日益显示出其巨大作用，被称为当代工业社会"最时髦的战略"。负责、协助企业导入 CIS，成为企业公共关系工作中的一项新内容。

11.1　CIS——塑造组织形象的战略

11.1.1　CIS 的概念与内容构成

CIS 是 Corporate Identity System 的缩写。从字面上看，Corporate 是公司、企事业单位等法人组织的意思，Identity 具有身份、个性、同一性等多种含义。因此，一般将 CIS 译为"企业识别系统"或"企业形象识别系统"。CIS 习惯上常常被简称为 CI 或 CI 战略。关于 CIS 或 CI 战略的定义在学术界和设计界有许多种，下面列举一些具有代表性的定义。

日本 CI 战略专家山田理英认为 CI 战略有两种定义：其一，CI 战略是明确认识企业理念与企业文化的活动；其二，CI 战略是以标准字和商标作为沟通企业理念与企业文化的工具。他认为，第一种定义代表了"日本式 CI 战略"，即以企业理念和企业文化为核心的 CI 战略；第二种定义代表了"美式 CI 战略"，即以视觉设计为核心的 CI 战略。

美国著名的 CI 专家雪南对 CI 的定义有如下的看法："CI 并非单纯的设计，而是组织全体——商品、服务、员工、管理者、工作态度的状况、倾向以及民众性等各方面的统合性知觉。"他又说，CI 是管理的一种工具，在组织化、定位化、员工志气向上化等方面，越来越重要。如果 CI 太弱，则表示企业的广告和公共关系也不强，因为后者是将 CI 传播给公众、使大众了解企业的因素。

台湾的 CI 设计专家林磐耸对 CI 的定义是："将企业经营理念与精神文化，运用统一的整体传达系统（特别是视觉传达设计），传达给企业周边的关系者或团体（包括企业内部与社会公众），并使其对企业产生一致的认同感与价值观。"

日本索尼公司理事、公共关系部长黑木靖夫认为，CI 应该是"企业的差别化战略"，即软件导向，"由企业的基本经营方针繁衍出来""在厂商方面，应该以制造怎样的产品为出发点。而开发何种市场，如何设计、生产，如何定价、售卖等过程，则直接地表现了企业的想法，这些成为企业形象的根本。"他认为："仅仅考虑到'企业形象的统一'来应用 CI，往往只流于形式，治标不治本，仅在表面上改变商标或标准字，往往把 CI 变成一种苟且偷安的策略。"

综合上述各种 CI 战略的定义，我们给出如下定义。

CI 战略（或 CIS）是企业为了塑造或提升自身形象，运用统一的传达识别系统，将企业理念与文化传达给企业的内外公众，并使其对企业产生一致的认同感和价值观的一种战略性的活动和职能。

完整的 CIS 应由三个子系统组成：企业理念识别（Mind Identity）、企业行为识别（Behavior Identity）、企业视觉识别（Visual Identity）。如果将企业人格化，则可以把 CIS 的三个子系统形象地比喻为"企业人"的"脑""行动"和"外表"。

1. 企业理念识别（简称 MI）

企业要向前发展，保持长盛不衰，必须要有一种向企业内部集中、借以强化共同体的凝聚力。企业理念，就是这种凝聚力的源泉。所谓企业理念，就是企业的创业精神、价值观、使命观、企业活动的基本方针等。从某种意义上说，企业理念既是企业发展的内在动力源泉，也是企业成长发展智慧的结晶。MI 是 CIS 的核心和灵魂。

2. 企业行为识别（简称 BI）

企业行为识别是在企业理念指导下，企业生产经营活动各个方面的行为所呈现出的总体态势，它涉及企业对内、对外两部分，如表 11-1 所示。

表 11-1　CIS 的内容构成

CIS	MIS		经营哲学、经营宗旨、经营方针、企业精神、价值观、企业座右铭、企业风格、厂歌等
	BIS	对外	市场调查、产品开发、流通政策、公共关系、促销活动、股市对策、金融关系、公益活动、公害对策、文化体育活动等
		对内	员工教育、干部教育、工作环境、作业精神、服务态度、生产福利、废物处理、研究开发、内部运营等
	VIS	基本设计	企业名称、标识（商标）、标准字、标准色、吉祥物、企业象征图案等
		应用设计	公关及事务用品、广告媒介、交通工具、商品包装、制服设计、室内设计、建筑设计等
		辅助设计	标准字和标准色特殊的使用规范；样本的其他附加使用说明等

3. 企业视觉识别（简称 VI）

企业视觉识别是 CIS 中最直观、最外显的部分。由于人们接受外界刺激的 83% 来自视觉，因此视觉传达设计就成为传达企业形象信息最重要的手段。VI 就是对企业形象的一切可视要素进行系统、标准化的设计，再透过特定的传播媒介，以最快的速度让社会公众了解这些信息，从而使社会公众能够识别某一固定的企业形象。企业识别系统由基本设计、应用设计和辅助设计三个子系统构成，如表 11-1 中所示。

麦当劳的 CIS　　实例

麦当劳在世界各地拥有 6 500 家连锁店，可以说是世界最大的快餐企业、食品服务企业。麦当劳导入 CIS 的理念就是建立在追求适应现代社会生活快节奏和人们对时间更加珍惜这一社会目标上的。该企业导入 CIS 的特色是：

第一,企业理念很明确。麦当劳的企业理念是 Q+S+C+V,其中:

Q——Quality,代表质量。麦当劳推行严格的品质管理,它拥有成套设备以保证作业系统化、产品标准化,出售的汉堡包出炉后不得超过 10 分钟,炸薯条超过 7 分钟即扔掉……

S——Service,代表服务。麦当劳的服务内容包括店铺建筑的快适感、营业时间的设定、销售人员的服务态度等,让顾客身心得到放松,从顾客选定食品到送到顾客手中不超过 1 分钟。北京展览馆麦当劳餐厅曾打破世界最快服务速度,为顾客准备食物只用 16 秒,充分体现了快餐的快捷服务特点。

C——Clean,代表清洁。麦当劳要求员工的行为规范中,有一项条文是:"与其背靠着墙休息,不如起身打扫。"麦当劳要求员工维持店内的清洁。

V——Value,代表价值。加 V 的理由是为了传达麦当劳"提供更有价值的高品质物品给顾客"的理念,亦即"物超所值"。

第二,企业行动结构和企业理念具有一贯性。"微笑"服务是麦当劳的特色,所有店员都面露微笑、活泼开朗地与顾客交谈、为顾客做事,让顾客觉得很有亲切感。麦当劳为达到目标,培训与运营始终紧密结合,员工进店前要接受一个月训练;进店后要接受"330 计划"培训,即一个月三个岗位训练;员工到一定职位要参加相应的运营培训,以至到麦当劳自设的世界性管理培训中心——"汉堡大学"学习等。同时,麦当劳还编制了相当完备的行动手册,让员工执行。

第三,企业外观设计统一化。麦当劳的视觉设计中,最优秀的是以黄色为标准色,稍暗的红色为辅助色,企业标志是弧形"M"字。黄色让人联想到价格便宜并广泛为人所接受,而且在任何气象状态或时间里,黄色的视觉识别性都很高。"M"字的弧形图案设计非常柔和,与店铺大门的形象搭配起来,令人产生走进店里的欲望。从图形上说,"M"形标志是很单纯的设计,无论大小均能再现,而且从很远的地方就能识别出来。另外,麦当劳游乐场与造型可爱的"麦当劳叔叔"也是视觉形象的一部分。麦当劳快餐公司认为,儿童对企业营销具有不寻常的意义,因而把环境布置得更加幽雅而有趣,不仅能更多地吸引小朋友以至孩子家长,而且是企业形象的象征,是优质服务的具体体现。

11.1.2 CIS 的基本特征与功能

1. CIS 的基本特征

作为一种新型的经营管理技法,CIS 具有以下突出特征。

(1) 战略性

CIS 是对企业理念、行为方式和视觉表现进行统一识别策划设计、统一传播,进而增强企业竞争力的现代经营战略,因而战略性是 CIS 的生命和灵魂。换言之,企业导入 CIS 应作为企业的一项长远战略来实施。其战略性表现在以下几方面。

① 内容的全面性。CIS 涉及企业经营宗旨、经营方针、企业文化的塑造与提炼、企业的营销对策、广告运作、产品开发、人员培训、公共关系、视觉要素的设计与革新等诸多方面,涵盖了企业经营活动的方方面面,因此,其总体性、战略性意义显而易见。

②战略性的投资。CIS是一项耗费巨资的战略举措。根据国际设计协会的一项统计，企业形象设计投入1美元，可获得27美元的收益。一些世界知名的大公司，如IBM、可口可乐、壳牌石油公司等，都曾以数百万元巨金征集CIS策划方案，其原因就在于CIS可能带来巨大的效益。

③战略性的运作。首先，从国外的经验来看，CIS导入和实施的周期一般为10年，导入部分一般也需1～2年；其次，在CIS的导入和实施过程中，需要综合运用管理、文化、技术等多种科学的手段和方法，升华企业的总体形象，使之对内外公众都辐射出巨大的吸引力，提高企业的整体竞争实力。由此可见，CIS的导入与实施，是企业的一项重大战略举措，要求企业的决策者有远见卓识，严密审视企业的内外环境，科学决策，切实实施。

(2) 系统性

CIS涵盖了企业的各个方面，是一项繁杂的系统工程。

CIS是"软件"系统（MI、BI）和"硬件"系统（VI）的集合，是基本系统和应用系统的集合。所以，CIS工程各个部分必须在统一的企业理念指导下，规范化、标准化地表现出企业整齐划一的形象识别。CIS的成功开发和实施，实际上是与企业的内在结构、运行机制和精神文化紧密相关的。

可见，由CIS工程策划出来的优秀企业形象，是由企业哲学、文化、管理、经营、美学理念综合构成的体系。因此，无论企业主体还是CIS专业公司，要成功地导入CIS，必须首先把握CIS的系统性特征。

(3) 差异性

差异性又叫个性，是CIS最本质的特征。企业导入CIS的根本目的，是全方位塑造个性鲜明的企业形象，因此，CIS归根结底是一种差异化战略。

企业在实施CIS差异性策略时，不论是企业风格、管理制度、经营策略，还是企业名称、品牌、标识、广告、口号等，都要有自己的特色，体现鲜明的个性。只有个性化，才有区别度；区别度越大，识别性越强。无论是理念精神、行为规范，还是视觉识别，都要表现出与众不同的良好形象。特别是在企业相互间的竞争实力处于伯仲之间，单单加强技术似乎无法达到脱颖而出的效果的情况下，塑造企业理念和品牌形象的差异性就更显重要了。这种差异化主要表现在两个方面。

一是行业的差异化。不同的行业在社会大系统中担负着不同的使命，反过来社会对不同行业亦有不同的要求。所以，CIS塑造的整体企业形象，也需根据不同行业而确定其优先的形象要素，由此形成最基本的企业个性特征。

二是企业或品牌的差异化。同行业中不同的企业或品牌应有不同的个性、不同的形象。成功的CIS策划，尤其是标新立异的企业理念，是企业的生命力和激发力所在；相反，理念雷同，标识似曾相识，形象概念模糊，不便识别和记忆等，则是CIS的大忌。由此可见，在设计企业理念时，只有创造与众不同的品牌形象，尤其是企业行为、企业标识方面独树一帜，才能与同行企业拉开差距，形成竞争优势。这就是我们所说的"既要与众不同，更要大众认同"的差异化策划理念。

(4) 竞争性

CIS的竞争性是指成功地导入CIS提高企业的形象力，将使企业在强手如林、复杂多变、竞争日趋激烈的市场经济环境中获得更多的竞争优势。企业导入CIS增强竞争力主要表现在以下几个方面。

① CIS能够帮助企业重新构建企业文化。企业文化是企业在长期经营中逐步形成的经营文化、群体意识和行为规范的总和。CIS中的理念、行为规范的设计正是企业文化建设的核心。只有独特的企业文化，才能塑造出个性鲜明的企业形象。企业文化的最大作用是强调企业目标和企业员工行为目标的一致性，强调群体成员的信念。价值观念的共同性，强调企业对员工的吸引力和员工对企业的向心力，由此形成企业竞争力的力量源泉。

② CIS能提高产品的附加值。随着商战的加剧，传统的降价、让利、广告、促销等手段已难以适应新的消费观念。所以，企业家逐渐转向以文化为主旋律的非品质、非技术的经销氛围。这在一定程度上增加了产品的文化附加值，从而令商品身价倍增，增强了市场竞争力。

③ CIS具有文化整合功能和文化导进功能，包括提供知识、更新知识，为企业吸引最新的理论、科技、人才，协调企业的系统管理，提高企业综合素质，进而增强企业竞争力。

通过以上对CIS基本特征的分析，我们不难看出CIS战略在企业发展与市场竞争中的地位与作用。

2. CIS的功能

企业实施CIS，往往能使企业组织在各方面发生积极性的变化，从而整合企业的各方面资源，产生全方位的功效。概括地说，CIS的功能有以下五个方面。

(1) 识别功能

识别功能是CIS最基本的功能。CIS的基本功用就是将企业本身及其产品、品牌与竞争对手区别开来。现代社会商品生产中，各企业的产品品质、性能、外观、促销手段都日趋雷同，唯有导入CIS，树立起独特的、良好的企业形象，提高企业产品非品质的竞争力，才能在市场竞争中脱颖而出，独树一帜，取得较稳固的市场定位，最终在消费者心中取得一致认同，建立品牌的偏好和信心。

CIS识别的优势在于将整个企业作为行销对象，将企业的理念、文化、产品等形成统一的形象概念，借助视觉符号表现出来，全方位传播，可以让社会公众多视角、多层面地对企业加以鉴别，决定取舍，而不管从哪个角度、哪个方面，都能感受到相同的、一致的信息，最终形成统一的形象评价结果。

CIS的识别功能主要是通过语言、图像、色彩三个识别要素发挥作用。

语言识别是指用象征企业特征的精神口号、产品与品牌广告语等达到识别目的。其中，最具魅力、最具鼓动意义的是企业价值观，称之为"关键语"，即用言简意赅的语句表达企业形象、经营理念，代表企业的思想行为。比如，IBM的"IBM就是服务"，润华的"诚心润中华"，海尔的"真诚到永远"，太阳神的"我们的爱天长地久"等。

图像识别是指用象征企业的图形，如标志、辅助图案、吉祥物等图案，形象地达到识别的目的。图像识别比语言识别更直观有效，是建立企业知名度和塑造独特企业形象最有效的方法，这正是中外企业导入CIS普遍重视企业标志等的原因所在。比如，麦当劳大写的"M"标志，太阳神用"人"字托起太阳的标志等，都因产生着巨大的视觉冲击力而具有良好的识别功能。

色彩识别是指企业用象征自己特征的色彩（企业标准色）达到识别的目的。它利用了人们对色彩普遍具有的审美心理，并能引起愉悦、联想、美好的印象效果，设计出符合企业理念个性特征的标准色,达到强烈的区别性识别效果。如海尔蓝、太阳神红黑反差标准色等。

(2) 管理功能

CIS 不仅在对外传达企业形象方面发挥强烈的识别功能,同时在规范企业内部管理方面也发挥着有力的作用。

企业制定的"CIS 手册"就是一部从思想、行为到传播,进行全方位标准化管理的企业内部法规。其中,理念系统更像企业"宪法"一样,不可随意更改。所以我们说,"CIS 手册"的主要功能之一,是规范企业内部的管理系统,使之统一化、标准化、规范化、系统化。

通过 CIS 管理,企业的经营理念与行为规范得到贯彻,犹如军队整训一样,起到统一思想、严明纪律、增强战斗力的作用。

不同企业"CIS 手册"的内容不尽相同,如有的企业建有分支机构,对 CIS 应另作规定,或者不同的分支机构单列一册,以增强可操作性。但不论如何,对一个企业来说,一旦建立了"CIS 手册",就要一丝不苟地推行,使企业的各项工作,从产品的生产、销售到服务,从员工的生活、工作到教育,都做到井然有序,从而将企业的经营管理提高到一个新的水平、新的高度。因此,导入 CIS 是推动企业实现管理创新的有效途径。

CIS 的管理功能,还体现在给管理者确定了一个明确的企业形象塑造目标,提供了一套处理纷繁事务的既定原则,使管理人员迅速、准确地作出正确的决定。但是,CIS 的管理功能不是独立存在的,它只有与企业原本的质量管理、成本管理、财务管理等相结合、相辅相成,才能有效发挥作用。

(3) 传播功能

导入 CIS 塑造企业形象的过程,主要是通过传播予以实现的。只有 CIS 设计系统具有准确、有效、经济、便捷地传播的功用,才能达到树立优良形象之目标。

CIS 的传播何以具有最直接、最明显的效果?

第一,因为人们从视觉获得的信息最多,同时因为经过视觉器官获取的信息,在人们记忆库中具有较高的回忆价值。因此,对理念、行为系统的视觉化,是提高企业知名度、美誉度、忠诚度最有效的方法。

第二,经过 CIS 策划后传播的企业信息整齐划一,并且经过系统化、一体化、集中化的处理方法传达企业信息,可以造成明显的差别化和强烈的冲击力,容易在公众心目中形成深刻的印象。

第三,CIS 传播的信息富有内涵。CIS 的信息传递过程,不仅仅凭独特的视觉符号去刺激公众的感官,更强调将其具体可视的外观形象与内涵的抽象理念汇成一体,将附加的文化价值传递给社会公众,将企业形象中最深刻的核心理念输入到公众的价值体系中去,并获得公众的内心认同。

另外,CIS 在传播方面高效、便捷的功效,源于 CIS 的整体性与统一性。一方面可以收到统一的视觉识别效果;而另一方面则可节省时间,减少制作成本,加强信息传播的频率和强度,降低广告费用,达到事半功倍的效果。

(4) 协调功能

企业导入 CIS 有助于信息传播的可信性、真实性和统一性,使企业的公共关系活动得到顺利发展,达成企业同社会各方面的协调与平衡。

企业的公共关系包括员工关系、顾客关系、行业关系、金融界关系、政府关系、新闻界关系、社区关系等，尽管各种关系的形成不同，但 CIS 均能发挥独特的协调作用。

CIS 的贯彻能进一步改善与发展企业同各界的关系，创造企业同社会协调一致的外部经济环境。这便是 CIS 发挥的协调功能。

(5) 竞争功能

在竞争激烈的市场中提高企业的竞争能力，是 CIS 的核心功能。以上四大功能，在一定程度上说都是为了提高企业的竞争功能服务的。

> **CIS 提升企业形象和竞争力** 〔实例〕
>
> 中信公司，即中国国际信托投资公司，作为一家在国内外享有良好声誉的大型跨国企业，不断完善公司 CIS 形象设计，规范中信公司形象视觉识别系统、统一和协调中信公司下属各机构企业形象。为此，规划设计中信公司视觉新形象，确定从中信标志、中英文标准字体、标准色彩等视觉形象基本要素系统入手，逐步完善《本部与海外管理事务系统》《环境识别和形象推广系统》等应用展开设计项目。中信公司的形象体系是品牌形象、管理形象和服务形象三位一体的国际大公司形象框架，设计《中信公司企业形象视觉识别系统手册》本身就是提供相应完善的视觉形象应用管理工具，使视觉形象成为品牌形象、管理形象和服务形象的传播应用载体。
>
> 中国最大的水泥生产企业——安徽海螺集团进行了 CIS 导入工作。尽管海螺集团是行业领先企业，但由于行业产能过剩也面临较大的竞争压力。海螺集团董事长郭文叁先生说："海螺没有生存的危机，但有发展的危机"——海螺人迫切希望通过企业形象的塑造来赢得更多的市场份额。经过详尽的市场调查之后，配合集团的战略发展规划提出了"为人类创造未来的生活空间"这一企业理念，并全面规划设计了新企业形象，使海螺集团爆发出了新的生机和活力，增强了员工的责任感和使命感，使海螺集团获得了长久的发展动力。
>
> 马云时代的到来，淘宝店也迅速兴起，给很多人带来了方便。同时，淘宝店的竞争也日益严峻，卖同样商品的网店网上一搜就是好几网页。"小鱼美妆"淘宝店也不例外，出售创意家居和女性化妆品的淘宝店不胜枚举。据调查了解，由于缺乏 logo 等视觉识别形象，再加上同名同姓的网店就有十一家之多。小鱼美妆的识别性很有限，很容易造成客流的遗失，很难形成固定的客流群。为此，小鱼美妆的管理层经过总结，确认实施 CIS 战略和品牌战略，对公司原有组织结构、产品包装、市场设计及销售人力资源进行全面调整。

11.1.3 CIS 的局限性

CIS 不是包治企业"百病"的灵丹妙药，它具有一定的局限性。

① CIS 对于企业形象的塑造偏重于通过对主体的全面设计来达到，在具体操作上非常侧重理性的、技术的手段和方法，而对与企业形象直接相关的公众心理因素，以及企业与环境的整合（即公众关系）因素等关心较少，从而在赢得公众的信任方面具有明显的局限性。

② CIS 所涉及的各项管理活动的开展，主要强调公众的认知、企业自身行为的统合，

因而在各项管理活动的深化方面具有明显的局限性。例如，在传播策略上，具有较明显的选择性、正面性、单向性、稳定性的特点；而对于理念识别（MI）和行为识别（BI）的应用，也主要表现为检讨、整理、提炼和熏陶宣传。所以，CIS不可能代替企业的经营管理和公共关系工作，它只能起到一种辅助、补充的作用。

③ CIS的功能具有一种"功能递减"特征，即从整个社会的角度看，随着CIS的普遍应用，企业由导入CIS而获得的"差别性"优势将逐渐消退；而且，越是后期导入CIS的企业，其CIS效益越会大大逊于抢先的企业。因此，由导入CIS获取的"优势"完全有可能在未来仅成为企业参与竞争的基本条件。这提醒我们，不可过于迷信、依赖CIS，企业的发展最终还是要依靠踏踏实实的各项管理活动和公共关系工作的持续开展。

④ 导入CIS有比较严格的限制条件。它要求企业具备相当的经济实力，产品定型，拥有一定的市场保有量，具备较扎实的基础管理，具有较高的组织管理水平和员工素质，等等。这些条件使中小企业全面应用CIS受到一定程度的限制。

从以上分析可以看到，CIS可以帮助企业解决经营管理中存在的某些问题，可以为统合、提升企业形象起到重要的推动作用。但是，CIS并非万能，它不是医治企业百病的"神药"，其功能的发挥仅仅依赖于企业特定的主客观条件。从全面、深入和长远的角度看，CIS不可能替代企业的经营管理和公共关系工作，它只能起到积极的辅助和补充作用。这是我们在应用CIS时必须清醒认识和正确对待的问题。

11.2 MI策划

CIS由MI、BI、VI构成，三者相互影响、相互作用，共同构成一个完整的组织识别系统。在这个系统中，MI传达的是组织的精神特质，是整个系统的生成、运作的原动力；BI是将抽象的精神具体表现为行动的过程；VI则通过视觉传达MI。可以这么说，BI是MI的外在表现，MI是VI所传达的内容，三者相互联系、相互促进，共同构成组织的识别系统。本节和以后两节内容将分别介绍MI策划、BI策划和VI策划。

理念识别（简称MI）是企业的灵魂，也是CIS设计的根本依据和核心。一个完整的企业识别系统的开发，首先就在于企业理念的确立与执著。

11.2.1 企业理念识别的含义

所谓理念识别（MI），意指在经营过程中的经营理念和经营战略（包括生产和市场的各环节之经营原则、方针、规划、制度、条规和责任）的统一。理念识别是企业独特的文化和价值观的设计及形式，它在CIS策划问题解决过程中，是一个非常重要的中间环节。MI可称为CIS的"想法"，包括企业经营信条、精神标语、座右铭、企业性格、经营策略等基本内容。完整的企业识别系统的建立，首先有赖于企业经营理念的确立。

所谓"理念"，顾名思义就是企业经营管理的观念，亦称为指导思想，它属于思想、意识的范畴，包括企业文化、企业道德、企业伦理等方面的内容。实际上，很多企业在通过导入CIS进行理念识别的过程中正进行着一场企业经营观念的革命。企业理念的主要任务就是利用各种方式来塑造好企业形象，管理好企业的无形资产。也就是说，激烈的市场竞争迫使企业必须通过培养一种企业理念来引发、调动全体员工的责任感和使命感，并以此来约束全体员工的行为。

所谓"识别"，通常包括两层含义。一是统一性。这是指企业内外上下的理念都必须一致，形成共鸣，用一个声音说话，这样的理念传播才是最有效、最强烈的。如在集团的不同企业中，负责人对外发表的讲话不一致，企业中经理和员工对制定的思想、观念、价值观的理解出现分歧，都是理念缺乏统一性的表现。二是独立性。也就是说每个企业的理念要有所区别，只有具有独立性才能达到识别的目的。随着技术同一、产品质量趋同的加强，企业的理念必须能够唯一地、排他地代表自己。为此，林磐耸在《CIS——现代企业形象策略》一书中总结说："企业经营理念方针的完善与坚定，是企业识别系统基本的精神所在，也是整个企业识别系统运作的原动力。经由这股内蕴的动力，影响企业内部的动态、活力与制度、组织的管理与教育，并扩及社会公益活动、消费者的参与行为之规划；最后，经由组织化、系统化、统一性的视觉识别计划传达企业经营的信息，塑造企业独特的形象，达到企业识别的目标。"

因此，理念识别（MI）是得到社会普遍认同的，体现企业自身个性特征的，促使并保持企业正常运作及长期发展而构建的，反映整个企业明确的经营意识的价值体系。

11.2.2 企业理念的内容

一般认为，企业理念的内容由以下四个方面构成。

1. 企业使命

企业使命是指企业依据什么样的使命从事各种经营活动。企业使命反映了社会公众的要求，也反映了企业对自身的发展方向和目标的定位，它构成企业理念识别中最基本的出发点，也是企业的原动力。

对于企业而言，使命至少包含了两层意义：其一就是功利性的、物质的需求。企业为了自身的存在和发展，必然要以实现一定的经济效益为目的。其二，企业作为社会的一个细胞，必然要担负起全社会赋予它的使命，为社会的繁荣与发展履行应尽的义务。全球著名医药公司——庄臣父子公司的创始人 Robert Woel Johnson 在 20 世纪 40 年代创立公司时便强调"社会责任"，其企业使命以信息发布的形式向全社会昭示。

庄臣公司的企业使命 〔实例〕

我们的首要责任是对医生、护士、病人、母亲及其他使用我们的产品和服务的人们负责，我们为满足他们的需要所做的每件事都必须是高质量的。为了保持合理价格，我们必须不断努力降低成本。我们必须及时、准确地满足顾客的订货要求。我们必须使我们的供应商和分销商有机会获得适当的利润。

我们对雇员负责，对世界上所有与我们一道工作的男女雇员负责。每个人都有其个性，我们必须尊重他们，承认他们的价值，必须使他们对自己的工作有安全感。对他们的补偿公平合理，他们的工作环境也要清洁、有序、安全。要让他们感到能自由地向公司提出建议和批评。在就业、发展和晋级提升方面，要保证对每个人都机会均等。我们必须选拔优秀的管理者，我们的各种行为必须公正并且合乎伦理道德的要求。

> 我们对我们的生活和工作环境里的各个社区负责，同时也对世界负责。我们必须是守法的公民——支持社区里的各种有益活动和慈善事业，承担我们应当负责的税负。我们必须鼓励公民的进取心，使他们具备良好身体和教育条件。我们必须保持我们有权使用的财产具有良好的秩序，保护环境和自然资源也是我们的责任。
>
> 最后，我们要对我们的股东们负责。企业必须获得合理的利润。我们必须对各种新建议进行试验。我们必须不断地进行研究和创新并承担必要的失败和费用。我们必须不断地购买新机器、新设备，推出新产品。我们必须保持适当的资本储备以防不测。当我们按着这些原则进行经营时，股东们才能获得合理的报酬。

现代企业发展的实践证明，要使一个企业取得卓越的成功与成就，其领导人所具有的事业理想、社会责任感、使命感是十分重要的，企业理念往往是这种理想和使命的延伸。仅靠发财的愿望是无法支撑一个真正成功的现代企业的。

由此看来，企业理念识别、企业使命就不仅仅是 CIS 设计人员主观设想出来的东西，它更是企业领导者个人思想境界的具体表现。

2. 企业精神

企业精神是指企业依据何种思想、观念来进行经营、运行的。它实质上反映了企业经营者及员工的思想水平和修养及价值观念。如果说在企业使命方面规定着企业"要做什么"的话，那么在这方面企业将面临着"怎么去做"的问题。

企业的精神或口号作为理念的外观直接影响到企业对外的经营姿态和服务态度。不同的企业精神便会产生不同的经营姿态，便会给人不同的企业形象的印象。例如，饭店以"熟悉的顾客才会来住宿"为经营姿态，其风格便和标榜"任何人随时都可以来住宿"的旅馆迥然不同。所以日本料理特别注重规格，多半不太喜欢不速之客；而美国的"假日酒店"则以"任何人随时都可以来住宿"的经营姿态闻名遐迩。可见，企业使命是企业内部的原动力，而企业精神、经营思想、经营姿态便与外界发生了某种联系，这种联系将抽象的理念形式转化为具体的经营活动，使公众在具体的活动中体会、感受到企业的经营姿态。

企业精神具有以下三个特征。一是时代性。每一个时代都有自己的精神。为此，企业精神必须适应时代浪潮，切合未来发展的脉搏，才能开拓进取。二是独特性。企业精神只有反映企业的个性与灵魂，才能取得员工的认同、顾客的注意，才能树立具有鲜明个性的企业形象。三是民族性。企业精神、口号、信条的设计应凸显民族传统文化的内涵，创新民族形象，与民族精神的振兴联系在一起，才能创造出一个富有民族特色的 CIS。

3. 企业准则

企业准则作为企业员工行为的规范原则，是指企业内部员工在企业经营活动中的一系列行为标准、规则。它体现了企业对员工的要求。具体形式包括服务公约、劳动纪律、工作守则、行为规范、操作要求、考勤制度等。

企业的各项制度、准则，其功能就是约束全体员工的行为，使企业员工的行为保持在一定的规范内活动，使企业主体的行为活动至少在理论上是一种可以预测、可以控制的行为和活动。但这种约束和控制不能以抑制员工积极性和创造性为代价。准则和规范的确立必须以正确的企业理念为指导，必须使员工能够在一种宽松的环境中准确无误、主动积极地完成自身的工作。

4. 活动领域

企业使命、企业精神、企业准则是属于企业理念的理论范畴。具体的实施和体现需要在一定的活动领域里来完成。所以活动领域就是指企业应在某种技术范围内或某种商品领域中开展活动,它为企业理念识别提供了具体的表现场所。

企业在导入 CIS 过程中,完成企业理念识别的开发,必须以活动领域为基础,在企业的活动领域中打上企业使命、企业精神、企业准则的烙印,从而在最为快捷的时间里,达到获得社会公众的认同与识别的目的。

图 11-1 有利于我们对企业理念的具体构成内容有一个最直观的认识。

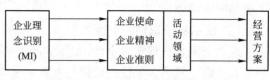

图 11-1 企业理念的具体构成

11.2.3 企业理念识别的功能

理念识别作为企业形象的核心,其功能和作用是巨大的。从整体上看,可以分为内部功能和外部功能两大类。

1. 内部功能

(1) 作为企业经营的指导思想

企业理念是包含了企业使命、目的、精神、思想等内容的一整套理论体系。它是指导企业各项规章制度建立的依据和理论基础,并对企业的经营活动具有导向作用。各种规范、制度、奖惩方案等,实际上是企业通过制度的形式将企业员工的普通行为加以系列化、秩序化,使其成为一种职业化行为,从而满足企业对员工的期望,而员工也将从这种职业化过程中得到肯定、认同和嘉奖。

(2) 实现对企业员工行为的调节和规范

企业理念本身就包含着行为规范、行为准则的内容,规范、准则的具体形式便是企业制定的各项制度。但理念在某种意义上更是一种企业内部的精神蕴涵,一种可以日益客体化的精神文化,一种富有凝聚力、协调一致的集体努力形成的导向性的文化氛围。企业更主要的是依靠这种内在的自律力,一种无声无形的号令对员工的行为加以调节、规范,从而形成一种对企业的向心力和内在的凝聚力。

(3) 对员工具有激励作用

形成整体的企业自然可以使其中的每一分子感到一种原动力和激励力量。把自己和企业紧紧联系在一起的员工就会产生与企业"生死与共""同舟共济"的信念。在这个基础上,员工的聪明才智和积极性才会被充分调动起来。企业理念通过简练、直接的形式传送着整个企业的目的和领导决策层的计划、思想,这种展示显示了信任激励的作用,使领导决策层的意图变成员工的直接行动。而且,也只有企业员工的自觉行为才能够充分体现企业的精神内涵。

2. 外部功能

(1) 使企业具有统一性

MI 中的 Identity 就包括了同一性的意思在内,这种统一性、同一性就是指企业内外上下都保持经营上、姿态上、形象上的一致和协调。理念识别自身具有统一性,同时,它还有统摄、指导力量,使 VI、BI 都能体现出与 MI 的一致与协调,这是由 CIS 系统本身的特性和企业特性所决定的。因为,即使是企业品牌的标准字和商标,也是作为沟通企业理念的工具,如日本的 Nikka 公司,他们的企业理念是:"要制造真正的威士忌酒。"其成功的关键,除了在生产技术和酿造方法上严格把关外,就是生产部门与公关部门达成了共识,即生产出合乎理念的产品——真正的威士忌。这样,理念识别与行为识别、视觉识别都达成一致。公关部更是抓住了企业及产品的特性,用精美的表现形式传达出一种正宗、名牌的形象,收到了更加圆满的效果。

(2) 展示易于识别的个性

理念识别自身规定着个性,以此与另外的企业相区别。而恰当的企业理念实际上是企业领导人个性、气质、秉性的延伸与发展。所以理念包括着自身的独特性,又通过多种识别手法加以强化,使其个性、独特性更成为传播过程中易于识别的内容。

11.2.4　企业理念识别的应用形式

1. 标语、口号

标语、口号的内容和形式相似,是将企业理念识别的核心内容精炼成一句话。由于内容精炼,简单易记,因此,其宣传过程不受媒体限制,易于被各种公众所接受。例如:

海尔:"真诚到永远"。

IBM:"IBM 就是服务"。

小天鹅:"全心全意小天鹅"。

澳柯玛:"没有最好,只有更好"。

雀巢咖啡:"雀巢咖啡,味道好极了"。

标语、口号可以用多种形式表达:横幅、彩旗、标牌等,当然更可以通过广播、电视、车体、墙体等媒介表现。

2. 广告

广告是理念识别的有效手段之一。广告通过语言、行为、画面的演示,可以反映企业的经营理念、经营方针、经营目标、策略变化。海尔的广告语开始是"海尔,真诚到永远",后来一段时间是"海尔,中国造",向世界人民宣传企业,其诉求对象发生了变化,说明其经营方针、策略有了一定的变化,开始重视海外市场。

3. 企业歌曲

歌曲具有陶冶人性情的功能。歌曲一方面以通俗易懂、朗朗上口的词句和优美流畅的旋律起到感染人的情绪的目的,另一方面又可以达到使人放松的目的。

企业歌曲是把企业理念的有关内容,谱成企业的歌曲。优秀的企业歌曲能激起人们团结、奋进、向上的激情。聪明的企业家用音乐这一艺术形式向职工进行巧妙的灌输,向社会各界进行广泛的宣传。美国 IBM 公司每个月唱《前进,IBM》,日本声宝公司每天早晨齐唱《声宝企业颂》,松下公司每天要唱《松下之歌》,我国的步步高公司通过歌曲《步步高》表达企业理念:"世间自有公道,付出总有回报,说到不如做到,要做就做最好,步步高。"

企业歌曲展示的音乐形象,表现出企业的不同风格、不同审美情趣,如工业企业可以展示蓬勃向上、奋发进取的精神;有些高档的饭店、星级较高的宾馆,通过音乐则可以展示一种高雅、浪漫、惬意的情调,使人们在优美的音乐声中受陶冶、受教育,产生认同感和共同的价值观。

4. 企业座右铭

企业座右铭本质上还是企业信条、企业标语。准确一点说,它是企业领导人遵循的准则,可以用横幅、条幅等书法形式陈列于办公室内。

5. 条例、手册

企业把企业理念和企业精神确定的价值观念和行为准则列为若干条例,作为文件、规则在企业内部公布,使之具有某种制度性的作用和效力。例如,把条例印成手册,人手一份,组织学习、朗读,使之记在脑子里,落实在行动中。

总之,企业理念的实用范畴、表现形式不仅仅局限于这些。重要的是企业在导入 CIS 的过程中,要善于创造出符合企业实际、有个性特点的企业理念识别语汇,使企业理念更好、更快地在内外公众中传播。

TCL 的经营理念 〖实例〗

企业目标:创全球名牌,建国际企业。

企业使命:创新科技,共享生活。

企业宗旨:为顾客创造价值,为员工创造机会,为社会创造效益。

企业精神:敬业,诚信,团队,创新。

竞争策略:研制最好产品,提供最好服务,创建最好品牌。

企业作风:全力以赴不一定能成功,不全力以赴一定不能成功。

管理理念:变革创新,知行合一。

学习理念:勤于思,敏于行,成于变。

11.3 BI 策划

行为识别(简称 BI),是一种动态的识别形式。它以企业理念为核心,规范企业内部的组织、管理、教育、制度以及对社会的一切活动。企业行为系统是 CIS 设计、导入与开发的主体工程。

11.3.1 行为识别的特征与类型

1. 行为识别的特征

行为识别是企业 CIS 中的"做法",是企业理念诉诸计划的行为方式,在组织制度、管理培训、行为规范、公共关系、营销活动、公益事业中表现出来,对内、对外无不以活动体现或贯彻企业理念。在 CIS 中,行为识别是最宽泛的领域,也是迄今为止理论探讨最缺乏系统性的范畴。

企业理念信息的传播主要通过两种媒介:一种是静态的视觉识别系统;另一种是动态的行为识别系统。视觉识别是通过企业的名称、标志、品牌、标准字、标准色等的设计组合,建立和体现企业的形象个性。而行为识别的基本意义则在于将企业的内部组织机构、教育、管理、制度、行为以及对外的新闻宣传、公关、广告和回馈社会的公益赞助活动等都理解为一种传播符号，通过这些活动的因素传达企业信息，充分体现企业理念，塑造具有统一内核的企业形象。

作为一种动态的识别形式，行为识别同样具备统一性和独立性两个特点。

一是行为识别的统一性。这首先表现在企业的一切行为活动都要与企业理念（MI）保持高度的一致性，不能与企业的经营理念相违背；其次，企业的一切行为都应当做到上下一致、内外统一，即全体员工以及企业各部门所开展的一切活动都要围绕一个中心，即为塑造良好形象服务，任何与这一目的相违背的行为，都会有损或者破坏企业形象的统一性。

二是企业行为识别的独特性。企业要在对手如林的商战中取胜，就应当在企业理念的指导下，使企业的行为识别体现出与其他企业不同的个性，而这种独特的个性，正是社会公众识别企业的基础，否则就容易陷入无差别的境界，企业就容易淹没在商品的海洋之中。所以，企业应当注意到企业活动的独特性、差异性，使消费者在这种独具个性的活动中认识企业。

2. 行为识别的类型

企业行为识别的设计，涉及企业行为运行的全方位和全过程。具体来说，可以分为对内、对外两部分。

对内的行为过程实际上就是企业内部管理的行为统一。它既包括企业组织为达到生产目标进行的群体行为，又包括企业组织内部的个人为适应组织环境、完成具体的工作目标而采取的个体行为，主要包括干部教育、员工教育（服务态度、电话礼貌、作业精神、应接技巧、服务水准）、生产福利、工作环境、生产设备、内部修缮、废弃物处理、公害对策、研究发展等。

对外的行为过程是指企业作为一个完整的社会组织在同社会交往的过程中所产生的企业行为。它既包括企业同有直接业务往来的社会组织之间的业务行为，又包括企业同市场联系的活动中产生的企业行为，还包括企业同社会大众和社会文化在相互影响的过程中产生的行为过程。主要有市场调查、产品开发、促销活动、公共关系、流通政策、代理商、金融政策、股市对策、文化性活动等。

下面分别从对内的行为识别、对外的行为识别两个部分论述企业识别的行为识别系统。

11.3.2 企业对内的行为识别

企业对内的行为识别主要包括企业内部组织传播与行为规范两个方面。企业内部的组织传播将已确立的 CIS 理念普及、推广，从知识的接受、情感的内化直到行为的贯彻。行为识别的内部组织传播的宗旨在于使 CIS 理念价值共有化，并通过这种共有化加强企业的凝聚力与感召力，焕发企业新貌。组织行为规范是在企业广大员工中贯彻 CIS 一体化的行为识别，这使企业员工的行为成为 CIS 精神的表现与活生生的信息传播符号。

1. 组织传播——从理念到活动

（1）价值认同与共享

行为识别的核心在于 CIS 理念的推行，对于企业来讲，这是一场意识革命和全新价值的创造。这样，启蒙与价值认同、价值共享就显得更为重要。它与一般教育不同，在这里教育者与受教育者都要以主体形式出现，教育者不仅是教育某种知识价值，还要身体力行成为一种活的典范，示范或榜样的意义比知识灌输更为重要，而受教育者也不只是接受一种教育，而是要内化为一种价值，使这种价值变成自己精神的一部分。日本企业在导入CIS的过程中，非常强调这种价值的共有化。只有将企业理念化成每一位员工精神的一部分，贯穿到员工的一言一行中去，CIS的实施才算完成。

(2) CIS的对内传播和员工教育

为了CIS导入、理念执行、行为贯彻，一个组织健全、制度完善的企业必须具备一整套企业内部传播的方法。因为企业理念毕竟属于思想观念、精神意识层次的东西，它有待于体现在鲜明的视觉形象中。行为识别系统的建设不是员工自发的，必须经过多种形式的传播和教育。对内部员工传播教育的主要方式有：颁发CIS说明书，内部员工教育幻灯片，充分利用内部通讯、简报、宣传海报等各种传播媒介，公司的公关活动宣传，提高服务质量，改善服务态度等。

美国施乐公司原董事长马库罗曾指出："以设计来统一企业的印象，必须由最高经营阶层至基层员工彻底实施，内部统一之后，方能对外诉求。"可见，在企业向外传播CIS计划之前，首先要向企业内部的员工作一次完整的说明，使他们了解企业导入CIS的宗旨。只有先搞好内部传播，才能充分调动广大员工的积极性、创造性，支持并参与到实施CIS计划的行动中去，为塑造企业形象而努力工作。

2. 组织行为规范——从理念到规范化行为管理

将企业的理念、价值观贯彻在企业的日常运作和员工行为中，最重要的问题就是规范的确立以及实施规范化管理。因此，企业首先需要确立一个大家共同遵守的行为规范。而这一规范是员工必须接受和执行的基本行为准则，它对员工行为具有约束、引导和指导的效力。从人际行为、语言规范到个人仪表、穿着，从上班时间到下班以后，员工行为管理的最好办法就是启发诱导，融会贯通，使员工自然地接受合理的规范，将CIS树立的价值观体现在行动中。一个良好的企业形象的塑造除了要培育优秀的组织素质外，更为重要的是在这一基础上全方位塑造组织和员工的良好行为，这是赢得公众的最直接、最广泛的方法。可见，企业导入CIS，能否实施行为识别的规范化管理，直接关系到企业CIS计划的成败。

江苏省石油公司接待礼仪规范

实例

(1) 员工之间应礼貌待人，在工作中发生意见不一致时，应不急不躁，以理服人，耐心地阐述自己的观点。以公司利益为重，严禁将个人恩怨发泄到工作当中去。

(2) 与客人或客户有约会，应讲信用，准时到场。

(3) 对公司有重要影响的宾客，要提前询问其日程，并派专人到车站、机场、码头迎接。

(4) 对来访或接洽业务者，要热情周到、语言亲切，来有迎声、问有答声、走有送声；任何情况下都不得对客人粗言粗语，更不得与客人争吵或辱骂客人。

(5) 男员工发不到后领，不留大鬓角、小胡子，不理光头；女员工不浓妆艳抹，不涂过于艳丽的指甲油，不留太长的指甲。男女员工在工作时均不得佩戴过大、累赘的饰物。

(6) 全体员工着装应整洁、得体，上班时间不穿奇装异服，不穿破损未补或缺少纽扣的衣服；男士工作时间不准穿背心、短裤，不得袒胸露腹；女士不得穿超短裙或领口过低的衣衫。

（7）站立姿势端正，行走时身体要直，脚步要轻，不准勾肩搭背；遇有宾客应主动让路，引导其先行。

（8）接待人员杜绝一切不文雅的行为，不准在宾客面前抠鼻子、挖耳朵、剔牙齿、伸懒腰、打哈欠等。

（9）接打电话时要简明扼要，拿起电话应先说"您好！"然后询问对方事由，通话结束后要说"再见！"转接别人电话时应说"请稍候！"对方所找对象不在时，应请对方留下电话号码和姓名或作好记录，及时转告。

（10）迎接客人时要做到：起立迎候，让座奉茶，了解客人来访目的并迅速处理；送客时先为客人开门，送客至大门外，请客人上车、告别，车离开后返回。

（11）对来访者要一视同仁，不得歧视，不得挖苦，更不得将客人赶走。

（12）握手寒暄要适度。在同性之间，职位高、年纪大的一方先伸手，职位低、年纪小的一方才可伸手；异性之间，如女士未伸手，男士不要主动伸手。

（13）对客人要办的事处理得快而准，与客人交谈时切忌东拉西扯，面对客人时切忌不时看表，以免引起客人的误会和不悦。

（14）接待上级领导要正规大方。接待人员要专门等候，引导路线，优先安排与公司领导见面，对重要领导、公司领导应亲自迎接，出面接待。

（15）遇有外宾来访，接待应真诚热情，不卑不亢。接待人员应熟悉对方国家的礼仪和禁忌，正点守时，做好翻译陪同工作。交谈时切忌打断对方讲话。

（16）接待新闻界时，要充分合作，冷静处理，不轻易对事情表态，更不能私自提供企业内部情况或泄露企业机密。所回答的问题要实事求是，以免产生不良后果。

11.3.3 企业对外的行为识别

企业对外的行为识别主要包括企业作为一个行为组织的整体向外有计划地举行 CIS 化的公关活动。对外活动识别是对内行为识别的延伸和扩展。如果对内行为识别主要是企业组织和员工直接接纳内外公众的行为表现，那么对外活动识别则是以更多间接的外部公众作为活动对象。通过社会活动识别，可以使更多的人了解、认知企业，对企业产生好感和信赖，从而达到树立企业良好形象的目的。

1. 对外活动识别中的媒体策略

在企业 CIS 活动识别中，企业与媒体或新闻界的关系是一个重要的范畴。一方面，企业要有意识地利用现代传播手段，巧妙地宣传自己，树立良好的影响广泛的企业形象；另一方面，在市场经济的宏观背景下，媒体或新闻界已越来越关注经济发展与经济生活，并自觉地成为消费者利益的维护者，而这种关注与自觉在某种程度上直接决定着一个企业的兴衰存亡。

企业对外活动中的媒体策略，主要是结合 CIS 的总体计划，策划一次以宣传企业形象为目的的、具有轰动效应的新闻发布会或记者招待会，这是一种理想的识别手段。活动识别就是借助种种有计划、有效的活动，广泛传播企业统一理念、价值观、精神风貌、品牌特色。新闻发布会或记者招待会作为一种媒体具有集中、深广的传播效果，适时地组织和召开新闻发布会或记者招待会，是企业推广 CI 理念、提高企业知名度和美誉度并展示企业形象的良好机会。

2. 对外活动识别中的公关策略

企业对外行为或活动识别在很大程度上与企业经营管理中普遍应用的公共关系活动相联系。公共关系将企业有计划、有组织的活动传达给社会公众，获得社会公众对企业的好评，这一点不论在内容上还是方式上，都与对外行为识别组织活动一致。

行为识别范围的各种公关活动，应具有目的性、针对性、区域性。

所谓目的性，就是指 CIS 战略必须以特定的企业理念为核心，始终坚持并传播、维护一种特色，一种具有统一性和个性的识别形象。如果举办一次公关活动与企业 CIS 中的理念或形象不符，则只能是徒劳，甚至会产生负面影响。就针对性而言，企业的特定活动范围中存在着各种关系者，活动范围是以企业开发与准备开发的市场为基础的，并以这个范围作为 CIS 识别活动的目的区域。区域识别明确可以避免 BI 实施中的浪费，而区域针对性明确又可以增强 BI 实施的效益，让各类不同的关系者，如国家机关、社区、文化传播机构、主管部门、消费者、经销者、股东与金融机构及同行竞争者，从企业开展的巧妙的公关活动中，感受到企业高尚、鲜明的经营理念与特色，获得良好的印象，最终使企业获得经济与社会效益的双丰收。

11.4 VI 策划

视觉识别（简称 VI），是将企业理念与价值观通过静态的具体化的视觉传播形式，有组织、有计划地传达给社会，树立企业统一形象。视觉识别系统由基本设计要素与应用设计要素两部分构成，是企业形象最直接也是最直观的表现。

11.4.1 视觉识别的基本内容及核心

1. 视觉识别的基本内容

企业视觉识别是 CIS 静态识别符号，是具体化、视觉化的传达形式。它包括两部分的内容：基本要素和应用要素。

企业视觉识别的基本要素主要包括：企业名称、企业品牌标志、企业品牌标准字、企业专用印刷字体、企业标准色、企业象征造型与图案、企业宣传标语和口号等。

企业视觉识别的应用要素主要包括两大类：一是属于企业固有的应用媒体，包括企业产品、事务用品、办公室器具和设备、招牌、标识、旗帜、制服、衣着、交通工具等；二是配合企业经营的应用媒体，包括包装用品、广告、企业建筑、环境、传播展示与陈列规划等。如图 11-2 所示。

2. 视觉识别的核心

在所有视觉识别的内容中，企业标志、标准字、标准色是整个企业视觉识别系统的核心。这三者的创造和选择最为艰巨，也最能表现设计能力。可以说，标志、标准字、标准色三要素，是企业地位、规模、力量、尊严、理念等内涵的外在集中表现，是视觉识别的核

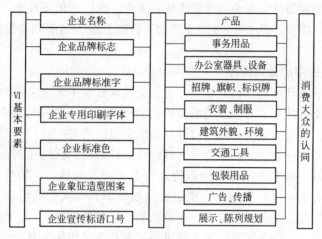

图 11-2　企业视觉识别信息传递系统

心，构成了企业的第一特征及基本气质。同时，这三者也是通过广泛传播取得大众认同的统一符号。VI中的其他要素都由此繁衍而来。由于视觉识别负载着传达企业理念、博得公众喜爱的使命，企业的标志、标准字、标准色必须具有寓意性、直观性、表达性和传播性。

11.4.2　企业标志、标准字、标准色的设计

1. 企业标志的设计

企业标志是用以标识企业商标及品牌的一种文字、图案或图文相结合的符号表征系统。它在现代品牌战略和企业形象战略中起着最基本的作用，无论是塑造品牌，还是强化企业个性、树立整体形象，企业标志都是最核心的视觉沟通和传播要素。如在汽车行业中，世界各大企业都以其独特的标志，鲜明地体现自身的个性与不同，从而树立VI的整体形象，如图11-3所示。

图 11-3　汽车品牌标志

企业标志的功能具体表现在：显示企业自身个性的识别功能；传达企业理念以及意蕴的意指功能；保护自身利益不受侵害的保护功能。

2. 企业标志的类型

企业标志可以分为文字型标志、图案型标志、图文复合型标志三种类型。

(1) 文字型标志

文字型标志是直接使用语言符号作为标志，以语言文字的造型或组合来表现企业名称、品牌等企业要素的标识符号。如图 11-4 所示。

图 11-4　文字型标志

文字型标志的特点是简洁明了,歧义性低,但给人的印象不突出,标识力弱。

(2) 图案型标志

图案型标志是以几何图形或象形图形构成的标志,如图11-5所示。

图 11-5 图案型标志

图案型标志的特点是标识力强、印象鲜明、意蕴深刻,缺点是易于产生歧义。

(3) 图文复合型标志

图文复合型标志即由图案和文字复合而成,克服了两者的缺陷,具有更强的识别力和表现力,这是目前采用最多的企业标志类型。如图11-6所示。

图 11-6 图文复合型标志

3. 企业标准字的设计

(1) 标准字设计的原则

在企业 VI 中,标准字的使用十分广泛,涵盖了视觉识别系统中各种应用要素。标准字的设计要遵循以下原则。

① 统一守恒原则。标准字是用以表现企业名称或品牌名称的特殊性且规范化的文字,因此,规范、标准和统一是标准字设计的基本要求。标准字一旦认定,就必须严格遵守形式,不能任意变动,其目的是让企业文字诉求符号浑然一体,以强化公众的印象和识记。

② 象征寓意原则。标准字的设计,不能局限于对企业和品牌进行一般性说明这一基本要求,更重要的是通过字形、字体来象征寓意企业的个性特点、形象风貌、风格品位等。如广东名牌时装"派",以其独特的字形设计向人们传达了"现代""高雅""独有""潇洒""流行"的品牌特色,如图11-7所示。

③ 强化视觉原则。标准字的设计要力求突出其与普通铅字的区别,通过独特的字体、字形强化公众的视觉,并与企业形象建立固定联系,如美国可口可乐的标准字体,如图11-8所示。

图11-7 派的标准字形设计

图11-8 可口可乐的标准字体

(2) 企业名称设计

现代企业名称的设计和企业标准字的组合往往为同一个过程。因为标准字的设计首先从企业名称开始。标准字的选定和设计并不是单独抽象的行为,而是对企业名称或品牌所需包含或表征的意义进行深刻分析,并通过独特的字体、字形在形式上展现出来。

从广义上讲,企业名称是企业厂名、商标名和品牌名的通称。企业名称的设计实质上是企业的定位过程,是消费者认知企业的第一途径和企业信息沟通的首要通道。因此,企业名称的确定一方面将明确或提升企业的自我形象,另一方面将传达企业或产品能给公众的主要利益是什么。

企业名称的选定设计要受到企业的性质、规模、产品、产地及其他文化因素的影响和制约。因此,在设计企业名称时就要充分考虑这些背景环境,按照简洁明快、寓意深刻、响亮易读、新颖独特、美好吉祥的原则,运用象征、夸张、比喻、寓意等艺术手法综合处理,最终通过广泛的民意征求后,予以选定。如 Sprite(雪碧)的音韵与 Sprint(全力冲刺)相近,字面又与 Spirit(精神)相近,本身又兼有精灵活力之意,各种感觉的综合,合成一种充满活力的感觉。同样,Fanta(芬达)其音韵上与 Fountain(泉水)相近,同时又没违反美国商标法中禁止企业用日常用词作为品牌名称的条例,在相似与不相似中展示了魅力。Exxon(埃克森)是一个小职员顺口想出来的,虽未明确意义,但读上去简洁、明朗、上口、独特。

> **长安汽车公司的三代标志**①
>
> 长安汽车公司的三代标志,如图11-9所示。
>
>
>
> 第一代长安标志　　第二代长安标志　　第三代长安标志
>
> 图11-9 长安标志

---

① 资料来源:李兴国. 公共关系学. 北京:中国人民大学出版社,2004.

第一代长安标志是用汉语拼音，这种标志很具体，但有两个致命弱点：一是与同类企业同样以小面包、微型车生产为主的"昌河"的品牌拼音基本相同，7个字母前5个完全一样，Changan 与 Changhe 雷同；二是这么长的一串字母，又不是手写体，没有个性，用在高速交通工具上，不易识别。

第二代标志比第一代标志进了一大步，但也有美中不足，有些甚至是关键性的不足。

（1）实现不了当初的设计理念，标志中要有"Cha"代表"长安"；又有"Ji L"，有江陵的拼音，代表两厂合并。其实这是一相情愿，人们看不出由那么多字母组成一个标志。

（2）行业个性、汽车个性、本企业个性不强，许多人一看就说像纯羊毛标志，像蚕茧、纺线的线团，不易联想到汽车，而且不好看。

（3）不宜制作。这个标志制作较复杂，要用569个坐标才能制成，而第三代标识用6个坐标即可。

（4）不宜放大与缩小，椭圆中的曲线太细，一旦缩到1 cm直径，用于名片、信封，线条肯定要断线或看不清楚，不易扩展使用，因此需要推出新一代标志。

第三代标志是从几十个标志中两轮筛选出来的。它基本克服了第一代和第二代标志存在的缺陷，显得既有个性，又便于识别和制作。

4. 标准色设计

标准色是企业根据自身特点指定的某一色彩或某一组色彩，用来表现企业实体及其存在的意义。色彩是视觉感知的基本因素，它在视觉识别中的决定性作用，使得企业必须规定出企业用色标准，使企业标志、名称等色彩实现统一化和保持一贯化，以达到企业形色和视觉识别的目的。

企业标准色的设计和选定应遵循以下原则。

（1）突出企业风格，体现企业性质、宗旨、经营方针

蓝色、红色、黄色、绿色既代表不同的心理感应，又有民族、行业象征的含义。如美国的TCBY连锁店，以经营各种酸奶为特色，所有连锁的分号一律以绿色和灰黄相间搭配，以此象征着天然和健康。蓝色象征着幸福和希望，也是现代科技及智慧的象征，高科技企业一般多用此色，表示科技力量，如IBM、四通等公司的标准色。

（2）标准色的设计应与消费者的心理相吻合

色彩作为符号，能在无意识的状态下影响公众特别是消费者的情绪、心理和行为。如红色一般是热情、豪迈、喜庆、危险、健康、兴旺的象征。日本的劝业银行，以心的形象为中心，以红色为标准色，象征着热情周到的服务。蓝色则代表安宁、和平、柔和、温良、冷漠等。美国的百事可乐的蓝色，便有一种安宁、柔和的气氛。航空公司多采用天蓝色为标准色，给人以安全、快捷、平和、愉快的心理印象。美国航空公司则选用红、白、蓝三种标准色，这三种颜色正代表着美国国旗的颜色，这清楚地表达了作为美国运输者的地位。

11.4.3 视觉识别设计原则

1. 传达企业理念的原则

视觉识别（VI）设计不是一般的平面、静态的符号设计，作为传达企业经营理念、企业精神、企业文化的重要媒体，它应当多视角、多层次、立体化、全方位地传达企业的经营理念。脱离了企业理念、企业精神的设计符号只能作为普通的商标，而不是视觉识别（VI）设计。

图 11-10　杉杉集团商标

宁波杉杉公司曾经投资 200 万导入 CIS，如今杉杉品牌已成为中国十大品牌之一了，甚至有企业愿意以 2 亿元收购杉杉为商标。该商标是台湾艾肯公司的创意，由 S 演变成的两条蓝色的小河和一棵绿色的杉树组成。它体现了企业永不停息、永攀高峰的精神风貌；挺拔的杉树图形，象征着杉杉集团如参天大树屹然挺立；S 般的阴阳曲线拓展变化，象征着杉杉集团由单一西服进入多元化产品。杉杉商标的色彩由青绿与水蓝色搭配而成，给人以杉杉集团青山绿水般永无止境的印象，如图 11-10 所示。

2. 遵循民族化和国际化相统一的原则

VI 的设计应适应产品行销国的民俗和习惯，即适应民族习惯的差异性，如语言的差异。中国有一种"紫罗兰"牌内衣出口，厂方原以为该品牌会给人以"漂亮的花"的感受，定受青睐，使用英文译名"pansy"出口，没想到英文"pansy"还有贬义词意"无丈夫气概、脂粉气的男子"，结果遭到冷遇，产品无人问津。又如"芳芳"牙膏，音译成 FANG FANG，在英文中的意思就是毒蛇的牙齿，完全成了反义。因此，在进行 VI 设计时，应考虑不同国家和地区对语意、色彩、图案的喜爱和禁忌，以避免由于误用而造成不良的企业形象。

3. 遵守法律法规的原则

VI 设计要符合产品行销的法律法规。各国的商标法对什么样的商标、标志给予注册都有明确的规定。如泰国商标法规定不得使用图形或文字叙述商品的质量或与商品相关的内容，如饮料使用滴水作为商标是不允许的。如果厂家选择的商标违反了有关法规，就不能在该国注册，当然也得不到该国法律的保护。

11.5　CIS 的导入

11.5.1　导入的时机

1. 新公司设立或者合并成企业集团时

新公司成立伊始，没有传统束缚和要改变的原有形象，是进行形象设计的良机。在企业购并、联合，形成新的公司或企业集团后，各成员企业或单位在名称、商标、理念等各个方面都有差异，这就可能影响规模效应的发挥，不利于公众对企业集团的识别和认同，因此这也是导入 CIS 的良机。

2. 企业扩大经营范围，朝多角化方向发展时

许多企业的原名称、原品牌名往往是与其经营范围和产品密切相关的，当企业朝多角化方向发展时，扩大的经营领域或产品可能与原名称风马牛不相及，这就容易导致公众的误解甚至引起笑话。例如，娃哈哈集团，品牌名与其最初经营的儿童营养品十分吻合，但当娃哈哈集团朝多角化方向发展时，娃哈哈名称既是重大的无形资产，又是严重的束缚。湖南日用品化工总厂导入 CIS，更名为湖南丽臣实业总公司，准备朝经营日用化工、房地产、证券业等多角化方向拓展。

3. 创业周年纪念时

国外许多企业都是在创业周年时实施 CIS 的。周年庆典给企业提供了一个除旧立新的机会，同时也会使庆典办得有声有色，能引起媒介的充分注意。

4. 新产品的开发与上市时

新产品上市时实施 CIS，不仅因为原品牌可能不适用于新产品，需要改变原有的视觉形象，而且新产品上市会引起公众瞩目，因而有利于提高形象发布的效果。

5. 进军海外市场，迈向国际化经营时

企业迈向国际化经营时，原有的企业名称、标志、包装可能不适应国际化经营的需要，甚至与他国的民俗习惯、文化特点相悖，因而就需要改变某些视觉形象。

6. 摆脱经营危机，消除负面影响时

当企业经营不善或停滞不前时，除了进行人事重组外，还可利用导入 CIS，以提高企业活力，消除原有形象的阴影。例如，意大利的蒙特爱迪生公司，由于经营项目与规模急剧扩大，维持了四年好景后便陷入严重危机，主要问题是士气低落、人心涣散。新董事长上任后对企业组织结构和人事做了彻底改革，并决定从统一视觉形象开始，导入 CIS。主要工作是设计了新的企业标志，把不同事业部及其围绕一个中心的现状和理念表达了出来，同时对其他视觉要素也进行了统一，并对包装图样的处理制定了基准，企业面貌为此一振。

11.5.2 导入的程序

导入 CIS，首先要有一支强有力的 CIS 队伍。根据企业的实际情况，这支队伍可由四部分人员构成：一是 CIS 专家，一般由有 CIS 设计经验的广告公司或公关公司参加；二是企业管理人员和有关工程技术人员，他们对企业比较了解，能提出符合实际的构想和建议；三是企业决策层，因为 CIS 实施的最后决定人是决策层的企业家们，企业理念需要由他们提出，而不是由外来专家提出；四是企业员工代表，他们处在生产经营第一线，CIS 必须由他们认可，才能有广泛的群众基础。

台湾著名 CIS 设计专家林磐耸在《CIS——现代企业形象策略》一书中，将企业导入 CIS 的作业流程分成下述五个阶段。

（1）企业实态调查阶段。主要在于把握公司的经营现状、外界认知现状、设计现状，从中确认公司实际给予人们的形象认识状况。

（2）形象概念确立阶段。用上一阶段的调查内容分析公司内部和外界的认知、市场环境与各种设计系统的问题，拟定未来公司定位与应有形象的基本概念，作为后续设计规划作业的策略与原则。

（3）设计作业展开阶段。根据上述基本形象概念，将其转变成具体可见的讯息符号。

在进行设计规划时，必须不断经由模拟调查、测试，直至设计表现符合原始的形象概念为止。

（4）完成与导入阶段。重点在于排定导入实施项目的优先顺序、策划对外告知活动以及组建CIS执行小组和管理系统。

（5）监督与评估阶段。CIS的设计规划仅是前置性计划，还必须落实到建立企业形象上来，所以必须时常进行监督评估，以确保符合原始设计的企业形象，借此让社会大众达成识别认同效应。若发现原有设计规划有缺陷，应提出检讨与修正。

CIS设计作业流程图如图11-11所示。

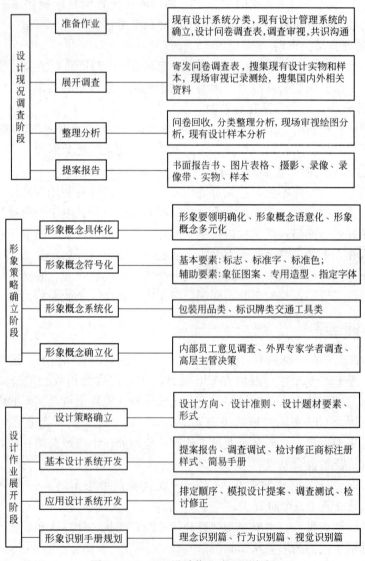

图11-11 CIS设计作业流程图实例

雅戈尔的 CIS 导入

李如成是一位农民，可他创办的雅戈尔却从一家小作坊发展成为规模庞大的上市公司，拥有亚洲最大的生产基地，有2 200多条稳定的商业营销渠道，其中包括300多家自营商店，700多家特许专卖店，还有1 400多家大型商场的专厅专柜。近两年来在全国各大城市创办大型专卖店，形成了良好的销售网络。

在衬衫王国中，甬城乃至国内的消费者心目中最理想的品牌之一，便是那"装点人生，还看今朝"的雅戈尔。这个极富有挑战性的品牌，频频撞击消费者的视觉，它以一种自觉的创牌意识，角逐商界，争夺市场，献给社会的不仅是产品，更是思索和启迪。

一家普普通通的镇办服装厂，能在短短几年内，在激烈的衬衫市场中脱颖而出，一举荣登"中国十大名牌衬衫"榜首，其中奥秘在哪里？那就是既抓质量管理，又抓企业形象（CIS）。李如成认为，质量，是雅戈尔永恒的主题。名牌固然以品质为本，但造就名牌的双翼——品牌宣传与CIS导入，李如成还是紧抓不放的。早在1993年，就请设计太阳神CIS的广东新境界设计群，搞VI设计，一个被称为"东方的皮尔卡丹"优秀衬衫品牌从此起步。

1994年，雅戈尔企业又开始未来15年"两次创业"的跋涉，而这个宏伟蓝图的根基支撑点，就是全面实施CIS工程。

1994年夏季，雅戈尔集团在余明阳CIS专家组的帮助下，从理念、行为、视觉三个方面，全面导入CIS。

在CIS导入的启动阶段，雅戈尔集团动员了近100名专业人员，组织了1万多名调查人员，对全国的衬衫市场进行了全面的调查，涉及12万消费者，历时半年。又收集了从1985—1994年国内外服装市场走势案卷，对服装流行与技术更新进行了全面的文案调查。

与此同时，余明阳两次率领28位企业管理、市场行销、工业设计、环境艺术、企业文化等专家，就雅戈尔的企业管理架构、企业理念、企业行为、视觉传达进行了全面谋划，而后，又多次进行了缜密的论证，像"未来15年雅戈尔集团的发展战略框架""雅戈尔名牌战略的具体构想""雅戈尔行销体系的实际操作方案"……均出自这庞大阵容中CIS"智慧团体"的精心构筑和雅戈尔企划人员的默契配合。

当余明阳将全部策划报告和长达近百页的VI识别手册交给李如成总裁时，标志着雅戈尔集团"两次创业"蓝图已初步绘就。1995年10月，雅戈尔两次创业战略研讨会在甬城举行，来自上海、北京、广东等地的30余名经济学家，一致认为，两次创业的构想，能使雅戈尔从普通的乡镇企业向现代跨国集团企业飞跃，而CIS导入使两次创业的规划得以水到渠成。

李如成清醒地注意到，导入CIS只能是一丝不苟的"持久战"，绝不是一蹴而就的速决战。他对雅戈尔的CIS企划，表现出异常的冷静，整个企划设计的实施是经过一段时间的冷却后才逐步推开的，规划在不断完善，经验在不断总结，他也一刻没有停止过对雅戈尔发展的思索。如看到雅戈尔CIS标识变更中存在缺乏承续性处理（即原

> 柔性标志一下更换为霸气十足的标志，社会公众难以接受）的问题，为兼顾公众对雅戈尔企业、品牌的认同与信赖感，拟在保留原标志部分题材、形式合理内核的基底上作出更新设计。

11.5.3　CIS导入可能面临的问题分析

CIS在不同企业里实施，效果迥然各异。一些企业导入CIS效果显著，品牌迅速升值，企业美誉度上升，经济效益与社会效益均有明显回报；而另一些企业则效果不佳，或是发展不正常。那么，企业导入CIS可能会面临哪些问题呢？

1. CIS传播工作落实难

许多中小企业属于这种情况。虽然请了CIS专业策划公司为自己设计了一套CIS，但是没有设置CIS部门或确定专职人员负责此项工作，无人推行。CIS手册只好束之高阁，或简单地在视觉传播上应用一些而已，因此收效甚微。

2. CIS观念模糊

一些企业由于观念守旧的原因，对CIS新生事物接受较慢。虽然知道CIS是一项有用的拓展市场的战略与策略，企业应该实施CIS，但是如何做、怎样做就不知道了。倘若下属对CIS也知之不多，那么这个企业导入CIS的效果也就可想而知了。

曾有一位民营企业老总如是说："我只知道把我的那个品牌标志设计得漂亮一点就对了！"像这样的企业老总不在少数。企业家们确实日理万机，很少有时间接受CIS专业知识。但如果他们真正想实施品牌战略，就必须坐下来接受专业CIS知识，否则将成为阻挡企业发展的一大障碍。

3. CIS投入产出比概念不清晰

有些企业导入CIS效果不佳，是缺少应有的投资预算。经费无保障，品牌传播就成了无源之水。

经费后面是观念问题。有些企业经营者将CIS花钱当成"开支、费用"，而很少将之看成是"投资"。这种观念上的差异是造成导入CIS达不到实际效果的根本原因。

CIS投入的回报是需要一定时间的。一些企业经营者急功近利，希望像卖产品一样马上把对CIS的投入变成金钱，缺乏战略家的长远眼光、气度和胸怀。他们将形象效益视同经济效益一样直接量化，这是理解上的肤浅。事实上，形象效益的积累转化成经济效益是成几何级数增长的。

4. CIS传播方法不当

一些企业导入CIS缺少循序渐进的程序、分步实施的要领以及全局统筹，或只注重表面而忽略理念识别系统的作用，从而使传递出去的CIS只有一个标志而已，缺少理念内涵。企业的素质、文化、精神、理念不能表现出来，公司形象有"形"而无"神"。这样的效果当然是表面的，或者是局部的、零散的。

实施CIS需要在统一的形象定位、战略目标指引下，有计划、有步骤、有策略地进行，并且要有全局性和长期性，将之当作一门现代经营战略潜心实践、学习、领会、掌握，否则很难达到理想的效果。

5. 全员参与不够

这是大多数导入CIS企业的现状。这种状况也同只注重CIS视觉识别（VI）系统的导入而忽视理念识别（MI）和行为识别（BI）系统相关，因而不能调动全体员工参与实施CIS的积极性、主动性。一些企业家不懂得塑造优良企业形象是全体成员的事，或者不愿意在这方面下功夫，只将导入CIS交给一两个人去办，实际上也就是将标识系统、广告等传播出去就行了。像这样"表象化CIS"的效果当然是非常有限的，实际上并未深入到CIS的精髓里去，只能接触到CIS的表层而已。

综合上述情况可见，导入CIS要取得最佳的效果，更多的是企业的主观原因。这里，不但有理性认识问题、投资观念问题、组织保障问题、操作方法问题等，还有开发力度、动员员工等问题。

复习思考题

1. CIS与组织形象塑造是什么关系？
2. 什么是CIS？它由哪几部分组成？
3. CIS具有什么特征？它有哪些功能？
4. 你是如何认识CIS的局限性的？
5. MI设计包括哪些内容？
6. 什么是BI？它包括哪些内容？
7. VI包括哪些要素？
8. 企业导入CIS的时机有哪些？
9. 简述CIS导入的程序。
10. 分析企业CIS导入可能会面临哪些问题？

案例分析题

案例11-1　　　　　　　　如何给蜂蜜酒命名[①]

安徽芜湖市有一家生产各类蜂蜜制品、花粉等传统营养品的企业。该企业开发了一种新产品——蜂蜜酒。企业以对酒类市场的某些感悟为基础，以蜂蜜酒这一新产品为起点，需要对蜂蜜酒作整体营销策划。我们受托承担了这项课题。

在命名方面，我们考虑了以下几个主要因素。

第一，蜂蜜酒的原料。蜂蜜酒是以蜂蜜为主要原料、经过多种微生物的共同作用酿制而成的发酵原汁酒。由蜂蜜和蜜蜂可作如下联想：花草、甜蜜、爱心、绿色、勤奋。

第二，蜂蜜酒的功能和目标市场。我们建议发展蜂蜜奶酒、蜂皇蜜酒、玫瑰原汁蜜酒、芦荟蜜酒、山楂蜜酒及其他果汁味蜜酒。同时，系列蜂蜜酒应具有营养、美容、开胃、风味和休闲等多种功能，是能显示一种优雅生活方式和生活情趣的健康型酒。相应的目标市场主要是：① 不会饮白酒，又必须应付某种场合要求的消费者市场，尤其是女性市场；② 餐前

---

① 资源来源：史有春. 公共关系学：形象设计、信息传播和社会交往. 南京：南京大学出版社，2002.

开胃和饮后余兴酒市场；③女性养颜市场和中老年营养保健市场；④居家和在外（酒吧、茶座）的风味休闲市场。能反映蜂蜜酒功能和目标市场特点的词汇主要有：青春、美丽、花朵、轻快、浪漫、金色、优雅等。

第三，产品、品牌定位。蜂蜜酒在我国已有悠久的历史，目前在美国、东南亚地区比较流行。综合各种因素，我们给系列蜂蜜酒的总体定位构想是：具有营养、保健、养颜、开胃等多种功效；口味好、易吸收、能够调节气氛；具有悠久历史、欧美流行、运用高科技手段深度加工、可重新焕发青春的绿色健康低度酒。这一定位同时表示蜂蜜酒是一种高档产品，与"蜂蜜"这种普通营养品不能相提并论。为了能让蜂蜜酒卖出好价钱，就不能仅强调产品的理性价值，而要强调其感性价值。悠久历史、欧美流行的定位设想应能增加产品的文化情感价值，问题是还要把这一定位设想通过产品包装、品牌名称、广告宣传等体现出来。

第四，包装设计。我们委托了美术设计师进行包装设计。设计师根据我们的产品市场分析和定位，用美丽的花朵和一只蜜蜂作为瓶子上正贴的主要图案，这一方案得到了企业领导的肯定，品牌名应与标贴图案有某种联系和协调感。

第五，命名模式。该企业名为芜湖蜂蜂食品有限公司，已成功注册了"绿全"牌商标，正在申请"B&B"商标。"绿全"商标用在蜂蜜、花粉、蜂皇浆等传统营养品上，企业领导拟将"B&B"商标用于系列蜂蜜酒。由于"蜂蜂"企业名已注册，企业领导不愿改动，企业名与品牌名不统一已成定局。后来"B&B"并未注册成功，只好重新命名。本来，产品名即"蜂蜜酒"已定，可我们认为使用产品原料命名法可能过于直接，显露土气，是否产品名也采用较为抽象、富有神韵、有想像空间的名字，品牌名并与其同一呢？"太阳神""朵尔"都是作为产品名在使用的。于是我们决定采取产品名、品牌名二位一体模式，而把各个"蜂蜜酒"品种作为副品牌使用。

考虑了上述因素及在相关思路指导下，我们最后选择了"花样年华"这一名称。"花"与蜜蜂、蜂蜜有天然联系；"花样年华"能给人一种青春、美丽、浪漫、丰富多彩的感觉，有刺激力但并不太强烈，从而不容易引起厌烦；由张曼玉、梁朝伟主演的电影《花样年华》很受人们欢迎，平淡中见真情的表现手法和略带忧伤的怀旧情绪既让人产生共鸣，又不矫揉造作，这使"花样年华"能产生丰富的联想，并有了某种文化底蕴。

企业领导采用了我们的建议，只要注册成功，将会长期使用。

问题

你对上述的命名如何评价？还有更好的名称吗？

案例 11-2　　　　　　　　杉杉集团的 CIS 战略

杉杉集团提出"创西服名牌，走名牌之路"的道路，通过一家形象策划公司确定了导入 CIS 的决策。杉杉集团 CIS 的构成如下：

1. 企业理念识别系统

企业精神：立马沧海，挑战未来。

品牌宗旨：奉献挚爱，潇洒人间。

追求目标：塑造恒久弥新的品牌，营造含义丰富的企业文化，建立起经营集约化、市场国际化、资本社会化的现代化、国际化产业集团。

标语口号：我们与世纪的早晨同行。

2. 企业行为识别系统

以自身品牌追求——"奉献挚爱、潇洒人间"为出发点，紧扣21世纪"环境保护、生态平衡、环境绿化"的世界性主题，把杉杉品牌提升到爱人类、爱地球并与人类生存环境息息相关的高度，确立了杉杉集团及其品牌在社会中的位置和宣传品位。

（1）宣布杉杉集团股份有限公司正式成立，举行盛大的杉杉集团CIS标志发布会，向社会公众广泛告知新的集团标志，建立CIS走廊和CIS知识培训班，充分调动全体员工的积极性；统一更换全新的杉杉标志和企业精神标语，重新装饰专卖店外观，营造一个崭新的杉杉形象。

（2）以MI为指导，精心设计BI行动。在北京香格里拉饭店举办以"我们与世纪的早晨同行"为主题的CIS发布会，大规模地向公众介绍杉杉CIS开发的成果，并举行体现杉杉理念和标准色的时装表演；与中央电视台联合推出"植树节大型文艺晚会——我爱这绿色的家园"；独家赞助以绿化为主题的全国性海报张贴；在杉杉形象策划部的配合下，在上海、南京、杭州、青岛、武汉、西安等城市的分公司同时推出"让大地披上绿装"的绿化宣传活动。以上活动紧扣"绿化、环保"主题，把关心人类生存这一企业行为特征传达给公众，赢得了良好的口碑。

3. 企业视觉识别系统

杉杉集团标志以ShanShan及象征中国杉树CHINA FIRS作为设计题材，将大自然的意蕴融入设计，体现出坚忍不拔、蓬勃向上、生生不息、挑战未来的企业精神。杉树生命力旺盛，伟岸挺拔，因此还象征着企业奋斗进取、不断发展的精神。以"S"字体象征有如流水般生生不息的企业生命力。杉杉的标志色彩采用自然沉稳的青绿色与象征现代清新的水蓝色搭配组合，视觉上清新宜人、生动有力。结构上以两个"S"阴阳曲线的拓展变化，意味着杉杉步入多元化的发展轨道。而耸立挺拔的杉树图形，令人联想到企业从过去到现在的发展，象征杉杉集团的突破性成长。

问题

杉杉集团的CIS体现了CIS设计的哪些原则？

案例 11-3　　江苏仪征化纤股份集团公司实施CIS简介

江苏仪征化纤股份集团公司（以下简称仪化）是我国化纤行业的大型骨干企业，其主要产品——涤纶占全国总产量的50%。由于企业所处的行业特点，长期以来，仪化在公众中的知名度很低。公司决定在江苏大众传播有限公司的协助下导入CIS。他们的CIS导入主要经历了以下几个阶段。

一、调查阶段

在前期准备工作基本就绪后，工作组开始了为期3个月的企业实态调查。调查分为三个方面：一是实地调查，在南京、上海、深圳三地实施企业形象以及企业经营现状调查；二是文献调查，搜集、比较、分析仪化国内外竞争对手在经营、管理、企业形象等方面的资料；三是专家咨询，邀请各方面专家分析国际、国内经济形势，分析、预测化纤行业发展现状和趋势，以及企业在经营管理、广告宣传、企业形象方面的优势和劣势。

3个月后，通过众多专家的辛勤工作，一份江苏仪化导入CIS的企划方案，以及5万字的调查报告终于完成。

二、规划阶段

形象调查结束后不久，开始了MI规划工作，确定了以下MI框架结构。

1. 企业实态

第一，仪化所处行业是纺织行业，这个行业是民族工业的代名词；第二，仪化是国有特大型工业企业，世界同行排名第三；第三，股份制改革将使仪化成为大众公司，真正走入市场。

2. 企业定位

仪化应该成为走向国际的中国民族工业及国有特大型企业的代表。

3. 企业使命

仪化应担负起振兴民族工业的重大责任。

4. 企业口号

企业口号是："与世界共经纬。"这一口号既表达了仪化的行业特点及其在世界化纤业中的地位，又表达了仪化与国际接轨、参与社会事务、辐射全球的信念。

三、VI设计开发阶段

在众多的标识方案中，仪化决策层最后选定由红、蓝两色组成的双环标识，如图11-12所示。该标识由两个相互联结的圆环构成，结构坚实，外形简洁，体现了仪化雄厚、严谨的企业风格；圆是天地、世界的象征，代表了完美和丰饶，两圆相互穿插、相互交融，寓意周而复始、生生不息的企业活力，也表达了仪化与公众相互交融、相互信任的关系；两圆向心，象征着仪化"领导心中有职工，职工心中有企业"的"两有精神"。VI识别要素中的其他要素都先后被设计开发出并得到决策层的认可。一年后，凝结着全体工作人员心血和工作成果的《CIS手册》设计印制完毕。

图11-12 仪化标识

四、CIS实施及企业形象推广阶段

这一阶段的工作主要分为两步进行。

1. VI设计推广宣传

公司利用电视、报纸、杂志等各种媒介向社会公众传达公司VI设计的信息，同时加强员工教育，强化CIS意识，开展征文讨论、专题采访、演讲比赛等多种形式的宣传教育工作。

2. 企业形象的确立和推广

公司开展了多种形式的广告、公共关系活动。如与中央电视台合作制作了电视专题片《与世界共经纬》；开展了以"巨子计划"为主题的公共关系活动，如设立"巨子"正义基金会，开展"巨子"环保活动等，使企业知名度、美誉度得到了大大提高，在社会公众中树立起了仪征化纤清晰的"巨子"形象（"巨子"是仪化VI系统中的企业象征，或称吉祥物，其造型脱胎于蚕茧又形似粒子，取名"巨子"，与仪化产品聚酯谐音）。

问题

1. 通过案例，总结一下 CIS 设计的一般过程。
2. 以小组作业的形式，帮助某个中小企业策划并设计一份 CIS 报告。

第 12 章 网络公共关系

- 理解和把握传统公关面临互联网的挑战；
- 掌握网络媒体的公关传播形式及运用；
- 掌握网络论坛的公关传播形式及运用；
- 掌握博客的公关传播形式及运用；
- 掌握移动互联网的公关传播形式及运用；
- 了解网络公共关系的优势及问题。

学习目标

互联网的飞速发展，其影响力日益扩大，在互联网络世界进行公关宣传越来越受到人们的重视。如何有效地利用互联网的传播力，塑造公关传播主体良好的形象，实现企业利益，有效预防网络的公关危机，已经成为企业必须面对的一个重要话题。[1]

12.1 传统公关面临互联网的挑战

传统的公关传播手段，局限于举行新闻发布会，组织媒体参观工厂或研发中心，组织高层专访、维护日常媒体关系等，手法相对来说比较单一。互联网的出现，使得公关面临以下新的挑战。

1. 需要更快速的反应

在传统媒体条件下，企业出现了负面报道，公关从业人员有比较充裕的时间去澄清基本事实，进行公关应对。而在互联网时代，企业的一个负面报道会在非常短的时间内呈现在互联网的各个角落，从而使得公关人员的应对时间被极大地压缩，带来了极大的挑战。

2. 需要更全面的反应

在互联网时代，公关人员面对的媒体日益增多，尤其需要随时追踪新的技术、动态和关注点。例如，一开始网民可能会在若干的门户聚集；后来网民的兴趣分散了，可能会在一些大型的论坛聚集；而现在的网民则可能出现在一些社区，比如百度贴吧、天涯网、西祠网等，或者是一些更加新型的 Web 2.0 社区空间。而公关人员如果想要针对受众进行定向传播，就必须研究网络受众的行动规律，从而达成传播的规律。

3. 需要应对更复杂的局面

传统媒体与网络媒体的互动对公关从业人员的素质、技能提出更高的要求。在以往，传统媒体记者的新闻来源比较有限，而现在他们往往会从网上很方便地找到企业的某个负面或

---

[1] 顾明. 网络时代公共关系的新挑战与应对. 今传媒，2009（2）.

者热点话题,接着开始深度报道。网络编辑则会将传统媒体记者的深度报道在网络上进一步转载,使事态不断升级,进而影响到更多地域的平面媒体和网络媒体的关注。这样网络与传统媒体的互动轨迹就很清晰了:① 传统媒体从网络新闻、论坛或其他地方寻找相关负面信息然后开始报道;② 网络媒体跟进报道;③ 传统媒体根据网络最新报道及时跟进,循环往复。传统媒体和网络媒体互动后危机会明显扩大。

此外,公关从业人员需要协调的各方力量趋于多元与复杂,要应对的舆论压力也会很大。现在消费者也可以把自己的意见发到论坛上,消费者的利益需要得到尊重和满足。另外,一些传统媒体的记者也会就某个厂商的负面话题建立专题网站,然后将专题链接在记者群中扩散,引起舆论热点。这就给公关人员带来新的挑战。公关人员处理相关事件时,需要很小心谨慎地应对。

4. 需要随时关注新技术和新应用

在互联网时代,新技术和新应用层出不穷。公关人员必须随时予以关注,否则很快将被时代淘汰。正如时代不能同情一个不会电脑打字、不会在手机内书写短信的老年人一样,互联网时代也不会原谅一个对 google trend、最热门的在线游戏毫无所知的公关人员。

公关人员应该如何化解互联网带来的挑战,适应互联网时代的出现和发展呢?以下阐述互联网带来公关传播方式的创新。

12.2 网络媒体的公关传播

公关人员利用互联网的一个直接方式是,通过在企业本身网站、有影响力的门户网站或者垂直媒体发送新闻来实现网络公关。网络被称为是海量的信息空间,因此从公关人员的信息提供来看,他们越来越倾向在网络进行产品、服务和品牌的全方位的推广。传统媒体由于版面空间容量的限制和对稿件新闻性的考量,发的公关文章往往篇幅较小,并且上图的可能也受到很大限制。与传统媒体相比,网络媒体不受版面的限制,图文并茂,因此越来越受到公关从业人员的欢迎。在具体的公关宣传中,网络媒体公关新闻发布的位置也是很重要的,比如发布在重要新闻门户首页或者是频道、栏目的首页,都意味着带来的访问流量会十分可观,带来良好的传播效应。如果发布的新闻不是极端重要的,就算位置不好也能够被用户通过搜索引擎搜出来,从而达到一定的宣传效果。

在具体的网络新闻传播策划中,公关从业人员需要确定新闻题材类型配比,根据不同传播目标(如品牌、战略、技术、产品等),进行不同文章类型的配比(如新产品发布和上市、产品评测、产品选购、企业新闻、行业新闻等)。网络的互动性还为公关更深入参与营销、融入营销提供了全新的机会。

具体而言,有以下几种形式或策略可以供从业人员选择使用。

1. 稿件发布

公关传播的方式可以是首先在网络媒体定期发布稿件,让自己的品牌和产品在网络世界保持一定的提及度,并且可以被利益相关者关注到;其次是在网络媒体进行大规模专题化的运作,也有助于用户对企业或者组织的服务有更为深刻和全方位的了解。

2. 在线访谈

利用某个特定机会，如展会举办、新品发布或某个特殊意义的事件发生之际，邀请公司的高管进行在线访谈，与网民进行在线互动宣传公司的产品和品牌，已经成为公关人员越来越熟悉的手段。

3. 网上新闻发布会

在公关实践中，一些厂商早就开始尝试。例如，2003年出现"非典"疫情的时候，政府出于健康考虑限制企事业单位举行大规模会议，这反而催生了一种新的网络公关方式——网络新闻发布会。如索尼爱立信公关总监曾在新浪举办了网络发布会，成功地推广了公司的英雄产品T618c。除了有记者在线访谈提问外，当时直播和事后的点击率高达60多万人，每秒在线的就有三四百人。

4. 人物在线访谈

让企业相关负责人到网络媒体去讲述相关的事件、品牌，分享企业或者自身的成长经历、理念，与网民互动，从而拉近企业与利益相关者的距离。

5. 专题页面

专题又分为常规专题和特殊专题。常规的新闻专题是网站自发，企业配合性的综合专题。特殊专题则是以企业事件为焦点，通话图片、文字链、视频等形式组成的单一专题。专题能够通过整合的文字、图片、链接和视频等综合形式来传达企业或者产品的综合品牌形象，从而形成受众较大程度的关注和兴趣。

此外，网络媒体的监测对于危机公关的意义是非常重大的。网络新闻的传播速度是非常快的，这要求公关从业人员要能在第一时间获得相关资讯，及时应对。很多公司在危机出现的时候，委托公关公司24小时不间断地监控网上信息。第一时间获得网上相关信息是非常重要的，有助于提高应对的效率，维护公司的品牌。

巧用互联网广场效应应对负面报道 〔实例〕

在网络媒体，特别是手机新闻客户端盛行的今天，媒体的报道固然重要，但网民对此新闻的评论也非常重要，特别是前20条专业、给力的评论，就会影响网民对此新闻报道的看法。2014年央视高调批评星巴克咖啡对中国消费者存在价格歧视，指出在北京、上海等地的咖啡价格，远远高于其在纽约、伦敦的价格。

但此事的舆论导向最终出现翻盘。翻盘的关键点是：报道推出后，在网上引起了大量的网民讨论。大量网民评论央视单纯比较价格而不考虑渠道、受众、消费方式等因素，是"不懂营销的，很不专业"的做法。还有很多网民调侃，央视为何不去打"房价、油价"，而单单打一杯咖啡的价格。

在大量网民评论有利于星巴克的情况下，星巴克高层也适时出面解释，中外星巴克消费者在消费方式上存在差异。例如在纽约，星巴克消费者大多是打包咖啡，回到办公室喝；而在北京CBD的消费者，大多点上一杯咖啡，坐上较长时间上网或谈事情。这些消费习惯以及渠道、位置的差异，也导致了星巴克咖啡价格的不同。这样的评论和解释最终导致网民以及媒体纷纷嘲笑央视此次曝光纯属乌龙事件。

12.3　网络论坛的公关传播

根据艾瑞调查的数据，28.1%的网民使用论坛时间占总上网时间的比例为40%以上，这说明社区是网民停留时间较长、黏性较稳固的应用；另外，61.4%的网民第一次注册使用论坛至今在两年及两年以上，这说明社区网民在网络应用方面成熟度较高。网络论坛可以成为公关传播的一个重要阵地。

网络论坛是一个双向交流的平台，个体可以很方便地跟企业主体互动，因此在设计网络传播的方式的时候，要注意通过新的创意和策略，让受众与内容互动起来，主动传播和分享体验，从而实现公关传播的价值。

网络论坛的传播也分为常规传播和定向需求传播。常规传播只需要全面撒网，发布大量普通帖子，用最短时间最大化影响目标受众。特别是一些事件型推广的时候，可以采用此操作办法，操作上尽可能以集中时间内完成为主。定向需求则需要置顶、加精、热帖、平帖、首页出现等各种传播方式的有效结合，与企业需求内容与传播主题有直接关系。

需要指出的是，专题、新闻和发帖等手段并不等于网络公关，更不是优秀的网络公关模式。因为它们永远无法造就如徐静蕾、芙蓉姐姐、华南虎照片那样轰动的互联网眼球效应的。因为它追求的仅仅是发布内容，却忽略传播效果，更忽略与受众的互动。

可以说，在互联网上，忽视网民体验就注定传播效果不佳。网络公关首要原则就是：不要用传统公关模式来规划网络公关。公关宣传有两种宣传模式：一种是单向的，如传统公关的报刊新闻软文发布；另一种是双向互动的，如网络公关、论坛营销，是一个互动的过程。在网络公关中最重要的：不是我们要告诉网民什么，而是我们回应网民什么。

因此论坛的公关宣传，要更加重视意见的均衡表达和相互之间的尊重，而不是在网络上发帖子去单方面宣传企业。未来网络论坛的公关传播应该是一个双向互动的过程，企业和公众可以在一个公开的平台进行相关利益问题的探讨。网络论坛慢慢会变成企业倾听公众意见、完善自身服务的一种有效途径。

值得注意的是，在网络论坛进行公关传播也有一定的伦理底线，不应该抹杀具体的事实，不应该成为舆论操纵的工具，而应该客观公正地进行有效的公关传播，宣传企业的品牌和价值。

> **实例**
>
> 提到企业危机，2010年最具有影响力的恐怕算是圣元奶粉了。关于圣元乳业的"性早熟"风波，凤凰网、腾讯网都设立了专刊，新浪、搜狐、百度、网易论坛上的帖子满天飞，"受害人"喊着要赔偿，网民天天要说法，企业危机空前的程度绝不亚如当年的三鹿三聚氰胺事件。如此下去，圣元如何再去挽回在消费者心中的高端品牌形象？
>
> 幸好，圣元企业找准了公关的方向——网络公关。企业的网络危机处理手段开始有计划地实施：
>
> 1. 百度贴吧"圣元吧"里出现了第一篇力挺圣元的帖子，顶贴者无数；
> 2. 各大论坛上的反面帖子渐渐沉底或减少；
> 3. 百度上开始出现了圣元的推广链接；

4. 搜索引擎上关于圣元的正面报道迅速暴涨。

这些手段都指向一个目标，有效地减少了圣元负面消息的关注和传播。再加之圣元公司其他的一些公关手段，达到了良好的效果。这不得不说是网络公关一次成功的"演出"。

12.4 博客的公关传播

就其属性而言，博客作为一种个性化基础上的社会化媒体，通过引发交流和讨论，从而影响一个互相关联的群体，散发出去及其本身的影响将会影响到媒体和公众。博客中一些博主本身就具有意见领袖的特质，可以有比较广泛的影响力。另外，博客通过博客文章、RSS、社会书签收藏、trackback等方式将观点广泛分享，还能被搜索引擎常年搜索，以及可能被一些主流媒体转载。

博客公关一般而言具有三种形式。

一是公司专门开办一个博客，聘请专门的（咨询、公关）人员乃至记者为其写作和管理，及时、透明地发布公司的讯息与评论。如以新产品营销为目的的单一事件博客，如搜狐与柯达携手举办的"柯达数码相机神秘西藏之旅"活动博客。

二是鼓励、引导雇员写作博客，介绍和评论公司的发展，讲述自己的切身体会。如Google、IBM、金山等公司的员工团队博客。

三是由总裁（或经理）自己或专人写作和管理的总裁博客，将公司发展与个人的成长经历和评论融合起来，以塑造公司领头人的良好公众形象为目标。如万科集团王石、零点调查研究咨询集团袁岳、皇明太阳能集团黄鸣等人的个人博客。通过企业博客和企业高管博客，对企业的形象和品牌进行宣传，是企业公关的一个重要渠道和窗口。企业的利益相关者通过企业或者高管的博客，可以更深入地了解到企业，形成良好的互动关系。

博客的政治宣传价值也被挖掘出来了。奥巴马当选美国总统后就立即建立了自己的博客，他非常注重经营，总是在第一时间公布自己的观点和行程，及时迅速，成为公共关系的"第一窗口"。通过这个窗口与网民互动交流，将其鲜活的形象展示给公众，效果非常好。与传统公关传播运作方式相比，博客公关传播运作方式互动性更强，更具个性化、针对性和表现力，有一定的优势。

网络公关传播方式的创新

随着互联网的深入发展，一些新的公关方式也被发掘出来了，它们在互联网公关传播中也能取得很好的成绩，引起社会对企业的关注，打造良好的企业品牌形象，应该引起公关从业人员的重视。这里举播客和Flash为例，相信未来还会出现新的技术应用到公关传播中。

1. 播客与公关传播

播客公关的传播内容应该具有趣味性、娱乐性、争议性，传播播客内容引起社区的关注，引发社区话题和讨论。

一般而言，具体的公关操作步骤是，将企业的视频宣传片做成传播的种子上传于播客类网站，并进行"视频推荐"；视频播放器下方为关注度极高的观众评论，是用户交流和分享的重要方式。可以对用户反馈意见进行收集整理和引导，通过视频引发社区的互动传播；有情节、有看点、有新意的企业宣传片较适合互联网人的眼光和口味，因此有良好的用户好感度，企业信息易于传播和接受。具备良好的、可传播性的有产品、理念置入的故事短片，创意性较强且未播出的电视 TVC 广告，以及和产品相关的有趣味性或话题性的短片等。

2. Flash 与公关传播

与播客相类似，Flash 也要有一定的趣味性，能引起普遍的关注。具体的公关操作中，需要撰写 Flash 脚本，设计 Flash 游戏流程，制作 Flash，然后将 Flash 培养成网络互动传播的种子进行传播及下载上传，通过网络社区、博客等其他推广渠道对 Flash 进行推广，然后对用户回复收集、建议提取等。利用播客和 Flash 传播进行公关传播值得关注的是，不要触及一些违反社会道德底线的话题，造成对企业的负面影响。

12.5 移动互联网的公关传播

随着移动互联网的普及，更多的用户会选择用新闻 App、专业媒体的微博或微信去收看信息。现在，一些企业跨过了传统媒体，正在用上述新媒体方式进行传播，甚至利用新媒体将用户从游离的状态抓在自己手中，并将用户"管理"起来。企业与客户关系的改变，也让公关部门发生了翻天覆地的转变，越来越多的用户正在落入公关的部分。这意味着，从微博到 App，再到微信，随着互联网传播渠道的逐渐拓宽，从前靠"口"吃饭的公关需要大展"手脚"，更多地参与新媒体运营。

越来越多的企业拥有官方微信，可以更多地与用户直接互动。企业的公关部门也从一个软性的部门变成一个"有权、有人"的部门。早先的企业网页、博客只是一个宣传的渠道，让更多用户可以直接收到企业的信息；随着 App 和微信的兴起，企业已经可以更多地与用户直接互动，并把用户留在自己的"账号"中，进而进行用户分析，逐步用 App 与微信进行用户管理（CRM）。

> **手机使用：男性偏爱社交网站 女性青睐微信 QQ** 〔专栏〕
>
> 360 手机助手联合艾瑞咨询共同发布了《2014 年手机助手用户行为白皮书》。此白皮书显示，根据 360 手机助手的数据统计显示，女性用户白天爱用 QQ 和微信社交，夜晚爱用优酷看视频。
>
> 根据 360 手机助手和艾瑞统计数据显示，在 360 手机助手的女性用户中，全天各时段最受欢迎的 App 大部分被社交应用占据，深夜时段则倾向于视频娱乐。晚上 0 点到凌晨 1 点，优酷是女性使用次数最多的应用；早上 7 点到夜里 12 点，女性使用次数最高的应用被微信与手机 QQ 包揽。除上午 9 点与 10 点，以及下午 2 点与 3 点之外，使用次数最高的应用是微信；其余时段女性使用次数最高的应用均为手机 QQ。

与女性对于熟人社交的依赖性较高、深夜时段则对视频娱乐需求较大的状况不同，男性手机用户更热衷于陌生人社交，且全天各时段最受欢迎的App全部被社交网站包揽。早上7点到8点、下午2点到3点、夜里10点到凌晨1点，男性手机助手用户使用次数最多的都是陌陌；上午9点到10点以及下午4点，男性使用最多的应用是微信；其余时段手机QQ也是男性使用程度最高的应用。

因此，不论男女，即时通讯都已成为网民移动生活中不可或缺的部分。根据360手机助手统计数据显示，2014年Q3使用360手机助手下载的应用TOP20中，QQ与微信抢占鳌头。此外，对于手机安全的重视性也是机友的关注点之一，360手机卫士下载量仅次于QQ和微信，排名第三。

（来源：王祎然．手机之家，2014-12-11.）

早期的CRM，是依靠传统调研和用户线下活动，更多的是一种抽样调查。而随着互联网的普及，已经形成了通过消费者在线注册和填写资料完成用户管理。电商企业更是有着天然的优势——通过用户的购买行为、有奖调研获得更多用户的信息，甚至可以预测用户未来行为。随着移动应用的加强，越来越多的品牌商、渠道商借助手机完成了用户的收集和管理，CRM的入口正在改变，管理也因此改变。

以前公关的功能更多是将信息传达给用户，无论是采访还是软文，发到媒体上就算完成任务了。彼时媒体还没有分散，信息发布在城市主流媒介，通常是都市报和门户网站。就已经算是覆盖到大部分用户了。现在传播渠道分散了，传统的覆盖方式也在改变。以前关于CRM都是在企业的运营部分。随着微博、微信以及由公关主导活动App的兴起，特别是在B2C类的企业中，越来越多的用户获取和关系维护方面的工作正在变成公关职能的一部分，公关在一定意义上从"口"变成了"手、脚"。从让用户看到、留住用户再到CRM，这对公关又提出了更高的要求。在开发完品牌或者网站自身硬用户（品牌的拥趸和购物网站的忠实用户），如何将那些参加活动的用户留住？如何通过资讯、互动、线下活动与特价促销，更加合理地组合企业？如何通过微博与微信与销售打通，给手机站做引流，帮助货品部门"偷偷"地清库存，更有看点地告知新品上市？一方面是用户，另一方面是与内部的沟通，这样才可以留住用户，并得到内部更多部门流量与价格的支持。

实例

一般大型企业做的活动类App，都会有近百万的用户参与。无论是早期优衣库的排队购物，还是京东的"摇一摇"，这些花费百万推广的产品，一方面可以提高品牌知名度、拉动销售，同时也会吸引大量用户注册品牌官网。但目前不少企业正在转换思路，要将用户落在转化率更高的微信上。微信以一种更轻的App的形式，得到了更多企业青睐。随着腾讯开放了更多端口，企业也可以在微信上嫁接更多功能（腾讯对于企业的主动信息推动依然有严格限制），包括互动、促销推送、调查反馈，以及电商类企业的物流查询等。企业通过活动，可以通过喜好、性别、区域将用户进行分组，也可以将限量款、不方便打折款的商品在微信上进行销售。有的品牌商通过微信做O2O实践，在超市和店面自家商品旁放置个二维码，推动用户扫码加微信。思路不错，但注意应有导购引导，否则也是没有效果。

总之，互联网给公关传播提供了很多新的机会与挑战。机会在于互联网给公关提供了界面更加便捷、互动性更强的平台，挑战在于随着技术的进步和时代的变迁，公关人员必须熟悉网络传播规律和特点，才能应对随时可能出现的危机，做到趋利避害，取得更高的关注度和更强的影响力。只有这样互联网公关才能更好地支持营销，维护企业形象，树立企业品牌。

12.6 网络公共关系的优势及问题

1. 网络公共关系的优势

（1）网络公关主体的主动性增强

网络公关突破了传统公关的时空限制、传统媒体的限制，使组织拥有更大的主动权和传播优势。网络媒体具有即时性、互动性、无地域时间限制、信息化、全球化多媒体、低成本以及全方位传播等多重特性，摒弃了传统公关必须借助传统传媒以及必须通过其"把关人"信息过滤，使组织能够即时发布信息而不必借助传统媒体，可以直接与公众交流对公众产生影响，从而绕开新闻媒体严格的审查以免贻误商机。

（2）网络公关客体的能动性提高

网络媒体的互动性使组织和公众都拥有了更大的主动性，这一点对公关的客体来说意义更大。在互动过程中，客体不只是单一的信息接收器，也成了信息传播源，公众可以对网络信息自由选择、编辑、加工等。

（3）成本低，效果佳

传统公共关系策略在实施过程中，财力、物力是制约其发展的重要因素；而网络公关的开展却相当方便，一封友好的电子邮件、一个引人注目的论坛都可以成为公关开展的方式。

在效果方面，传统公共关系的效果一般都是潜在的、远期的且很难量化；而网络公关有着立竿见影的效果，且容易进行统计。如一个简单的计数器就可以统计本网页的浏览量。

2. 网络公共关系应注意问题

（1）网络"虚拟性"带来的弊端

网络的"虚拟性"，存在由鼠标和键盘带来的隔膜，以及由于网络传递带来的心理距离，网络公关易缺乏人情味。"在网络社会，人们处在一个具有讽刺意味的囚徒困境当中：一方面，新型全球化社区通过传播传输技术正在或者已经形成，而另一方面，整个社会可能变成一个"熟悉的陌生人"社区，技术可以超越空间，却不能够超越情感，技术可以促进沟通，但却不能保证建立信任。在网络上组织的真实性、可靠性等信誉由于网络发展过程中存在的一些弊端更难建立。

（2）网络公关的公信力危机

网络公关的成功使得越来越多的人和企业投入到这个新的"蓝海"行业里。然而辉煌背后，随着越来越多的网络公关手段的出现，网络公关鱼龙混杂，网络公关一度面临了巨大危机。

正因为这个行业的迅猛发展，饱含着巨大的商机，因此同行之间也不可避免地会出现哄抬价格、恶性竞争、诋毁攻击的现象，各种网络推手、网络打手负面制造的服务满天飞，大大降低了网络公关市场的服务质量与公众认可度,影响了网络公关行业整体的发展与形象。

"三鹿事件"的揭露,使 SED(搜索引擎优化)受到了公众的质疑。事实上,三鹿事件爆发前几个月,婴幼儿喝三鹿奶粉长结石的消息就已经开始在网上零星出现,但很快被屏蔽乃至封锁。事后查明,是前三鹿集团花 300 万成功地"公关"了一家著名的搜索网站。这种卑劣无耻的"交易",使得有毒奶粉得以更久地在市面招摇,受害面积因此而持续扩大,救治时机一再延误。三鹿的危机公关彻底失败。这家著名的搜索引擎网站也不得不开始为自己做危机公关。

然后作为网络公关最基本的网络水军的应用也受到了质疑。作为网络"民工"一般的网络水军可以说几乎参加了所有的网络战争。在一次次网络争斗背后,都潜伏着无数水军。3Q 大战,蒙牛、伊利纠纷案,累死人不偿命的小月月,抹黑新东方等事件的背后都有着庞大的水军。可是越来越多的人把网络水军定义为"网络流氓"。说他们强奸民意、包庇罪恶、棒杀品牌……标志性的事件是中央电视台《焦点访谈》报道了水军这个群体,将其定义为"网络流氓、网络黑社会"。

最重要的是,网络公关的公信力被降低。公众对于在网上看到的消息、新闻,特别是论坛里的很多帖子、话题首先的第一态度很有可能是怀疑。这样公信力太低,就会导致宣传效果的大大打折。网络公关不得不说面临着巨大的危机。

中国网络公关行业内尽管存在很多不规范甚至所谓的潜规则的现象,但是照目前来看,随着广告公司正式进入网络公关领域,传统公关公司网络公关业务增长比重突出和门户网站纷纷成立口碑营销团队,还是有极大的发展空间。

网络公关要想健康、快速地发展,还需要进行很多改进。比如,互联网监管力度有待进一步加强。还有很多专家学者希望网络公关行业不再是可以任意诋毁不用负责的法律空白地带,网络实名制也确实可以打击网络公关中的一些恶势力。

复习思考题

1. 互联网的普及给传统的公关传播手段带来了哪些挑战?
2. 网络媒体的公关传播有哪些形式或策略可以选用?
3. 运用网络论坛进行公关传播时要注意哪些问题?
4. 博客公关有哪三种形式?
5. 移动互联网的公关传播有哪些形式?如何通过这些形式来进行用户管理?
6. 网络公共关系的优势有哪些?还存在哪些问题?

案例分析题

案例 12-1　　　　　　　红十字会经历的信誉危机

2011 年 6 月 21 日,新浪微博用户"郭美美 Baby"备受网友关注,这个自爆"住大别墅、开玛莎拉蒂"的 20 岁女孩,而认证身份却是"中国红十字会商业总经理",网友对其真实身份也猜测万分,更有网友认为她是中国红十字会副会长郭长江的女儿,由此引发网友对中国红十字会的热议。

6月21日早上，新浪微博上出现了一个名为"郭长江RC—"的未认证微博与"郭美美"互相关注。其发布三条的微博，发布不到两个小时，就引来了诸多网友的口水，不少网友认为这是中国红十字会副会长郭长江的微博。有些网友还在讽刺道，"唾沫淹死人啊，您闺女太高调了。"

6月22日，中国红十字会称"郭美美"与红十字会无关，新浪也对实名认证有误一事而致歉。

6月29日，天涯、猫扑相继删除原始爆料郭美美炫富事件的帖子。而北京警方也对郭美美事件正式立案，通报结果为郭美美及其母亲与中国红十字总会无直接关联，其认证的"中国红十字会商业总经理"身份属自行杜撰。

警方最终通报似乎将郭美美事件与中国红十字会彻底撇清关系，然而舆论浪潮早已一发不可收拾，红十字会深陷信誉危机。

问题

1. 结合案例，谈谈网络传播与传统媒体传播有何区别？
2. 案例中最应具有爱心的红十字会却一度变成网民口里的挥霍奢侈的邪恶代表，对此现象你如何评价？对红十字会的危机公关你有何建议？

案例12-2　　　　　从妈妈网微信红包看公关新思路

公关是花钱的事儿，甚至是烧钱的事儿。公关圈经常能见到一个创业公司的投资方一年要求烧钱几千万做品牌的事情；互联网金融公司更夸张，一个月烧几百万的情况都有。

投资方要求一年烧几千万做品牌是为了尽快将品牌做成熟，得到用户和市场的认可，或者自主盈利，或者上市，投资方收回投资顺便赚一笔。2015年春节有14个企业，在春节短短七天的时间内，各自烧了1个亿。而且这1个亿不是花在了发稿和落地活动上，而是，他们在微信上给用户发钱！通过微信摇一摇发放红包和代金券，每个企业要发1个亿。真所谓有钱任性。

春晚是企业集中撒钱的时段。根据腾讯官方数据，有185个国家，超过8亿的用户参与到了微信抢红包的活动中，共摇了72亿次手机，平均每人摇了9次，在峰值的时候每秒同时有8.1亿人在摇手机，共领取微信红包1.2亿个，金额高达5亿元。

那么每个企业到底达到了多少用户呢？以母婴垂直巨头妈妈圈为例。根据腾讯官方提供的数据，在春晚时段，妈妈圈共发放了5 000万元的福利。共有500多万名用户领到了妈妈网的红包，这些幸运用户集中在22~35岁的女性，处在生育期，这些女性是妈妈网的精准用户人群。领到的红包中包括近5 000个最大金额在1 008~4 999元的大额红包。此外，还有代金券和优惠券发放，可以用于妈妈网旗下电商平台小树熊购物。初一到初七，妈妈网还会发放5 000万元的福利。

效果如何呢？还是以母婴巨头妈妈圈为例。妈妈圈将要发放微信红包的消息一经放出，便获得了用户的高度关注，有关春晚微信红包的内容被分享超过25万次，用户对妈妈圈高度关注，除夕当日文章阅读数超出平日平均数1 500%。通过本次活动，妈妈圈的服务公众号获得了超过500万的新粉丝，这是在日常微信公号运作中无法达成的。妈妈圈App在各大应用商店成了热搜目标，下载量是平时的数倍。而且近几日，妈妈圈的微信公号关注数量和 App 的下载量持续走高，活跃度也相对较高。这表明，妈妈圈的服务和内容得到了用户的认可，用户的存留率和黏度较高。

做品牌不是一朝一夕的事，微信公号推广推动 App 的下载更是千头万绪，各种渠道铺下来需要大量的时间、精力和金钱的投入。然而，本轮微信红包却打破了这个规律。在短短的几天时间内，没有去大面积的铺渠道，却带动了这么多用户。

移动互联网时代，特别是微信的崛起，很多我们之前笃信的公关方式都有些力不从心，而新的公关纪录却在刷爆我们眼球的同时刷新我们的三观，还有方法论。

(来源：中国经济网，2015-02-25.)

问题

移动互联网时代给公关方式带来了哪些变化？对公关人员的知识能力及工作方式提出了什么要求？

附录 A　公共关系试题 A 卷

一、单项选择题

1. 艾维·李提出："（　　）""公众必须被告知"的命题，将公共利益与诚实带进了公共关系的领域。
   A. 投公众所好　　　　　　　B. 凡宣传皆好事
   C. 说真话　　　　　　　　　D. 普遍原则特殊用
2. 卡特利普和森特论述了（　　）的公共关系模式，被誉为"公共关系的圣经"。
   A. 单向对称　　B. 多向对称　　C. 反向对称　　D. 双向对称
3. 在公共关系活动中，公关（　　）是公关人员必须掌握并娴熟运用的人际传播技能。
   A. 公众传播　　B. 团体传播　　C. 群体传播　　D. 礼仪
4. 为了加强形象宣传的视觉冲击力，企业可以实施（　　），以加强企业整体形象的个性和统一性。
   A. CI 战略　　B. 发展战略　　C. 人才战略　　D. CS 战略
5. 对组织持赞赏、支持、合作和信任态度的公众是（　　）。
   A. 逆意公众　　B. 顺意公众　　C. 独立公众　　D. 边缘公众
6. 划分（　　）公众、周期公众和稳定公众，是制定公共关系临时对策、周期性政策和稳定策略的依据。
   A. 长期　　　　B. 临时　　　　C. 短期　　　　D. 暂时
7. 自我与他人、个人与个人的传播活动属于（　　）。
   A. 自我传播　　B. 人际传播　　C. 组织传播　　D. 大众传播
8. 反映组织社会影响大小的客观指标是（　　）。
   A. 美誉度　　　B. 信誉度　　　C. 知名度　　　D. 成熟度
9. CI 手册是一本阐述企业 CI 战略基本观点与具体作业规范的（　　）。
   A. 目录　　　　B. 指导书　　　C. 索引　　　　D. 语录
10. 大众传播媒介不包括（　　）。
    A. 电视　　　　B. 电影　　　　C. 户外广告　　D. 杂志

二、多项选择题

1. 社会组织的主体意识是组织为生存发展主动同各方面进行（　　）、劝服、改善多种关系的意识。
   A. 传播　　　　B. 沟通　　　　C. 宣传　　　　D. 协调
2. 公共关系的基本职能作用包括（　　）。
   A. 传播信息　　B. 协调沟通　　C. 市场营销　　D. 辅助决策
   E. 危机管理　　F. 社会交往　　G. 广告宣传
3. CIS 主要是由（　　）识别系统构成的。

A. 物质系统　　B. 广告设计系统　　C. 理念系统　　D. 行为系统
E. 视觉系统
4. 美国现代公共关系最著名的创始人是（　　）。
A. 罗斯福　　B. 艾维·李　　C. 爱德华·伯内斯
D. 布莱克教授　　E. 斯科特·卡特李普
5. 公共关系活动过程的三个基本要素是（　　）。
A. 组织　　B. 群众　　C. 传播　　D. 交流
E. 公众
6. 组织行为不当引起危机的类型有（　　）。
A. 严重的内部事件　　　　B. 工作失误
C. 决策失误　　　　　　　D. 观念陈旧
E. 纠纷事件

三、名词解释
1. 逆意公众
2. 网络传播
3. 组织形象
4. "制造新闻"
5. CIS

四、简答题
1. 简述公共关系与庸俗关系的根本区别。
2. 员工关系的处理有何重要性？
3. 危机公关关系处理要遵循哪些原则？
4. CIS具有哪些特点？

五、论述题
1. 试比较人际传播与大众传播的不同特点和优势。
2. 论述互联网的普及给传统公关传播带来的变化和挑战。

附录 B 公共关系试题 B 卷

（可开卷）

一、具体解释下列概念
1. 组织传播
2. CS 战略
3. 危机公共关系
4. 扒粪运动
5. VI

二、问题解答
1. 介绍艾维·李。
2. 危机公关处理应遵循哪些原则？
3. 网络传播有什么特点？网络公关有哪些主要形式？
4. 企业的政府关系应如何处理？
5. 公共关系交际与一般的人际交往有何联系和区别是什么？

三、应用操作
1. 新闻发布会要做哪些准备工作？
2. 接待礼仪应注意哪些问题？
3. 某校百年校庆，你认为应该怎样组织庆典活动？
4. 设计公共关系广告词：
 （1）黄山　（2）民航　（3）医院　（4）商场

四、案例分析
阅读下面案例，回答问题。

亚都"收烟"的风波

5月30日是世界禁烟日，颇具声势和规模的戒烟活动在全国各地接连举行。黄浦江畔的上海外滩，由上海市吸烟与健康协会主办的万人戒烟签名活动如期举行。政府官员、接受咨询的专家学者和闻讯而至的市民云集陈毅广场。以生产空调换气机在市场上"闹腾"得颇为火爆的北京亚都科技股份有限公司上海办事处斥资30万元，也介入了这次活动。

在活动的前一天，亚都公司在上海有影响的两家报纸上，以"亚都启事"为题打出广告："请市民转告烟民——亚都义举，全价收烟。"具体内容是，亚都公司按市价收集参加此次活动的烟民的已购香烟，并在公众的监督下集中销毁。为使活动顺利圆满，亚都的工作人员兑换了用于收烟的5万元零币，购置了"销烟"用的大瓷缸、生石灰，并按当地商场的零售价格核准了烟价，可谓万事俱备。

上午10时，活动开始后，人群向亚都戒烟台前聚集并排起了长队。队列中既有老者，也有时髦女郎，还有小孩，这与亚都人设想中的烟民形象相去甚远，更引人注目的是，排队中的许多人拎着成条的香烟，少者一两条，多者达20条，绝大多数还是价格不菲的"中华""红塔山""万宝路"等高档香烟。但从外包装上一眼就能看出是假烟。精于计算的上海人让亚都的工作人员乱了阵脚。收烟台前，为了鉴别烟的真假，吵嚷、争吵之声时有所闻。为使活动得以进行，亚都公司临时决定，每人只限换一条，香烟是真是假也不再计较。可烟民也有对策，让工作人员奈何不得。

下午2时，亚都公司的5万元现金已经用光，宣布活动结束。尚在排队的数百名烟民不干了，他们把收烟台和10余名工作人员团团围住，纷纷指责亚都公司"说话不算数"、活动内容和广告不符云云，并对工作人员有撕扯、推搡的现象。双方僵持了约半个小时，仍没有缓和的迹象。为平息事态，尽早脱身，工作人员只得拿出200件文化衫免费发送。之后，在闻讯赶来的保安、巡警的协助下，工作人员才得以离开广场。

问题

1. 试分析亚都"收烟"活动失败的原因。
2. 请运用公关的四步工作法为上述活动设计一套操作方案。

参考文献

[1] 陈向阳. 第七届最佳公共关系案例. 北京：清华大学出版社，2007.
[2] 丁军强. 公共关系原理与实务. 北京：北方交通大学出版社，2002.
[3] 丁乐飞，翟年祥. 公共关系教程. 合肥：安徽大学出版社，2004.
[4] 段淳林. 公共关系学. 广州：华南理工大学出版社，2001.
[5] 江秀英. 企业形象新战略. 北京：中国商业出版社，2002.
[6] 蒋楠. 公共关系四步工作法. 北京：中国工商出版社，2004.
[7] 李道平. 公共关系学. 北京：经济科学出版社，2000.
[8] 李兴国. 公共关系学. 北京：中国人民大学出版社，2004.
[9] 李正良，谢振安. 公共关系原理与实务. 徐州：中国矿业大学出版社，2003.
[10] 林汉川，李觅芳. 公共关系案例教程. 上海：复旦大学出版社，1997.
[11] 刘用卿，段开军. 公共关系学. 重庆：重庆大学出版社，2003.
[12] 乜瑛，郑先勇. 公共关系学. 杭州：浙江大学出版社，2007.
[13] 吕维霞. 案说公共关系. 北京：对外经济贸易大学出版社，2002.
[14] 史有春. 公共关系学：形象设计、信息传播和社会交往. 南京：南京大学出版社，2002.
[15] 宋常桐. 公共关系与现代礼仪. 北京：清华大学出版社，2007.
[16] 陶海洋. 公共关系理论与实务. 上海：华东理工大学出版社，2005.
[17] 王维平. 现代企业形象识别系统. 兰州：兰州大学出版社，1996.
[18] 魏翠芬，王连延. 公共关系理论. 北京：北京交通大学出版社，2007.
[19] 许春珍. 公共关系学. 海口：南海出版公司，2002.
[20] 姚建平，胡立和. 实用公共关系. 重庆：重庆大学出版社，2002.
[21] 张建辛，荆雷. CI战略的教学与设计. 石家庄：河北美术出版社，1997.
[22] 张隆栋. 大众传播学总论. 北京：中国人民大学出版社，1993.
[23] 张亚. 公共关系与实务. 北京：科学出版社，2004.
[24] 严成根，王学武. 公共关系学. 北京：北京交通大学出版社，2007.
[25] 杨加陆. 公共关系学教程. 上海：复旦大学出版社，2007.
[26] 杨俊. 公共关系. 合肥：合肥工业大学出版社，2005.
[27] 赵晓兰，赵咏梅，缪春萍. 最新公共关系学教程. 北京：经济管理出版社，2004.
[28] 赵晓兰. 最新公共关系学教程. 北京：经济管理出版社，2001.
[29] 张映红. 公共关系教程：原理、实务、案例. 北京：首都经贸大学出版社，1997.
[30] 布鲁姆，森特，卡特里普. 有效的公共关系. 明安香，译. 北京：华夏出版社，2002.
[31] 顾明. 网络时代公共关系的新挑战与应对. 今传媒，2009（2）.
[32] 杜娟. 直面网络公关：企业网络公关的基础理念与策略. 公关世界，2000（5）.
[33] 张云. 公共关系学：理论、实践与案例. 上海：华东师范大学出版社，2012.
[34] 秦勇. 公共关系学：理论、方法与实践. 北京：中国发展出版社，2014.